D1717578

Edward M. Hallowell / John Ratey

Zwanghaft zerstreut

ADD – die Unfähigkeit,
aufmerksam zu sein

Deutsch von Sibylle Hunzinger

Rowohlt

Die Originalausgabe erschien 1994
unter dem Titel *Driven to Distraction*
im Verlag Pantheon Books, New York

1. Auflage Januar 1998
Copyright © 1998 by Rowohlt Verlag GmbH,
Reinbek bei Hamburg
Driven to Distraction Copyright © 1994
by Edward M. Hallowell, M.D.,
and John J. Ratey, M.D.
Alle deutschen Rechte vorbehalten
Umschlaggestaltung Susanne Heeder
(Foto: G + J Photonica)
Satz aus der Ehrhardt von Libro, Kriftel
Druck und Bindung von
Franz Spiegel Buch GmbH, Ulm
Printed in Germany
ISBN 3 498 02931 2

Inhalt

Vorwort
Eine persönliche Betrachtung   9

1 Was ist ADD?   17
2 «Ich sang in meinen Ketten wie das Meer»   73
   Das Kind mit ADD
3 «Die Lautfolge zerfasert ohne Sinnzusammenhang»   115
   ADD bei Erwachsenen
4 Leben und lieben mit ADD   169
   ADD in der Paarbeziehung
5 Der große Kampf   195
   ADD und die Familie
6 Teile des Elefanten   231
   Abarten der ADD
7 Woran erkenne ich, daß ich es habe?   295
   Die Vorstufen der Diagnose
8 Was können Sie dagegen tun?   325
   Die Behandlung der ADD
9 Ein Sitz und ein Name   399
   Die Biologie der ADD

Dank   425

Anhang   427
   Adressen   427
   Literaturhinweise   429
   Register   432

Widmung

Wir widmen dieses Buch in Dankbarkeit unseren sieben Lehrern, sieben Psychologen, denen geistige Lebendigkeit, selbständiges Denken, Liebe zur Arbeit und ein Sinn fürs Spiel gemeinsam waren.

Sie haben uns gelehrt, zuzuhören und die Augen aufzumachen.

Doris Menzer Benaron, Jules Bemporad, William Beuscher, Thomas Gutheil, Leston Havens, Allan Hobson und Irvin Taube, sie alle haben uns sehr viel mehr mitgegeben, als in dieser kurzen Widmung herausgestellt werden kann. In den Jahren, in denen sie am Massachusetts Mental Health Center unterrichteten, haben sie uns gelehrt, unsere Arbeit in Demut auszuüben, uns in die Lage des Patienten einzufühlen und uns hinzusetzen und zuzuhören. Sie haben uns gelehrt, uns auf den Patienten einzustellen, von Mensch zu Mensch. Und sie haben uns gelehrt, nach einem Zugang zum Herzen des Patienten, zu seinen Sorgen und Freuden zu suchen. Unser Dank dafür kommt aus dem Herzen.

Vorwort
Eine persönliche Betrachtung

Ich habe eine Aktivitäts- und Aufmerksamkeitsstörung (ADD, von englisch *attention deficit disorder*). Als ich entdeckte, daß ich ADD habe, war ich einunddreißig Jahre alt und stand vor dem Abschluß meiner Ausbildung zum Kinderpsychiater am Massachusetts Mental Health Center in Boston. An einem feuchtheißen Bostoner Sommermorgen hatte ich eines der größten Aha-Erlebnisse meines Lebens, als meine Neuropsychiatrieprofessorin in ihrer Vorlesung auf ADD zu sprechen kam.

«Manche Kinder», sagte sie, «sind chronische Tagträumer. Sie sind oft sehr intelligent, können aber nicht lange bei einer Sache bleiben. Sie sind sehr energetisch, und es fällt ihnen schwer stillzusitzen. Unter Umständen reden oder tun sie ziemlich impulsiv, was ihnen gerade einfällt, und es erscheint ihnen unmöglich, Ablenkungen zu widerstehen.»

Also gibt es für meinen Zustand einen Namen, dachte ich erleichtert und mit wachsender Erregung. Es gibt einen Fachausdruck, eine Diagnose, es ist eine richtige Krankheit, während ich die ganze Zeit geglaubt hatte, ich wäre ein bißchen verrückt.

Im weiteren Verlauf der Vorlesung verschlang ich alles, was ich an Gedrucktem zu diesem Thema auftreiben konnte. Es wurde mir nicht nur klar, daß ich selber ADD hatte, sondern ich erkannte das Syndrom auch bei mehreren Familienmitgliedern, was nicht verwundert, da es genetisch bedingt ist. Dann hörte ich einen Vortrag von Dr. Paul Wender, einem Pionier auf diesem Gebiet, und las kurz darauf sein Buch. Ich hatte das Gefühl, als wäre mir eine Last von den Schultern genommen. Ich war all das nicht, was man mich in der Schule geheißen hatte: kein «Tagträumer», kein «Faulpelz», kein «Leistungsschwacher», kein «Hans-guck-in-die-Luft» – ich hatte auch nicht latent einen unbewältigten Konflikt in mir, der mich ungeduldig und umtriebig machte.

Was ich hatte, war ein ererbtes neurologisches Syndrom, charakterisiert durch leichte Ablenkbarkeit, eine niedrige Toleranz für Frustrationen und Langeweile, eine überdurchschnittlich große Neigung, zu sagen oder zu tun, was einem gerade einfällt (im diagnostischen Handbuch Impulsivität genannt) und eine Vorliebe für aufregende Situationen. Vor allen Dingen aber hatte ich einen Namen für den Energieüberschuß, den ich so oft in mir spürte – dieses Gefühl von Aufgeheiztheit und Aufgedrehtheit, das – mal beflügelnd, mal frustrierend – einen großen Teil meines Wachlebens grundierte.

Endlich war da ein Begriff, der eine Erklärung dafür bot, daß ich mich unfreiwillig und grundlos aus Gesprächen ausklinkte. Für die Wut, die ich empfand, und die Zeiten, in denen ich Bleistifte zerbrach und durchs Zimmer warf, wenn ich einem Gedankengang in der Schule nicht gleich folgen konnte. Für die sieben Anläufe, die es mich kosten konnte, eine Seite in einem Roman zu lesen. Für die Ungereimtheiten, die ich nach den Worten meiner Frau in einem vertrauten Gespräch plötzlich vorbrachte. Dafür, daß ich die Arbeit vor mir vergesse und mich auf den Flügeln eines neuen Gedankens oder auf der Suche nach etwas Vergessenem davonmache. Für die Jagdleidenschaft, die Leidenschaft für ein neues Projekt, einen aufregenden Gedanken, für die Neigung zu, das Bedürfnis nach Aufputschendem, Mitreißendem – sei es die psychotherapeutische Arbeit mit einem paranoiden, gewalttätigen Menschen oder eine Pferdewette mit hohem Einsatz. Endlich hatte ich einen Namen für die Seiten an mir, die ich meinem Temperament oder meiner Neurose zugeschrieben hatte. Mit einem Namen, der in der Neurobiologie verankert war, konnte ich beginnen, mir mit Nachsicht auf die Seiten an mir einen Reim zu machen, die mich so oft frustriert oder erschreckt hatten.

Der Ausdruck «Aufmerksamkeitsschwäche-Syndrom» *(attention deficit disorder)* gefällt mir nicht, wenngleich er sicher besser ist als sein Vorgänger: «minimale zerebrale Dysfunktion». Genaugenommen lautet die Diagnose in ihrer gegenwärtig gebräuchlichen, korrekten Form Aktivitäts- und Aufmerksamkeitsstörung, was das Symptom der Hyperaktivität in die Diagnose mit einschließt. Beide Etikettierungen sind aus verschiedenen Gründen unzulänglich. Es handelt sich bei dem Syndrom nicht um eine Aufmerksamkeitsschwäche, sondern um eine Aufmerksamkeitsinkonsistenz; die meisten Menschen mit Aufmerksamkeitsschwäche hyperfokussieren sogar manchmal. Hyperaktivität kann mit im Spiel sein oder auch nicht; tatsächlich sind manche Kinder und Erwachsene mit «Aufmerksamkeitsschwäche» ziemlich still und verträumt. Schon das Wort «Hyperaktivität» ist doppeldeutig; bedächtige Gutachter etikettieren irgendwelche geschäftigen Menschen als «hyperaktiv» und diagnostizieren auf diese Weise einen normalen Zustand falsch. Schließlich verweist das Wort «Schwäche» das Syndrom ausschließlich in den Bereich der Pathologie, wo es so ausschließlich nicht hingehört. Obwohl ADD eine Menge Probleme mit sich bringen kann, birgt sie doch Vorteile für den, der sie hat, Vorteile wie Energieüberfluß, Intuition, Kreativität und Begeisterungsfähigkeit, die dieses Buch herausstellen will und die durch das «Schwäche»-Modell ganz übersehen werden. Die «Schwäche» hat mich nicht davon abgehalten, Arzt zu werden, und auch viele andere nicht, auf den verschiedenartigsten Gebieten noch erfolgreicher zu sein.

Die im *Diagnostic and Statistical Manual of Mental Disorders* der American Psychiatric Association ausgewiesene offizielle Bezeichnung der Krankheit lautet *attention-deficit hyperactivity disorder*. Im deutschen Sprachraum ist der Terminus Aktivitäts- und Aufmerksamkeitsstörung gebräuchlich. Trotzdem verwenden wir in diesem Buch den Ausdruck ADD (*attention deficit disorder*, «Aufmerksamkeitsschwäche-Syndrom»), der eindeutiger beide Patiententypen einbezieht: Menschen mit den Symptomen Hyperaktivität und Energieüberschuß und Menschen ohne sie.

Nach dem feuchtheißen Sommer vor zehn Jahren, als ich zuerst von diesem faszinierenden Syndrom gehört hatte, begann ich, Kinder und Erwachsene mit ADD zu behandeln und das Syndrom in seinen menschlichen Details zu erforschen. Und ich lerne noch immer von meinen Patienten, ihren Familien, Lehrern und Freunden über ADD dazu. Durch meine intensiven Kontakte zu Menschen aller Altersgruppen mit ADD und durch meine persönliche Selbsterforschung habe ich ein Feeling für ADD nicht nur als eine diagnostische Gegebenheit, sondern auch als eine Lebensform entwickelt.

Es ist mir klargeworden, daß man es bei ADD, obwohl sie schwer zu umschreiben ist und fast nie in Reinkultur – d. h. ohne irgendwelche Begleiterscheinungen wie zum Beispiel Lernschwäche oder geringes Selbstwertgefühl – auftritt, eindeutig mit einem Syndrom zu tun hat, das erkannt und behandelt werden muß. Ohne Behandlung bleiben Millionen Kinder und Erwachsene mißverstanden, unnötig problembeladen, ja ausgegrenzt.

Zwar habe ich mich auf die Behandlung von ADD spezialisiert, bin aber ganz allgemein auch weiter als Psychiater für Kinder und Erwachsene tätig, wobei ich das breite Spektrum menschlicher Probleme in meiner Praxis vor Augen habe. Daß ich im eigentlichen Sinne kein Spezialist bin, hat mir dabei geholfen, mir eine unbefangene Sicht der Dinge zu bewahren, so daß ich nicht hinter den Schulproblemen jedes Kindes und den Frustrationen bei der Arbeit jedes Erwachsenen ADD vermute. Zwar ist es wichtig, Informationen über ADD zu verbreiten, es ist aber genauso wichtig, daß ADD nicht zu einer diagnostischen Modetorheit wird.

Wenngleich ich das vorliegende Buch allein geschrieben habe, ist einiges Gedankengut aus der Arbeit meines Kollegen Dr. John Ratey in dieses Buch mit eingeflossen. John war mein *chief resident*, als ich 1979 meine Ausbildung zum Psychiater begann. Er hat damals als Lehrer meine Begeisterung geweckt, und wir sind im Laufe der Jahre enge Freunde geworden. Seine Forschungen haben ihn zur Arbeit mit Erwachsenen mit einer geschwächten Impulskontrolle geführt und dann weiter zur Arbeit mit Erwachsenen mit ADD. John ist nicht nur ein Experte auf seinem Gebiet, er hat auch selbst ADD.

Unsere Zusammenarbeit an diesem Buch erwuchs aus Unterhaltungen im Anschluß an die Squashmatches, zu denen wir uns zweimal in der Woche trafen; wir merkten, wie aufgeregt wir beide bei der Feststellung waren, daß es unseren ADD-Patienten besser ging. Bei vielen dieser Patienten hatte man eine Fehldiagnose gestellt, und sie waren auf andere Störungen behandelt worden. Sobald ADD diagnostiziert worden war und entsprechend behandelt wurde, waren die Ergebnisse häufig geradezu dramatisch.

«Es sollten einfach mehr Menschen über ADD Bescheid wissen», sagte John nach einem besonders anstrengenden Match im vergangenen Winter.

«Ich wollte schon lange etwas darüber schreiben», gab ich ihm zur Antwort. «Meinst du, daß wir uns lange genug konzentrieren können, um das hinzukriegen?»

«Es ist immerhin einen Versuch wert», meinte John.

Und so, indem wir einander bei der Zeiteinteilung halfen, uns gegenseitig Termine setzten und uns die äußere Ordnung schufen, die Menschen mit ADD so dringend brauchen, nahm dieses Buch Gestalt an; ein Buch von zwei Psychiatern, die selber ADD haben, in der Hoffnung geschrieben, daß Millionen anderer Menschen mit ADD da draußen die Hilfe finden können, die sie brauchen, um aus ihrem Leben das Beste zu machen.

Bei der Veranschaulichung dessen, was ADD ist, stützt sich dieses Buch in erster Linie auf Beispiele aus dem Leben. Manche Darstellungen sind Zusammenschnitte, manche stammen unmittelbar aus den Erfahrungen unserer Patienten, und manche basieren auf Gesprächen, die wir für dieses Buch geführt haben. In sämtlichen Fällen wurden die Namen geändert.

Wir möchten den vielen Menschen dafür danken, daß sie uns an ihren Erfahrungen teilhaben ließen, wodurch dieses Buch erst möglich wurde.

Edward M. Hallowell

Zwanghaft zerstreut

1 Was ist ADD?

Wenn man erst einmal begriffen hat, um was alles es sich bei der ADD dreht, wird man sie überall wiederentdecken. Menschen, die man gewöhnlich für zerfahren oder manisch oder überdreht oder kreativ, aber unberechenbar gehalten hat, Menschen, von denen man weiß, daß sie mehr erreichen könnten, wenn sie nur ihre Gedanken «zusammenkriegen» könnten, Menschen, die man in der Schule und im Berufsleben als unstete Geister kennengelernt hat, Menschen, die es bis in die höchsten Positionen geschafft haben und sich doch desorganisiert und getrieben fühlen, das alles könnten Menschen sein, die tatsächlich ADD haben. Es ist sogar möglich, daß man einige der Symptome im eigenen Verhalten erkennt. Viele der Symptome von ADD sind uns allen so geläufig, daß wir das Syndrom sorgfältig analysieren müssen, wenn der Ausdruck ADD eine spezifische Bedeutung haben und nicht nur eine wissenschaftlich klingende Bezeichnung für die Komplexität unseres modernen Lebens sein soll. Und man kann am besten verstehen, was ADD ist – und was sie nicht ist –, wenn man sieht, wie das Leben der Menschen beeinträchtigt wird, die ADD haben.

Aus dem nun folgenden Fall und den zahlreichen weiteren Fallgeschichten, die in diesem Buch vorgestellt werden, ist zu ersehen, welche Kämpfe es Menschen kostete, falsche Etikettierungen und ungerechte Beurteilungen abzuschütteln. Nach und nach wird sich aus diesen Lebensgeschichten eine Definition von ADD herausschälen.

Fall 1: Jim

Es war elf Uhr nachts, Jim Finnegan war noch auf und ging in seinem Arbeitszimmer auf und ab. In dieser Lage fand er sich oft am späten Abend: Er war allein, ging auf und ab und bemühte sich, seine Gedanken zusammenzukriegen. Während er sich jetzt der Lebensmitte näherte, geriet Jim in Verzweiflung. Er blickte sich im Zimmer um und registrierte die Unordnung. Das Zimmer sah aus, als wäre der Inhalt eines Einkaufsrollers hineingeschüttet worden. Bücher, Papier, einzelne Socken, alte Briefe, ein paar halbleere Zigarettenschachteln und anderes Unaufgeräumtes mehr waren am Boden verstreut, ganz ähnlich dem Sammelsurium an Kenntnissen, das in Jims Kopf verstreut war.

Jim musterte die Liste «Zu erledigen», die an der Pinnwand über seinem Schreibtisch steckte. Sie umfaßte siebzehn Punkte, wovon der letzte mehrmals mit schwarzer Tinte eingekreist und mit Ausrufungszeichen versehen war: «Entwurf zur Umstrukturierung der Firma, Dienstag, 19. 3.!!!» Heute war Montag, der 18. 3. Und Jim hatte mit dem Entwurf noch gar nicht angefangen. Er hatte seit Wochen darüber nachgedacht, seit er seinem Chef von einer Idee erzählt hatte, wie sich die Produktivität und die Arbeitsmoral innerhalb der Firma steigern ließen. Prima, hatte sein Chef gesagt. Kommen Sie mal mit einem schriftlichen Entwurf, und dann schauen wir mal, wie der aussieht. Und er hatte noch hinzugefügt, daß Jim hoffentlich genug Ausdauer besaß, um dieses Mal wirklich etwas zustande zu bringen.

Jim wußte, was er sagen wollte. Er wußte seit Monaten, was er sagen wollte. Die Firma brauchte ein neues Computersystem, und die Kollegen und Kolleginnen vom Verkauf mußten ermächtigt werden, Entscheidungen sofort zu treffen, damit keiner durch unnötige Besprechungen Zeit verlor. Die Effizienz würde sich steigern und die Arbeitsmoral deutlich verbessern. Es war ganz einfach. Es lag auf der Hand. Und er hatte das alles auf den diversen Papierfetzen, die auf dem Fußboden verstreut waren, bis ins einzelne ausgeführt.

Aber alles, was Jim tun konnte, war auf und ab gehen. Womit fange ich an, dachte er. Wenn ich mich nicht verständlich mache, steh ich da wie ein Trottel, und sie schmeißen mich wahrscheinlich raus. Was sonst also ist neu? Warum sollte es bei diesem Job in irgendeiner Weise anders sein? Hochtrabende Ideen und keine Ausdauer. Das bin ich, der gute alte Jim. Er versetzte dem Papierkorb einen Tritt und vergrößerte dadurch noch die Unordnung auf dem Fußboden. O.k., ganz ruhig einatmen und wieder ausatmen, sagte er zu sich.

Er setzte sich an den Computer und starrte auf den Bildschirm. Dann ging er zu seinem Schreibtisch und fing an, dort aufzuräumen. Das Telefon läutete, und er schnauzte es an: «Siehst du nicht, daß ich beschäftigt bin?» Als sich der Anrufbeantworter einschaltete, hörte er Paulines Stimme: «Ich geh jetzt zu Bett, Jim. Ich wollte nur wissen, wie es mit deinem Entwurf steht. Viel Glück damit morgen.» Er hatte nicht den Mut, den Hörer abzunehmen.

Die Nacht verging unter Qualen. Immer wieder brachten kleinere Ablenkungen Jim aus dem Konzept, während er verzweifelt versuchte, sich auf die Arbeit zu konzentrieren. Draußen miaute eine Katze. Er erinnerte sich an etwas, was jemand vor drei Tagen gesagt hatte, und fragte sich, was wohl wirklich damit gemeint war. Er wollte einen anderen Bleistift, weil der, den er hatte, ihm so schwer in der Hand lag. Endlich brachte er die Worte «Ein Entwurf zur Umstrukturierung der Unger Laboratories» zu Papier. Und dann Funkstille. «Schreib einfach, was dir einfällt», hatte ein Freund ihm gesagt. O.k., schreib einfach, was dir einfällt. Aber es fiel ihm nichts ein. Er dachte daran, sich einen neuen Job zu suchen. Vielleicht sollte ich das einfach weglegen und schlafen gehen. Das kann ich nicht machen. Wie schlecht der Entwurf auch ist, ich muß ihn fertig machen.

Gegen vier Uhr früh fühlte er sich wie erschlagen. Aber nicht *ge*schlagen. Allmählich kamen die Worte. Irgendwie hatte die extreme Müdigkeit die Zensur in seinem Kopf aufgehoben, und er merkte, daß er seine Ideen einfach und effizient erläuterte. Gegen sechs war er im Bett und hoffte, vor dem Treffen mit seinem Chef um neun noch ein wenig Schlaf zu bekommen.

Das Problem war nur, daß Jim um neun noch im Bett war, weil er vergessen hatte den Wecker zu stellen, bevor er sich schlafen legte. Als er um zwölf in heller Aufregung in seiner Firma ankam, konnte er an der Miene seines Chefs ablesen, daß seine Tage bei Unger – wie gut sein Entwurf auch immer sein mochte – vorüber waren. «Warum suchen Sie sich nicht eine Stelle, wo man etwas flexibler ist», sagte sein Chef und dankte ihm für den Entwurf. «Sie sind ein Mann mit Ideen, Jim. Suchen Sie sich eine Stelle, wo man Ihrem Stil mehr entgegenkommt.»

«Ich kriege es einfach nicht hin», sagte Jim ein paar Wochen später zu Pauline, als sie zusammen etwas trinken waren. «Dabei weiß ich, daß ich mehr drauf habe, als mich alle sechs Monate feuern zu lassen. Doch es ist immer dieselbe Leier. Große Ideen, aber ich kann sie nicht umsetzen. Das war schon in der High School so, kannst du dir das vorstellen? Meine Vertrauenslehrerin – sie war so eine richtig nette Dame – hat mir gesagt, daß ich den höchsten IQ in der Klasse hätte, und sie konnte sich einfach keinen Reim darauf machen, warum ich solche Probleme hatte, mein Potential umzusetzen.»

«Weißt du, was unfair ist?» sagte Pauline und drehte den Stiel ihres Manhattanglases zwischen Daumen und Zeigefinger. «Sie haben die Ideen aus deinem Entwurf übernommen und haben sie angewandt. Dramatische Entwicklungen. Alles ist glücklicher, und es gibt wieder mehr zu tun. Das waren deine Ideen, Jim, und du bist rausgeflogen. Das ist nicht fair.»

«Ich weiß nicht, was mit mir los ist», sagte Jim. «Ich weiß nicht, was ich machen soll.»

Jim hatte ADD. Als er mich aufsuchte, war er zweiunddreißig Jahre alt, hatte bis dahin mit einer chronischen Leistungsschwäche gelebt und weder bei der Arbeit noch im persönlichen Bereich seine Ziele erreicht infolge eines verborgenen neurologischen Problems, das es ihm schwer machte, sich zu konzentrieren, über längere Zeit bei einer Sache zu bleiben und eine Aufgabe zu Ende zu führen.

ADD ist ein neurologisches Syndrom, das durch die klassische Symptomtrias Impulsivität, Ablenkbarkeit und Hyperaktivität definiert ist. Ungefähr 15 Millionen Amerikaner haben gegenwärtig ADD, und die meisten von ihnen wissen es nicht. Die Krankheit tritt bei Kindern und Erwachsenen, bei Männern und Frauen, bei Mädchen und Jungen auf, und sie geht quer durch alle ethnischen Gruppen, sozialen Schichten, Bildungs- und Intelligenzgrade. Man hat allgemein angenommen, daß es sich bei ADD um eine Störung handelt, die nur in der Kindheit auftritt und die während der Adoleszenz überwunden wird. Wir wissen inzwischen, daß nur ein Drittel der Bevölkerung mit ADD die Krankheit überwindet; die restlichen zwei Drittel haben sie auch im Erwachsenenalter. ADD ist keine Lern- oder Sprachentwicklungsstörung beziehungsweise Legasthenie, und sie ist auch nicht zwangsläufig mit einer niedrigen Intelligenz verbunden. Manche Menschen mit ADD sind sogar sehr intelligent. Es ist nur so, daß sich ihre Intelligenz in ihnen verheddert. Sie wieder freizusetzen und in sanften Fluß zu bringen, erfordert mehr Geduld und Ausdauer, als sie konsequent durchzuhalten vermögen.

Wo hört normales Verhalten auf, und wo fängt das Syndrom an? Was ist Impulsivität? Was Ablenkbarkeit? Wieviel Energie führt zu Energieüberschuß? Das sind die Fragen, die wir in diesem Buch anhand von Einzelfällen wie dem von Jim untersuchen wollen. Wenn man die Symptome genauer betrachtet, erkennt man da nicht auch Züge von sich selbst? Ja. Man stützt sich bei der Diagnose von ADD allerdings nicht allein auf das bloße Vorhandensein dieser Symptome, sondern auch auf die Dauer und die Heftigkeit ihres Auftretens und das Ausmaß, in dem sie das tägliche Leben beeinträchtigen.

Als Jim zu einer Beratung zu mir kam, war er mit seiner Weisheit am Ende. Er kam in mein Sprechzimmer, setzte sich in einen der bequemen Sessel und fuhr sich mit den Fingern durch das lockige Haar. Er saß vornübergebeugt da und starrte abwechselnd mich und den Fußboden an. «Ich weiß gar nicht, wo ich anfangen soll. Ich weiß nicht mal, wozu ich hier bin», sagte er und schüttelte dabei den Kopf, als ob er sagen wollte: Nein, das wird mir auch nicht helfen.

«Haben Sie Probleme gehabt, hierherzufinden?» fragte ich. Er war zwanzig Minuten zu spät gekommen, deshalb dachte ich, daß er sich vielleicht nicht zurechtgefunden hatte.

«Allerdings», sagte er. «Sie haben mir den Weg einwandfrei beschrieben. Ich bin bloß irgendwo links abgebogen, wo ich hätte rechts abbiegen müssen, und da war ich auch schon wieder total überdreht. Ende der Fahnenstange. Es ist ein Wunder, daß ich überhaupt noch hergefunden habe. Ich bin bei irgendeiner Tankstelle in Somerville gelandet.»

«Na ja, das kann einen schon ziemlich von der Rolle bringen», sagte ich in der Hoffnung, daß er sich inzwischen ein wenig entspannen würde. Etwa die Hälfte aller Menschen, die mich wegen irgendwelcher Probleme, die mit ADD zu tun haben, konsultieren wollten, kamen zu spät oder erschienen gar nicht zur ersten Verabredung. Das überrascht mich nicht mehr. Meine Patienten fühlen sich allerdings ziemlich schlecht deswegen und kommen mit dem Gedanken in die Sitzung, daß ich ihnen irgendwelche Vorwürfe machen werde. «Sie sind weiß Gott nicht der erste, der sich auf dem Weg hierher verfranzt», sagte ich.

«Tatsächlich?» fragte Jim. «Da bin ich aber erleichtert.» Er holte tief Luft, um etwas zu sagen, hielt aber inne, als blieben ihm die Worte im Hals stecken, dann stieß er den Atem in einem langen Seufzer wieder aus, und die Worte zerstoben. Nachdem sich das noch ein zweites Mal wiederholt hatte, fragte ich ihn, ob er sich einen Augenblick Zeit nehmen wollte, einfach um seine Gedanken zu sammeln, während ich mir ein paar Daten zu seiner Person wie seinen Namen, seine Adresse, seine Telefonnummer notierte. Das war offenbar hilfreich. «O.k.», sagte Jim. «Fangen wir an.»

«O.k.», stimmte ich zu, lehnte mich in meinem Stuhl zurück und verschränkte die Hände hinter dem Kopf. Erneutes Schweigen und ein erneuter Seufzer auf seiten von Jim. «Ich kann sehen, daß es Ihnen schwerfällt, einen Anfang zu finden», sagte ich. «Vielleicht könnten wir uns auf das Problem konzentrieren, das Sie hierhergeführt hat.»

«Ja», sagte er, «o.k.» Nach dieser kleinen Hilfestellung von meiner Seite rückte Jim langsam mit den wesentlichen Stücken seiner Lebensgeschichte heraus. Eine ganz normale Kindheit, jedenfalls hatte Jim diesen Eindruck. Als ich ihn aber drängte, mehr ins Detail zu gehen, gab Jim zu, daß er in der Grundschule ziemlich ungebärdig gewesen war und mit großer Begeisterung Dummheiten gemacht hatte. Er bekam gute Noten, obwohl er eigentlich nie arbeitete. «Schule, das war für mich spielen», sagte er. Mit der High School aber begannen härtere Zeiten. Jims natürliche Intelligenz half ihm jetzt nicht mehr so leicht weiter, und er fiel mehr und mehr zurück. Seine Eltern und Lehrer fingen an, ihm wegen seiner mangelnden Arbeitsmoral Vorwürfe zu machen, daß er sich und allen anderen etwas vormachte, daß er sich damit auf lange Sicht schaden würde und so weiter. Sein Selbstwertgefühl sank, aber irgendwie reichte die ihm angeborene Heiterkeit aus, Jim seinen Optimismus weitgehend zu erhalten. Und nachdem er sich durch das College gewurstelt hatte, startete er in ein durch laufenden Wechsel gekennzeichnetes Berufsleben in den verschiedensten Bereichen der Computerbranche.

«Sie mögen Computer?» fragte ich.

«Ich könnte sie erfunden haben», sagte er voller Begeisterung. «Ich liebe sie. Ich kenne sie einfach durch und durch, verstehen Sie, was ich meine? Ich weiß genau, was in ihnen vorgeht, und ich weiß, wie man sie zu Höchstleistungen bringen kann. Wenn ich nur den Leuten begreiflich machen könnte, was ich weiß. Wenn ich nur nicht jedesmal alles vermasseln würde, wenn ich eine Chance bekomme...»

«Wodurch vermasseln Sie es sich?» fragte ich.

«Wodurch vermasele ich es mir?» fragte er. Dann wiederholte er die Frage noch einmal, wobei er sie durch den Klang seiner Stimme in eine betrübte Feststellung verwandelte. «Wie vermasele ich es mir? Ich bin vergeßlich. Ich streite mich herum. Ich schiebe Dinge auf die lange Bank. Ich habe keine Entschlußkraft. Ich kriege Wutanfälle. Ich kann nicht am Ball bleiben. Alles, was Sie wollen. Ich gerate immer wieder in diese Diskussionen mit meinem Chef, und dabei stelle ich immer wieder fest, daß ich recht habe, und dann, verstehen Sie, dann nenne ich meinen Chef einen Blödmann, weil er nicht kapiert, daß ich recht habe. Das endet damit, daß man rausfliegt, wenn man seinen Chef einen Blödmann nennt. Oder ich habe da eine Idee, aber ich kriege sie nicht zu fassen, sie ist verschwunden wie die Nadel im Heuhaufen. Sie ist hier drin, ich weiß, daß sie hier drin ist, aber ich kriege sie einfach nicht raus. Eine von meinen ehemaligen Freundinnen hat, kurz bevor sie mir den Laufpaß gab, zu mir gesagt, ich sollte mich damit abfinden, daß ich nun mal ein Loser bin. Vielleicht hat sie recht gehabt. Ich weiß es nicht.»

«Haben Sie sie gern gehabt?» fragte ich.

«Eine Zeitlang schon. Aber schließlich hatte sie die Nase voll von mir wie alle andern auch. Ich meine, ich stehe ständig unter Hochspannung, das macht das Zusammensein mit mir so schwierig.»

«Und wo kommt Ihrer Meinung nach diese Hochspannung her?» fragte ich.

«Ich weiß es nicht», gab er zur Antwort. «Aber sie ist schon immer dagewesen.»

Je länger wir uns unterhielten, desto klarer wurde, wie recht Jim damit hatte, daß diese Hochspannung schon immer dagewesen war, selten gebremst, sondern immer auf vollen Touren. Die Hochspannung ist eine Erklärung dafür, warum ADD unter Menschen verbreitet ist, die in energiereichen Feldern arbeiten, wie zum Beispiel Vertreter oder Leute aus der Werbebranche oder aus dem Dienstleistungsgewerbe, ebenso Menschen, die auf Gebieten mit einem hohen Reizpegel oder unter hohem Leistungsdruck arbeiten.

«Sind Sie vorher schon mal bei einem Psychotherapeuten gewesen?» fragte ich.

«Schon mehrere Male», erwiderte Jim. «Sie waren alle sehr nett, es hat aber eigentlich nichts gebracht. Einer von ihnen hat zu mir gesagt, daß ich nicht soviel trinken soll.»

«Wieviel trinken sie denn?»

«Ich gehe auf Sauftouren. Wenn ich mal richtig abschnallen will, dann gehe ich einen heben. Das ist eine alte Familientradition. Mein Vater hat mächtig getrunken. Man könnte sagen, daß er Alkoholiker war. Ich glaube nicht, daß ich Alkoholiker bin, aber das sagen sie alle, nicht? Auf jeden Fall habe ich am nächsten Tag immer einen schrecklichen Kater, und dann lasse ich die Sauferei wieder eine Weile bleiben.»

Menschen mit ADD versuchen oft, sich mit Alkohol, Marihuana oder Kokain auf eigene Faust zu helfen. Vor allem Kokain ähnelt einem der Arzneistoffe, die zur medikamentösen Behandlung von ADD verwendet werden.

Während unserer Unterhaltung hatte Jim angefangen, die Beine abwechselnd übereinanderzuschlagen und wieder parallel zu stellen. «Wenn Sie unruhig sind, können Sie gerne ein wenig auf und ab gehen, während wir uns unterhalten.»

«Wirklich? Und das stört Sie nicht? Vielen Dank.» Er stand auf, begann im Zimmer umherzugehen und begleitete seine Worte beim Sprechen mit den Armen. «Das ist ja riesig. Die meisten Leute würden dabei verrückt werden, aber ich kann im Gehen wirklich besser denken. Halten Sie das für exzentrisch? Kein Wunder, daß ich in der Schule Schwierigkeiten hatte. Verstehen Sie, das ist mein größtes Problem. Ich bin innerlich immer so gefesselt. Und Sie können sich vorstellen, daß es im Betrieb nicht gern gesehen wird, wenn ich den halben Tag herumrennen will.»

«Ich weiß nicht», sagte ich. «Vielleicht haben Sie einfach noch nicht den richtigen Job gefunden.»

«Sie reden wie alle meine Chefs. Gibt es überhaupt den richtigen Job für mich?»

ADD tritt in verschiedenen Formen auf. Bei vielen Menschen, vornehmlich bei Erwachsenen, sind die Symptome von ADD verdeckt durch augenfälligere Probleme wie Depressionen, Alkohol- oder Spielsucht, und die untergründige ADD bleibt unerkannt. Bei anderen Menschen gestalten sich die Probleme individuell, je nachdem, wie sich die Persönlichkeit im Lauf der Zeit entwickelt, so daß die Symptome eigentlich nie erkannt werden wie etwa die Krankheitszeichen einer Erkältung oder einer Grippe, sondern mit einem «so ist er halt» abgetan werden, als sei hier ein ärztliches oder psychotherapeutisches Eingreifen nicht gerechtfertigt. Und auf dem Gebiet der exakt diagnostizierten ADD herrscht auch eine große Vielfalt. Jims ADD gehörte, wie ich bald erkannte, zum hyperenergetischen, hyperaktiven Typ. Es gibt aber eine Form von ADD, bei der das Symptom der Hyperaktivität gar nicht auftritt. Diese Menschen können tatsächlich unteraktiv sein. Zum Beispiel das Kind, oft ist es ein Mädchen, das hinten im Klassenzimmer vor sich hinträumt, oder der Erwachsene, der in heiterer Gelassenheit in den Wolken schwebt und der nirgendwo ganz da ist.

«Ich weiß nicht, ob es den richtigen Job für Sie gibt», sagte ich und kam damit auf Jims Frage zurück. «Für den Moment würde ich einfach gern mehr von Ihrer Lebensgeschichte hören. Haben Sie sie eigentlich schon jemals erzählt?»

«Nein. Niemand kann mir folgen. Ich schweife dauernd ab, sagen alle.»

«Reden Sie einfach drauflos, Ordnung schaffe ich, dafür werde ich bezahlt.»

Jim redete lange, wochenlang. Er erzählte viele Geschichten, in denen es um Mißverständnisse und Verständigungsprobleme ging, um Selbstvorwürfe, Leistungsschwäche, verpaßte Chancen, verärgerte Menschen und riskantes Verhalten. Es sah ganz so aus, als ob Jim einfach zu dumm war, um reinzukommen, wenn's draußen regnete, wie seine Mutter zu ihm gesagt hatte, als er zwölf Jahre alt war. Er machte nur Unfug, konnte nichts behalten und vertrödelte seine Zeit. Aber Jim erzählte auch Geschichten, in denen von Abenteuern und Freundlichkeit und Intuition die Rede war, von Verzauberung, Energie und Begeisterungsfähigkeit. Er erzählte Geschichten von großen Träumen und hohen Erwartungen und auch von großen Enttäuschungen. In seiner Verwirrung und Frustration suchte Jim nur bei sich selbst die Schuld. Er war ein äußerst liebenswerter Bursche, wenn er sich auch selber nicht besonders liebte.

Und das trifft für die meisten Menschen mit ADD zu. Sie sind sehr liebenswert, obwohl sie sich als wahre Unglücksraben erweisen können. Und sie bringen einen unter Umständen völlig zur Verzweiflung – so rief mich eine Mutter wegen ihres Sohnes an, der ADD hat und der einfach versehentlich um ein Haar seine Schule in Brand gesteckt hätte, und fragte mich, ob sie ihn mit ihrem Auto überfahren sollte – sie können aber auch ungewöhnlich einfühlsam, intuitiv und mitfühlend sein, als ob es in diesem chaotisch vernetzten Denkapparat eine spezielle Fähigkeit gäbe, Menschen und Situationen zu durchschauen.

Wir folgen Jims Lebensgeschichte auf verschlungenen Pfaden. Da war die Zeit gewesen, als er einen Job als Busfahrer hatte: An einem verträumten Nachmittag war Jim auf seiner üblichen Route unterwegs. Er hielt an der Endstation, wie er glaubte, zum letztenmal an und machte sich dann auf den Heimweg, zurück zum Busdepot, um beim Einbiegen in das Grundstück festzustellen, daß der Bus noch zur Hälfte mit konsternierten, verärgerten Fahrgästen besetzt war. Er hatte vergessen, die eigentliche Endstation der Buslinie anzufahren. «Wo sind wir?» wollten die Fahrgäste wissen. «Wo haben Sie uns hingefahren?» Es war Jims letzte Fahrt für dieses Busunternehmen gewesen. Oder da war das Gespräch mit einer Kollegin gewesen, bei dem er seinen Chef einen «Hohlkopf» genannt hatte, nur um fast noch im selben Moment zu bemerken, daß die Kollegin die Frau von seinem Chef war. «Ich mache das nicht mit Absicht», sagte Jim, «ich trete einfach immer ins Fettnäpfchen. Ich denke nie daran, mit wem ich spreche und wo ich bin. Habe ich vielleicht unbewußt den Wunsch zu versagen?»

«Das könnte sein», sagte ich. «Man weiß ja, daß es so etwas gibt. Aber andererseits könnte es auch etwas völlig anderes sein.» Und ich erzählte Jim nun von ADD. «Verstehen Sie, es könnte sein, daß Sie gar kein Versager und kein Loser sind und daß Sie auch nicht unbewußt den Wunsch haben, sich selbst zu sabotieren. Es könnte sein – und es hört sich für mich allmählich so an, als ob es sehr wahrscheinlich der Fall ist –, daß Sie eine neurologische Krankheit haben mit Namen Aktivitäts- und Aufmerksamkeitsstörung. Man braucht sich deswegen genausowenig zu schämen, wie man sich wegen einer Kurzsichtigkeit schämt. Und es ist tatsächlich wie eine Art Kurzsichtigkeit. Man kann nicht mehr sehr gut fokussieren. Man muß sich sehr anstrengen, um deutlich zu sehen. Menschen mit ADD fällt es schwer, sich nur mit einer Sache auf einmal zu beschäftigen. Sie haben vielleicht schon von hyperaktiven Kindern gehört, und so ist dieses Syndrom ursprünglich beschrieben worden – als Hyperaktivität bei Kindern. Inzwischen weiß man, daß mehr zu den Symptomen zählt als Hyperaktivität allein und daß Erwachsene genauso davon betroffen sind wie Kinder. Die Symptome, die ADD kennzeichnen, sind leichte Ablenkbarkeit, Impulsivität und manchmal, aber nicht immer, auch Hyperaktivität und Energieüberschuß. Diese Menschen sind ständig in Bewegung. Sie sind faszinierende Persönlichkeiten, Abenteuerjäger, hochenergetische Macher und Pragmatiker, immer auf dem Sprung. Sie haben eine Menge Projekte gleichzeitig laufen. Sie sind ständig hinter irgend etwas her. Sie sind nicht sehr entschlußfreudig, und es fällt ihnen schwer, eine Sache zu Ende zu machen. Sie sind mitunter ziemlichen Stimmungsschwankungen unterworfen und können vom einen auf den anderen Augenblick ohne ersichtlichen Grund von der höchsten Euphorie in die tiefste Depression abstürzen. Sie reagieren unter Umständen gereizt, ja sogar wütend, vor allem wenn man sie unterbricht oder wenn sie sich von einer Sache einer anderen Sache zuwenden müssen. Sie haben ein lückenhaftes Gedächtnis. Sie träumen häufig mit offenen Augen. Sie lieben Situationen, die sie aufputschen. Sie lieben Action und Außergewöhnliches. So störend ein solches Problem bei der Arbeit sein kann, so nachhaltig beeinträchtigt es unter Umständen auch eine intime Beziehung. Deine Freundin kann einen falschen Eindruck bekommen, wenn du dich ständig ausklinkst und hinter irgendwelchen Turbulenzen her bist.»

Ich beobachtete Jim, während ich ihm erklärte, was unter einer Aktivitäts- und Aufmerksamkeitsstörung zu verstehen ist. Er beugte sich vor auf seinem Stuhl und sah mir ins Gesicht. Und bei jedem neuen Symptom, das ich erwähnte, begann er mit dem Kopf zu nicken. Ein Ausdruck der Erregung trat auf sein Gesicht, das so bekümmert gewesen war, als wir uns zum erstenmal getroffen hatten. «Als ich klein war», platzte er heraus, «hieß es immer ‹Erde an Jim, bitte kommen!› oder ‹Wo hat Jim nur wieder seinen Kopf?›, oder ‹Warum kannst du dich nicht zusammenreißen, Jim?› Meine Eltern und Lehrer dachten einfach, ich wäre faul. Deshalb bekam ich Strafen aufgebrummt, oder ich wurde angeschrien. Eine Zeitlang hab ich zurückgeschrien, aber dann habe ich gewissermaßen mit ihnen Frieden geschlossen. Ich meine, was kann man schon machen? Mein Vater hatte so eine Art, mir eine hinter die Ohren zu geben, wenn ich widersprach. Das war ziemlich brutal, wenn ich es mir überlege. Und deshalb überlege ich es mir nicht oft. Ich frage mich allerdings, warum ich nicht aufgegeben habe. Ich habe nie den Mut verloren. Ich erinnere mich noch an eine Lehrerin in der 6. Klasse, die mich seitenweise aus dem Erdkundebuch abschreiben ließ, weil ich meine Hausaufgaben verschlampt hatte. Sie sagte, wenn ich zugeben würde, daß ich die Hausaufgaben einfach nicht gemacht hätte, brauchte ich auch nichts abzuschreiben. Ich hatte die Scheißhausaufgaben aber gemacht und hatte deshalb keine Lust zu sagen, daß ich sie nicht gemacht hätte. Tja, und da ist sie vollkommen ausgeflippt und konnte einfach kein Ende mehr finden. Sie hat sich immer mehr reingesteigert und immer noch einen draufgesetzt, weil sie dachte, daß ich dann klein beigeben würde. Sie hat mir immer mehr Seiten zum Abschreiben aufgebrummt. Als sie bei hundert Seiten angekommen war, hat sie aufgehört. Ich habe die ganze Nacht geschrieben und hätte die hundert Seiten auch geschafft, wenn meine Mutter mich nicht mitten in der Nacht gefunden hätte. Sie bestand darauf, daß ich aufhöre. Und: Sie ist am nächsten Tag in die Schule gegangen und hat einen Riesenkrach gemacht. Die gute Miss Willmott mußte sich bei mir entschuldigen.

Bei mir! Das war ausnahmslos der triumphalste Augenblick in meiner gesamten schulischen Laufbahn, und ich werde meine Mutter dafür immer lieben.

Ich wünschte nur, meine Eltern hätten damals gewußt, was Sie mir da jetzt erzählen», fuhr Jim fort. «Es hat so viele Auseinandersetzungen gegeben. Mein ganzes 9. Schuljahr ist in meiner Erinnerung ein einziger langer Krieg mit meinen Eltern. Sie haben sich da genauso reingesteigert wie Miss Willmott und immer noch einen draufgesetzt. Es lief bei ihnen alles darauf hinaus, daß ich mir nicht genug Mühe gebe, und deshalb haben sie mir immer mehr Strafen aufgebrummt, die aber alle nichts bewirkten. Es macht mich ganz krank, wenn ich daran zurückdenke. Meine Eltern konnten nichts dafür. Sie wußten nicht, was los war. Warum hat mir bloß bis jetzt noch niemand was davon gesagt?» fragte Jim erbittert.

«Weil man erst seit kurzem mehr darüber weiß», gab ich ihm zur Antwort.

Es läßt sich nicht sagen, wann ADD entstanden ist. Unruhige, hyperaktive Kinder hat es vermutlich gegeben, seit es überhaupt Kinder gibt. Und sie sind nicht gut behandelt worden.

Kinder sind im Laufe der Geschichte immer furchtbar schlecht behandelt worden – ein durch die Bank fast jeder Epoche der menschlichen Kulturgeschichte anhaftender, aber selten erwähnter dunkler Punkt; die Menschen differenzierten meist nicht groß, wenn es um Kinder ging, die sich «schlecht» benahmen. Nur allzu oft war es die einfach empfohlene Handlungsweise, diese Kinder zu schlagen beziehungsweise umzubringen, wie es in einigen Fällen vorgekommen war. In dem Teil seiner Natur, in dem der Mensch am unmenschlichsten ist, steckt etwas, das Vergnügen daran findet, kleinere und schwächere Wesen zu quälen, vor allem, wenn sie ihm lästig fallen oder ihn strapazieren. Es würde den Rahmen dieses Buches sprengen, wenn ich von den Kindesmißhandlungen berichten wollte, die die Menschheitsgeschichte verunstalten; ich erwähne sie nur im Zusammenhang mit ADD, weil es oft die überaktiven

Kinder, die ADD-Kinder, waren, die den schlimmsten Mißhandlungen ausgesetzt waren. Erst seit kurzer Zeit gestehen wir Kindern Rechte zu, die über die Rechte von Tieren hinausgehen, und haben uns dazu durchgerungen, in ihrem «schlechten Benehmen» etwas anderes zu sehen als ein Vom-Teufel-besessen-Sein oder eine moralische Schwäche, die bestraft werden muß.

Deshalb überrascht es nicht, daß das Syndrom – das heute ADD genannt wird – zwar seit Jahrhunderten bekannt, bislang aber einfach mit «schlechtem Benehmen» in einen Topf geworfen worden ist. Und es wurde erst in diesem Jahrhundert als eine Krankheit angesehen, die nach ärztlicher Behandlung verlangt. Es ist zwar nicht bekannt, wer das Syndrom zuerst definiert hat, Anerkennung gebührt jedoch dem englischen Kinderarzt George Frederic Still, der im Jahr 1902 in Vorlesungen am Royal College of Physicians einige Kinder aus seiner Praxis beschrieb, die schwer lenkbar waren, Anzeichen von *«Lawlessness»* (Regellosigkeit) und mangelnder Willenshemmung *(«inhibitory volition»)* erkennen ließen und im allgemeinen laut, verlogen und eigensinnig waren. Und er stellte die Hypothese auf, daß die Krankheit nicht auf elterliches Versagen oder moralische Schlechtigkeit zurückzuführen, sondern vielmehr genetisch bedingt oder die Folge eines Geburtsschadens war.

Die Themen Geburtsschaden und Hirnschaden wurden in den zwanziger und dreißiger Jahren mit dem Gedanken vom «hirngeschädigten Kind» fortgesetzt. Und selbst, wenn man eigentlich kein Anzeichen für eine neurologische Läsion finden konnte, mußte der «Hirnschaden» *(brain damage)* zur Erklärung unkontrollierten Verhaltens herhalten. In diesen Jahrzehnten setzte man erstmals – in manchen Fällen mit Erfolg – Stimulanzien (Amphetamine) als Hilfsmittel ein, um das Verhalten der Kinder in den Griff zu bekommen.

Neue Begriffe tauchten auf, einige davon recht anschaulich, so zum Beispiel «organische Triebhaftigkeit» *(organic drivenness)* andere eher blaß und verwaschen wie «minimale zerebrale Dysfunktion» *(minimal brain dysfunction)*. Man mußte sich fragen, ob die Dysfunktion minimal war oder nicht vielmehr die Fähigkeit zu begreifen, was dabei vorging.

Wie Stella Chess im Jahr 1960 veröffentlichten um dieselbe Zeit auch andere Autoren erste Untersuchungen zum «hyperkinetischen Syndrom des Kindesalters» *(hyperactive child syndrome)*, die sämtlich die Hyperaktivitätssymptomatik aus jeglichem gedanklichen Zusammenhang mit einem etwaigen Hirnschaden herauslösten. Für Chess war die Symptomatik Teil einer «physiologischen Hyperaktivität» *(physiologic hyperactivity)*, deren Ursachen man nicht in der Umwelt, sondern in biologischen Faktoren zu suchen hatte.

In den siebziger Jahren untersuchten dann namhafte Wissenschaftler das Hyperaktivitätssyndrom. In Kanada erforschte Virginia Douglas auf breiter Basis die Symptome, die mit Hyperaktivität einhergingen, und entdeckte vier Hauptmerkmale, die das klinische Bild erklärten: 1. Aufmerksamkeits- und Leistungsschwäche, 2. Impulsivität, 3. Schwierigkeiten mit der Regulierung des Aktivierungsniveaus, 4. das Bedürfnis nach sofortiger Bekräftigung. Und es ist weitgehend auf ihre Arbeit zurückzuführen, daß das Syndrom 1980 in den USA in ADD *(Attention Deficit Disorder)* umbenannt wurde.

Im darauffolgenden Jahrzehnt gab es eine Fülle von Untersuchungen. Die aktuellste und genaueste Darstellung der Geschichte und des gegenwärtigen Standes der Dinge in diesem Bereich ist in einem Buch von Russell Barkley, einem der großen Forscher auf diesem Gebiet, zu finden; sein Buch trägt den einfachen Titel *«Attention Deficit Hyperactivity Disorder»*.

«Und was bedeutet das nun genau?» fragte mich Jim. «Bedeutet es, daß ich unterbelichtet bin?»

«Ganz und gar nicht. Aber das sollte nicht ich Ihnen, das sollten Sie mir sagen. Sind Sie unterbelichtet?» fragte ich.

«Nein, das bin ich nicht. Ich weiß, daß ich nicht unterbelichtet bin», sagte Jim nachdrücklich. «Ich habe nur mein ganzes Leben lang damit Probleme gehabt, das, was in mir ist, aus mir herauszukriegen.»

«Genau», sagte ich, «das kann bei verschiedenen Menschen verschiedene Ursachen haben, bei Ihnen glaube ich, daß es auf ADD zurückzuführen ist.»

«Kommt das häufig vor?» fragte er.

«Man geht davon aus, daß fünfzehn Millionen Menschen in unserem Land ADD haben, Kinder ebenso wie Erwachsene. Männer sind häufiger davon betroffen als Frauen, etwa in einem Verhältnis von drei zu eins. Wir wissen nicht genau, was ADD verursacht, aber die besten Anhaltspunkte stammen aus dem genetischen Bereich. Andere Faktoren wie etwaige Probleme bei der Geburt mögen hinzukommen, aber die Hauptursache ist genetischer Art. Irgendwelche Umweltfaktoren können natürlich alles verschlimmern, sie sind aber nicht die Ursache.»

«Sie meinen, meine Mutter hat mich nicht verpfuscht?» fragte er ironisch.

«Nicht, was das betrifft. Vielleicht in anderer Hinsicht, wer weiß. Wollen Sie ihr Vorwürfe machen?»

«Nein, nein. Aber ich möchte irgend jemandem die Schuld daran geben. Nicht die Schuld daran geben, ich möchte einfach mal Dampf ablassen. Es fuchst mich wirklich gewaltig, daß mir bis jetzt noch nie jemand etwas davon gesagt hat. Wenn ich nun mal so gepolt bin –»

«Dann», unterbrach ich ihn, «brauchen Sie sich nicht die Schuld daran zu geben.»

«Und nichts anderes habe ich natürlich die ganze Zeit getan. Aber seien Sie ehrlich, der Fehler liegt doch bei mir. Ich meine, es ist schließlich egal, ob ich ADD habe oder XYZ – ich hab's vermasselt; ich hab's vermasselt, und in meinem Alter muß man selber dafür den Kopf hinhalten. Habe ich nicht recht?»

«In gewisser Weise schon», sagte ich und rieb mir die Schulter, als hätten seine Worte einen längst vergangenen Schmerz wieder aktiviert. «Doch was bringen all diese Selbstvorwürfe? Ich möchte Ihnen einen Begriffsrahmen vermitteln, den Sie brauchen, um sich so zu verstehen, daß Sie Nachsicht mit sich haben und weitermachen können.»

«O.k.», sagte Jim. «Das verstehe ich. Trotzdem, was ist der springende Punkt? Können Sie etwas dagegen tun?»

«Menschen mit ADD sind immer ganz scharf auf springende Punkte», sagte ich lachend. «Da heißt es immer ‹Kommen wir zur Sache›, ‹Und wie geht es weiter?›, ‹Was ist der Knackpunkt?›»

«Ja, da haben Sie recht», meinte Jim. «Mich interessiert nicht der Weg, mich interessiert das Ziel. Ist das verwerflich?»

«Ich wollte Sie nicht unter Anklage stellen. Ich habe selbst ADD, ich weiß, wie das ist.»

«Sie haben ADD?» fragte Jim, sichtlich erschrocken. «Sie wirken so ruhig.»

«Übung», sagte ich lächelnd. «Ich bin eigentlich überzeugt, daß es auch bei Ihnen Zeiten gibt, in denen Sie ganz locker und konzentriert sind. Für mich sind das die Zeiten, wo ich, wie jetzt, bei der Arbeit bin. Aber das Üben ist auch wichtig. Und das mache ich mit Ihnen auch.»

An diesem Punkt begann Jims Behandlung. Genaugenommen hatte sie bereits begonnen. Es macht für die meisten Menschen schon einen großen Teil der Behandlung aus, wenn sie über ihr Syndrom etwas erfahren und schließlich entdecken, daß es einen Namen dafür gibt.

«Was ist bloß los mit mir?» fragte Jim während einer Sitzung. «Ich geb mir wirklich Mühe, nicht grob zu werden. Aber da ruft mich dieser Kerl an und redet gleich auf mich ein, ich habe ihm die falschen Sachen geschickt, dabei habe ich ganz genau gewußt, daß es die richtigen Sachen waren, bloß er hat nicht gewußt, daß es die richtigen Sachen waren, und deshalb hat er gedacht, es sind die falschen, und darum hat mich das sofort aufgebracht. Aber was mich noch mehr aufgebracht hat, war sein Ton. Können Sie sich das vorstellen? Ich wußte vom ersten Augenblick an, als er da am Telefon loslegte, daß ich am liebsten auflegen oder ihm eins auf die Nase geben würde.»

«Sie hatten so etwas wie eine Wutreaktion», schlug ich vor.

«Haargenau. Und mir schwillt schon wieder der Kamm, wenn ich jetzt daran denke. Deshalb habe ich versucht, das zu tun, was Sie mir gesagt haben: den Mund zu halten und an die Konsequenzen zu denken. Der Mann war ein guter Kunde. Ich wollte ihn nicht verlieren, und ich wollte auch nicht, daß er mich bei seinen Bekannten anschwärzt. Also hab ich geschwiegen. Aber je länger ich schwieg, desto mehr hat er geredet, hat mit dieser schleppenden, monotonen Stimme immer und immer weitergeredet, und ich hätte ihn am liebsten angeschrien: ‹*Nun komm doch endlich zur Sache!*› Aber statt dessen hab ich mich bloß geräuspert. Aber da sagte er zu mir: ‹Unterbrechen Sie mich nicht, ich bin noch nicht fertig.› Na ja, und da bin ich ausgerastet. Ich hab ihm gesagt, daß wir vermutlich noch bis zum Sankt-Nimmerleins-Tag telefonieren könnten und er dann immer noch kein Ende finden würde und daß ich etwas Besseres zu tun hätte, und dann habe ich aufgelegt. Können Sie sich das vorstellen?»

Ich lachte. «Ich finde, Sie haben das sehr gut gemacht. Wenigstens bis zu dem Moment, wo Sie ausgerastet sind. Der Kerl hat Ihnen auf den Nerven herumgegeigt. Und sehen wir der Tatsache ins Auge: Es wird immer wieder Situationen geben, wo Sie in Rage geraten und ausrasten. Das wird durch die Behandlung von ADD nicht ganz beseitigt, und das wollen Sie doch auch gar nicht, oder?»

«Eigentlich nicht. Aber gehört diese Wutreaktion, wie Sie es nennen, zu ADD dazu?»

«Ja», sagte ich. «Das gehört mit zur Impulsivität dazu. Wenn Sie sich ADD als eine elementare Hemmschwäche vorstellen, verstehen Sie leichter, warum Menschen mit ADD schneller in Wut geraten. Sie zügeln ihre Impulse nicht so gut wie andere Menschen. Ihnen fehlt die kleine Pause zwischen Impuls und Handeln, die die meisten Menschen befähigt, innezuhalten und nachzudenken. Die Behandlung hilft dabei, aber sie führt nicht zu einer völligen Heilung.»

«Wissen Sie, was das Lustige war?» fragte er. «Der Kerl hat am nächsten Tag noch mal angerufen und hat gesagt, es tut ihm leid, daß wir am Tag vorher ein Verständigungsproblem hatten und ob wir vielleicht noch mal von vorne anfangen könnten. Ein Verständigungsproblem, können Sie sich so was vorstellen? Ich habe gesagt: Ja, sicher, nur lassen Sie diesmal mich anfangen. Und ich habe ihm in zehn Sekunden erklärt, warum das, was ich ihm geschickt habe, genau das ist, was er braucht. Er hat gesagt, er hat es verstanden, und vielen Dank. Ich habe gesagt: ‹Nein, ich muß mich bei Ihnen bedanken, und das Verständigungsproblem gestern tut mir leid›, und wir haben uns verabschiedet wie die allerbesten Freunde.» Jim schlug sich mit der Hand aufs Knie.

«Na, was sagen Sie dazu? Ihr Schutzengel muß auf dem Posten gewesen sein.»

«Aber wo kommt diese Wut denn her?»

«Können Sie es mir nicht sagen?» fragte ich.

«Sie hat sich wohl im Lauf der Jahre angestaut. Als kleiner Junge war ich durcheinander, aber ich war nicht wütend. Die Wut muß sich wohl während der Schulzeit in mir aufgestaut haben. Die ganzen Reinfälle, die ganzen Frustrationen.» Jim ballte ohne es zu merken die Fäuste, während er über seine Gefühle sprach. «Es kam so weit, daß ich, schon bevor ich etwas anfing, wußte, da wird nichts draus. Und so hatte ich nichts als meine Beharrlichkeit. Ich habe einfach nicht aufgegeben. Aber, verdammt noch mal, warum nicht, bei all den Pleiten, die ich für meine Mühen vorzuweisen hatte?»

Jim kam jetzt in eine Phase, die einen großen und sehr wesentlichen Teil von ADD ausmacht, wenngleich sie genaugenommen nicht direkt zum neurologischen Syndrom gehört. Er begann über die sekundären psychologischen Probleme zu sprechen, die sich in charakteristischer Weise im Gefolge des primären neurologischen Problems entwickeln.

Infolge sich ständig wiederholender Pleiten, Mißverständnisse und Fehletikettierungen bekommen Kinder mit ADD gewöhnlich zunehmend Probleme mit ihrem Selbstbild und ihrem Selbstwertgefühl. Man sagt ihnen ihre ganze Kindheit hindurch, daß sie einen Defekt haben. Man nennt sie dumm, beschränkt, faul, eigensinnig, verlogen oder garstig. Sie bekommen dauernd Ausdrücke wie «Hans-guck-in-die-Luft» oder «Tagträumer» oder «Konfusionsrat» zu hören. Sie sind immer schuld daran, wenn es bei den Mahlzeiten Theater gibt oder der Familienurlaub zur Katastrophe wird. Sie müssen sich für allen möglichen Unfug, den andere in der Klasse treiben, tadeln lassen und werden in der Schule gern zum Sündenbock gemacht. Sie sind Gegenstand häufiger Eltern-Lehrer-Konferenzen. Immer wieder trifft sich ein aufgebrachter Lehrer mit einem frustrierten Elternteil zu einer Besprechung, deren Brisanz sich später über dem Kind entlädt, das nicht dabei gewesen ist. Es bekommt die Nachbeben hinterher zu spüren. «Weißt du, was deine Lehrerin gesagt hat? Weißt du, wie peinlich das deiner Mutter und mir gewesen ist?» Oder von seiten des Lehrers: «Ich verstehe, daß du dich zu Hause auch nicht besser unter Kontrolle hast als in der Schule. Daran müssen wir arbeiten, nicht wahr?»

Monat für Monat, Jahr für Jahr läuft immer und immer wieder die Negativismusplatte, bis sie für das Kind zur vertrautesten Stimme wird. «Du bist böse», sagt sie auf viele verschiedene Arten. «Du bist dumm. Du hast ein Brett vor dem Kopf. Du bist eine Null. Du kannst einem wirklich nur leid tun.» Und diese Stimme zieht das Selbstwertgefühl des Kindes immer tiefer herab aus der Reichweite vielleicht schon hilfreich ausgestreckter Hände in die hermetisch abgeschlossene Welt jugendlicher Selbstvorwürfe. Es bedeutet für Kinder ein Stück harte Arbeit, sich in der Pubertät selber zu mögen. Für Kinder mit ADD ist es aber besonders schwer.

«Sie haben in Ihrem Bemühen nicht nachgelassen, das muß aber schwer gewesen sein», sagte ich zu Jim.

«Das kann man wohl sagen», gab Jim mir mit einem Anklang von Trauer in der Stimme zur Antwort, als wollte er mir bedeuten: «Und das ist noch längst nicht alles.»

«Erzählen Sie mir davon», sagte ich.

«Ich weiß bloß nicht, wo ich anfangen soll. Im High-School-Alter hatten sie mich dann fast davon überzeugt, daß ich nun mal dämlich bin. Ich meine, ich hatte einfach den Durchblick nicht. Ich konnte das Zeug im Unterricht verstehen. Ich konnte folgen, wenn etwas erklärt worden ist. Ich war manchmal in Gedanken sogar schon einen Schritt voraus. Aber wenn ich Arbeiten schreiben, meine Aufgaben organisieren oder Tests schreiben sollte, war einfach alles wie weggeblasen. Ich hab's versucht. Glauben Sie mir, ich habe es immer und immer wieder versucht. Man hat mir andauernd in den Ohren gelegen, daß ich es nicht versuchen würde, aber ich habe es versucht. Es ist bloß so, daß der größere Vorschlaghammer nicht funktioniert hat. Ich habe mich in meinem Zimmer eingeschlossen, und ehe ich mich versah, war ich schon wieder weg. Bei etwas anderem. Lesen. Musik hören. Und dann habe ich mich wieder gefangen, habe den nächsten Versuch gemacht und bin wieder an die Arbeit gegangen, aber es hat verdammt nicht hingehauen.» Jims Stimme klang belegt, und er wurde rot im Gesicht.

«Es geht alles immer wieder von vorne los, was?» sagte ich.

«Aber wirklich. Sie haben mir gesagt, daß ich mich noch mehr anstrengen soll. Immer und immer wieder. Und ich habe mich noch mehr angestrengt, und es hat nicht funktioniert. Schließlich habe ich gedacht, daß mein Grips nicht dafür ausreicht. Und ich wußte im selben Moment, daß das nicht stimmt. Aber es hat einfach nicht funktioniert.»

«Deshalb sind Sie dauernd frustriert gewesen. Kein Wunder, daß Sie eine Wut im Bauch hatten.»

«Glauben Sie, daß ich deswegen angefangen habe zu trinken? Ich fühle mich besser, wenn ich ein paar Gläser intus hatte. Aber geht das nicht jedem so?»

«Sicher», stimmte ich zu. «Aber Sie haben wahrscheinlich spezielle Gründe dafür, daß Sie trinken. Sie haben zur Selbstmedikation gegriffen. Das tun viele Leute mit ADD. Alkohol, Marihuana, Kokain, das ist alles verbreitet. Und jede dieser Drogen hat auf ihre Weise eine beruhigende Wirkung. Aber nur für kurze Zeit. Auf lange Sicht haben sie alle verheerende Folgen.»

«Ich glaube, das habe ich geahnt. Deshalb habe ich es wahrscheinlich auch nie zur Gewohnheit werden lassen. Ich dachte, das wäre

dann wohl wirklich die Endstation für mich.» Jim schwieg einen Augenblick. «Wieso Kokain? Ich dachte, das möbelt einen auf.»
«Bei den meisten Menschen hat es diese Wirkung. Für Menschen mit ADD ist es allerdings eine Konzentrationshilfe. Deshalb betreiben sie, ohne es zu wissen, Selbstmedikation, wenn sie Kokain schnupfen.»
«Im Ernst? Na, wie auch immer, ich bin bloß froh, daß ich etwas über ADD erfahren habe, bevor auch noch der Rest meines Lebens rum ist.»
«Wie hat es sich auf ihre Beziehungen zu anderen Menschen ausgewirkt?» fragte ich.
«Ich habe damals nicht darüber nachgedacht. Aber die vielen Dinge, über die wir gesprochen haben, sind mir bei Freunden, bei Mädchen und auch bei anderen Menschen in die Quere gekommen. Ich wollte nicht zuhören –»
«Konnte nicht zuhören», verbesserte ich ihn.
«O.k., konnte nicht zuhören. Alle anderen dachten aber, ich *wollte* nicht. Ich bin zu irgendwelchen Sachen zu spät gekommen oder bin überhaupt nicht erschienen, weil ich es vergessen hatte. Ich habe irgendwelche Dinge nicht richtig verstanden und deshalb eine falsche Antwort gegeben – Sie kennen ja die Geschichte. Die Leute dachten, daß ich arrogant oder einfach kalt wäre. Zugegeben, mir sind da ein paarmal die Sicherungen durchgeknallt. Wenn mich irgend jemand wegen irgendwas anrief, habe ich ihm gesagt, er kann mich mal. Das hat nicht unbedingt zu meiner Beliebtheit beigetragen. Ich hatte aber trotzdem noch Freunde. Und was das Wichtigste für mich war, Pauline hat zu mir gehalten. Ich frage mich manchmal, warum. Ich hab Sachen vergessen, bin oft nicht gekommen, bin grundlos in Wut geraten oder in Trübsal verfallen. Ich habe mich mit ihr unterhalten und bin dann plötzlich in irgendeinen Tagtraum verschwunden. Ich hab ihr versprochen, daß wir irgendwas zusammen unternehmen, und hab's dann vergessen. Irgendwie hat sie mich nicht im Stich gelassen. Das ist aber sicher nicht leicht gewesen. Es schien immer, als ob wir mitten in einer potentiellen Auseinandersetzung wären. Es war immer ein Streit im Busch.

Wenn ich mal wieder Bockmist bei der Arbeit gemacht hatte, hat sie mich getröstet, obwohl sie sicher gedacht hat: Was ist bloß mit diesem Kerl los? Ich hab es schließlich selber gedacht. Ohne Pauline hätte ich wohl nicht so lange weiterleben können. Sie ist unglaublich. Aber unsere Beziehung war ein harter Brocken für sie. Ich bin nun mal ein schwieriger Typ, ich weiß das. Ich weiß, daß ich zum Verzweifeln bin, ich könnte über mich selbst verzweifeln. Ich wünschte wahrhaftig, ich wär nicht so. Glauben Sie mir, ich mache das nicht absichtlich. Pauline ist in ihrem tiefsten Inneren wohl auch davon überzeugt. Wie hätte sie sonst zu mir halten können?»

«Wahrscheinlich haben Sie recht. Aber Sie sind ein netter Kerl, Jim. Und die Menschen nehmen Ihre störenden Gewohnheiten in Kauf, weil Sie sie auf andere Weise dafür entschädigen.»

Ein wesentliches und oft übersehenes Charakteristikum von beidem – Lernschwäche wie ADD – ist die Konsequenz im sozialen Bereich für Menschen mit ADD. Diese Krankheit kann zwischenmenschliche Beziehungen auf dieselbe dramatische Weise beeinträchtigen wie die Leistung beim Studium oder bei der Arbeit. Wenn man Freunde gewinnen will, muß man zuhören können. Wenn man in einer Gruppe zurechtkommen will, muß man dem folgen können, worüber in der Gruppe gesprochen wird. Soziale Signale sind oft subtil: verengte Augen, hochgezogene Brauen, eine leichte Veränderung im Stimmklang, ein schräggelegter Kopf. Menschen mit ADD bekommen diese Signale oft genug nicht mit. Das führt zu regelrechten sozialen Entgleisungen oder einem allgemeinen Gefühl des Ausgeschlossenseins. Besonders in der Kindheit, wo soziale Transaktionen so schnell vor sich gehen und der Regelverletzer so mitleidlos behandelt wird, kann ein episodischer Mangel an sozialer Aufmerksamkeit infolge der Ablenkbarkeit und Impulsivität, die zu ADD gehören, die Akzeptanz durch eine Gruppe verhindern oder einen eine Freundschaft kosten.

«Ich wundere mich manchmal, daß ich so weit gekommen bin und daß mich noch keiner umgebracht hat», lachte Jim. «Muß das Glück der Iren sein.»

«Schon möglich», sagte ich. «Aber vielleicht haben Sie im Laufe der Zeit, ohne es zu merken, ein paar kleine Tricks gelernt. Daß Sie ADD haben, ist gewissermaßen mit in ihre ethnische Erbmasse eingegangen. Es hat Sie im selben Maße bis ins innerste Mark geprägt wie der irische Volkscharakter, nur auf andere Weise.»

Jims Behandlung dauerte ungefähr ein Jahr. Sie umfaßte eine Psychotherapiesitzung einmal die Woche und Medikamente in kleinen Dosen. Die psychotherapeutische Behandlung war eher eine Art Training als Psychotherapie im herkömmlichen Sinne, insofern sie erzieherisch, informativ, orientierend und ausgesprochen ermutigend war. Ich feuerte Jim gewissermaßen von der Seitenlinie aus an. Ich half ihm beim Aufbau eines neuen Selbstverständnisses, in dem er seiner ADD Rechnung trug, und ich half ihm bei der Suche nach Möglichkeiten, Ordnung und Zusammenhalt in sein Leben zu bringen, so daß ihm ADD nicht mehr so in die Quere kommt. Die medikamentöse Behandlung unterstützt die Ausbildung von Konzentrationsfähigkeit und Ausdauer. Sie unterdrückt das Rauschen im Sender, wie er es formulierte.

Wir werden die Behandlung im einzelnen in Kapitel 8 erläutern, doch folgt hier zur Einführung ein Überblick über die wirksamsten Komponenten der Therapie. Man beachte, daß die medikamentöse Behandlung von ADD zwar merklich Hilfe bringt, daß sie aber keineswegs die ganze Therapie ist. Ein umfassendes Trainingsprogramm erzielt die beste Wirkung.

Die Behandlung von ADD
Ein Überblick

1. *Diagnose:* Der erste Schritt zur Behandlung ist das Erstellen der Diagnose. Sie ruft beim Patienten oft große Erleichterung hervor, wenn ihm klar wird: «Endlich gibt es einen Namen dafür!» Mit der Diagnose beginnt die Therapie.

2. *Aufklärung:* Je umfassender das Bild ist, das man sich von ADD verschafft, desto erfolgreicher ist die Therapie. Mit gründlicher Einsicht in das Wesen von ADD erkennt man besser, wo sie in das eigene Leben eingreift und was man gegen sie tun kann. Sie gibt einem überdies ein wichtiges Hilfsmittel in die Hand, andere über sie ins Bild zu setzen.

3. *Strukturieren:* Struktur meint die Begrenzungen und Kontrollen von außen, die Menschen mit ADD so dringend benötigen. Konkrete, praktische Hilfsmittel wie Listen, Gedächtnisstützen, Zettelkästen, Terminkalender, Zielsetzungen, Zeiteinteilung und dergleichen können das innere Chaos in einem ADD-Leben stark verringern und die Produktivität sowie das Gefühl der Souveränität verbessern.

4. *Training und/oder Psychotherapie:* ADD-Patienten tut es ausgesprochen gut, wenn sie einen «Trainer» haben; jemand, der mit der Pfeife um den Hals an der Seitenlinie steht und anfeuernde, instruktive und ermahnende Zurufe aufs Spielfeld schickt, und der ganz allgemein dafür sorgt, daß alles nach Plan geht. Mit solch aufbauendem Zuspruch läuft für ADD-Patienten alles bestens, ohne ihn fühlen sie sich ganz verloren. In exzellenter Form kann Gruppentherapie diesen Zuspruch liefern. Psychotherapie im herkömmlichen Sinne mag angebracht sein, wenn Depressionen, Probleme mit dem Selbstwertgefühl oder andere seelische Probleme im Spiel sind.

5. *Medikamentöse Behandlung:* Es gibt mehrere Arten medikamentöser Behandlung, die eine Korrektur von ADD-Symptomen bewirken können. Die Medikamente funktionieren wie eine Brille, indem sie dem Patienten helfen zu fokussieren. Sie vermögen ebenso die Gefühle von Angst und innerer Unruhe abzuschwächen, die bei ADD so häufig auftreten. Die medikamentöse Behandlung wirkt durch die Behebung eines chemischen Un-

gleichgewichts, das in den Gehirnregionen liegt, die Aufmerksamkeit, Impulsbeherrschung und Stimmung regulieren. Die medikamentöse Behandlung ist nicht die vollständige Lösung des Problems, sie kann aber tiefgreifende Erleichterung verschaffen und birgt, wenn sie richtig eingesetzt wird, keinerlei Risiken.

In Jims Fall verlief die Behandlung sehr erfolgreich. Als wir uns schließlich trennten, hatte er sein Leben geändert. Nach Ablauf von acht Monaten war er dabei, sich sein eigenes Computer-Consulting-Unternehmen aufzubauen; er hatte sich auf eine Sorte von Softwaresanierung spezialisiert, von der ich absolut nichts verstand, von der aber auch wenige andere etwas verstanden und die viele brauchten, so daß sein Geschäft florierte. Nachdem er nun sein eigener Chef war, hatte er die Probleme mit Vorgesetzten, die er vorher gehabt hatte, nicht mehr. Natürlich mußte er sich in angemessener Form auf seine Kunden einstellen, und an dieser Fertigkeit arbeitete er. Er richtete sich in seiner Beziehung mit Pauline in einer Weise ein, die ihnen beiden behagte. Er hatte eine Reihe von Techniken entwickelt, sich zu managen, wie er es ausdrückte. Und nachdem er sich selber keine Knüppel mehr zwischen die Beine warf, zog er allmählich Nutzen aus dem einfallsreichen Kopf, den er schon immer gehabt hatte.

Fall 2: Carolyn

Eines Nachmittags kam Carolyn Deauville, «nur so zum Plaudern», zu mir zu Besuch. Als sie per Ferngespräch einen Termin mit mir vereinbart hatte, hatte sie in ihrem breiten Südstaatenakzent zu mir gesagt: «Ich weiß, was mir fehlt. Ich möchte nur, daß Sie dasitzen, nicken und zuhören.»

Carolyn kam in voller Lebensgröße von stattlichen einsachtundsiebzig in mein Sprechzimmer geschritten. Sie trug ein zart orangefarbenes Chiffonkleid mit einer weißen Schärpe und einen beigefarbenen, breitrandigen Hut. Sie hatte einen pfirsichfarbenen Lippenstift aufgelegt und roch nach einem Parfum, das auf sehr angenehme, aber keineswegs flüchtige Art sofort den Raum erfüllte. Wie ihr Parfum, so erfüllte auch Carolyn schnell den Raum. «Sie haben doch nichts dagegen?» fragte sie und zündete sich eine Zigarette an. Und während sie den Rauch ausstieß, sah sie mich mit weit geöffneten blauen Augen an. «Es kommt mir vor, als ob wir alte Freunde wären. Ich habe einen Vortrag von Ihnen gehört. Ich habe ein paar von Ihren Aufsätzen gelesen. Wir haben beide ADD. Ich bin Therapeutin, Sie sind Therapeut. Du lieber Himmel, wir sind praktisch Nachbarn. Abgesehen davon, daß ich von dreitausend Meilen weit her aus Kalifornien komme.»

«Aus Kalifornien?» fragte ich. «Ich hätte gedacht...»

«Wegen meines Akzents hätten Sie gedacht, daß ich von irgendwoher aus den Südstaaten komme, und Sie hätten damit recht gehabt, weil ich in New Orleans aufgewachsen bin. Aber meine Ehe Numero zwei hat mich zum Golden Gate geführt, und ich bin nie mehr zurückgegangen.»

«Sie haben am Telefon gesagt, daß Sie nur ein wenig plaudern wollten.»

«Ich bin jetzt über zwanzig Jahre Psychologin, und ich habe mich in den vergangenen zehn Jahren auf ADD spezialisiert. Ich habe noch nie jemandem meine Lebensgeschichte erzählt, und da mir Ihr Vortrag gefallen hat, schienen Sie mir der geeignete Mensch dafür zu sein, damit anzufangen.»

Wir kamen überein, uns ein paarmal zu treffen. Sie war mit ihrem Mann zu einer Tagung in die Stadt gekommen und hatte ein paar Tage Zeit.

Als sie ihre Lebensgeschichte vor mir ausbreitete, konnte ich nicht umhin, ihr Stehvermögen und ihre Klugheit zu bewundern. «Ich bin ein Waisenkind, oder vielmehr ich war eines. Meine Mutter wurde schwanger, und katholische Teenies in Louisiana in den dreißiger Jahren hatten keine Fehlgeburt. Also, hier bin ich. Als ich zwei war, bin ich adoptiert worden. Meine Mutter und ich, was für ein ungleiches Paar wir waren! Sie war eine wundervolle Dame, und ich liebe sie von Herzen, aber sie war so damenhaft und so gut organisiert, und ich, tja, ich war das nicht. Meine Mutter konnte mir keine Manieren beibringen, so sehr sie sich auch bemühte. Ich saß mit gespreizten Beinen da, ich kaute an den Fingernägeln, ich achtete nicht darauf, wenn mein Rock hochrutschte, ich habe mich dauernd dreckig gemacht, ich war ein richtiger Schmutzfink. Meine erste deutliche Erinnerung stammt aus der Zeit, als ich vier Jahre alt war und aus der Summation Bible School abgehauen bin. Es war dort langweilig. Jimmy Tundooras und ich schlichen auf Zehenspitzen zur Hintertür hinaus und liefen den Feldweg zum Fluß hinunter. Im Gegensatz zu mir bekam Jimmy es aber nach kurzer Zeit mit der Angst zu tun, und er lief wieder zurück. Ich spazierte in der ganzen Stadt umher und bin schließlich irgendwo eingeschlafen. Man hat mich am späten Nachmittag in einem Straßengraben gefunden. Meine Mama hat mir ganz gehörig die Leviten gelesen. Sie muß sich gefragt haben, warum in aller Welt sie damals ins Waisenhaus gegangen ist.

Als nächstes erinnere ich mich noch genau daran, wie ich hoch oben auf dem Wasserturm gesessen habe. Ich kann da höchstens sechs gewesen sein. Nachdem ich einmal kapiert hatte, wie man da raufklettern kann, hab ich es immer wieder gemacht. Nachdem ich lesen gelernt hatte, hab ich mir manchmal ein Buch zwischen die Zähne geklemmt, bin raufgeklettert und hab den ganzen Nachmittag da oben gelesen. Können Sie sich so was vorstellen? Ich kriege heute immer eine Gänsehaut, wenn ich an einem Wasserturm vorbeifahre. Die sind nämlich ziemlich hoch! Ich kann mich erinnern, daß ich damals die Beine über den Rand baumeln ließ und nach unten geguckt und ‹Huuhuu› gerufen habe.»

«Hat Ihnen denn niemand gesagt, daß Sie da nicht raufklettern sollen?» fragte ich.

«Davon wußte ja keiner», gab sie flüsternd zur Antwort, als ob es für immer ein Geheimnis bleiben müßte. «Oh, ich war ein richtiger kleiner Satansbraten, oder so etwas Ähnliches hat meine Mutter gesagt, sie hat mich aber trotzdem lieb gehabt. Ich hatte halt immer Dreck am Stecken. Der Samstag. Ich haßte den Samstag. Am Samstag überfiel mich immer ein unerklärliches Unbehagen. Ich wußte damals nicht, warum, aber wenn ich jetzt daran zurückdenke, weiß ich, woran es lag: Am Samstag kamen alle Sünden ans Tageslicht, die ich im Laufe der Woche begangen hatte. Mama war Lehrerin und die Woche über zu beschäftigt, um darauf zu achten; sobald aber der Samstag gekommen war, nahm Mama meine Sachen unter die Lupe und stellte fest, daß einer von den weißen Baumwollhandschuhen fehlte, die ich für den Kirchgang brauchte, oder daß sie furchtbar schmutzig waren. Oder daß die Schärpe zu meinem Kleid zerrissen war. Oder daß einige von meinen Sachen verschwunden waren. Ich hatte die Angewohnheit, den Kindern im Waisenhaus Kleider von mir zu schenken. Ich wußte nicht, daß ich ein Adoptivkind bin, deshalb weiß ich nicht, warum ich meine Kleider verschenkt habe, aber ich hab's gemacht. Mama war ständig am Rande der Verzweiflung.»

«Und Ihr Vater?» fragte ich.

«Daddy liebte Kinder, und er liebte mich. Was ein großes Glück für mich war, denn ich brauchte alle Liebe, die ich nur bekommen konnte. Vor allem nachdem ich eingeschult worden war und nachdem Warren zur Welt gekommen war. Nach all der Mühe, die Mama hatte, schwanger zu werden, fiel ihr nichts Besseres ein als einen Nachzügler zu produzieren, meinen Bruder Warren. Er war ebensosehr ein Engel, wie ich ein Teufel war, und man hätte ihm am besten einen Heiligenschein verpaßt. Und die Schule? Tja, das erste, woran ich mich aus meiner Schulzeit erinnere, ist, daß Mrs. Kimble mich geschlagen hat, weil ich auf meiner Pritsche nicht stilliegen konnte. Ich habe übrigens nie stillgelegen oder stillgesessen.

Ich habe langsam lesen gelernt, nachdem ich es aber konnte, war ich eine begeisterte Leserin. Oben, auf dem Wasserturm, unter dem Küchentisch, wo immer ich ein Plätzchen fand, wo ich ungestört war, zog ich ein Buch aus der Tasche und fing an zu lesen. Mathematik war eine Katastrophe. Da bekamen wir immer Lernkarten, und einer aus der Klasse mußte sie austeilen. Ich habe immer meinen Nachtisch aufgehoben als Bestechung für denjenigen, der austeilte, damit ich die einfachen Karten bekam. Besonders scharf war ich auf die Karten mit den Nullen, eins plus null ist . . .? Ich war immer ganz verzweifelt, wenn es einen Nachtisch gab wie Pudding, den ich nicht in der Rocktasche oder unterm Kleid versteckt rausschmuggeln konnte. Ich war sogar ziemlich gut darin, Apfeltorte zu verstecken.»

«Es hört sich so an, als ob Sie trotz allem ein glückliches Kind gewesen wären», sagte ich.

«Das war ich. Ich bin immer glücklich gewesen. Das ist wohl eine Frage des Temperaments und das Beste, was einem passieren kann. Ich war sogar glücklich, wenn ich allen Grund hatte, es nicht zu sein. Ich habe immer einen Ausweg gefunden. Einmal, in der zweiten Klasse, mußte ich mich zur Strafe dafür, daß ich Nancy Smith gehauen hatte, abseits von den anderen Kindern hinter einen Tisch stellen. Das passierte an einem Vormittag, wo für die Eltern Tag der offenen Tür war, deshalb sollte es für mich besonders peinlich und erniedrigend sein, daß ich dort an der Seite hinter dem Tisch stehen mußte. Tja, und was hab ich gemacht? Die Tischplatte reichte mir gerade bis an den Unterleib, also rieb ich mich dagegen und überließ mich meinen Gedanken, während die Besucher durchs Klassenzimmer marschierten. Ich bin sicher, daß niemand etwas gemerkt hat und daß ich selbst kaum wußte, daß ich da in aller Öffentlichkeit im Klassenzimmer der zweiten Klasse masturbierte.»

«Ich habe immer zuviel geredet», sagte Carolyn, als ob sie der Meinung war, daß sie es noch tat. Aber ich fand das ganz und gar nicht. Mir gefiel ihre Geschichte ungemein, vor allem, wie sie sie erzählte, alles wie am Schnürchen und dazu in dem breitesten und weichsten Tonfall der Südstaatler. «Das Schlimmste von allem war, daß ich so viel gehänselt wurde. Ich war so leicht aus der Reserve zu locken. Meine Gefühle mußten immer gleich raus. Wenn mir jemand ein Gesicht schnitt, streckte ich ihm sofort die Zunge raus.

Wenn jemand über mich tuschelte, bin ich gleich auf ihn losgegangen. Ich hatte auch nahe ans Wasser gebaut. Wenn jemand meine Gefühle verletzte, buhuhu, fing ich gleich an zu heulen. Na, Sie wissen ja, wie Kinder auf so etwas abfahren. Deshalb bin ich dauernd geärgert worden. Daddy hat immer mit mir geübt, wie ich das übergehen soll, ich hab das aber nie geschafft. In der dritten Klasse hab ich auf dem Spielplatz zwei Jungen verprügelt, und das zu einer Zeit, wo Mädchen sich nicht prügelten, wo sie das den Jungen überließen. Mama war tiefbetrübt, aber Daddy hat mich beiseite genommen und hat gesagt, daß er stolz auf mich ist.

Arme Mama, sie war häufig tiefbetrübt. In der sechsten Klasse hatte meine Lehrerin so genug davon, sich meinen unordentlichen Tisch anzusehen – er war übersät mit Papierfetzen, ausgekauten Kaugummis, einer verbogenen Gabel und sogar ein paar alten Desserts –, daß sie alles in ein paar braune Papiertüten leerte, damit ich es nach der Schule mit nach Hause nahm und meiner Mutter zeigte. Mama war wieder mal tiefbetrübt.

Sie hat sich solche Mühe gegeben, eine Dame aus mir zu machen. Ich wollte mir mit Wasserstoffsuperoxyd die Haare bleichen, sie hat es aber nicht erlaubt. Was habe ich gemacht? Ich war so eine Schlampe. Ich habe einen Lippenstift genommen und versucht, mir statt dessen die Haare damit zu bestreichen. Alles, was dabei herauskam, war eine schmierige Scheußlichkeit. Ich habe mir vorne immer aufgerollte Socken reingesteckt. Nur bin ich dabei auch nicht besonders geschickt gewesen. Eines Tages ist mir in der zehnten Klasse eine Socke aus dem Kleid geflutscht. Sie können sich sicher vorstellen, was da los war.

Aber irgendwie hab ich's gepackt. Es muß sich ausgezahlt haben, daß ich so viel gelesen habe, ich schnitt nämlich bei den Leistungstests gut ab und bekam einen Freiplatz auf dem College. Über meine guten Abschlußnoten hab ich mich damals gewundert und alle anderen auch. Es wurde sogar gemunkelt, daß ich gemogelt hätte. Aber nach allem, was ich heute weiß, glaube ich, daß ich gut abgeschnitten habe, weil ich so hochmotiviert war, daß ich in diesen

ADD-typischen, hyperfokussierten Zustand geriet. Wenigstens dieses eine Mal war Mama nicht tiefbetrübt. Ich wurstelte mich durchs College und fing dann an zu studieren, nebenher, an der Abendakademie, weil ich jetzt Kinder bekam. Dann hörte ich mit dem Studieren für ein paar Jahre ganz auf. Danach hab ich weitergemacht, hab promoviert und bin der Mensch geworden, der heute vor Ihnen sitzt.»

«Und Sie hatten keine Ahnung, daß Sie eine Aktivitäts- und Aufmerksamkeitsstörung hatten?»

«Absolut nicht. Ich war schon lange mit dem Studium fertig, als ich mir die Diagnose stellte. Was meinen Sie, paßt mein Fall ins klinische Bild?»

«Das tut er ganz bestimmt», sagte ich. «Wie haben Sie sich gefühlt, als Sie merkten, daß Sie die ganze Zeit ADD hatten?»

«Ich war nur riesig erleichtert. Endlich gab es einen Namen dafür, vor allem für die emotionale Reizbarkeit, deretwegen ich so häufig geärgert worden war. Ich dachte, ich wäre die typische Hysterikerin oder etwas in dieser Richtung. Und auch sonst noch alles mögliche. Das ständige Gezappel, die Klettertouren am Wasserturm, die Kämpfchen, die Unkonzentriertheit, die Schulprobleme. Es paßte alles zusammen. Das beste war, daß ich einen Namen dafür hatte. Und ich konnte ganz gut damit umgehen, nachdem ich herausgefunden hatte, daß ich ADD habe.»

«Und warum wollten Sie mich konsultieren?» fragte ich.

«Um noch die Meinung eines Kollegen zu hören. Bisher war ich allein für die Diagnose verantwortlich.»

«Na ja», sagte ich, «für mich hört sich das wie ein ziemlich klassischer Fall von ADD an. Wir könnten zur Erhärtung der Diagnose natürlich noch ein paar Tests machen. Aber das hätten Sie längst tun können. Und ich glaube, Sie wissen, daß Sie ADD haben. Gibt es vielleicht noch einen anderen Grund, warum Sie zu mir gekommen sind?»

Carolyn, die ihre Lebensgeschichte praktisch ohne Punkt und Komma erzählt hatte, schwieg auf einmal. Sie nahm den Hut ab, zeigte nun ihr ganzes Gesicht von der breiten Stirn bis zum spitzen, energischen Kinn und warf das hellbraune Haar zurück. Groß, elegant, selbstbewußt, überraschte sie mich nun durch ihre Antwort. «Ich wollte von Ihnen hören, daß ich gute Arbeit geleistet habe», sagte sie leise. «Das hört sich sicher kindisch an, aber Sie können sich nicht vorstellen, welche Mühe es mich gekostet hat. Wirklich, ich habe gedacht, daß Sie vielleicht ermessen können, was da alles dazugehört, nachdem Sie so viele Menschen wie mich zu sehen bekommen.»

«Nicht viele Menschen wie Sie», sagte ich. «Sie haben auf Ihrem Weg nie irgendwelche Unterstützung gehabt und haben nur durch Intuition und Beharrlichkeit Ihre Probleme bewältigt. Sie haben phantastische Arbeit geleistet, Carolyn. Sie haben Ihre Sache sehr gut gemacht. Sie sollten wirklich stolz auf sich sein.»

«Vielen Dank», sagte sie. «Ich mußte das unbedingt von jemandem hören, der wirklich etwas von der Sache versteht.»

Carolyns Lebensgeschichte ist in mancher Hinsicht bemerkenswert und in anderer wieder repräsentativ. Als Kind hatte sie die typischen ADD-Symptome: Hyperaktivität, Jagd nach Nervenkitzel, Schulprobleme, emotionale Intensität und Impulsivität. Sie besaß auch viele der Eigenschaften, die häufig unerwähnt bleiben, wenn von ADD die Rede ist: Energie, Stehvermögen, Beharrlichkeit, Charme, Kreativität und versteckte Intellektualität. Bemerkenswert war, daß sie ihre Fähigkeiten ohne spezielle Hilfe entfalten konnte. Sie ließ sich von den Hänseleien, denen sie ausgesetzt war, nicht unterkriegen, sie verlor nie das unerschütterliche Bewußtsein von ihrer Identität und ihrem Potential. In mancher Hinsicht ist das Gefährlichste an einer unerkannten und unbehandelten ADD die damit einhergehende Attacke auf das Selbstwertgefühl. Was für Talente diese Menschen auch immer haben mögen, sie kommen häufig nie dazu, sie zu gebrauchen, weil sie aus dem Gefühl heraus, dumm und ratlos zu sein, aufgeben.

Fall 3: Maria

Maria Berlin kam zu einer Beratung zu mir, nachdem sie in der Zeitung etwas über ADD bei Erwachsenen gelesen hatte. «Ich wußte gar nicht, daß es so was gibt», sagte sie und kreuzte die Beine, während sie sich in die üppig gepolsterte Couch in meinem Sprechzimmer kuschelte. «Mein Mann hat mir den Artikel in der Zeitung gezeigt, und ich hab gestaunt.»

«Erzählen Sie mir etwas über sich», sagte ich. Es ist immer schwierig, beim ersten Arzt-Patient-Gespräch den Einstieg zu finden. Es gibt eine standardisierte Form, die Krankengeschichte aufzunehmen – Name, Anschrift, klagt über folgende Beschwerden und so weiter –, aber das Schema kann unter Umständen zu starr sein und dem Patienten die Chance nehmen, das zu sagen, was er wirklich sagen will. Ich fange gewöhnlich mit etwas an, was meine Patienten dazu ermutigt zu sagen, was sie für bedeutsam halten. Natürlich kann einen das auch auf die falsche Spur bringen, denn die unvermeidliche Aufregung des Patienten beim ersten Gespräch kann einen völlig in die Irre führen.

Maria kam allerdings gleich zur Sache. «Ich weiß nicht, was mit mir los ist – vielleicht fehlt mir auch gar nichts. Egal, was es ist, das geht jetzt schon ziemlich lange so. Soweit ich mich zurückerinnern kann. Und da ich inzwischen einundvierzig Jahre alt bin, ist das eine lange Zeit. Mein Problem ist, daß ich nie dazu komme, das zu tun, was ich tun möchte. Vielleicht ist das auch bloß mein Lebensrhythmus. Ich bin verheiratet und habe zwei Kinder von elf und acht, die einen Großteil meiner Zeit in Anspruch nehmen. Ich arbeite aber seit Jahren an meiner Doktorarbeit, und sie hockt noch immer halb fertig da und blinzelt mir zu wie eine schlafende Schildkröte. Ich wünschte manchmal, sie würde verschwinden und mich in Ruhe lassen.»

«Sind Sie daneben auch noch berufstätig?» fragte ich.

«Ja. Also, das heißt, wenn ich will. Ich arbeite in unserer Stadtbibliothek, und die sind dort sehr flexibel, was meine Arbeitszeit betrifft. Wozu ich neben meiner Doktorarbeit aber wirklich große

Lust hätte, ich würde gern in unserm Health Club ein Gymnastikstudio für Frauen über vierzig aufmachen. Ich wollte schon seit Ewigkeiten eine Werbebroschüre dafür schreiben. Der Clubleitung hat die Idee eingeleuchtet. Wenn ich jemals dazu komme, lassen sie es mich in eigener Regie machen, und wenn ich ihnen eine kleine Miete zahle. Sie finden, daß es eine prima Reklame ist.»

«Und Ihre Doktorarbeit schreiben Sie also über...»

«Über etwas ganz anderes. Amerikanische Literatur. Bitte, fragen Sie mich nicht, welches die Berührungspunkte zwischen amerikanischer Literatur und Gymnastik sind. Es gibt sicher welche, ich weiß bloß nicht wo. Ich wollte meine Arbeit über Eugene O'Neill schreiben. Ich habe meine Liebe zu O'Neill entdeckt, als ich in der High School *Eines langen Tages Reise in die Nacht* las. Und sie hat mich durch mein ganzes Studium begleitet. Aber falls es Ihnen nicht schon jemand gesagt hat, der beste Weg, daß einem die Liebe zu etwas vergeht, ist, eine Doktorarbeit darüber zu schreiben. Ich habe O'Neill inzwischen so satt, daß ich kotzen könnte. Ich habe mal gedacht, daß ich etwas Originelles über ihn sagen könnte, aber jetzt gibt es nichts, was mir gleichgültiger wäre.»

«Haben Sie noch im Kopf, wie Ihre These lautet?» fragte ich.

«Um Himmels willen», sagte sie, «verlangen Sie nicht von mir, daß ich das hier noch mal breittrete. Sowas mit dem autobiographischen Impuls und wie er in Kunst umgesetzt wird. Klingt ziemlich unoriginell, was? Ich hatte aber einen neuen Aspekt daran entdeckt, oder zumindest habe ich das geglaubt. Vielleicht war das alles nur ein Tagtraum.»

«Sie haben sich also ablenken lassen?»

«Ablenken lassen?» sagte sie mit einem strahlenden Lächeln. «Mein ganzes Leben ist eine einzige Ablenkung. Ich hatte vorgehabt, Arthur zu heiraten, bin aber statt dessen Jim begegnet, und nun bin ich mit ihm seit sechzehn Jahren verheiratet.»

«Und Sie haben sich durch niemanden von ihm ablenken lassen?»

«Nein. Er ist mein Anker. Ich weiß nicht, wieso er nie in Versuchung geraten ist, sich von einer anderen mal von mir ablenken zu lassen, aber ich glaube, das ist nie passiert. ‹Anker› ist eigentlich nicht der richtige Ausdruck. Das hört sich so an, als ob er mich festhielte. In Wirklichkeit stabilisiert er mich. Ich weiß nicht, was ohne ihn aus mir geworden wäre.»

Marias Energie, ihre Offenheit und ihre Lebensgeschichte bis zum gegenwärtigen Zeitpunkt, das alles war typisch für ADD, und auch ihre Neigung sich ablenken zu lassen, im Leben ebenso wie im Gespräch mit mir. «Erzählen Sie mir mehr.»

«Wovon? Ich möchte kein Klugschwätzer sein, aber was müssen Sie wissen?»

«Erzählen Sie mir irgend etwas aus Ihrer Kindheit. Vor allem, wie haben Sie die Schule erlebt?»

«Die Schule war ein richtiges Wechselbad. Ich habe vom ersten Tag an gern gelesen, war aber eine *sehr* langsame Leserin. Die Public School, die ich zuerst besuchte, war o.k., allerdings waren da auch die Anforderungen nicht sehr hoch. Ich bekam gute Noten. Man hat mir dauernd gesagt, daß ich noch mehr leisten könnte, ich habe aber lieber aus dem Fenster geguckt oder eins von den andern Kindern angesehen. Der Unterricht war einfach schrecklich langweilig. Da war für meinen Geschmack einfach gar nichts los.»

«Haben Sie die High School mit einem Abschluß verlassen?»

«Den hab ich mit Ach und Krach geschafft. Im College bin ich dann richtig gut gewesen. Können Sie sich das vorstellen? Deshalb bin ich auch an die Uni gegangen. Aber das war wahrscheinlich ein Riesenfehler. Ich hätte aufhören sollen, solange ich vorne lag. Verstehen Sie, mein Problem besteht darin, daß ich nicht weiß, ob ich intelligent bin oder dumm. Ich habe gute Leistungen gebracht, und ich habe schlechte Leistungen gebracht, man hat mir gesagt, daß ich begabt bin, und man hat mir gesagt, daß ich blöd bin. Ich weiß nicht, was ich nun wirklich bin.»

«Bei Menschen mit ADD ist diese Art Auf und Ab und Unstetigkeit im Bildungsgang nichts Ungewöhnliches», sagte ich. «Sind Sie als Kind hyperaktiv gewesen?» fragte ich. «Oder hat es Probleme mit der Disziplin gegeben?»

«O nein», erwiderte Maria, «ich war ein braves kleines Mädchen. Ich wollte gefallen, wo es nur ging. Aber so sehr lag mir nun auch wieder nicht daran zu gefallen, daß ich in der Schule aufgepaßt hätte – mein Vater sagte immer: ‹Wenn du deinen Daddy richtig glücklich machen willst, dann paß in der Schule auf› – aber ich bin nie ungehorsam gewesen oder habe mich schlecht benommen oder so. Ich hatte eben eine Phantasiewelt, in die ich mich zurückziehen konnte.»

«Haben Sie sich schnell gelangweilt?»

«Das kann man wohl sagen», antwortete Maria. «Aber andererseits lag es vielleicht auch daran, daß ich öde Lehrer hatte. Im College hab ich mich nie gelangweilt.»

«Und was kommt Ihnen jetzt in die Quere?» fragte ich.

«Dasselbe wie immer. Meine Sprunghaftigkeit. Im einen Moment bin ich bei der Sache, im nächsten schon nicht mehr. Ich mache Dinge nicht zu Ende. Ich lege los, und dann fang ich irgendwas anderes an, und zum Schluß weiß ich gar nicht mehr, was ich zu allererst gemacht habe.»

«Und wie sind Sie zur Gymnastik gekommen?» fragte ich. Maria war offensichtlich ziemlich durchtrainiert. Sie sah nicht aus wie einundvierzig – man hätte sie für zehn Jahre jünger halten können. Dunkle Haare, ein leuchtend roter Lippenstift, rosige Wangen – man hätte sie sich gut auf einer Bühne vorstellen können. Es überraschte mich nicht, daß sie mit Gymnastik angefangen hatte. Abgesehen davon, daß die Gymnastik eines der Steckenpferde unserer Kultur ist, ist sie auch eine erstaunlich gute Therapie für ADD, da man sich dabei gleichzeitig konzentriert und entspannt.

«Es hat sich einfach ergeben, wie alles andere auch. Ich hatte eine Freundin, die mich in einen Aerobic-Kurs mitschleppen wollte, und ich sagte zu ihr, das hört sich ja lebensgefährlich an, aber sie hat mich dann doch rumgekriegt. Zu meiner großen Überraschung war ich begeistert davon. Ich bin kein Fitneßfreak; ich mochte einfach den Zustand, in den ich durch Aerobic versetzt wurde. Und mir gefiel die gesellige Seite dabei. Deshalb habe ich dann häufiger im

Club rumgehangen, habe noch zusätzlich Kurse gemacht und mich zur Aerobiclehrerin ausbilden lassen. Und da ist mir die Idee mit ‹den Frauen über vierzig› gekommen, die ich nach wie vor für prima halte, die ich aber wahrscheinlich doch nie in die Tat umsetzen kann.»

«Und wie sind Sie bis jetzt mit sich zurechtgekommen?» fragte ich und wußte im selben Moment, daß das eine blöde Frage war. Aber Maria verstand offenbar, was ich meinte.

«Ich habe halt improvisiert. Ich dachte, daß bei mir irgendwo eine Schraube locker wäre. Ich bin sogar mal zu einem Psychoanalytiker gegangen. Das war zu der Zeit, als ich noch mit viel Engagement an meiner Doktorarbeit saß und glaubte, daß ich irgendeine Blockierung hätte, von der er mich kurieren könnte. Es hat aber wirklich zu nichts geführt, deshalb bin ich nicht mehr hingegangen. Und nun bin ich bei Ihnen.»

«Ja, nun sind Sie bei mir», sagte ich. «Hat Ihr Mann Sie dazu gedrängt?»

«Nein, das war meine Idee. Er hat mir nur den Artikel gezeigt. Was meinen Sie? Gibt es ein Fünkchen Hoffnung für mich?» fragte sie in gespielt melodramatischem Ton.

«Sie scherzen», sagte ich. «Ich ahne aber, daß es für Sie viel quälender war, als Sie zugeben.»

«Ja, ja, das stimmt», räumte Maria ein und sah an mir vorbei zum Fenster hinaus. «Ich habe schon immer gewußt, daß da bei mir was nicht stimmt, ich dachte aber, das ist halt bei mir in der Wolle gefärbt, wenn Sie verstehen, was ich meine. Aber mit einem Ehemann und zwei Kindern und dem Alltag, der bewältigt werden muß, habe ich mich diesen Gedanken nicht allzu häufig überlassen. Obwohl es sicher schön wäre, wenigstens mal damit anzufangen, Dinge endlich zu Ende zu machen.»

«Ja, das ist sehr frustrierend für Sie gewesen», sagte ich. «Wie steht es mit dem Lesen? Können Sie richtig lesen?»

«Wenn Sie mit ‹richtig› meinen, ‹verstehe ich, was ich lese›, dann ja. Ich bin allerdings eine sehr langsame Leserin. Schon immer gewesen. Und ich lasse mich mitten auf der Seite ablenken, und niemand kann sagen, wann ich wieder weiterlese.»

«Maria, es wäre möglich, daß Sie ADD haben», sagte ich. «Wir wollen noch ein paar Tests machen und weiter über Ihre Lebensgeschichte sprechen, aber alles, was Sie bis jetzt gesagt haben, bestärkt mich in der Vermutung, daß Sie ADD haben. Ihre Neigung zum Tagträumen, Ihre Art zu lesen, die Bereitschaft, sich ablenken zu lassen, Ihre Sprunghaftigkeit, wie Sie es nennen, Ihre Unstetigkeit, dieses allgemeine Gefühl, daß Sie nicht hundertprozentig sagen können, wie es mit Ihrer Intelligenz bestellt ist, das alles können Anzeichen für ADD sein. Sie haben das alles gut kompensiert, das heißt, Sie haben immer Wege gefunden, irgendwie zurechtzukommen. Aber Sie haben nicht das getan, was Sie eigentlich tun wollten.»

«Was soll das heißen? Könnte mein Leben anders sein?»

«Es ist immer schwierig, diese Frage im voraus zu beantworten», sagte ich. «Man weiß einfach nicht, wie die Behandlung von ADD wirkt, bevor man sie angewendet hat. Aber wenn die Behandlung anschlägt – doch, dann kann sich alles ändern.»

Es stellte sich heraus, daß Maria auf die medikamentöse Therapie nicht ansprach. In der Regel sprechen fünfundachtzig Prozent der Erwachsenen auf die für ADD indizierten Medikamente an, etwa fünfzehn Prozent tun das jedoch nicht. Das kann verschiedene Gründe haben: Bei manchen Menschen lösen die Medikamente unerträgliche Nebenwirkungen aus. Andere mögen einfach den Zustand nicht, in den sie durch sie versetzt werden. Wieder andere lehnen es grundsätzlich ab, Medikamente zu nehmen. Und bei manchen Menschen, wie bei Maria, bewirken sie einfach nichts.

Allerdings ist man, wie bereits erwähnt, bei der Behandlung von ADD nicht allein auf Medikamente angewiesen. Therapeutisch sinnvoll sind unter Umständen auch Information, Verhaltenstherapie und Psychotherapie. Alle drei Wege wurden bei Maria mit Erfolg beschritten.

In der ersten Phase der Therapie konzentrierten wir uns darauf, ein Verständnis von ADD herauszubilden. Je mehr Maria über das Syndrom lernte, desto besser war sie imstande, das Selbstbildnis zu revidieren, das sie seit langem in sich trug: daß bei ihr «eine Schraube locker», daß sie nicht kompetent, daß sie gestört sei.

Während sie allmählich dahinterkam, wie viele ihrer Probleme von ihrer extremen Ablenkbarkeit herrührten, gingen wir daran, als Konzentrationshilfe einen neuen Zeitplan für sie aufzustellen. Sie setzte jetzt Seiten ein, die sie an sich kannte und die sie bisher nicht optimal genutzt hatte: daß sie am besten in kurzen Aktivitätsschüben arbeiten konnte; daß Gymnastik eine Konzentrationshilfe für sie war; daß sie von Listen, Gedächtnisstützen, Plänen und Ritualen profitierte; daß sie große Aufgaben, an denen sie zu scheitern drohte, dadurch bewältigte, daß sie sie in kleine, überschaubare Aufgaben zerlegte; daß sie ständig Feedback und Ermutigung brauchte; daß sie jemanden hatte, in dem Fall mich, der wie eine Art Trainer fungierte und dafür sorgte, daß sie nicht aus dem Tritt geriet.

Das war keine Psychotherapie im herkömmlichen Sinne, sondern eine Variante davon, die ich «Training» *(coaching)* nenne, um die aktive, stützende Rolle, die der Therapeut oder «Trainer» *(coach)* dabei spielt, hervorzuheben. Ich habe Maria nie gesagt, was sie tun soll, ich habe sie lieber gefragt, was sie tun will. Man könnte sagen, daß wir uns am Beginn der Behandlung gewissermaßen auf eine Strategie geeinigt haben, und daß es meine Aufgabe als Trainer war, sie an die Ziele, die sie sich gesetzt hatte, auf förderliche Weise zu erinnern und dabei immer ein Auge darauf zu haben, daß sie nicht aus dem Tritt kam. ADD-Menschen können so leicht vom Kurs abkommen, sie lassen sich unter Umständen so oft auf «Nebenwege» locken, um Marias Ausdruck zu gebrauchen, daß ein Außenstehender sehr hilfreich dabei sein kann, sie bei der Stange zu halten.

Wenn man so verfährt, kann die Therapie als ordnende Kraft im Leben eines Menschen wirken, die ihm immer wieder zu der Verfassung verhilft, in der er gern wäre, in der aus eigener Kraft sich zu halten ihm aber schwerfällt. Das ist insofern keine psychoanalytisch orientierte Psychotherapie, als sie nicht auf dem Zustandekommen und der Interpretation einer Übertragung beruht, sondern darauf, daß der Therapeut für die Hoffnungen, Ängste, Phantasien und Träume des Patienten mit offenem Ohr und Gesprächsbereitschaft zur Verfügung steht. Und ein solches Training ist dazu dienlich, daß Einsicht entsteht. Und Einsicht ist tatsächlich einer der wirksamsten Faktoren, bei der Arbeit mit ADD-Patienten eine Veränderung herbeizuführen.

Hinzugefügt werden sollte, daß die beiden Autoren dieses Buches die Bedeutung der Psychoanalyse sowohl als therapeutisches Verfahren wie als Methode zur Erforschung und Deutung der menschlichen Natur nicht verkennen. Die Psychoanalyse bleibt die beste und umfassendste Behandlung, die für das verfügbar ist, was gemeinhin neurotische Konfliktverarbeitung oder kurz Neurose genannt wird. Als spezifische Therapie für ADD empfehlen wir sie nicht – eine Analyse mit jemandem zu machen, der an einer unerkannten ADD leidet, kann wirklich auf frustrierende Weise erfolglos sein –, sobald die ADD aber diagnostiziert und behandelt ist, kann die psychoanalytische Behandlung rasch Fortschritte machen. Diese Art neurotische Konfliktverarbeitung, für die eine Psychoanalyse die gegebene Therapie ist, tritt natürlich auch bei ADD auf, und die Behandlung der ADD kann diese Neurose nicht beheben. Diesen Menschen kann eine Psychoanalyse eine große Hilfe sein, vorausgesetzt, daß ihre ADD mit berücksichtigt wird.

Maria gewann eine neue Meinung über sich und organisierte ihr Leben um. Bei unserer gemeinsamen Arbeit führte sie eine Kombination von Information, Bestärkung, «Training» und Einsicht zu neuen Ufern. Sie schrieb die Werbebroschüre für den Health Club und machte ihr Gymnastikstudio auf. Es fand großen Anklang. Sie beschloß, ihre Doktorarbeit aufzugeben, weil sie eigentlich nie Lust dazu gehabt hatte, sie zu schreiben. Sie hatte, was typisch für einen ADD-Patienten ist, den Plan nicht sterben lassen, um ein Ordnungsprinzip in ihrem Leben zu haben, von dem zwar regelmäßig und vorhersehbar Angst und Schmerz ausgingen, das aber nichtsdestoweniger ihrem Leben eine Grundrichtung gab, von dem aus sie alles übrige organisieren konnte. Sie ersetzte ihr tägliches Mantra «Ich muß meine Doktorarbeit schreiben. Ich habe meine Doktorarbeit immer noch nicht geschrieben» durch sinnvollere Direktiven. Im selben Maße, wie sie nun mit etwas erfolgreich war, was sie tun wollte, wurde diese Tätigkeit zu ihrem neuen, heilsameren Ordnungsprinzip. Was das Wichtigste von allem war, sie entwickelte ein Gespür dafür, wie sie mit sich umgehen mußte, um innerhalb ihrer natürlichen Grenzen das Beste aus ihren Fähigkeiten zu machen.

Fall 4: Penny

Penny McBrides Eltern kamen zu einer Beratung zu mir, nachdem ihnen Pennys Klassenlehrerin in der fünften Klasse empfohlen hatte, ihre Tochter psychiatrisch begutachten zu lassen. «Ich weiß nicht, was ich davon halten soll», sagte Pennys Mutter bei unserem ersten Gespräch. Sie hatte die Fingerspitzen ineinander verschränkt und sah beim Sprechen darauf herab. «Mir ist der Gedanke schrecklich, daß wir irgend etwas falsch gemacht haben.»

«Daß Sie mich zu Rate ziehen, bedeutet nicht, daß Sie etwas falsch gemacht haben», sagte ich und dachte, daß man, wenn auch seltener als vor zwanzig, dreißig Jahren, in den Augen vieler Menschen immer noch mit einem Stigma behaftet war, wenn man wegen seines Kindes einen Psychiater aufsuchte. «Was ist denn mit Penny los?»

«Sie läßt in der Schule nach», sagte Pennys Vater. «Das ist alles. Sie ist ein braves Mädchen. Wir haben keine Probleme mit ihr.»

«Sie ist nur so schrecklich verträumt», setzte Pennys Mutter hinzu. «Sie ist schon immer mein geistesabwesendes Kind gewesen, meine kleine Träumerin –»

«Erzähl ihm von den Geschichten», fiel ihr der Vater ins Wort.

«Sie ist meine Jüngste, mein Baby», fuhr Mrs. McBride fort und reckte ihrem Mann den erhobenen Finger entgegen, wie um zu sagen: Unterbrich mich, bitte, nicht. «Wir hatten innerhalb von sechs Jahren vier Kinder, und dann kam sechs Jahre später als Nachzüglerin Penny zur Welt. Ich hatte mehr Zeit für sie als für die anderen. Sie war pflegeleichter, weil sie ruhiger war und mir darin wahrscheinlich ähnlicher als die vier Buben. Ich habe die Buben geliebt.» Sie schwieg und blickte, offenbar einen Augenblick in die Erinnerung an ihre Söhne versunken, aus dem Fenster meines Sprechzimmers im dritten Stock auf die Bäume. Dann war sie sofort wieder ganz präsent. «Aber Penny und ich, wir hatten von Anfang an wahrscheinlich dieselbe Wellenlänge. Wenn man vier Söhne hat und keine Tochter, tja, da vergißt man fast, was es bedeutet, ein weibliches Wesen zu sein, und als dann Penny kam – das richtet sich nicht gegen dich, Joe, oder gegen die Buben –, da hatte ich plötzlich das Gefühl, als ob ich eine Bundesgenossin bekommen hätte. Ich meine damit nicht, daß wir eine osmotische oder symbiotische Beziehung zueinander gehabt hätten, oder wie immer der psychologische Ausdruck für die überfürsorgliche Mutter lautet, glauben Sie mir, die hatten wir nicht. Es war aber gut, daß in einem Haus voller Männer die Akzente ein wenig zu meinen Gunsten verschoben wurden. Jedenfalls sind die Geschichten, auf die Joe angespielt hat, Geschichten, die Penny und ich uns ausgedacht haben. Wir nannten sie die Traumgeschichten von Kindern, die im Traumland lebten. Der Name ist mir eingefallen, als ich der dreijährigen Penny eine Geschichte erzählte und sie dabei einen so verträumten Augenausdruck bekam. Ich wollte bei ihr sein, wo auch immer sie war, deshalb sagte ich zu ihr: Komm, laß uns in ein Traumland gehen. Und so hat es mit den Geschichten angefangen.»

«Und haben ihr die Geschichten gefallen?» fragte ich.

«Oh, sie hat sie geliebt. Ich konnte sie fast immer mit einer Geschichte beruhigen. Das soll nicht heißen, daß sie sehr oft unruhig war.»

«Konnte sie zu den Geschichten etwas beitragen?» fragte ich. «Ich meine, etwas dazuerfinden?» Ein ungefährer Maßstab für die sprachlichen und imaginativen Fähigkeiten ist das Vermögen, den Handlungsfaden einer Geschichte weiterzuspinnen.

«Zuzuhören hat ihr mehr gelegen», sagte Pennys Mutter. «Ich konnte ihr eine Geschichte nach der anderen erzählen, und sie saß neben mir, wiegte den Oberkörper vor und zurück und lächelte. Wenn ich sie etwas fragte, stellte sich heraus, daß sie einen Teil der Geschichte nicht mitbekommen hatte. Weil sie so verträumt war, sagte ich mir immer. Ich wußte selbst nicht so recht, was das heißen sollte. Es war einfach so ein Gefühl.»

«Das klingt, als ob Sie ganz auf sie ausgerichtet waren», sagte ich.

«Aber heute glaube ich, daß sie gar nichts davon kapiert hat. Obwohl sie so begeistert zuhörte.» Aus Mrs. McBrides Stimme war zunehmend Schuldbewußtsein herauszuhören. «Warum habe ich mich nur nicht schon eher nach jemand umgesehen, der uns helfen kann?»

Joe McBride, ein rotwangiger Mann im Straßenanzug, mit dezenter weinrot-türkis gemusterter Krawatte wie aus dem Ei gepellt, legte den Arm um seine Frau, als sie zu weinen begann. «Polly will damit nur sagen», erklärte Joe, «wir hatten keine Ahnung, daß etwas nicht in Ordnung ist. Penny war ein ruhiges kleines Mädchen, das ist alles.»

«Ich verstehe», sagte ich. «Versuchen Sie, nicht zu hart mit sich ins Gericht zu gehen. Sie sind ganz offensichtlich aufmerksame Eltern. Und es war schwer genug für Sie, überhaupt hierher zu kommen. Wir wollen sehen, was ich tun kann, damit es sich für Sie gelohnt hat.»

Im roten Wollpullover und Jeans, das langsam ergrauende Haar mit einem Tuch hochgebunden, sah Polly aus, als wäre sie mit ihren Kindern gerade von einer Wanderung zurückgekommen. Sie war ein legeres Gegenstück zu ihrem fürs Geschäft gestylten Mann. «Es ist ein ziemlicher Schlag, wenn man gesagt bekommt, daß man mit seiner Tochter einen Psychiater aufsuchen soll», meinte sie und wischte sich die Augen, aber nicht mit dem Taschentuch, das ihr Mann ihr reichte, sondern mit den Knöcheln ihrer Zeigefinger.

Mit fortschreitender Krankengeschichte – und der Schlüssel zur Diagnose in diesem schwierigen Besuch liegt eher in der Lebensgeschichte des Kindes als in komplizierten Tests – zeichnete sich das Bild eines intelligenten Mädchens mit Sprach- und Aufmerksamkeitsproblemen ab.

Probleme in der Entwicklung der Sprachfähigkeit können auf verschiedenen Ebenen und in verschiedenerlei Formen auftreten. Man kann Schwierigkeiten mit dem Input und dem Output von Sprache haben. Inputprobleme, auch Probleme der Sprachrezeption genannt, beeinflussen nicht nur das Aufnahme-, sondern auch das Ausdrucksvermögen, denn wieviel man zu äußern vermag, hängt davon ab, wieviel man aufnehmen kann. Outputprobleme, auch Sprachausdrucksprobleme genannt, beeinflussen nicht nur die Fähigkeit des mündlichen und schriftlichen Ausdrucks, sondern auch das Begriffsbildungsvermögen des Gehirns.

Eine umfassende Erörterung von Lernstörungen und Sprachproblemen, zu denen unter anderem auch die Legasthenie gehört, würden den Rahmen dieses Buches sprengen. Dennoch können wir nicht über ADD sprechen, ohne Sprachprobleme und Lernschwächen im allgemeinen wenigstens zu berühren, da sie häufig – mit dem Effekt wechselseitiger Verstärkung – zusammen mit ADD auftreten. Außerdem müssen wir auch andere neurologische Probleme streifen, die eine ADD vortäuschen oder verschärfen können, angefangen von den augenfälligen wie Schwerhörigkeit, Kurzsichtigkeit oder nervös bedingten Artikulationsschwierigkeiten bis hin zu den versteckteren Aphasien und Gedächtnis- und Apperzeptionsschwächen.

Ich fragte Polly, ob Penny spät sprechen gelernt habe. Wenngleich derartige Meilensteine der Entwicklung – wie man die Zeitpunkte nennt, zu denen spezielle Leistungen einsetzen – nicht auf einer unverrückbaren Skala festgeschrieben sind, liefern sie doch einen ersten Anhaltspunkt, ob vielleicht eine Entwicklungsverzögerung vorliegt, der man nachgehen muß. Außerdem muß man sicherstellen, daß man selbst und die Eltern mit «früh» und «spät» ungefähr dasselbe meinen. Manche Eltern halten ihr Kind für einen Spätentwickler, wenn es mit zehn Monaten noch nicht Shakespeare rezitieren kann, andere finden nichts dabei oder halten es sogar für einen Segen, wenn das Kind mit drei Jahren noch nicht die geringsten Anstalten zu sprechen macht.

«Ja, sie hat spät angefangen zu sprechen», sagte Polly. «Die ersten Wörter hat sie erst mit zweiundzwanzig Monaten gesprochen und kurze Sätze erst mit drei Jahren. Unser Kinderarzt hat mir damals geraten, ihr viel vorzulesen und mir gemeinsam mit ihr Geschichten auszudenken. So sind dann die Traumgeschichten entstanden.»

«Und die haben ihr gefallen?» fragte ich.

«Sie hat sie geliebt. Das war ja das Rührende. Sie bekam zwar nicht alles mit, das war mir klar, sie saß aber trotzdem mucksmäuschenstill da und wollte immer neue Geschichten hören. Und wenn ich mittendrin aufhörte, zupfte sie mich am Arm und sagte: ‹Weiter.›»

«Konnte sie überhaupt spielerisch mit Wörtern umgehen?» fragte ich.

«Wie meinen Sie das?» erwiderte Polly.

«Ich meine, konnte sie Reime machen, Reime wiedergeben oder sich Nonsenswörter ausdenken?» fragte ich.

Polly beugte sich gespannt vornüber und unterbrach mich. «Reime konnte sie nicht direkt machen. Aber Nonsenswörter hat sie sich dauernd ausgedacht. Wenn ihr das richtige Wort nicht eingefallen ist, hat sie sich eben eins ausgedacht. Anstatt zu sagen, wir gehen zum Flugplatz, sagte sie, wir gehen zum Flugzeugplatz, oder statt Geburtstagsgeschenk sagte sie Geschenktagsding.»

«Daran erinnern Sie sich aber noch sehr genau», sagte ich. «Und was haben Sie gemacht, wenn sie diese Wörter gebraucht hat?»

«Ich habe sie immer korrigiert. Hätte ich das nicht tun sollen?»

«Doch, doch, ich versuche nur mir vorzustellen, was das gefühlsmäßig für sie bedeutet hat.»

«Sie hat das neue Wort, das ich ihr gesagt habe, immer nachgesprochen. Ich wollte nicht, daß sie sich für dumm hält.»

«Und haben Sie sie für dumm gehalten?»

«Nein, ganz und gar nicht», sagte Polly entschieden. «Wenn ich sie für dumm gehalten hätte, wäre es mir wahrscheinlich nicht so leichtgefallen, sie zu verbessern. Ich wußte aber, daß sie intelligent ist und daß sie das richtige Wort wissen wollte. Und ich dachte, daß ihre Fähigkeit zu improvisieren und sich Wörter auszudenken der Beweis für ihre Intelligenz waren.»

«Sie haben recht», sagte ich. «Es hört sich so an, als ob ihr Problem darin bestanden hat, sozusagen das richtige Wort in ihrem Ablagefach zu finden. Oder sich an das Wort zu erinnern. Oder das Wort vom Ablagefach in den Mund zu befördern.»

«Das klingt aber sehr kompliziert», meinte Polly.

«Tja, das ist es auch», sagte ich. «Aber es ist eigentlich eine gute Nachricht, daß es kompliziert ist. Es ist noch gar nicht so lange her, da hat man das alles anscheinend für ganz einfach gehalten. Man war entweder intelligent, oder man war dumm. Oh, man hatte darüber hinaus noch ein paar andere Kategorien wie genial und schwachsinnig, aber das basierte alles auf einem eher schlichten Intelligenzbegriff. Intelligenz kontra dumm. Darauf lief letzten Endes alles hinaus. Aber vor kurzem sind wir darauf gekommen, was für komplizierte Dinge Intelligenz und Lernen eigentlich sind. Mel Levine zum Beispiel, eine der führenden Persönlichkeiten auf dem Gebiet der Lernstörungen, spricht von sieben Arten von Gedächtnis, und mit jeder einzelnen kann man ein Problem haben, das das Lernen beeinträchtigt. Daran habe ich gedacht, als ich von Wörtern sprach, die man aus Ablagefächern holt. Es war nur als Analogie gemeint. Sie verstehen, was ich sagen will?»

«Ja, und ich finde es aufregend», sagte Polly.

«Wie ist es dann in der Schule gegangen?» fragte ich. «Wie sah es da aus?»

«Sie ist von Anfang an im Lesen nicht mitgekommen», sagte Joe ein wenig verdrießlich.

«Lieber Schatz, das stimmt nicht ganz», sagte Polly und verbarg auf freundliche Weise ihren Ärger über seine Art der Leistungsbewertung. «Sie hat sich mehr für Bücher interessiert als alle anderen Kinder. Sie konnte sie bloß nicht alle verstehen. Aber sie wollte

immer, daß ich ihr vorlese, und die Geschichten vom Traumland hört sie auch noch heute gern.»
«Und wie war das mit ihrem Hang zum Tagträumen?» fragte ich.
Polly reichte mir einen Packen Papiere. «Das sind Berichte von ihren Lehrerinnen, die bis zur ersten Klasse zurückreichen. Wie Sie sehen werden, steht in allen dasselbe drin: ‹Geistesabwesend.› ‹Macht einen schüchternen Eindruck.› ‹Paßt ohne häufige Ermahnungen im Unterricht nicht auf.› Eine von den Lehrerinnen hat sich sogar gefragt, ob Penny vielleicht Depressionen hat, weil sie immer so einen in sich gekehrten Eindruck machte. Aber erst dieses Jahr hat uns Becky Truesdale –»
«Wer?» unterbrach ich sie.
«Becky Truesdale, Pennys Klassenlehrerin in der fünften Klasse. Sie hat uns als erste darauf aufmerksam gemacht, daß es sich bei ihr um ADD oder eine Lernschwäche handeln könnte. Ich muß gestehen, daß ich noch nie etwas von ADD gehört hatte. Ich wußte nur etwas über Hyperaktivität bei Jungen. Aber Becky sagt, daß Mädchen das Syndrom auch bekommen können und daß es manchmal nicht mit Hyperaktivität, sondern mit einem Sich-Ausklinken einhergeht.»
«Becky hat recht», sagte ich. «Mädchen können ADD genausogut haben wie Jungen. Hyperaktivität ist die ältere Bezeichnung für das Syndrom. Seit kürzerem hat man die Etikettierung ADD gewählt, um sich auf das Symptom der Aufmerksamkeitsinkonsistenz zu konzentrieren, unter der diese Kinder leiden. Bei vielen Mädchen wird ADD nie erkannt. Sie werden statt dessen wie Penny einfach für schüchtern, in sich gekehrt oder sogar depressiv gehalten.»
Während ich den McBrides einen Überblick über das ADD-Syndrom gab, hob ich hervor, daß ADD nicht selten bei besonders kreativen, intuitiven Kindern auftritt. «Viele ADD-Kinder haben auch noch etwas, wofür wir keinen Namen haben, etwas Positives. Sie können sehr phantasievoll und einfühlsam sein, vollkommen ausgerichtet auf die Stimmungen und Gedanken der Menschen in ihrer Umgebung, selbst wenn sie den Wortlaut des Gesprochenen

größtenteils gar nicht mitbekommen. Das Entscheidende ist, daß die Diagnose früh gestellt wird, ehe die Kinder in der Schule mit abschätzigen Etikettierungen gepflastert werden. Mit ein wenig Hilfe können sie regelrecht aufblühen.»

Ich nahm mir ein paar Minuten, um in den Lehrerberichten zu lesen, die, wie Polly gesagt hatte, gespickt waren mit Schilderungen von Geistesabwesenheit, Tagträumerei oder unbeendet gebliebenen Arbeiten. Die Berichte erinnerten mich an einen Ausdruck, den Priscilla Vail im Zusammenhang mit Kindern gebraucht, die in keines der gängigen Schemata passen: Problemkinder.

«Möchten Sie, daß Penny zu Ihnen kommt?» fragte Polly.

«Ja, sicher», sagte ich. «Aber wie wäre es denn, wenn ich zu ihr gehe? Kinder mit ADD können sich oft in der Konstellation unter vier Augen im Sprechzimmer eines Arztes ausgezeichnet konzentrieren. Hier herrscht eine Systematik, hier gibt es neue Eindrücke, und beides hilft enorm, ADD abzuschwächen. Sogar die Angst, die ein Kind unter Umständen im Sprechzimmer eines Arztes hat, kann die Konzentrationsfähigkeit erhöhen und so die ADD-Symptome zeitweilig zum Verschwinden bringen. Deshalb kann es so leicht passieren, daß der Kinderarzt mit der Diagnose fehlgeht. Die Symptome sind im Sprechzimmer einfach weg. Im Klassenzimmer bekommt man ein genaueres Bild. Darf ich sie deshalb in der Schule besuchen?»

Polly und Joe McBride stimmten begeistert zu und trafen mit Becky Truesdale eine Verabredung. In der Schule ist man gewöhnlich für solche Besuche recht aufgeschlossen. Die Lehrer geben ihr Wissen mit größter Bereitwilligkeit weiter. Was sie zu sagen haben, ist meist sehr wertvoll.

Ich stahl mich leise ins Klassenzimmer, wo offenbar gerade Mathematikunterricht stattfand, und setzte mich auf eine leere Bank bei den Bücherregalen in der Ecke. Die Lehrerin, die mich zum Klassenzimmer gebracht hatte, machte mich auf Penny aufmerksam, bevor sie wieder hinausging. Ich beobachtete Penny und gab mir Mühe, sie dabei nicht anzustarren. Sie war ein niedliches kleines Mädchen in einem gelben Kleid, mit Turnschuhen und einem braunen Pferdeschwanz. Sie saß ganz hinten im Klassenzimmer, direkt neben dem Fenster, und ich bin sicher, daß sie sich diesen Platz selbst ausgesucht hat.

An dieser Stelle soll nun ein Wort über Fenster und Schulen und ADD eingeflochten werden. Man kann leicht den Eindruck gewinnen, daß man in der Schule Fenster für reines Teufelswerk hält, die schlicht und einfach zum Zwecke der Verführung in die Schulräume eingelassen sind. Die braven Kinder wenden die Blicke von den Fenstern ab, während die bösen ihrer transparenten Verlockung, dem freien Zugang zum Himmel und zu den Bäumen sowie zu den Tagträumen jenseits davon, nicht widerstehen können.

Menschen mit ADD sehen aus dem Fenster. Sie geraten leicht aus dem Tritt. Sie schweifen ab. Aber sie haben auch den Blick für Neues und können dem Bekannten neue Aspekte abgewinnen. Sie sind nicht einfach bloß Traumtänzer, sie sind auch auf Draht, und das vor allem, wenn es um Neues, Unverbrauchtes geht. Sie sind häufig die Kreativen und Innovativen, die Macher und die Impulsgeber. Sie sind vielleicht nicht unbedingt gute Arbeitsbienen, aber wir sollten nicht die Dummheit begehen, sie in ein Schema pressen zu wollen, in das sie schlechterdings nicht hineinpassen.

Aber was ist mit den verteufelten Fenstern? Ist es wirklich so schlimm, in der Schule aus dem Fenster zu sehen – bedeutet es den sicheren Abstieg? Ich frage mich vielmehr, ob es nicht das dümmere Kind ist, das nicht aus dem Fenster sieht.

Pennys Blicke fanden mit traumwandlerischer Sicherheit den Weg dorthin. Sie saß da, die rechte Wange bequem in die rechte Handfläche geschmiegt, klopfte mit den Fingern der linken Hand geräuschlos auf die hölzerne Tischplatte und sah aus dem Fenster. Ich schaute hinüber, um festzustellen, was sie sah, konnte aber nur den herabhängenden Zweig von einem Baum in der Nähe ausmachen. Das ist so eine Sache beim Aus-dem-Fenster-Schauen: man kann eigentlich nie sagen, was ein anderer da draußen sieht. Hin und wieder, meist als Reaktion auf irgendein Geräusch – richtete

Penny den Blick auf die Tafel und die Zahlen, mit denen sie sich füllte. Heute wucherte es auf der Tafel nur so von Brüchen. Penny mußte irgend etwas darin gesehen haben, denn sie runzelte nun ab und zu die Stirn, wenn sie auf die Zahlen starrte. Sie wirkte nicht beunruhigt, nur auf gelassene Weise verständnislos. Dann strich sie sich das Haar zurück und wandte den Kopf, als folgte sie einem vorüberschwebenden Staubpartikel, langsam wieder dem Fenster zu. Sie machte nicht das leiseste Geräusch. Von ihr ging keinerlei Störung aus. Allenfalls wirkte sich ihre Gelassenheit als beruhigender Einfluß im Klassenzimmer aus. Man konnte sich leicht vorstellen, daß sie über Jahre hin unbemerkt geblieben war.

Ich stellte mich ihr in der Pause nach der Unterrichtsstunde vor. Ihre Eltern hatten ihr gesagt, daß ich kommen würde. «Hallo, Mr. Hallowell», sagte sie mit einem strahlenden Lächeln. «Meine Mutter hat gesagt, daß Sie ein netter Mann sind.»

«Und du hast eine nette Mutter», erwiderte ich. «Hat sie dir sonst noch etwas gesagt?»

«Ich glaube nicht», sagte Penny, und ihr Gesicht verzog sich zu einem Ausdruck, als ob sie sagen wollte: «Da war doch noch irgend etwas, woran ich mich erinnern sollte, ich weiß es aber nicht mehr.»

«Ist schon gut», sagte ich. «Möchtest du auf den Schulhof gehen?»

«Meine Mama hat gesagt, daß Sie vielleicht mit mir sprechen wollen», meinte Penny.

«Nur einen Moment. Deine Eltern waren bei mir und haben mich gefragt, ob ich dir ein bißchen dabei helfen könnte, daß du mit der Schule klarkommst und so. Gefällt es dir in der Schule?»

«O ja», sagte Penny entschieden.

«Was gefällt dir daran?» wollte ich wissen.

«Ich mag die Lehrer und die anderen Kinder, und ich mag den Weg von zu Hause bis hierher, und ich mag gern in der Schule sitzen und horchen –»

«Und worauf horchst du da?»

«Oh, auf alles. Meistens auf meine Gedanken. Ich denke mir gern Geschichten aus. Meine Mama und ich, wir haben da so ein Spiel –»

«Sie hat mir davon erzählt», sagte ich. «Hört sich lustig an. Hast du das heute morgen im Mathematikunterricht gemacht?»

«Ja», sagte sie. «Ich habe mir eine Geschichte ausgedacht von dicken alten Männern, die aussahen wie Neuner, und komischen alten Frauen, die aussahen wie Sechser, und die sind zusammen zum Tanzen gegangen und haben sich in Achter verwandelt.»

«Das ist ja toll, Penny», sagte ich. «Glaubst du, daß sich die Achter wieder in Sechser und Neuner zurückverwandeln?»

«Kann sein», meinte sie und zog an dem gelben, mit Glitzer besetzten Haarband, das ihren Pferdeschwanz zusammenhielt. «Ich wollte eigentlich, daß sie sich hinlegen und Ferngläser werden, die sehr weit sehen können.»

«Bis hin zum Traumland», fügte ich hinzu.

«Ja», sagte sie und errötete ein wenig, weil ich den Namen des Ortes kannte, wo ihre Geschichten spielten.

«Gibt es irgend etwas, was dir an der Schule nicht gefällt?» fragte ich.

Penny musterte eingehend ihre Turnschuhe. «Ich bin immer hinter den anderen zurück, und ich kapier meine Hausaufgaben nicht.»

«Vielleicht können wir etwas finden, was dir dabei hilft», sagte ich. «Die Pause ist sicher gleich zu Ende. Vielleicht können wir uns mal wieder treffen, wenn du keine Schule hast.»

«Klar», sagte Penny. «Aber darüber werden Sie mit meiner Mutter sprechen müssen, die führt nämlich meinen Stundenplan.»

«Natürlich», sagte ich. «Ich hab mich gefreut, dich kennenzulernen, Penny. Also, bis bald.»

Becky Truesdale war eine junge Lehrerin, die gerade ihre Referendarzeit in einer Privatschule in der Nähe von Boston absolviert hatte. Sie wußte eine Menge über ADD und Lernschwächen. «Ich bin so froh, daß Sie kommen konnten», sagte sie zu mir. «Ich habe Penny im Unterricht extra nicht aufgerufen, damit Sie sehen konnten, wie sie sich verhält, wenn man sie in Ruhe läßt. Sie müssen wissen, sie ist wirklich intelligent.»

«Hmm», sagte ich, «und sie macht einen glücklichen Eindruck, zumindest heute.» Ich glaubte in Beckys Stimme eine leichte Spur von Südstaatlerakzent wahrzunehmen. «Kommen Sie aus den Südstaaten?» fragte ich, wobei die Impulsivität meiner ADD sich über Takt und Folgerichtigkeit hinwegsetzte, mit denen ich das Gespräch eigentlich hätte führen sollen.

«Ja, warum», sagte Becky, durchaus nicht ungehalten über meinen Themenwechsel. «Ich habe meine Kindheit in Charleston verbracht, bis ich dann mit meiner Familie nach Maine gezogen bin.»

«Eine ziemliche Veränderung», sagte ich.

«Das kann man wohl sagen. Und Sie?»

«Ich habe tatsächlich selber ein paar Jahre in Charleston gelebt», sagte ich. «Als Kind.» Wir schwiegen. «Wie lange kennen Sie Penny schon?» fragte ich.

«Erst seit dem Beginn dieses Schuljahrs. Sechs Wochen. Das ist noch nicht lange genug, um sie gut zu kennen, aber lange genug, um sie zu mögen. Sie kommt mir vor wie eine junge Künstlerin oder so etwas Ähnliches, die da hinten sitzt und vor sich hinträumt.»

«Glauben Sie, daß sie depressiv ist?» fragte ich.

«Aber nein», erwiderte Becky mit einem Lachen, «ganz und gar nicht. Sie fängt sofort an zu strahlen, wenn man sie anspricht. Die andern Kinder mögen sie. Auch wenn sie verschlossen ist, sie hakken nicht auf ihr herum. Es sieht so aus, als akzeptierten sie, daß das nun mal ihre Art ist.»

«Und was macht Ihnen bei ihr am meisten Kopfzerbrechen?» fragte ich.

«Daß sie eigentlich nie richtig da ist», sagte Becky ohne Zögern. «Und ich fürchte, das wird im Laufe ihrer Schulzeit ein immer größeres Problem für sie werden. Schon in dieser Klasse versäumt sie viel, sie kompensiert das aber irgendwie. Trotzdem, ich weiß, daß sie mehr lernen könnte.»

Becky und ich unterhielten uns bis zum Ende der Pause. Ich dankte ihr für ihre Hilfe und verabschiedete mich mit dem Versprechen, mit ihr in Kontakt zu bleiben.

Ich hatte eine ganze Liste von Umständen im Kopf, die als Erklärung für Pennys Verfassung dienen konnten. Nachdem ich wieder mit Penny zusammengetroffen war und ihre Eltern noch einmal gesprochen und zudem einige neurologische Tests veranlaßt hatte, war die Liste auf zwei Umstände zusammengeschmolzen: Aktivitäts- und Aufmerksamkeitsstörung (ADD) ohne das Symptom der Hyperaktivität und expressive wie rezeptive Sprachstörungen.

ADD funktioniert bei der Verschärfung von Lernproblemen nach demselben Prinzip wie Kurzsichtigkeit: Man kann nicht fokussieren, wie man müßte, folglich ist man nicht in der Lage, seine Begabungen voll auszuschöpfen. Der erste Schritt bei der Therapie ist die Anschaffung einer Brille beziehungsweise die Behandlung von ADD, um daraufhin den verbliebenen Grad der Lernstörung neu zu bestimmen.

Allein schon, daß man eine Diagnose aussprach und der Sache, die Pennys Eltern für eine unabänderliche Eigenheit ihres Naturells gehalten hatten, einen medizinischen Namen gab und ihr eine sachgemäße Behandlung angedeihen ließ, war eine große Hilfe. Sobald alle begriffen hatten, was los war, begannen wir mit der medikamentösen Behandlung. Und wenngleich sie alleine nicht ausreicht, gab es in diesem Fall rasche und dramatische Erfolge.

Es gibt mehrere Medikamente, die bei ADD eingesetzt werden. Sie alle helfen den Patienten dabei, sich besser zu konzentrieren. Sie wirken in gewissem Sinne wie innere Brillen, die die Fähigkeit des Gehirns, sich jeweils nur einer Sache zuzuwenden, verstärken und Reize, die dem entgegenwirken, sowie Ablenkungen herausfiltern. Von den verschiedenen Medikamenten, die in Frage kamen, wählten wir für Penny Norpramin. Norpramin ist ein sogenanntes trizyklisches Antidepressivum. Obwohl diese Medikamente als Antidepressiva klassifiziert werden, gibt es für sie noch viele andere Einsatzmöglichkeiten, und dazu gehört eben auch die Behandlung von ADD bei Kindern und Erwachsenen. Außer Antidepressiva werden gegen ADD am häufigsten Stimulanzien verordnet, zum

Beispiel Ritalin und Dexedrine. Bei richtiger Anwendung sind beide Medikamentenklassen außerordentlich wirkungsvoll und ungefährlich. Wir entschieden uns bei Penny für Norpramin, weil man es nur einmal täglich nehmen muß statt zwei- oder dreimal, wie es bei den Stimulanzien erforderlich ist.

Schon wenige Tage, nachdem Penny begonnen hatte, das Medikament zu nehmen, riefen ihre Eltern und Becky mich an. Sie alle waren ganz erstaunt. Penny zeigte reges Interesse, konzentrierte sich auf den Stoff und leistete einen aktiven und kreativen Beitrag zum Unterricht. Das Beste von allem: Die Schule machte ihr richtig Spaß, so, wie sie ihr vorher noch nie Spaß gemacht hatte. Und das Lernen machte ihr Spaß. Die einzige Nebenwirkung, die das Medikament bei Penny hervorrief, war eine leichte Mundtrockenheit, bedingt durch die anticholinerge Eigenschaft der trizyklischen Antidepressiva (sie bewirken die Blockade des Neurotransmitters Azetylcholin, der die verschiedenen Körperfunktionen, darunter die Speichelbildung reguliert), wie sie bei vielen rezeptfreien Erkältungsmedikamenten auftritt. Das läßt sich hinnehmen, außerdem kann man mit Lutschpastillen etwas dagegen unternehmen. Die medikamentöse Behandlung hatte Penny nichts genommen; sie konnte trotzdem tagträumen, wenn sie es gerne wollte.

Zwar war das erst der Anfang der Behandlung, es war aber für alle, mich eingeschlossen, der anrührendste Teil. Wie Pennys Mutter es bei einem ihrer darauffolgenden Besuche ausdrückte: «Es ist, als ob ein Schleier von Pennys Augen genommen worden wäre. Sie kann uns sehen, und wir können sie sehen. Sie ist noch immer meine Träumerin, aber wenn sie jetzt träumt, tut sie's mit Absicht.»

2 «Ich sang in meinen Ketten wie das Meer»
Das Kind mit ADD

Die ersten Erkenntnisse, die wir von der Aktivitäts- und Aufmerksamkeitsstörung (ADD) haben, stammen von Kindern, bevor wir wußten, daß das Syndrom im Erwachsenenalter fortdauert. ADD ist inzwischen eine der Krankheiten auf dem Gebiet der Kindheitsentwicklung, über die wir eine Menge wissen. Nach meiner vorsichtigen Schätzung dürften fünf Prozent der Schulkinder ADD haben, trotzdem herrscht bei der Allgemeinheit noch weithin Unverständnis für die Krankheit; oft bleibt sie unerkannt oder wird falsch diagnostiziert. Die kennzeichnenden Symptome von ADD – Ablenkbarkeit, Impulsivität, Aktivitätsüberschuß – werden so selbstverständlich mit Kindern im allgemeinen in Zusammenhang gebracht, daß der Diagnose häufig kein Glauben geschenkt wird. Ein Kind mit einer unerkannten ADD wird für «eben ein Kind» genommen, für nur ein bißchen extremer. Und niemand würde auf den Gedanken kommen, dieses «ein bißchen extremer» als einen warnenden Hinweis auf einen medizinischen Befund anzusehen, es sei denn, er hätte vorher von diesem Befund schon etwas gewußt.

Wo hört das «ein bißchen extremer» auf, und wo fängt das neurologische Syndrom an? Wie kann man ein verzogenes Kind von einem ADD-Kind unterscheiden? Woran kann man ein Kind mit emotionalen Problemen gegenüber einem ADD-Kind erkennen? Man muß die individuelle Lebensgeschichte des Kindes genau betrachten.

Es gibt auch psychologische Tests, die zusätzliches Faktenmaterial für die Diagnose liefern. Bestimmte Untertests der WISC (Wechsler Intelligence Scale for Children) – ein Standardtest für Kinder – können unter Umständen auf ADD hinweisen. Bezeichnenderweise sind die Einzelergebnisse für Handfertigkeit, Rechnen und Codierung bei ADD niedrig. Außerdem zeigt sich häufig eine große Diskrepanz zwischen dem Ergebnis auf der *verbal scale* und *performance scale*. Es gibt andere Tests, mit denen versucht wird, Aufmerksamkeit und Impulsivität zu bestimmen, es sollte jedoch hervorgehoben werden, daß es keinen speziellen Test für ADD gibt. Das zuverlässigste Hilfsmittel beim Erstellen der Diagnose ist die Lebensgeschichte des betreffenden Menschen, wie man sie sich aus Berichten des Kindes, der Eltern und vor allem der Lehrer rekonstruieren kann.

Es gibt keine klare Trennungslinie zwischen ADD und normalem Verhalten. Vielmehr muß man sein Urteil auf einen Vergleich zwischen dem einzelnen Kind und seinen Altersgenossen gründen. Hebt es sich von den anderen dadurch deutlich hervor, daß es ablenkbarer, impulsiver und unruhiger ist, und gibt es für dieses Verhalten keinen augenfälligen Grund, wie zum Beispiel den Zerfall der Familie oder den Mißbrauch suchtauslösender Substanzen oder Depressionen oder eine andere Krankheit, kann die Diagnose ADD in Erwägung gezogen werden. Die Diagnose sollte allerdings nur ein Fachmann stellen, der in der Arbeit mit ADD erfahren ist.

Die beiden häufigsten Fehler beim Diagnoseverfahren sind, daß die Diagnose ADD gar nicht oder aber zu oft gestellt wird.

Der häufigste Grund, daß bei der Diagnose fehlgegangen wird, besteht darin, daß man von ADD nichts weiß. Nicht jeder Lehrer, Psychologe oder Arzt weiß etwas von ADD.

Selbst Fachleute, die etwas von ADD wissen, können zu einer falschen Diagnose kommen, wenn sie sich allzusehr auf psychologische Tests verlassen. Zwar können psychologische Tests sehr hilfreich sein, sie sind aber *nichts Definitives*. Kinder mit ADD können bei Tests den Eindruck erwecken, als fehlte ihnen nichts. Die Systematik, die neuen Eindrücke, die Motivation, die mit dem Testverfahren verbunden sind, können die ADD des Kindes für den Augenblick sehr wirkungsvoll «behandeln». Das Kind kann unter Umständen, bedingt durch die Unter-vier-Augen-Konstellation und das Ungewohnte der Situation, konzentriert sein und so motiviert, «seine Sache gut zu machen», daß die Motivation seine ADD außer Kraft setzt. Aus diesen Gründen muß das klinische Material – die Angaben der Lehrer und Eltern und die Beobachtungen, die man im Laufe der Zeit gemacht hat – höher bewertet werden als Testergebnisse.

Der zweite, nicht minder häufige Fehler beim Diagnoseverfahren ist die Umkehrung des ersten. Er besteht darin, die Diagnose zu überreizen, indem man immer und überall eine ADD erkennen will. Eine sorgfältige Bewertung hat auch in Betracht zu ziehen, daß es eine ganze Reihe von Krankheitsbildern gibt, die ADD einfach ähnlich sind. Bei einigen von ihnen müssen Laboruntersuchungen gemacht werden, bevor man sie ausschließen kann.

Um sicherzugehen, daß die Symptome nicht von einer anderen Krankheit hervorgerufen werden, muß man sich darüber im klaren sein, daß ADD auch eine Frage des Maßes ist. Es kommt nicht nur auf das Vorhandensein von Symptomen an, sondern darauf, wie intensiv und dauerhaft sie sind. Die meisten Kinder sind hin und wieder ablenkbar, impulsiv und unruhig. Die große Mehrheit der Kinder hat keine ADD, und man muß sich sehr davor hüten, die Diagnose so leichthin zu stellen, daß sie bedeutungslos oder zu einer bloßen Modetorheit wird.

Für die Kinder, die tatsächlich ADD haben, ist es äußerst wichtig, daß die Diagnose so früh wie möglich gestellt wird, um den Schaden möglichst gering zu halten, den das Selbstwertgefühl in der Regel nimmt, wenn diese Kinder mißverstanden und als faul, widerborstig, sonderbar oder schlecht hingestellt werden. Das Leben eines Kindes mit einer unerkannten ADD und seiner Familie ist voller Auseinandersetzungen, Anklagen, Schuldgefühle, Vorwürfe, enttäuschender Leistungen und Traurigkeit. Je eher die Diagnose gestellt werden kann, desto schneller kann dieser unnötige Kummer ein Ende finden. Zwar beseitigen Diagnose und Behandlung die Schwierigkeiten nicht, die ADD im Leben eines Kindes hervorruft, sie ermöglichen es aber, diese Schwierigkeiten als das zu verstehen, was sie sind.

Wir alle wollen, daß unsere Kinder Selbstvertrauen ausbilden, ein verläßliches Selbstwertgefühl, das sie über Jahre trägt. Es ist ein unsichtbarer, aber entscheidender Vorgang, das Weben und Wirken des Selbstwertgefühls, und jeden Tag werden neue Fäden eingezogen, Fäden, die ein Leben lang halten werden. Wenn diese Fäden aus Demütigungen, Fehlschlägen und Beschämungen bestehen, dann wird man sich in dem fertigen Tuch nicht sehr wohl fühlen. Wir sollten alles in unserer Macht Stehende tun, um dafür zu sorgen, daß die Fäden aus Erfolgen und Selbstbestätigungen bestehen und aus dem Gefühl, sich mit seiner Umwelt in Einklang zu befinden. Und zu den Dingen, die uns helfen, dieses Ziel zu erreichen, gehört gegebenenfalls auch die Erkenntnis, daß ein Kind eine Lernstörung wie ADD hat.

Viele bedeutende Männer und Frauen haben im Laufe der Geschichte die verschiedenartigsten Lernschwächen gehabt, die zu überwinden ihnen gelungen ist. Es läßt sich zwar nicht beweisen, daß er ADD hatte, aber Mozart wäre ein exemplarischer Fall für einen Menschen mit diesem Syndrom: er war ungeduldig, impulsiv, ablenkbar, energetisch, gefühlsbetont, kreativ, innovativ, respektlos und eigenwillig. Organisiertheit ist ein Merkmal bei der Behandlung von ADD, und die klare Form, die Mozart seinen Werken gab, zeigt auf wunderschöne Weise, wie die sprunghafte Schöpferkraft eines ADD-Geistes durch Organisiertheit an die Kandare genommen wird. Es gibt tatsächlich einen eindrucksvollen positiven Aspekt an ADD, der bis heute noch nicht klar erkannt ist. Man könnte viele Menschen mit ADD als Menschen mit «einem gewissen Etwas» beschreiben, mit einem schwer dingfest zu machenden, aber unleugbar vorhandenen Potential. Wenn man dieses Potential in Gang setzen kann, erzielt man unter Umständen ganz erstaunliche Resultate. Albert Einstein, Edgar Allan Poe, George Bernard Shaw und Salvador Dalí sind alle von der Schule geflogen, und Thomas Edison war Klassenletzter. Abraham Lincoln und Henry Ford sind von ihren Lehrern zu hoffnungslosen Fällen erklärt worden. Der Romancier John Irving hätte wegen einer unerkannten

Lernschwäche beinahe die High School nicht geschafft. Es gibt eine große Anzahl von Menschen, die im Erwachsenenleben Bedeutung erlangten, nachdem sie in der Schule miserable Leistungen vorgewiesen hatten. Unglücklicherweise ist die Zahl der Menschen größer, die in der Schule zu Psychokrüppeln gemacht worden sind und daher nie die Chance bekommen haben, ihr Potential zu realisieren.

Nach dieser Einleitung folgen Sie mir nun in die Welt von Maxwell McCarthy.

Nach der Geburt hielt Maxwells Mutter ihren Sohn im Arm und weinte Freudentränen. Er war der Junge, den sich Sylvia und Patrick McCarthy nach ihren beiden Töchtern gewünscht hatten. Maxwell starrte zu seiner Mutter hoch, während sich sein Vater über die Kissen beugte und mit dem Zeigefinger kleine Kreise auf die runzlige Stirn seines Sohnes malte.

«Er sieht aus wie mein Vater», sagte Patrick.

«Ach was, das kann man doch jetzt noch nicht sagen!»

«Es kommt mir eben so vor», entgegnete Patrick. Sein Vater, Maxwell McCarthy, von dem der neue Maxwell seinen Namen hatte, war ein prominenter Bostoner Anwalt gewesen, der Stecken und Stab in Patricks Leben, sein Held und sein Ratgeber. Sein Ethos der geistigen Leistungsbereitschaft und felsenfesten Integrität verbunden mit Trinkfestigkeit und geselliger Bonhomie hatten Maxwell den Älteren zu einer fast mythischen Gestalt gemacht. Als Patrick jetzt auf seinen Sohn herabsah, entdeckte er einiges von seinem alten Herrn an ihm. Der große Kopf, schloß er, bedeutete Intelligenz, der verschmitzte Augenausdruck des Babys Lebensfreude. Und für die Integrität würde eine Erziehung zur Disziplin sorgen. Jetzt noch ein glucksendes Windelpaket, war Maxwell McCarthy für Großes bestimmt.

Sylvias Gedanken waren mehr auf die einfache, doch grenzenlose Freude gerichtet, das kleine Baby im Arm zu halten. Oh, sie hatte sich vor seiner Geburt über seine Zukunft Gedanken gemacht. Sie erhoffte sich für ihn dasselbe wie für ihre anderen Kinder, daß er von den Vorteilen profitieren konnte, die sie in ihrer Jugend nicht gehabt hatte. Ihre Familie war durch Gemütskrankheit, Depressionen und Alkoholismus zerrissen worden. Sie hatte sich durch das Jurastudium, bei dem sie Patrick kennengelernt hatte, durchgeschlagen und arbeitete jetzt als Mutter von – inzwischen – drei Kindern in Teilzeitarbeit in ihrem Beruf. Dabei hatte sie den Kontakt zu ihrer Familie ganz verloren, und die Traurigkeit darüber war ihr nie ganz fern. Sie blickte auf Maxwell herab und dachte: Wir werden gut zu dir sein, mein Schöner.

Als Säugling und Kleinkind wollte Max nie alleine sein. Er war immer hellwach und hatte gern Leute um sich. Als er laufen lernte, war es fast unmöglich, das Haus kindersicher zu machen, weil er so schnell war. Schlau, wie Max war, kostete es große Anstrengung, auf ihn aufzupassen. Wie es einer von seinen Babysittern nach einer langen Nacht mit ihm ein wenig spitz ausdrückte: «Sie haben ein sehr wartungsintensives Baby.»

Mit vier Jahren hatte Max einen Spitznamen weg, «Mad Max». «Wie soll ich es Ihnen erklären?» sagte Max' Tagesmutter zu Sylvia und Patrick. «Er ist sehr lebhaft.»

«Sie können offen mit uns reden», sagte Patrick in ernstem Ton und vergaß für einen Moment, daß er von Teddybären, Stoffhäschen und Märchenbüchern umgeben war und nicht von ledergebundenen Wälzern.

«Na ja, er hat halt an so vielen Dingen Spaß, daß er am liebsten überall gleichzeitig wäre. Kaum daß er irgend etwas angefangen hat, ist er auch schon wieder bei etwas anderem. Er ist ein richtiger Wonneproppen, er kann aber in der Gruppe auch ein ziemlicher Störenfried sein.»

Auf dem Heimweg sagte Patrick im Auto: «Miss Rebecca von der Sunnybrook Farm wollte uns eigentlich zu verstehen geben, daß Max ein Flegel ist.»

«Das stimmt nicht», sagte Sylvia. «Er ist nur ungebärdig, wie du früher auch.»

«Ich war nie ungebärdig. Ich war diszipliniert. Ich hatte Manieren. Max hat keine Manieren.»

«Mein Gott, er ist erst vier», rief Sylvia aus. «Darf er denn kein kleiner Junge sein?»

«Doch. Aber kein verwöhnter kleiner Junge.»

«Oh. Und ich nehme an, sein Verhalten ist alleine meine Schuld.»

«Das habe ich nicht gesagt», entgegnete Patrick.

«Nein, du hast es nicht gesagt, aber nachdem ich zweimal soviel Zeit zu Hause verbringe wie du, hast du mir ziemlich deutlich zu verstehen gegeben, wer in erster Linie für die Kinder verantwortlich ist. Jungen brauchen aber ihren Vater, Pat.»

«Oh, dann ist es jetzt also meine Schuld. Eine raffinierte Art, den Spieß umzudrehen.» Sie fuhren schweigend weiter.

Mit sechs Jahren wurde Max im Meadow Glen, einer gemischten Privatschule, eingeschult. Zuerst lief alles reibungslos, aber eines Tages dann, die Kinder hockten, immer zu zweit, bei einer Arbeit auf dem Fußboden, nahm Max plötzlich seinen Farbtopf, warf ihn auf den Boden und trat die Arbeit, mit der er und sein Klassenkamerad gerade eben noch beschäftigt gewesen waren, mit dem Fuß quer durchs Zimmer und fing dann an, sich mit den Fäusten ins Gesicht zu schlagen. Seine Lehrerin ging mit ihm aus der Klasse, damit er sich wieder beruhigte, während ihre Kollegin bei den anderen Kindern blieb. «Was war denn da drin eben los?» fragte die Lehrerin Max.

«Alles, was ich anfange, wird nichts», sagte er, während ihm Tränen über die Wangen rollten.

«Das stimmt nicht», sagte seine Lehrerin. «Deine Arbeit sah sehr gut aus.»

«Eben nicht», sagte Max. «Sie war Mist.»

«Du weißt, Max, daß wir hier nicht so reden dürfen.»

«Ja, ich weiß», sagte Max traurig. «Ich müßte disziplinierter sein und bessere Manieren haben.»

Einige Zeit später wurde auf Betreiben der Lehrerin mit Max ein Test gemacht, der aber, wie sich herausstellte, nur ein Intelligenztest war. Sein IQ lag mit 145 im obersten Bereich, mit einer Differenz von 10 Punkten zwischen *performance scale* und *verbal scale*. «Du siehst, daß er doch ganz schön helle ist», sagte Max' Vater. «Er muß sich nur auf den Hosenboden setzen.»

Während der ersten Schuljahre bekam Max gute Noten. Die Beurteilungen in seinen Zeugnissen waren allerdings alarmierend: «Trotz intensivster Bemühungen von meiner Seite läßt Max es immer wieder an der nötigen Aufmerksamkeit fehlen», oder: «Max ist gegen seine Absicht ein ständiger Störfaktor im Unterricht», oder: «Er ist im Sozialverhalten zurück», oder: «Seine Intelligenz ist augenfällig, aber er ist ein geborener Tagträumer.»

Was Max selber betraf, der war ratlos. Er bemühte sich, das zu tun, was man ihm sagte, wie stillzusitzen, aufzupassen oder seine Hände bei sich zu behalten, stellte aber fest, daß er das alles trotz größter Anstrengung nicht konnte. Deshalb kam er auch weiter in Schwierigkeiten. Er haßte den Spitznamen Mad Max, den man ihm zu Hause gegeben hatte, aber immer wenn er sich darüber beschwerte, zogen ihn seine Schwestern auf, und wenn sie ihn aufzogen, schlug er sie, und wenn er sie schlug, kam er wieder in Schwierigkeiten. Er wußte nicht mehr, was er tun sollte.

«Ich weiß nicht mehr, was ich mit dir machen soll», sagte sein Vater eines Tages.

«Warum schickst du mich nicht an den Händler zurück, wie du es mit dem Fiat gemacht hast? Vielleicht gibt es auch ein Verbraucherschutzgesetz für Kinder.» Er hatte aus Gesprächen seiner Eltern etwas über das Verbraucherschutzgesetz gehört.

«Oh, Max», sagte sein Vater und wollte ihn umarmen, «wir würden dich gegen nichts auf der Welt eintauschen. Wir lieben dich.»

«Und wie kommt es dann», sagte Max und wich zurück, «wie kommt es, daß du zu Mom gesagt hast, alle Probleme, die diese Familie hat, kommen durch mich?»

«Das habe ich nie gesagt, Max.»

«Doch, Dad, das hast du», sagte Max leise.

«Na, schön, dann hab ich es aber nicht so gemeint. Wir brauchen einfach eine Strategie für dich, du weißt doch, wie ich dir immer von der Strategie erzähle, wenn wir uns die Patriots anschauen. Was für eine Art Strategie können wir uns für dich überlegen, damit du nicht mehr in Schwierigkeiten kommst?»

«Du sagst doch, Dad, daß es Sache des Trainers ist, sich eine Strategie zu überlegen, die funktioniert, und daß man ihn feuern müßte, wenn er das nicht kann. Du und Mom, ihr seid doch hier die Trainer, nicht?»

«Ja, Sohn, das sind wir. Aber uns kann man nicht feuern. Und wir brauchen deine Hilfe.»

«Ich werde mir mehr Mühe geben», sagte Max. An diesem Abend schrieb er die Worte «Ich wünschte, ich wäre tot» auf ein Stück Papier, knüllte es zusammen und warf es in den Papierkorb.

Max' Leben bestand allerdings nicht nur aus Kümmernissen. Auf der einen Seite war er ein richtiger «Reißteufel», wie seine Klassenlehrerin in der zweiten Klasse sagte, und dann wieder war er nach den Worten derselben Lehrerin lieb wie ein kleiner Engel. Er war intelligent, daran bestand kein Zweifel, er konnte sich wirklich in etwas vertiefen. Er konnte eine Telefonzelle in einen Spielplatz verwandeln und ein Telefonbuch in einen Roman. Max' Vater hielt seinen Sohn so ungefähr für den kreativsten Menschen, den er je kennengelernt hatte, nur hätte er gewünscht, er hätte Max dazu bringen können, diese Kreativität ein bißchen zu zügeln.

Was Max nicht konnte, war: sich benehmen. Sich einfügen. Stillsitzen. Im Unterricht die Hand heben. Und er wußte nicht, warum er es nicht konnte. Weil er keine Erklärung dafür hatte, nahm er allmählich das Schlimmste an: daß er böse war, ein Hans-guckin-die-Luft, ein Rappelkopf, ein funktionell Retardierter, lauter Namen, die man ihm schon gegeben hatte. Als er seine Mutter fragte, was funktionell retardiert bedeutete, wollte sie von ihm wissen, wo er den Ausdruck gehört hatte.

«Ich hab's in einem Buch gelesen», log Max.

«In was für einem Buch?» fragte seine Mutter.

«Einfach in einem Buch. Spielt das eine Rolle, was für ein Buch das war? Meinst du, ich schreib mir alles auf, was ich lese?»

«Nein, Max. Ich habe mich nur gefragt, ob das vielleicht irgend jemand zu dir gesagt hat und du mir nicht sagen willst, wer es war.» Im selben Moment, als seine Mutter das gesagt hatte, merkte sie, daß sie einen Fehler gemacht hatte, doch die Worte waren ausgesprochen und konnten nicht ungesagt gemacht werden.

«Das bedeutet nichts, Max», fügte seine Mutter eilig hinzu und wollte ihn in den Arm nehmen.

«Laß mich gehn», sagte er.

«Max, das bedeutet wirklich nichts. Wer auch immer das gesagt hat, er ist ein Dummkopf.»

«Auch Dad?» fragte Max und starrte seiner Mutter durch einen Tränenschleier in die Augen.

In der sechsten Klasse dann schlugen Max' Zensuren Kapriolen, indem sie zwischen «sehr gut» und «schwach ausreichend» schwankten. «Wie kommt es», fragte ihn einer seiner Lehrer, «daß du in der einen Woche einer der besten Schüler sein kannst, die ich je hatte, und dich in der nächsten Woche beträgst, als ob du gar nicht vorhanden wärst?»

«Ich weiß es nicht», sagte er finster, mittlerweile an diese Art Fragen gewöhnt. «Muß wohl an meinem komischen Gehirn liegen.»

«Du verfügst über ein sehr gutes Gehirn», entgegnete der Lehrer.

«Ein Gehirn ist nur ein Gehirn», lautete Max' philosophische Antwort, «aber es ist schwer, einen guten Menschen zu finden.»

Der Lehrer schaute erstaunt ob dieser altklugen Bemerkung, erstaunt und verblüfft, was Max zu den resignierten Worten veranlaßte: «Versuchen Sie nicht, mich zu verstehen. Ich muß einfach disziplinierter sein. Ich werde mir mehr Mühe geben.»

Einige Zeit später, bei einer Eltern-Lehrer-Konferenz, gab einer der Lehrer folgende Schilderung: «Wenn man Max im Unterricht an seinem Tisch beobachtet, dann ist das, als schaute man bei einer Art Ballett zu. Ein Bein hebt sich, und dann schlingt sich ein Arm darum, und dann taucht ein Fuß auf, während der Kopf aus dem Blickfeld verschwindet. Dem schließt sich häufig ein Krachen an, dem ebenso häufig ein Fluch folgt. Wissen Sie, Max ist so streng mit sich, daß es mir schwerfällt, mit ihm zu schimpfen.»

Max' Eltern hörten zu, verspürten Schuldgefühle und seufzten.

Zwar hielt Max inzwischen nur noch recht wenig von sich, sein Stolz und sein Selbstgefühl verboten es ihm aber, mit anderen über seine Probleme zu sprechen. Er führte aber Selbstgespräche. Manchmal fuhr er auf sich selber los. «Du bist böse, böse, böse», sagte er dann. «Warum änderst du dich nicht?» Und dann legte er eine Liste mit guten Vorsätzen an: «Mehr arbeiten. Stillsitzen. Rechtzeitig Hausaufgaben machen. Nichts tun, was Mom und Dad Sorgen macht. Deine Hände bei dir behalten.»

Max war katholisch erzogen und redete manchmal mit dem lieben Gott. «Warum hast du mich so anders gemacht?» fragte er immer wieder.

Und bei anderen Gelegenheiten, und das waren die Gelegenheiten, bei denen er in Bestform war, ließ er seine Gedanken ungestört von einer Vorstellung zur nächsten wandern, so daß eine Menge Zeit verstrich, ohne daß er es überhaupt merkte. Das passierte häufig, wenn er ein Buch las. Er fing auf Seite eins an, und wenn er bis zur Hälfte von Seite drei gekommen war, war er schon weit weg in einem Tagtraum dabei, auf dem Mond spazierenzugehen oder per Durchmarsch und Touchdown in der letzten Minute ein Footballspiel zu gewinnen. Das war eine seiner Lieblingsbeschäftigungen, die nur leider sehr hinderlich dabei war, daß seine Hausaufgaben rechtzeitig fertig waren.

Max hatte zwar Freunde, er verärgerte sie aber zuweilen durch seine Egozentrik, wie sie es nannten. Als er älter wurde, fiel es ihm schwer, dem Gespräch zu folgen, wenn sich mehrere seiner Freunde miteinander unterhielten, und er starrte dann blicklos ins Leere. «Heh, was ist, McCarthy», sagten dann seine Freunde, «bist du bekifft, oder was ist los mit dir?»

Aber weil er im Grunde ein fröhlicher Mensch war – er hatte eine undurchdringliche Fassade aufgebaut – und weil ihm seine natürliche Intelligenz in der Schule weiterhalf, konnte Max im menschlichen wie im schulischen Bereich vermeiden, daß es zum Äußersten kam.

In der neunten Klasse dann hatten sie sich an ihn als Mad Max gewöhnt; anstatt sich zu wehren, ließ Max die Neckereien über sich ergehen und trug selber dazu bei, indem er sich über sich lustig machte, absichtlich über die eigenen Füße stolperte oder auf seinen Kopf deutete und «Doofie» sagte. Max' Mutter verlegte sein Zimmer ins Souterrain. «Zumindest ist der Saustall dann auf einen Ort eingegrenzt, der noch dazu den Vorteil hat, daß er außer Sichtweite ist», sagte sie. «Nachdem du per Veranlagung nicht in der Lage bist, dein Zimmer aufzuräumen, müssen wir dich an einer Stelle einquartieren, wo du am wenigsten Ärger erregst.» Das fand Max einfach prima.

Statt Kreise auf die Stirn seines Sohnes zu malen, wie er es damals im Krankenhaus gemacht hatte, als er das Baby betrachtete, hoffte und betete Max' Vater jetzt nur noch, daß sein Sohn in dieser grausamen Welt überleben konnte, daß er eine Nische für sich fand, wo sich seine Kreativität und seine Gutmütigkeit auszahlte, und daß man seine gigantische Sorglosigkeit und Verantwortungslosigkeit nicht zum Anlaß nahm, ihn rauszuschmeißen. Wenn seine Mutter ihn jetzt betrachtete, war er ihr liebenswerter, genialer Trottel. Manchmal hatte sie große Schuldgefühle, weil es ihr nicht gelungen war, Max auf Vordermann zu bringen, aber nach drei Kindern und mehr Kompromissen in ihrem Beruf, als sie sich eingestehen mochte, versuchte sie zu lernen, etwas weniger strenge Maßstäbe an sich anzulegen. Und sie war tatsächlich erleichtert, daß die Familie nicht an den Problemen zerbrochen war, die sich direkt und indirekt früher durch Max ergeben hatten.

Die Zeit relativer Ruhe und Beschaulichkeit fand ein Ende, als Max mit den stärkeren Stimulierungen konfrontiert wurde, die die High School für ihn bereithielt. Er verspürte eine Unruhe, die er nur beschwichtigen konnte, indem er Außenweltsituationen von ähnlich hohem Energieniveau aufsuchte.

Der Sport diente ihm jetzt zur Selbstbefreiung, und er wurde zum fanatischen Langstreckenläufer und Ringer. Er sprach von dem «Vergnügen an der Qual des Langstreckenlaufs», der geistigen Entspannung und dem Gefühl «absoluter psychischer Klarheit» auf den letzten achthundert Metern. Er war auch ein ausgezeichneter Ringer. Er war besonders gut am Anfang der Runde, beim ersten Zug, wenn man sich explosionsartig aus dem Griff des Gegners befreit. Hier war endlich die Gelegenheit, wo er mit Berechtigung ausrasten konnte, wo er endlich die ganze Energie herauslassen konnte, die sich in seinem Körper aufgestaut hatte, wo er aus den Fesseln des guten Benehmens ausbrechen konnte wie aus einer Dornenhecke. Beim Ringen konnte Max sich aus allen Zwängen befreien. Er liebte auch die Qualen, die er ausstand, wenn er sich vor dem Kampf auf das richtige Gewicht herunterhungerte. «Ich hasse das natürlich», sagte er immer, «aber ich mag es auch sehr, weil ich mich dann auf *eine* Sache, *ein* Ziel konzentrieren kann.»

Aber so segensreich sich seine sportlichen Betätigungen auf seine Anpassungsfähigkeit auswirkten, fing er nun auch an, mit der Gefahr zu kokettieren. Er experimentierte mit Drogen, vor allem mit Kokain, wobei er feststellte, daß es ihn zugleich beruhigte und eine Konzentrationshilfe für ihn war. Er war ständig in Aktion. Und er hatte so viele Freundinnen, daß er schon ganz den Überblick verloren hatte. Er spielte weiterhin ein Spiel, das er «Feigling» nannte, bei dem er vollkommen unvorbereitet in eine Prüfung ging und zusah, ob er sich irgendwie durchmogeln konnte. Er kam allmählich dahinter, daß es nicht mehr so gut funktionierte wie in der Grundschule.

Im tiefsten Inneren wußte er, daß er mit dem Feuer spielte. Eines Tages sagte er beim Verlassen des Hauses beiläufig zu seiner Mutter: «Weißt du, Mom, ich bin eine wandelnde Zeitbombe.»

In der Annahme, er hätte einen Scherz gemacht, erwiderte seine Mutter lachend: «Wenigstens bist du kein Blindgänger.» Max' Angehörige hatten längst gelernt, seine selbstabwertenden Bemerkungen in scherzhafte Wortgeplänkel zu verwandeln. Sie waren durchaus nicht unsensibel, sie wußten einfach nicht, was sie sonst machen sollten.

Was dann passierte, hätte auf viele verschiedene Arten passieren können beziehungsweise überhaupt nicht passieren können. Es gibt viele Menschen wie Max, denen es gelingt, nicht zu stolpern und zu fallen. Sie leben einfach nur ein frenetisches Leben, in einem Taumel von extrem hohen Stimulierungen und nicht selten auch extrem hohen Leistungen, grundiert von dem Gefühl, daß ihre Welt am Rand des Abgrunds steht.

Aber Max stolperte glücklicherweise und fiel. Die Gründe dafür hätten schulisches Versagen, Drogen, Alkohol und riskanter Unfug sein können. Aber in Max' Fall war der ungewöhnliche Anlaß das Ringen. Als er wieder mal versuchte, sich auf das Kampfgewicht herunterzuhungern, ging er dabei so unvernünftig zu Werke, daß man ihn in komatösem Zustand und völlig dehydriert in seinem Souterrainzimmer fand. Als man ihn ins Krankenhaus brachte, war der Hausarzt so vernünftig, diesen Vorfall als Anzeichen eines ziemlich schwerwiegenden psychologischen Problems zu betrachten.

Im Zuge von Max' psychologischer Untersuchung zeigte ein neuropsychologischer Test, zusätzlich zu dem bereits festgestellten hohen IQ, eine ganze Anzahl anderer Punkte. Es gab deutliche Hinweise auf eine Aktivitäts- und Aufmerksamkeitsstörung. Ein zweiter, projektiver Test zeigte ebenso ein extrem niedriges Selbstwertgefühl wie periodisch auftretende depressive Gedanken und Vorstellungen. In krassem Gegensatz zu Max' fröhlicher Außenseite war sein Inneres nach den Worten des Psychologen «eine Stätte des Chaos und der Impulsivität, vom Nebel der Depression umlagert, von Verzweiflung aufgeheizt».

Bei einer Eltern-Kind-Sitzung mit dem Psychologen brach Max' Mutter in Tränen aus. «Du bist nicht daran schuld», sagte Max leise. Max' Vater räusperte sich abwehrend. «Du bist auch nicht daran schuld, Dad.»

«Niemand ist daran schuld», unterbrach sie der Psychologe und begann, Max und seinen Eltern zu erklären, womit sie so viele Jahre lang gelebt hatten.

«Aber wenn es dieses Aktivitäts- und Was-sonst-noch-Dings ist, warum sind wir dann nicht früher draufgekommen? Ich habe solche Schuldgefühle.»

«ADD wird häufig nicht erkannt», antwortete der Psychologe, «vor allem bei intelligenten Kindern.»

Je länger Max zuhörte, desto mehr paßte jetzt alles zusammen und ergab einen Sinn für ihn. Was er seit langem vage, intuitiv von sich gewußt hatte, hatte endlich einen Namen. «Schon daß man der Sache einen Namen geben kann, ist wirklich eine Hilfe», sagte Max.

«Besser, als dich Mad Max zu nennen», meinte sein Vater. «Wir haben uns da wohl alle etwas vorzuwerfen.»

Aber die gute Nachricht ist, daß wir nun einiges unternehmen können, um eine Besserung zu erreichen. Die Prozedur wird nicht ganz einfach sein, aber das Leben wird hinterher viel schöner sein als vorher.

Es gibt einige hervorhebenswerte Punkte in Max' Lebensgeschichte. Er stammte aus einer relativ intakten Familie. Es ist wichtig, den Irrglauben auszuräumen, daß irgend jemand die Schuld an ADD trägt. Zwar verschlimmert mangelnde elterliche Fürsorge die Situation, sie ist aber nicht die Ursache für ADD. Wir können, wie schon erwähnt, nicht mit Sicherheit sagen, wodurch die Krankheit hervorgerufen wird, es spricht aber das meiste dafür, daß sie erblich bedingt ist – dafür können wir mit Sicherheit sagen, daß sie nicht das Resultat schlechter mütterlicher oder väterlicher Fürsorge ist. Aufgrund von Max' hohem IQ wurde die Diagnose ADD erst relativ spät gestellt. Wenn es auf der Hand liegt, daß ein Kind intelligent ist, wird häufig versäumt, ADD als Möglichkeit in Betracht zu ziehen. Das ist ein Fehler. Viele äußerst intelligente Kinder haben ADD. Wenn man bei diesen Kindern eine Fehldiagnose stellt, führt das unter Umständen dazu, daß sie ihre Intelligenz und ihre Kreativität dazu benutzen, sich auf irgendwelchen interessanten Unfug einzulassen, es aber versäumen, aus der Schule das Beste zu machen.

Eine selbstverständliche Konsequenz des eben Gesagten ist, daß die ADD-Diagnose nicht in einer Form ausgesprochen werden sollte, in der sie als pädagogisches Todesurteil aufgefaßt werden muß. Nach all den Tests und den psychiatrischen Unternehmungen, die das Kind und seine Eltern auf dem Wege zur Diagnosefindung über sich ergehen lassen müssen, verlassen viele Eltern mit ihren Kindern das Sprechzimmer, in dem die Diagnose ADD gerade verkündet wurde, mit dem Gedanken, daß man ihnen durch die Blume mitgeteilt hatte, ihr Kind sei beschränkt. Die emotionale Komponente von ADD schließt nicht selten das unterschwellige Gefühl ein, geistig zurückgeblieben zu sein. Es ist sehr wichtig, daß Eltern und Lehrer das Kind in dieser Hinsicht beruhigen. Die Diagnose ADD ist weder ein Grund zur Freude noch ein Grund zur Verzweiflung. Wenn man den ADD-Kindern hilft, können sie von ihren emotionalen und intellektuellen Fähigkeiten Gebrauch machen.

Max' Lebensgeschichte verdeutlicht die wesentlichen Unterschiede zwischen den Primär- und den Sekundärsymptomen von ADD. Die Primärsymptome sind die Symptome des Syndroms selbst: Ablenkbarkeit, Impulsivität, Unrast und so weiter. Sekundärsymptome sind diejenigen, die sich im Gefolge unerkannter Primärsymptome herausbilden – und sie sind am schwierigsten zu behandeln: geringes Selbstwertgefühl, Depressionen, Langeweile und Frustrationen in der Schule, Angst vor neuem Unterrichtsstoff, ein gestörtes Verhältnis zu Gleichaltrigen, mitunter Drogen- oder Alkoholmißbrauch, Diebstahl oder sogar Gewalttätigkeit infolge zunehmender Frustrationen. Je länger es dauert, bis die Diagnose ADD gestellt wird, desto größer können die Sekundärprobleme werden. Es gibt sehr viele Erwachsene mit einer unerkannten ADD, die überflüssigerweise eine schlechte Meinung von sich haben. Sie sind vielleicht hyperkinetische Persönlichkeiten, denen alles nicht schnell genug gehen kann; sie sind ungeduldig, rastlos, impulsiv, nicht selten intuitiv und kreativ, aber unfähig, eine Sache zu Ende zu machen, und können häufig nicht so lange am Ball bleiben, um eine dauerhafte intime Beziehung aufzubauen. Sie haben in der

Regel Probleme mit dem Selbstwertgefühl, die in der Kindheit ihren Ursprung haben. Je früher die Diagnose gestellt werden kann, desto besser kann man die Sekundärprobleme in den Griff bekommen und desto früher kann man in den schöpferischen Prozeß eintreten, ein Leben zu erlernen, das nicht mehr im Zeichen hinderlicher moralisierender oder abwertender Etikettierungen des eigenen Gehirns steht.

Max' Geschichte soll auch veranschaulichen, daß ADD auch eine Entwicklungsdimension hat. Das soll heißen, sie entwickelt sich im Laufe der Zeit im selben Maße, wie sich die Persönlichkeit und das Erkenntnisvermögen des Kindes entwickelt. Sie ist kein statisches, sondern ein dynamisches Phänomen, und ihre Auswirkungen variieren im Lauf der Zeit. Die speziellen Aufgaben, vor die jede Entwicklungsstufe führt, können sich bei unerkannter ADD unnötig komplizieren. Selbst eine sachgemäß diagnostizierte ADD wirft noch auf lange Zeit Probleme auf, aber immerhin sind diese Probleme durchschaubar.

Zwar neigen wir dazu, uns auf die kognitiven Aspekte von ADD zu konzentrieren, es ist aber genauso wichtig, daß wir unsere Aufmerksamkeit darauf richten, in welcher Weise diese Störung die zwischenmenschlichen Beziehungen beeinträchtigt. Max' Freunde hielten ihn für einen Egozentriker oder einen Drogenkonsumenten und sahen darin eine mögliche Erklärung für seine Absencen beziehungsweise seine Unfähigkeit, mit ihnen zu kommunizieren. Viele Erwachsene mißdeuten die Emotionalität von ADD-Kindern. Menschen mit ADD kriegen häufig die subtilen Winke und Botschaften nicht mit, die für das reibungslose Funktionieren des gesellschaftlichen Umgangs unerläßlich sind. Sie erwecken vielleicht den Eindruck, blasiert oder gleichgültig oder egozentrisch oder sogar feindselig zu sein, während sie einfach nur verwirrt sind beziehungsweise nicht wissen, was um sie herum vorgeht. Mit zunehmender Verwirrung können sie in Wut geraten oder sich zurückziehen, und beide Reaktionen führen zu einer Beeinträchtigung der zwischenmenschlichen Beziehungen. Man bedenke, daß es einem Kind unter Umständen genauso schwerfällt, einem Freund zuzuhören, der ihm von seinen Sommererlebnissen erzählt, wie es ihm schwerfällt, sich auf seine Mathematikaufgaben zu konzentrieren. Diese Kontaktschwäche kann das Fortkommen eines Menschen auf lange Sicht genauso behindern wie die kognitiven Probleme.

Die Probleme innerhalb der Familie, auf die in Max' Geschichte hingewiesen wurde, können tatsächlich schwerwiegend sein und nachhaltig zu einer leidvollen Erfahrung von ADD beitragen. Kinder mit ADD sind nicht selten die Ursache familiärer Streitigkeiten und ehelicher Auseinandersetzungen. Eltern geraten so sehr in Wut und Frustrationen, daß sie nicht nur gegen das Kind, sondern auch gegeneinander ausfällig werden. Sehr schnell entbrennen regelrechte Schlachten, während das Kind für alles zum Sündenbock gemacht wird, was in der Familie schiefläuft. Derselbe Vorgang kann sich auch im Klassenzimmer abspielen. Zwei oder drei Kinder mit einer unerkannten ADD können eine friedliche Klasse in einen Kriegsschauplatz und einen freundlichen, kompetenten Lehrer in ein ausgebranntes Wrack verwandeln. ADD ist fast nie ein Problem, in das nur ein Mensch involviert ist. Ganze Klassen und komplette Familien werden dadurch beeinträchtigt.

Das nächste Beispiel handelt von einer Familie.

Theresa und Matt waren ein kinderloses Ehepaar, als Theresa die Zwillinge David und Danny kennenlernte. Sie arbeitete als Kinderschwester in einem Krankenhaus in Providence am Atlantik. «David und Danny waren drei Jahre alt», erklärte Theresa. «Sie waren Patienten aus der Kinderstation. Das war mein allererster Kontakt mit ihnen. Sie waren aus sozialen Gründen ins Krankenhaus eingewiesen worden. Sie hatten gravierende Wachstumsstörungen, waren aber, wie gesagt, eigentlich aus sozialen Gründen eingewiesen worden. In der Notaufnahme war deutlich zu sehen, daß die Mutter geistig nicht in der Lage war, für die Kinder zu sorgen. Sie waren dreieinhalb Monate im Krankenhaus. Ich habe jeden Tag nach ihnen gesehen, weil sie krank waren, aber sie haben auch jeden Tag auf der ganzen Station herumgetobt. Sie waren einfach ausgehungert nach Zuwendung und haben jeden geliebt, von dem sie Zuwendung bekamen. Ich bin jeden Tag zu ihnen gegangen, und sie haben sich gewissermaßen meiner bemächtigt, sie sind herumgerannt, haben mit Sachen geworfen und sind an mir hochgeklettert. Und so habe ich sie näher kennengelernt.»

ADD kommt häufiger bei Pflege- und Adoptivkindern vor als bei der Bevölkerung im allgemeinen. Man hat dies zu erklären versucht mit dem verstärkten Vorkommen von ADD-begünstigenden parentalen Risikofaktoren – etwa Drogenmißbrauch oder Psychopathie – in der Bevölkerungsgruppe, die ihre Kinder zur Adoption freigibt beziehungsweise der das elterliche Sorgerecht entzogen wird. Danny und David wurden jedenfalls von Amts wegen bei Theresa und Matt untergebracht. Nach mehreren Verhandlungen mit dem Department of Social Services (DSS) bekamen Theresa und Matt die Genehmigung zur Adoption der Zwillinge. Aber es gab lange Zeit viele Probleme. Danny und David waren wilde, ja unbändige Kinder. Sie waren ständig in Bewegung, hatten einen sprunghaften Eßrhythmus und waren nicht in der Lage, eine Unterhaltung über die ihrem Alter entsprechende Dauer aufrechtzuerhalten. Von dem Augenblick an, als Theresa sie kennenlernte, war ihr klar, daß mit ihnen irgend etwas nicht in Ordnung war. Die Frage war nur, was. Gewiß, ein Teil des Problems bestand darin, daß sie in den ersten drei Lebensjahren kein ruhiges Zuhause gehabt, zu wenig Geborgenheit erfahren hatten und mangelhaft ernährt worden waren. Wie groß der neurologische Schaden ist, der während dieser Jahre angerichtet worden ist, bleibt unklar.

Aber selbst nachdem sie nun bei Theresa und Matt ein stabiles Umfeld hatten, gab es weiterhin große Schwierigkeiten. «Es gab Verhaltensprobleme», sagte Theresa. «In der Kindertagesstätte standen die beiden immer kurz vorm Rauswurf, weil man mit ihnen nicht zurechtkam – mit ihrem Aktivitätslevel, ihrer Impulsivität, der Tatsache, daß sie sich nicht hinlegen und schlafen konnten wie alle anderen und sich ohne zu fragen nahmen, was sie haben wollten.

Wenn sie etwas haben wollten, machten sie einfach Jagd darauf. Wenn sie etwas tun wollten, dann taten sie es. Wenn sie draußen waren und Lust bekamen, eine zwei Meter hohe Stange hochzuklettern und von dort herunterzuspringen, wie das mal vorgekommen ist, als sie vier Jahre alt waren, dann machten sie es! Sie hatten keinerlei Kontrolle über ihr Verhalten. Deshalb hat uns der Psychologe, den wir mit ihnen aufsuchten, geraten, sie in eine Sonderschule zu tun, wo man mit ihren ‹emotionalen Problemen› umgehen konnte.»

Während der nächsten paar Jahre wurden die Jungen in einer therapeutischen Sonderschule behandelt. Dort war man der Meinung, daß ihr störendes Verhalten eine Folge der ins Unbewußte verdrängten Gefühle war, die sie aufgrund der Tatsache hegten, daß sie Adoptivkinder und von der leiblichen Mutter «ausgesetzt» worden waren. Zwar stimmte Theresa mit dieser Beurteilung nicht überein, ließ die Kinder aber in der Sonderschule weiterbehandeln, weil man es ihr beim Department of Social Services so gesagt hatte. Da ihr das Sorgerecht zu dieser Zeit noch nicht übertragen worden war, mußte sie tun, was ihr vom DSS vorgeschrieben wurde, oder damit rechnen, die Kinder zu verlieren.

Die Situation verbesserte sich im Lauf der weiteren Behandlung nicht. In Theresas Worten: «Danny und David hatten beide mehrere Lehrerinnen in den Gruppen (in der therapeutischen Tagesschule). Trotzdem mußte ich einen Nachhilfelehrer für sie engagieren, weil ich merkte, daß sie überhaupt nichts lernten. Sie waren inzwischen sieben, bald acht Jahre alt und konnten immer noch keine Zahlen lesen, sie konnten überhaupt nichts. Ich dachte, daß sie in der Schule etwas lernen, bis ich allmählich dahinterkam, daß sie weder lesen noch schreiben noch rechnen lernten. Ganze fünfzehn Minuten wurden täglich darauf verwandt, der Rest des Tages wurde mit Therapie verbracht. Therapie, das bedeutete, daß man mit den anderen kleinen Kindern in Gruppen zusammensaß und über seine Probleme sprach. Wenn man nicht über seine Probleme sprach, wurde man ausgeschlossen. Und ausgeschlossen zu werden bedeutete, daß man zu irgend jemand von der Gruppe geschickt wurde und sich bei ihm auf den Schoß setzen mußte; das hieß dann, von der Gruppe ausgeschlossen zu sein. Und wenn man sich dagegen wehrte, auf dem Schoß zu sitzen, wurde man von zwei Gruppenmitgliedern so lange auf den Boden gedrückt, bis man ‹seine Beherrschung wiederfand›.

Na ja, und Danny und David haben die Beherrschung nicht wiedergefunden. Sie haben sich nur um so ärger gewehrt. Sie kamen dann nach Hause und erzählten mir, daß der Soundso sich an dem Tag eine blutige Nase geholt hatte, weil sie auf den Boden gedrückt worden waren und der Betreffende ihnen dabei das Gesicht gegen den Boden geschlagen hatte. Es kam häufig vor, daß Danny und David von zwei Gruppenmitgliedern auf den Boden gedrückt wurden, der eine hielt die Arme fest, der andere die Beine. Am Jahresende waren Danny und David dann in der Lage, mir vorzumachen – ausgerechnet mir, die ich seit Jahren auf einer Kinderstation arbeite –, wie man Kinder bändigt, die außer Kontrolle geraten sind, und zwar viel, viel besser, als ich das je gekonnt hätte. Sie wußten darüber genau Bescheid. Ich bezweifle nicht, daß diese Form von physischem Zwang häufig bei ihnen angewandt wurde, denn sie wußten ganz genau, wie man ein Kind so in seiner Bewegungsfreiheit einschränkt, daß es sich nicht mehr rühren kann.»

Ich fragte, ob man sie in der Schule diesen körperlichen Zwängen ausgesetzt hatte, weil sie nicht über ihre Probleme reden wollten.

«Weil sie nicht reden wollten, oder weil sie in irgendeiner Gruppe nicht mitmachten. Oder die beiden fingen während einer Gruppentherapie an radzuschlagen, aus dem Fenster zu sehen oder im Kreis herumzugehen. Danny war immer der aktivere und derjenige, der mehr störte, nicht in der Weise, daß er dazwischenredete, sondern indem er seiner eigenen Wege ging, irgend etwas anstellte oder einen Kopfstand machte. Er hat mehrere Jahre die Angewohnheit gehabt, auf dem Kopf zu stehen.

In der Weise ging man in der Schule mit dem Problem um. Sie lagen Danny und David ständig mit ihrer leiblichen Mutter in den

Ohren, warum sie nicht über sie reden wollten, daß es doch ganz in Ordnung wäre, über sie zu reden, und daß es in Ordnung wäre, darüber zu reden, daß sie sie verlassen hatte. Daß sie sie verlassen hat, bekamen sie ständig eingetrichtert. Dabei war das die Wahrheit, was Matt und ich Danny und David die ganze Zeit gesagt hatten: daß ihre leibliche Mutter psychisch gestört war. So haben wir das allerdings nicht ausgedrückt. Wir haben gesagt, daß ihre leibliche Mutter nicht für sie sorgen konnte, weil sie Probleme hatte. Sie liebte sie, sie wollte sie haben, sie kämpfte um sie, aber sie kam einfach nicht damit zurecht, die Kinder bei sich zu haben. Und in der Schule widersprach man dieser Botschaft ständig mit der Botschaft von der Mutter, die ihre Kinder verlassen hat. Ich habe immer wieder Auseinandersetzungen mit der Schule gehabt und den Lehrern gesagt, es sei nicht richtig, den Kindern schlechte, unwahre Dinge über ihre Mutter zu erzählen. Ich habe gesagt, daß man den Kindern in der Schule nicht erzählen soll, daß ihre leibliche Mutter sie verlassen hat. Sie hat sie nicht verlassen. Man hat ihr die Kinder weggenommen. In der Schule blieb man aber beharrlich dabei, Danny und David zu sagen, daß ihre Mutter sie verlassen hat und daß sie darüber reden, reden, reden sollten. Und wenn sie das nicht taten, würde man ihnen einen Verweis erteilen, verstehen Sie.»

In der Schule war man der Meinung, daß die Jungen eine intensivere Behandlung brauchten. Theresa sagte: «Sie haben ihr ganzes psychologisches Testmaterial ausgewertet und daraufhin empfohlen, Danny in einer örtlichen Grundschule in eine Sonderschulklasse Stufe vier zu stecken. Die Stufe vier ist die Sonderschulstufe mit der strengsten Zucht, die noch ins öffentliche Schulsystem eingegliedert ist. Und für David haben sie die Sonderschulstufe fünf empfohlen, nach der kommt dann nur noch die Internatssonderschule, also praktisch die geschlossene Anstalt. Es gab immer noch lediglich die Diagnose ‹emotionale Probleme›. Im Grunde sagte man uns in der Schule, daß aus Danny und David nie etwas Richtiges werden würde. Sie hatten laut Schule einen niedrigen IQ, und bei ihrer Vorgeschichte, sagte man uns, würden sie nie irgend etwas erreichen.»

Mit dieser Bewertung waren die Eltern nicht einverstanden. Nach längerem Hickhack mit dem Department of Social Services bekamen sie die Erlaubnis, Danny und David aus der Sonderschule zu nehmen und in die örtliche Grundschule zu tun. Diese Schule hatte zufällig einen exzellenten Schulpsychologen, der meinte, es könne nicht schaden, wenn man einmal die Diagnose ADD in Betracht ziehe. Das zeigt, wie wichtig eine zweite Meinung ist. In der therapeutischen Sonderschule, in der es zahlreiche hervorragende Fachleute gab, hatte man jahrelang an eine einzige Arbeitsdiagnose geglaubt, nämlich Verhaltensprobleme infolge von emotionalen Konflikten. Und auf ihre begrenzte Weise war sie durchaus richtig. Wie es so häufig vorkommt: Ist eine Diagnose erst einmal gestellt, fällt es dem Urheber entsetzlich schwer, sie zu revidieren. In diesem Fall benötigte man eine zweite Meinung von jemandem außerhalb der Sonderschule, dessen Horizont nicht durch dogmatische Festlegungen eingeengt war.

Nachdem Theresa und Matt die Meinung des Schulpsychologen gehört hatten, fanden sie heraus, daß Danny und David tatsächlich eine schwere ADD hatten. Die Therapie, die man ihnen in der therapeutischen Sonderschule hatte angedeihen lassen, war nicht auf ADD, sondern auf das Aufdecken unbewußter Konflikte ausgerichtet und hätte den Kindern, wäre sie nicht abgebrochen worden, großen Schaden zugefügt.

Theresa beendete die Geschichte wie folgt: «Es war September/Oktober, als wir mit Danny und David Sie aufsuchten. Ich war zu dem Schluß gekommen, daß ich ihr Verhalten zu Hause nicht mehr steuern konnte – es war so gefährlich, und es waren so viele Unfälle passiert. Ich erinnere mich, daß mich mal jemand besuchte und Danny in dem Zimmer, wo wir saßen, anderthalb Stunden lang radgeschlagen hat. Ich habe dem weiter keine Aufmerksamkeit geschenkt, weil es bei uns immer so zuging. Mein Besuch war eine Krankenschwester, und sie sagte: ‹Du weißt, Theresa, daß ich nichts über Danny sagen will, aber findest du es nicht ein bißchen merkwürdig, daß er seit anderthalb Stunden überhaupt nicht aufhört radzuschlagen?› Und ich habe gesagt: ‹Doch, doch, aber so ist er nun mal, verstehst du? Er ist halt sehr aktiv.›

Aber die Sache wurde jetzt wirklich gefährlich. Die beiden wurden zu einer Gefahr füreinander und mußten früher oder später zu Schaden kommen. Ich war zu der Überzeugung gekommen, daß es Zeit war, etwas anderes zu versuchen, und hatte mit Danny und David im vergangenen Jahr nichts unternommen, um zu sehen, worauf es mit ihnen hinausläuft...

Ich bin zu einer Konsultation zu Ihnen gekommen, und Sie haben mit einer medikamentösen Behandlung begonnen. Und innerhalb von zwei bis vier Wochen sprachen Danny und David in phänomenaler Weise auf das Ritalin an. Die Lehrer waren voller Erstaunen, daß diese Kinder, die im Unterricht solche Störenfriede gewesen waren, auf einmal auf ihren Plätzen stillsitzen konnten. David, der nicht länger als fünf Minuten an seinem Tisch sitzen konnte, ohne ihn umzuwerfen, also, derlei Dinge haben aufgehört. Das hörte alles auf.

Sie wurden beide in ihre regulären Schulklassen integriert, und es stand ihnen ein Ruheraum zur Verfügung, nur für den Fall, daß er gebraucht wurde.

Sie hatten ihre Probleme, wie alle Kinder in der Schule Probleme haben. Ihr Verhalten ist nicht immer so, wie es sein sollte, es ist noch nicht alterskonform und wird meiner Meinung nach nie alterskonform werden, es wird immer einen Rückstand geben – physisch wie psychisch –, es wird immer einen zeitlichen Rückstand geben, weil man in ihren ersten drei Lebensjahren zuviel Zeit verloren hat.

Sie sind jetzt in der vierten Klasse. Sie haben innerhalb von zwei Jahren vier Klassen aufgeholt. Nachdem man ihnen gesagt hatte, daß sie nie aus einer Punkt-Vier-Klasse herauskommen, daß aus ihnen nie etwas werden würde, haben sie es geschafft, in zwei Jahren das Unterrichtspensum von vier Jahren zu bewältigen. Es gibt in ihren letzten Zeugnissen an ihren Leistungen nichts auszusetzen.

David hatte in diesem Halbjahr ein paar Probleme, weil er hin und wieder ein Kämpfchen und derlei Sachen gemacht hat, beide Kinder werden aber von ihren Lehrern für sehr intelligent gehalten und sind bei den meisten ihrer Altersgenossen sehr beliebt. Sie kommen zurecht. Es ist eine Schule, in der Leistung verlangt wird. Die Lehrer haben uns gesagt, daß bei ihnen Leistung verlangt wird, und Danny und David sind als einzige neu in der Klasse. Alle anderen Kinder sind schon seit vier bis sechs Jahren zusammen.

Vor anderthalb Jahren haben Danny und David angefangen, Klavierunterricht zu nehmen. Ihre Klavierlehrerin meint, daß Dannys Spiel inzwischen Oberschülerniveau erreicht hat, und daß die beiden nach ihrer Erfahrung ihrem Alter um mindestens sechs Jahre voraus sind. Danny und David spielen und hören Bach, Beethoven, Mozart, Tschaikowsky, all die großen Komponisten. Die hören sie, und die spielen sie. Sie besitzen ein außergewöhnliches Talent zum Klavierspielen. Sie gehen auch in die Karateschule. Das machen sie jetzt seit drei, vier Jahren. Letztes Jahr haben beide im Sparring einen Preis gewonnen. Sie haben sich in außergewöhnlicher Weise gemacht. Durch Karate haben sie wirklich eine Menge über Konzentration, Disziplin und all die Dinge mitbekommen, die sie so dringend lernen mußten.

Sie sind phantastische Sportler. Sie können praktisch jede Sportart machen, die sie wollen. Sie haben beide Ballettunterricht und haben schon bei einer Vorführung mitgemacht. Sie lernen auch beide Steptanz. Sie sind die einzigen Jungen auf der ganzen Schule, die bei einer Vorführung aufgetreten sind. Matt und ich drängen sie nicht dazu, das alles zu machen. Wir haben häufig mit ihnen darüber gesprochen, haben uns zu ihnen gesetzt und haben gesagt: ‹Hört mal, das ist zuviel . . .›. Neben all diesen Dingen üben sie auch noch drei bis vier Stunden Karate täglich und treiben Leichtathletik. Man hält sie für geborene Leichtathleten. Und obendrein spielen sie auch noch Fußball, aber da habe ich sie letztes Jahr abgemeldet. Das war eine große Enttäuschung für ihren Trainer, denn sie waren die Stars in ihrer Mannschaft. Wir haben uns zu ihnen gesetzt und haben gesagt: ‹Paßt mal auf, ihr beiden, das ist zuviel, ihr müßt zu viele Hausaufgaben machen, und ihr müßt zuviel für Karate üben, ihr könnt nicht jeden Tag alles machen.› Sie fingen an zu weinen. Sie wollten nichts aus ihrem Zeitplan streichen. Ich meine, finanziell waren wir ihretwegen schon ganz schön in der Klemme. Aber sie wollten partout nichts aufgeben, sie wollten alles weitermachen. Danny dachte zuerst, daß Ballett eher etwas für Mädchen wäre, er ist aber inzwischen begeistert davon und kann seinen Auftritt gar nicht erwarten. Die beiden sind die Stars in der demnächst stattfindenden Ballettvorführung, weil sie fürs Ballett auch wieder eine natürliche Begabung haben. Und was sie in Karate gemacht haben, kommt ihnen beim Ballett zugute, denn sie sind wahnsinnig gelenkig.

Ich habe mir große Sorgen gemacht... ich habe mir immer wieder Gedanken gemacht, daß wir sie gedrängt haben, daß wir zuviel von ihnen verlangen, daß sie das alles nur meinetwegen machen. Sie wollen aber mit allem weitermachen. Dabei wäre es mir recht, wenn sie das eine oder andere aufgeben würden. (Lacht) Es wäre mir recht, weil ich dann nicht mehr soviel Geld ausgeben müßte. Ihre Aktivitäten kosten uns tausend Dollar im Monat, und dabei sind die Wettkämpfe und was sie sonst noch mitmachen und auch die Kostüme noch gar nicht mitgerechnet.

Aber es ist die tausend Dollar wert. Bei ihrer ADD müssen sie ja mit ihrer Energie irgendwohin. Wir möchten, daß sie ohne Probleme in die Pubertät gehen. Und deshalb sind wir so dahinterher, daß sie nicht den falschen Umgang haben. Ich mache mir Sorgen. Ich mache mir Sorgen, weil Danny immer noch sehr, sehr impulsiv ist, und man einfach nie weiß, was passiert.

Diese Kinder sind... Verstehen Sie, wären sie gleich von Anfang an, als wir sie bei uns aufnahmen, in die richtigen Hände gekommen, hätten sie sich wahrscheinlich auf irgendeinem Gebiet als kleine Genies entpuppt. Statt dessen hat man uns weisgemacht, wir hätten zwei schwer gestörte Kinder adoptiert. Und wir dachten, o Gott, o Gott, worauf haben wir uns da eingelassen? Wir haben zwei

Kinder, die noch mit fünfunddreißig Jahren auf unsere Hilfe angewiesen sein werden. Das hat man uns nämlich damals gesagt. Heute sind wir der Meinung, daß den beiden die ganze Welt offensteht. Sie sind dazu in der Lage, das zu tun, was sie tun wollen.

Und lassen Sie mich Ihnen noch etwas sagen. Ich möchte Ihnen noch etwas in puncto Elternteil sagen, das diese Erfahrung macht und hinterher herausfindet, daß bei dem Kind eine Fehldiagnose gestellt worden ist und daß es schon seit Jahren hätte behandelt werden können.

Man fühlt sich unglaublich schuldig als Elternteil. Vor allem, wenn man beruflich jeden Tag mit Kindern zu tun hat und das dann immer weiter zugelassen hat. Man fühlt sich, als hätte man ... ich meine, ich fühle mich dafür verantwortlich, daß ich Danny und David drei, vier Jahre, oder wie viele es auch immer gewesen sein mögen, im Stich gelassen habe und ihnen nicht die nötige Fürsorge habe angedeihen lassen. Sie könnten heute viel weiter sein – obwohl ich mich frage, wieviel weiter die zwei eigentlich noch sein sollten.»

Ich fragte Theresa, wie sich das auf ihre Ehe ausgewirkt hatte.

«Was ich Ihnen dazu zu sagen habe, gilt ganz allgemein für Kinder mit ADD, vor allem für ADD mit Hyperaktivität, wie Danny und David sie haben, wozu in meinem Fall noch das Problem mit der therapeutischen Sonderschule und die Auseinandersetzungen mit dem Department of Social Services hinzukommen. Abgesehen davon, daß durch ADD eine Ehe in die Brüche gehen kann, und es sind dadurch wahrscheinlich schon viele Ehen in die Brüche gegangen, ruft sie Probleme hervor, die man nie im Leben lösen kann. Zu viele Menschen sind dadurch gekränkt worden. Es hat zu viele Auseinandersetzungen, zu viele Verstimmungen zwischen Mann und Frau über das gegeben, was passiert ist und was nicht passiert ist, was hätte passieren müssen und was nicht hätte passieren dürfen. Was uns betrifft, so wird unsere Ehe nie mehr so sein, wie sie vorher war. Hätten wir Danny und David nicht gehabt, hätten wir uns nicht verpflichtet gehabt, für sie zu sorgen, wären Matt und ich jetzt nicht mehr zusammen.»

Die Geschichte von Danny und David kann uns vieles lehren, und das Wichtigste davon ist, wie hochbedeutsam die Diagnose in der Psychiatrie wirklich ist. Wie gefährlich wäre es gewesen, und welcher Schaden wäre angerichtet worden, wenn man die beiden nicht auf die richtige Krankheit hin behandelt hätte.

Theresa und Matt sind starke, aufopferungsvolle Eltern, die einen Alptraum durchlebt haben und jetzt dabei sind, nach Möglichkeiten zu suchen, Ruhe in ihr Leben zu bringen. Wie aus dem Gespräch mit Theresa deutlich hervorgeht, hörten die Probleme mit der Diagnose und dem Behandlungsbeginn nicht auf. Der Umgang mit ADD erfordert einen lebenslangen Einsatz.

Wenn es je so etwas gäbe wie Vorzeigekinder für eine ADD-Behandlung, wären Danny und David geeignete Kandidaten. Es ist kaum zu glauben, wie weit sie es gebracht haben, wenn man bedenkt, welche Hindernisse sie zu überwinden hatten. Ich sehe sie jetzt einmal im Monat. Sie kommen in mein Sprechzimmer gestürmt, gewöhnlich in voller, farbenprächtiger Karatemontur, und fangen sofort an, ihre neuesten Kunststücke vorzuführen – natürlich nicht, ohne mich vorher um Erlaubnis zu fragen. Sie machen noch alles, wovon Theresa erzählt hat, und wenn man diese «harten Burschen» mit Bürstenhaarschnitt und im Karateanzug über Mozart und Bach sprechen hört, möchte man an Wunder glauben.

Neben der relativ schweren Form von ADD, die Danny und David haben, gibt es noch zahlreiche leichte Formen, die häufig erst in der Pubertät erkannt werden. Der nächste Fall handelt von einem Jungen, der aus einer völlig intakten, liebevollen Familie kommt. Will hatte als Säugling und Kleinkind all die Vorteile, die Danny und David nicht gehabt hatten – zudem noch die Aufmerksamkeit exzellenter Lehrer an zwei ausgezeichneten Schulen. Trotzdem wurde seine ADD erst nach seinem High-School-Abschluß diagnostiziert. Es folgen wörtliche Auszüge aus den Beurteilungen seiner Erzieher vom Kindergarten bis zur zwölften Klasse.

Achten Sie in den Beurteilungen auf das, was die Lehrer nicht erkennen konnten, weil sie von der Existenz eines solchen Syndroms nichts wußten: auf den roten Faden ADD, der sich durch sie hindurchzieht.

Achten Sie auf die Anzeichen von Ablenkbarkeit und Impulsivität, von Energieüberschuß und Kreativität, von Begeisterungsfähigkeit und Inkonsistenz bei Will. Achten Sie darauf, wie häufig Wills Unaufmerksamkeit angesprochen wird, und darauf, wie gern die Lehrer Will mögen und für wie phantasievoll sie ihn halten, wie genervt sie aber mit der Zeit reagieren, weil er Probleme hat, auf Kurs zu kommen.

Kindergarten (1975): Will ist ein aktiver, phantasievoller, freundlicher kleiner Junge. Er ist gern unter Menschen, und es gefällt ihm im Kindergarten. Die meiste Zeit verbringt er zusammen mit seinem besten Freund mit Rollenspielen, bei denen es gewöhnlich um die Bravourstückchen von irgendwelchen Superhelden geht. Das schließt imaginäre tollkühne Glanzleistungen mit ein.

Vorschule: Will genießt ein beneidenswertes Ansehen in der Vorschule. Er ist bei allen beliebt.

Er hat eine ausgesprochene Vorliebe dafür, sich irgendwelche Dinge vorzustellen und sich in seiner Phantasie auszumalen. Das kann ihm nützlich sein, kann ihn aber auch ablenken.

1. Klasse: Wills Fähigkeiten scheinen größer zu sein als seine Leistungen, wenn man letztere an der Quantität der produzierten Arbeit mißt. Er ist gut im Lesen, schreibt interessante, meist humorvolle Aufsätze und hat eine gute Auffassungsgabe beim lauten Lesen. Aber er ist langsam bei einfachen Aufgaben an der Tafel und bei Arbeitsblättern, und er braucht länger als vorgesehen, die Testfragen in seinen Büchern zu beantworten. Sein gedanklicher Ausdruck ist entwickelt, seine Sprache unausgereift.

Will kann mitunter gut selbständig arbeiten, dann wieder hindert er sich selbst an der Arbeit, indem er mit seinen Freunden schwätzt. Er verwickelt sich in lange Diskussionen, die andere ebenso von der Arbeit ablenken wie ihn selbst. Er achtet nicht auf seine Sachen und das äußere Bild seiner Arbeiten. Er muß noch lernen, Anweisungen zu befolgen.

3. Klasse: Will zeigte sich unfähig, die in der Arbeitsgemeinschaft gebotenen Chancen voll zu nutzen, weil ein Großteil seiner Zeit und Energie in diesem Schuljahr von sozialen Beziehungen in Anspruch genommen wurde. Er hatte gewisse Schwierigkeiten, Ordnung in seine Gedanken zu bringen, und muß noch lernen, Schritt für Schritt vorzugehen. Will würde mehr Befriedigung aus seinen Erfolgen ziehen, wenn er seine Arbeit mit größerem Engagement machte.

4. Klasse: Will begann das Schuljahr mit einer schönen Arbeit zu dem Thema «Die Gerade». Er kam auf eine originelle Lösung. Dadurch wie auch durch die Erinnerung an frühere Erfahrungen, die ich mit Will gemacht hatte, wurde mir bewußt, daß er eine künstlerische Veranlagung besitzt.

Andererseits hatte er alle anderen Arbeiten schlampig gemacht, und sein Betragen ließ sehr zu wünschen übrig. Er kann sich nicht auf seine Arbeit konzentrieren, und er gibt seinen Begabungen keine Möglichkeit, sich zu entfalten. Ich würde mir wünschen, daß Will sich etwas Mühe gibt, im Unterricht ruhiger zu werden.

6. Klasse: Will hat viele Projekte noch nicht fertig gemacht...

Will scheint den ganzen pädagogischen Betrieb als Spaß aufzufassen.

Sein mangelndes Organisationstalent hemmt nach wie vor seine schulischen Fortschritte.

Zu diesem Zeitpunkt wechselte Will die Schule und kam in der neuen Schule in die 7. Klasse.

7. Klasse: Will ist ein befriedigender bis sehr guter Schüler. Mit etwas mehr konsequenter Anstrengung könnte er wahrscheinlich in allen Fächern sehr gut sein. Er muß sich darum bemühen, sich während des Unterrichts weniger ablenken zu lassen.

Will könnte in Latein viel besser sein, wenn er zu Hause mehr lernen würde... Es liegt bei Will, ob er sich damit zufriedengibt, seine Arbeit nur zu erledigen, oder ob er sich endlich auf den Hosenboden setzt, um etwas Ordentliches zu leisten.

8. Klasse (Januar): Will hat in diesem Schuljahr eine Entwicklung durchgemacht, und seine Leistungen haben sich verbessert. Es wird jetzt sein größtes Problem sein, mit der nötigen Intensität weiterzumachen, um diese gute Leistungsbilanz zu halten und nicht sorglos zu werden und sich auf seinen Lorbeeren auszuruhen. Er hat in den letzten paar Wochen mehr Spaß am Unterricht gehabt, was positiv ist, wenn er sich durch diese entspannte Haltung nicht davon abhalten läßt, im Unterricht sehr gut aufzupassen.

9. Klasse (Februar): Ökologie. Will bringt sich in diesem Kurs nicht voll ein. Er schreibt nur nachlässig mit, nutzt nicht seine Chancen, schlechte Tests auszugleichen, und konnte mit nur 67 Punkten bei der Klassenarbeit seinen Testdurchschnitt nicht halten. Diese Faulheit war in der zweiten Hälfte des Schuljahrs viel krasser. Will könnte besser sein. Note: 3+.

(April) Englisch: Sein schriftlicher Ausdruck ist unterentwickelt und läßt nicht sein gutes Verständnis erkennen – man muß ihn dazu drängen, hier sorgfältiger zu sein: seine Ideen sind der Mühe wert.

(April) Ökologie: Will muß seine Arbeit ernster nehmen und die guten Anlagen, die er hat, nutzen. Note: 4.

10. Klasse: (November) Französisch: Mit seinen Frankreichkenntnissen und seinem Sinn für Humor trägt Will sehr zur Bereicherung des Unterrichts bei. Er muß sich nur noch ein bißchen besser konzentrieren. Note: 2.

(November) Biologie: Will hat das Zeug dazu, in Biologie so gut zu sein, wie er will. Bis dato hat er selten gezeigt, daß er sich richtig Mühe gibt. Er würde als erster zugeben, daß er mit etwas mehr Anstrengung bessere Leistungen erzielen könnte, aber bei der Mitarbeit im Unterricht ist er der letzte. Es frustriert mich sehr, einen Jungen wie Will in der Klasse zu haben, der das Zeug dazu hat, unter den ersten zu sein, und der doch nur mittelmäßige Leistungen bringt. Note: 3.

(Januar) Biologie: Wills Betragen und seine Mitarbeit haben sich auf ganz erstaunliche Art verbessert. Im November habe ich noch erwähnt, daß Will sich selten richtig Mühe gibt. Diese Feststellung trifft nicht mehr zu. Ein bißchen zusätzliche Konzentration wäre von Vorteil. Note: 2.

(April) Französisch: Dieses Frühjahr dürfte für Will lang werden. 20 Punkte in der Vokabelarbeit, das ist genau die Art Absturz, an der er immer wieder laboriert. Ich mache mir auch Sorgen wegen der Schwierigkeiten, die er manchmal hat, im Unterricht aufzupassen. Das alles wird durch sein heiteres Gemüt ausgeglichen... Natürlich hilft ihm unter Umständen auch seine angeborene Begabung, wenn er sie ein bißchen mehr in die Praxis umsetzt. Note: 3+.

(April) Biologie. Will ist der Typ Schüler, den man mit Vergnügen in der Klasse hat, weil er immer energetisch ist und durch interessante Fragen für einen lebendigen Unterricht sorgt. Will ist aber auch der Typ Schüler, der einem Lehrer den letzten Nerv töten kann, weil er einfach nicht bei der Sache ist beziehungsweise sein Potential bei der Arbeit nicht umsetzen kann. Note: 2.

(April) Mathematik: Wow! Was für ein Schüler kommt da zum Vorschein! Will hat in letzter Zeit hervorragende Leistungen gebracht. Ich hoffe, daß der Erfolg weiteren Erfolg hervorbringt und Will das Schuljahr mit einem Paukenschlag beendet! Note: 2.

(Juni) Mathematik: Der tolle Schüler ist wieder verschwunden. Ich verstehe einfach nicht, warum Will manchmal sehr viel gearbeitet und dann wieder *nichts* getan hat. Im letzten Monat hat er sich mehr über die Kleiderordnung den Kopf zerbrochen, als sich um Mathematik zu kümmern. Note: 3.

(Juni) Englisch: Es hat mir großen Spaß gemacht, ihn zu unterrichten – er ist gescheit und macht begeistert mit. Und mit seiner Klinger-Variante von zivilem Ungehorsam (betreffend die Kleiderordnung) hat er bewiesen, daß er Abstraktes im moralischen Universum praktisch anzuwenden versteht. Hat mir sehr gefallen.

11. Klasse: (Januar) Englisch: Will hat das beste Examen der Klasse gemacht, und ein Aufsatz, den er kürzlich geschrieben hat, war auch hervorragend. Vielleicht werden seine Leistungen mit zunehmender Reife beständiger. Er besitzt offensichtlich Intelligenz und Können. Note: Prüfung: 1-; gesamtes Schuljahr: 2-.

(Januar) Physik: Was sein Interesse an der Schule angeht, scheint Will Stimmungsschwankungen zu unterliegen, die sich in heftigen Produktionsschwankungen äußern. Es gab Zeiten, wo er buchstäblich abgeschaltet hatte, dann kam wieder ein Energieausbruch, und er hat die schönsten Arbeiten fabriziert. Diese Stop-and-go-Taktik beim Lernen macht sein Lernen ineffektiv. Note: 2.

(Juni) Englisch: Ich war sehr beeindruckt, wie differenziert er sich darüber äußerte, daß das, was wir tun, nicht den fundamentalen Wert unserer Persönlichkeit aufhebt. Note: 2-.

12. Klasse: (Januar) Physik: Will bleibt unberechenbar, trotzdem hat er es mit Ach und Krach geschafft, seinen Notendurchschnitt durch eine Zusatzprüfung über die Gesetze der Bewegung leicht zu verbessern. Will muß kontinuierlich aufholen, was er durch seine chronische Trödelei, durch Fehlen im Unterricht, improvisierte Arbeitseinteilung und Unaufmerksamkeitsphasen im Unterricht versäumt hat, und darf trotzdem den Anschluß nicht verlieren. Bedauerlicherweise wird Will in Zukunft nicht mehr viel Gelegenheit haben, etwas auszubügeln... Note: 3-.

(Januar) Philosophie: Will ist ein redegewandter und oftmals mitreißender Diskussionsteilnehmer im Unterricht. Sein Aufsatz über die Internierung der Japanisch-Amerikaner war verständig, wenngleich er ihn erst mit großer Verspätung abgegeben hat. Note: 3.

(April) Physik: Ich kann Wills durchgängig gesteigerte Anstrengungen in Physik soweit nur loben. Er ist bei der Arbeit pünktlicher geworden, läßt sich im Unterricht weniger ablenken und betreibt ein verantwortungsbewußtes Selbstmanagement.

(April) Französisch: Will macht nicht den leisesten erkennbaren Versuch, sich anzustrengen. Ich möchte ihn nicht in die Defensive drängen, und vielleicht unternimmt er ja irgendwelche Anstrengungen, die ich nicht erkennen kann...

(April) Ethik: Will ist ein redegewandter und mitreißender Diskussionsteilnehmer im Unterricht... ich hoffe aber, daß er mehr Beständigkeit zeigt...

(April) Töpfern: Will kann, wenn er will, sehr hübsche Arbeiten zustande bringen, er läßt sich aber von Freunden zu leicht ablenken.

Mannschaftssport Squash: Will hat eine erfolgreiche Spielrunde hinter sich. Obwohl er verletzt war und jeden Tag gegen unseren besten Spieler antreten mußte, hat er nie seine positive Einstellung zum Spiel verloren. Wie beim Fußball macht Will durch Einsatzfreude mehr als wett, was ihm an Können fehlt.

Wills Geschichte ist bedauerlicherweise nicht ungewöhnlich. Das Bild eines Kindes, das vielversprechend anfängt und dann seine schulischen Leistungen allmählich abtrudeln sieht, während die Lehrer in ihren Erklärungen einen zunehmend moralisierenden Ton anschlagen, sollte uns immer den Gedanken an eine ADD nahelegen.

Ich habe Wills Geschichte so wiedergegeben, wie sie sich in den Beurteilungen seiner Lehrer widerspiegelt, weil sie darin so plastisch zum Ausdruck kommt. Sie zeigen den gescheiten, kreativen kleinen Jungen, der sich schon im Kindergarten ablenken läßt und andere ablenkt. Sie dokumentieren uns den Ärger seiner Lehrer, die wußten, daß er bei größerer Anstrengung bessere Leistungen erzielen konnte, was sie auf so viele verschiedene Arten zum Ausdruck brachten. Sie zeigen uns den Schüler, den man «mit großem Vergnügen» in der Klasse hat, und der einem Lehrer im selben Moment «den letzten Nerv töten kann, weil er mitunter einfach nicht bei der Sache ist». Sie zeigen uns einen Will, der mitreißend und differenziert sein kann und sich in einer Sache engagiert, von der wir hören, daß es dabei um die Kleiderordnung und um zivilen Ungehorsam geht, und sie zeigen uns einen Will, der manchmal den Eindruck macht, als ob ihm alles gleichgültig sei. Sie zeigen uns den Will, dem es an Beständigkeit fehlt. Wie es einer seiner Lehrer ausdrückte: «Es frustriert mich, jemanden wie Will in der Klasse zu haben, der das Zeug dazu hat, unter den ersten zu sein, und der doch nur mittelmäßige Leistungen bringt.» Im selben Augenblick, als ein Lehrer mit den Worten «Bedauerlicherweise hat er nicht mehr viel Gelegenheit, etwas auszubügeln» das Handtuch wirft, schafft Will den Durchbruch und veranlaßt denselben Lehrer ein paar Monate später zu der Feststellung: «Ich kann Wills durchgängig gesteigerte Anstrengungen nur loben.» Dann aber, nachdem ihn ein anderer Lehrer noch mit einem beifälligen «Wow, was für ein Schüler kommt da zum Vorschein!» gelobt hatte, werden Wills Leistungen wieder schlechter und veranlassen denselben Lehrer nach einigen Monaten zu der Bemerkung: «Der tolle Schüler ist wieder verschwunden.»

Die Merkmale von ADD ziehen sich wie ein roter Faden durch die Lehrerberichte: Unbeständigkeit und nochmals Unbeständigkeit, Kreativität, provokantes Verhalten, ein einnehmendes Wesen, Motivationsschwankungen, eine ärgerliche Vergeßlichkeit, Zerfahrenheit, Indifferenz, Leistungsschwäche, Impulsivität und eine größere Liebe zum Nervenkitzel als zur Disziplin.

Ich habe Wills Geschichte nicht in dieses Buch aufgenommen, um die Schule, die Lehrer oder die Eltern dafür zu schelten, daß sie auf die Diagnose ADD nicht gekommen sind. Weder die Eltern noch der Kinderarzt, noch die Schule, noch sonst jemand ist darauf gekommen, weil man nicht wußte, wonach man suchen sollte. Als Will zur Schule ging, hatte man mit ADD noch kaum Erfahrung. Man kann niemandem Vorwürfe machen, daß die Diagnose nicht gestellt wurde. Man sollte Eltern und Lehrer vielmehr für unablässiges, geduldiges Bemühen loben, Will dabei zu helfen, sein Potential bei der Arbeit umzusetzen. Zwar haben sie bei Will tatsächlich Schaden angerichtet, es geschah jedoch unwissentlich.

Liest man die Lehrerberichte über Will ohne Kenntnis von ADD, sieht man lediglich einen Jungen, der schrecklich unbeständig ist und sich wahrscheinlich auf den Hosenboden setzen muß. Wenn man aber weiß, daß es so etwas wie eine Aktivitäts- und Aufmerksamkeitsstörung gibt, dann paßt alles ins Bild, und die

Berichte geben eine Beschreibung der verschiedenen Erscheinungsformen von Wills ADD.

Es ist so ähnlich wie bei einem fotografischen Bilderrätsel: Wenn man es zum ersten Mal betrachtet, erkennt man nichts als zum Beispiel schwarze und weiße Flecken. Wenn man dann aber gesagt bekommt, daß es tatsächlich das Foto vom Gesicht einer Kuh ist, springt einem das Gesicht der Kuh förmlich in die Augen, und man kann das Foto nie mehr betrachten, ohne das Gesicht der Kuh zu sehen.

Wieviel glücklicher und produktiver hätten Wills Schuljahre sein können, wenn die Menschen in seiner Umgebung gewußt hätten, daß er schon immer ADD hatte. Die moralische Verurteilung, die in so viele Berichte einfließt, hätte vermieden, die Unbeständigkeit, die Will in seiner schulischen Arbeit zeigte, hätte anders als in den Kategorien Faulheit, Egoismus und Verantwortungslosigkeit interpretiert werden können. Gegen seinen intermittierend auftretenden Leistungsabfall hätte es wirkungsvollere Mittel gegeben als Ermahnungen und Strafpredigten, und Will hätte innerhalb kürzester Zeit mehr von der Schule gehabt.

Ich habe Wills Geschichte noch aus einem anderen Grund in dieses Buch aufgenommen. Ich wollte darauf abheben, daß das ADD-Kind nicht unbedingt in der Schule versagen muß, da es keine besondere Lernschwäche haben muß, daß es keine Probleme mit der Disziplin haben muß und daß es nicht so hyperaktiv sein muß, daß es ständig unter Hochspannung steht.

Es kann genauso sein wie Will: ein sympathischer, beliebter Schüler, bei dem Phasen mit hohem und Phasen mit niedrigem Leistungsniveau einander abwechseln, der von Klasse zu Klasse weiterrückt, ohne daß jemand auf den Gedanken käme, er könnte irgendein Problem haben, das sich nicht mit zunehmender Reife von selbst löst oder mit einem Tritt in den Hintern gelöst werden kann.

Als Wills ADD zuverlässig diagnostiziert wurde, war er kurz davor, im College zu versagen. Bis dahin hatte sich sein Selbstbild um Gedanken kristallisiert wie «Ich bin faul», «Ich bin der geborene Taugenichts», «Ich kann nie das bringen, was ich bringen sollte», «Ich bin begabt, trau mich aber nicht, richtig loszulegen, aus Angst zu versagen».

Als Will von ADD erfuhr, reagierte er mit gemischten Gefühlen, eine Reaktion, die, zumal bei jungen Männern, nicht ungewöhnlich ist. Auf der einen Seite empfand Will eine gewisse Erleichterung. Er war begeistert, daß es für sein Problem einen anderen Namen gab als «Faulheit» und daß seine Schwierigkeiten in etwas anderem gründeten als in einem «schlechten Charakter». Und er war begeistert, daß man etwas dagegen unternehmen konnte. Auf der anderen Seite war Will skeptisch. Etwas in ihm glaubte nicht an die Diagnose. Sie war zu griffig, als daß sie wahr sein konnte. Etwas in ihm fand es bequemer, sich faul zu nennen, als den Gedanken an eine ADD zu akzeptieren.

Es sagte Will mehr zu, sich in der Rolle des energiegeladenen Naturburschen zu sehen, der darum kämpfen mußte, sich zu «zügeln» und «auf den Hosenboden» zu setzen, und diesen Kampf verlor, als zu begreifen, daß er nicht ganz Herr seiner selbst, daß er Opfer eines Syndroms namens ADD war.

Will sträubte sich nicht nur gegen die Diagnose, er sträubte sich auch gegen den medikamentösen Teil der Therapie. Er wollte nicht, wie er sich ausdrückte, von einer Pille abhängig sein, um klar denken zu können. Tatsächlich wirkte das Medikament – in Wills Fall war es Ritalin – bei ihm vorzüglich als Konzentrationshilfe. Will nahm es allerdings nur sporadisch. Wenn er es nahm, wurden seine Noten besser; wenn er es absetzte, verschlechterten sie sich. Diesem direkten Zusammenhang zwischen schulischer Leistung und der Einnahme von Medikamenten maß Will auf jeden Fall zuviel Gewicht bei. Es gab ihm das Gefühl, daß nicht er die guten Noten bekam, sondern die Medikamente. Deshalb setzte er mit den Medikamenten immer wieder aus, weil er beweisen wollte, daß er es auch ohne sie schaffen konnte. Dieser Kreislauf – Will nahm seine Medikamente, woraufhin sich seine Noten verbesserten, und er setzte seine Medikamente ab, woraufhin sich seine Noten verschlechterten – wiederholte sich wohl ein dutzendmal im Laufe seiner Collegezeit. Er kam nie soweit, die medikamentöse Behandlung als eine legitime Form der Therapie, wie zum Beispiel eine Brille, zu begreifen, anstatt sie als einen unerlaubten Trick oder sogar als eine Art Betrug anzusehen. Will unterstellte sein Leben einem strengen, wenn auch hochgradig subjektiven Ehrenkodex. Und Medikamente zu nehmen verstieß mitunter gegen seinen Ehrenkodex.

Diese Art tiefsitzender Autarkie ist nicht ungewöhnlich bei jungen Männern mit einer diagnostizierten ADD. Es sagte Will mehr zu, auf sich selbst zu vertrauen, wenngleich er große Schwierigkeiten hatte, sich zu konzentrieren und bei der Sache zu bleiben, als sich auf Medikamente zu verlassen, mochte es auch noch so hilfreich sein. Für ihn war es leichter, aus dem Training Nutzen zu ziehen, aus Tips, die er von seiner Familie, seinem Therapeuten und anderen Menschen bekam, die etwas über ADD wußten.

Mit dieser Kombination aus Einsicht, Unterstützung, zeitweiliger medikamentöser Behandlung und intensiver Arbeit bekam Will seine Collegekarriere nach beinahe katastrophalem Start allmählich ganz anständig auf die Reihe. Er wehrt sich immer noch gegen die Diagnose ADD. Er ist immer noch herzlich, gesellig, freundlich, kreativ – und nicht selten deprimiert infolge seiner Leistungsschwäche. Und er sträubt sich heftig dagegen, die Diagnose ADD als Alibi zu benutzen. Gleichzeitig wirft ihm die ADD immer noch Knüppel zwischen die Beine.

Begreiflicherweise fordert Wills ADD auch von seinen Eltern Tribut. Sie sind nüchterne Menschen vom Schlage der Yankees, die Will die ganze Zeit für ein kreatives, begabtes Kind gehalten haben, das nur seinen Grips nicht zusammennehmen konnte. Sie wandten alle Taktiken an, die Eltern mit Kindern in der Pubertät anwenden: Sie schrien ihn an, sie gaben ihm Stubenarrest, sie ließen ihn links liegen, sie stritten mit ihm, sie verhandelten mit ihm, sie schickten ihn zum Psychologen, sie ließen ihn nicht aus den Augen, sie bestachen ihn, sie schimpften mit ihm, sie flehten ihn an, sie nahmen ihn in die Arme. Sie hörten nicht auf, ihn zu lieben, und verloren nie den Glauben an ihn, sie waren aber ständig voller Ärger über die Unbeständigkeit seiner Leistungen und daß er sich nicht mehr Mühe gab. Sie wollten das Allerbeste für ihn, und sie bangten um ihn, während sie hilflos mit ansahen, daß er aus einer solchen Menge vielversprechender Anlagen offenbar nichts machen konnte.

Nachdem die Diagnose ADD gestellt war und Will ein paar Jahre im College verbracht hatte, sagte er etwas zu seiner Mutter, das sie dazu veranlaßte, den Brief zu schreiben, den ich im folgenden wiedergebe.

Lieber Will,
wir wissen genau, wieviel Dir an uns liegt – an uns, an unserer Familie, daran, alles recht zu machen, an Deiner Ehrlichkeit und Deinem Mitgefühl. Du bist ein unglaublicher Mensch und bist es schon immer gewesen, schon als Du ein kleiner Junge warst. Ich habe immer gesagt, daß Du mit einem Lächeln auf die Welt gekommen bist. Und das bist Du ja auch. Die Menschen haben Dich als Baby angesehen und haben Dein Lächeln erwidert. Du hattest von Geburt an eine angeborene Gabe, andere Menschen glücklich zu machen – und Du warst selber glücklich.

Unter Schmerzen mußte ich mit ansehen, wie dieser glückliche kleine Junge hinter einem frustrierten Jugendlichen verschwand. Wo war Will geblieben? Dad und ich versuchten, für Dich Verständnis aufzubringen. Wir hatten ja keine Ahnung, daß es so etwas wie ADD überhaupt gab, und Du auch nicht. Was macht man also, wenn man mit ansieht, daß sein Kind nichts für die Schule tut, es andrerseits aber versucht, den Versuch dann wieder aufgibt und traurig ist et cetera, et cetera? Ich habe Dich angeschrien, um Dich wachzurütteln. Das war die falsche Taktik. Dad hat in nüchternem Ton mit Dir gesprochen und Dir Stubenarrest gegeben. Das war auch die falsche Taktik. Wir haben versucht, Dich auf der Ebene zu erreichen, die wir kannten. Und dabei wußten wir die ganze Zeit, daß wir nicht zu Dir durchdrangen. Wir wußten, daß wir keinen Zugang zu Dir gefunden hatten. Nachdem die Diagnose ADD gestellt worden war, wußten Dad und ich, daß wir bei Dir versagt hatten.

Tja, Will, was sollen wir Dir sagen? Daß es uns leid tut? Es tut uns leid. Und ich hoffe, daß Du das weißt. Es tut uns sogar entsetzlich leid. Das Ganze war zum Teil nicht unsere Schuld, weil keiner von uns wußte, was ADD ist. Eine größere Schuld trifft uns aber schon, weil wir wußten, daß irgend etwas nicht in Ordnung ist, und nicht herausgefunden haben, was es war. Und genau das ist es, was Eltern tun sollten. Wir haben es versucht, aber wir haben es nicht hingekriegt. Das liegt nicht daran, daß wir Dich nicht gern haben. Wir haben Dich wirklich gern.

Glaubst Du mir das? Ich könnte verstehen, wenn Du vielleicht daran zweifelst. Im Grunde weiß ich aber, daß Du einfach weißt, wie gern wir Dich gehabt haben und immer noch haben. Wir schätzen Dich als einen wirklich großartigen Menschen, den wir mit Freude in unserer Nähe haben. Du bist in meinen Gedanken zugleich einer meiner besten Freunde und mein kleiner Junge (jetzt nicht mehr). Wen rufe ich, wenn irgend etwas mit einem Deiner Geschwister los ist? Wie oft frage ich Dich um Rat? Du mußt doch sehen, wie sehr ich Dein Urteil schätze...

Ich glaube aber auch, daß Du große Anstrengungen unternimmst, um herauszufinden, wer Du bist und was Du vom Leben erwartest. Jeder junge Mensch, der etwas taugt, ist in derselben Lage. Manche zeigen es nicht so deutlich, aber die meisten jungen Menschen sind voller Sorgen und Fragen. Und es gibt eine Menge, worüber man sich Sorgen machen kann. Obendrein versuchst Du noch herauszufinden, wie Du mit ADD zurechtkommen kannst. Du hast recht, wenn Du sagst, daß Dad und ich ADD eigentlich nicht verstehen, wir versuchen es aber. Wir möchten diese Krankheit verstehen. Und wir möchten Dir helfen, einen Weg zu finden, damit umzugehen. Ich glaube, im vergangenen Jahr hast Du ADD gepackt – wenngleich Du immer noch dagegen ankämpfst und immer wirst dagegen ankämpfen müssen – im vergangenen Frühling hast Du den Kampf gewonnen. Das war einfach toll! Ich glaube, Du machst in Deiner Entwicklung riesige Fortschritte bei Deinem Umgang mit einer Behinderung, die auf so heimtückische Weise kompliziert ist, daß es verwunderlich ist, daß Du nicht aufgibst. Aber das ist nicht Deine Art, ist nie Deine Art gewesen.

Frustrationen! Wir wissen, was Frustrationen sind. Erst wenn Du ein kleines Kind hast, das Du abgöttisch liebst, wirst Du besser verstehen, wie frustriert Dad und ich gewesen sind. Durch Dich, sicher – aber mehr noch Deinetwegen. Wir wollten, daß Du Dich glücklich und erfolgreich fühlst. Das glaubst Du uns vielleicht nicht, aber es ist so. Wir haben Verständnis für Dich – es ist uns schrecklich, daß Du mit ADD fertig werden mußt – und wir nichts dagegen tun können. Dad möchte gern etwas dagegen tun. Aber wir können es nicht. Das kannst nur Du allein, und es ist ein andauernder Prozeß. Wir können nichts anderes tun, als Dir zu sagen, daß wir Verständnis für Dich haben und daß wir Dich sehr sehr gern haben. Wir möchten Dir auf jede nur erdenkliche Weise helfen, es liegt nun aber bei Dir, uns wissen zu lassen, wie wir das tun können...

Wir haben Dich immer, immer geliebt, und Du hattest unsere volle Rückendeckung, ganz gleich, in welchen Schlamassel Du hineingeraten warst. Immer. Ich glaube, das ist eines von den wenigen Dingen, auf die Du in Deinem Leben bauen kannst. Deine Eltern finden Dich *großartig*. Und es gibt nichts, was wir nicht gemeinsam schaffen können. Du wirst der ADD schon noch auf den Grund kommen. Du bist auf dem besten Wege dazu...

In Liebe,
Mom

3 «Die Lautfolge zerfasert ohne Sinnzusammenhang»
ADD bei Erwachsenen

> I felt a Cleaving in my Mind –
> As if my Brain had split –
> I tried to match it – Seam by Seam –
> But could not make them fit.
>
> The thought behind, I strove to join
> Unto the thought before –
> But Sequence ravelled out of Sound –
> Like Balls – upon a Floor.
> *Emily Dickinson (1864)*

Emily Dickinson erfaßt mit ihrer gewohnt verblüffenden Einfachheit genau das Leiden der ADD-Psyche. Zwar geht es in diesem lyrischen Gedicht natürlich nicht ausdrücklich um ADD, es gibt aber eine wunderbar treffende Beschreibung der subjektiven Erfahrung der ADD. «*I felt a Cleaving in my Mind – / As if my Brain had split*» (Ich spürte ein Sich-Spalten in meinem Inneren / Als wäre mein Gehirn entzweigegangen). Nicht *a cleft*, «einen Spalt» oder «einen Riß», sondern *a cleaving*, «ein Sich-Spalten» oder «ein Zerreißen» – die Verwendung des substantivierten Infinitivs verstärkt den Eindruck von Aktivität an der beschriebenen Sache. Wie viele von uns Menschen mit ADD haben nicht schon das Gefühl gehabt, daß unser Gehirn kurz vor dem Zerbersten steht, während wir zwischen den verschiedensten Projekten hin und her wirbeln und uns anstrengen, angesichts eines wachsenden Gebirges von Detailinformationen nicht den Überblick zu verlieren? Und dann blicken wir um uns und sehen unsere Projekte wirr durcheinanderkugeln wie aus einem Sack oder einer Kiste auf den Fußboden hingeschüttete Bälle. Die meisten Erwachsenen mit ADD mühen sich, einem Teil ihres Selbst Ausdruck zu geben, der ungeachtet ihrer Anstrengung, mit dem Gedanken danach sinnvoll an den Gedanken davor anzuknüpfen, ständig zu zerfasern scheint.

In dem Maße, in dem unser Wissen über ADD bei Erwachsenen zunimmt, begreifen wir, welche weitreichenden Folgen sie haben kann. Man hat vor nicht allzu langer Zeit überhaupt erst angefangen, über ADD bei Erwachsenen zu forschen.*

Im Jahr 1978 leitete Leopold Bellak eine Fachtagung über ADD bei Erwachsenen (damals *minimal brain dysfunction*, «minimale zerebrale Dysfunktion» genannt). Die gesammelten Vorträge dieser Tagung wurden 1979 veröffentlicht und fügen sich zu einem bemerkenswerten Buch zusammen – es ist ein Stück Präzisionsarbeit, seiner Zeit voraus und voller neuer, aufregender Fakten. Die Vortragenden bei dieser Tagung, unter ihnen Hans Huessy, Dennis Cantwell, Paul Wender, Donald Klein und andere, waren etwas Neuem und Wichtigem auf der Spur. Sie berichteten, daß ADD (oder MBD) sich nicht einfach in der Kindheit verliert, sondern bis ins Erwachsenenalter andauert und für Erwachsene genauso quälend sein kann wie für Kinder. Bedauerlicherweise hat es noch ein weiteres Jahrzehnt gedauert, bis die Bedeutung von Bellaks Buch für die Klinik erkannt wurde – wie weit verbreitet ADD bei Erwachsenen ist und welchen menschlichen Tribut sie fordert, wenn sie undiagnostiziert bleibt.

Bellaks Buch, das heute vergriffen ist, wandte sich an ein Fachpublikum und war unter dem trockenen Titel *Psychiatric Aspects of Minimal Brain Dysfunction in Adults* erschienen. Es gibt noch immer sehr wenige allgemeinverständliche Bücher zu dem Thema. Paul Wenders Buch *The Hyperactive Child, Adolescent and Adult* ist her-

---

* Paul Wender, Joseph Biederman, Rachel Gittleman-Klein, Gabrielle Weiss, Leopold Bellak, Russell Barkley, Kevin Murphy, Bennett Shayvitz und Sally Shayvitz sind nur einige der Autoren, von denen heute Arbeiten über die ADD bei Erwachsenen vorliegen.

vorragend für Laien geeignet und enthält einen kurzen Abschnitt über ADD bei Erwachsenen. Lynn Weiss, ein Psychologe aus Texas, hat ein Buch geschrieben mit dem Titel *Attention Deficit Disorder in Adults*, das eine ganze Reihe nützlicher Informationen enthält. Die gesamte Wissenschaft von der Erwachsenen-ADD steckt noch in den Kinderschuhen und ist noch immer damit beschäftigt, ihr Arbeitsfeld zu vermessen.

Eine für die gesamte ADD-Forschung wegweisende Untersuchung wurde von Dr. Alan Zametkin an den National Institutes of Mental Health durchgeführt. Sie bezeichnet einen Wendepunkt in den Bemühungen um den Nachweis einer biologischen Basis der ADD, und interessanterweise waren die Studienobjekte in diesem Fall nicht Kinder, sondern Erwachsene. Wir werden auf diese Studie ausführlich in Kapitel 9 eingehen, in dem die Biologie der ADD behandelt wird. Mit einem Wort, Zametkin wies nach, daß auf der Zellebene ein Unterschied zwischen Menschen mit ADD und Menschen ohne ADD bestand: Der Energieverbrauch der Gehirnzentren, die die Aufmerksamkeit, Affektivität und Impulskontrolle regulieren, ist bei der einen Gruppe ein anderer als bei der anderen. Die Studie erschien 1990 in einem der renommiertesten, nach strengsten Maßstäben herausgegebenen medizinischen Fachjournal, dem *New England Journal of Medicine*. Es gab zwar schon vorher Studien, die auf eine biologische Basis der ADD hindeuteten, die Untersuchung von Zametkin war jedoch die fundierteste und plausibelste.

Im Nachgang zu dieser Studie legten David Hauser und Alan Zametkin 1993, wieder im *New England Journal of Medicine*, eine weitere Veröffentlichung vor, die neue Beweise für die biologische Basis der ADD beibrachte. Hauser und Zametkin entdeckten einen engen Zusammenhang zwischen ADD und einer seltenen Form von Schilddrüsenfunktionsstörung, der sogenannten GRTH (abgekürzt für englisch *generalized resistance to thyroid hormone*). Es war schon interessant, daß zwischen einem bestimmten Typ von Schilddrüsenerkrankung und ADD überhaupt ein Zusammenhang entdeckt wurde. Aber welcher Zusammenhang da entdeckt worden war, nämlich daß siebzig Prozent der Probanden mit GRTH auch ADD hatten, das fügte dem wachsenden Beweismaterial für die Existenz einer biologischen – höchstwahrscheinlich genetischen – Basis der ADD ein neues gewichtiges Indiz hinzu.

Seit der Veröffentlichung der beiden Studien von Zametkin sowie von Hauser und Zametkin haben viele Forscher sich für ADD bei Erwachsenen zu interessieren begonnen, woran die anhaltende Aufbruchsstimmung auf diesem Forschungsgebiet nicht ganz unschuldig gewesen sein dürfte. Wir kommen erst allmählich dahinter, wie weit verbreitet ADD ist – vermutlich leiden mehr als zehn Millionen Amerikaner an dieser Krankheit – und wir stehen noch am Anfang unserer Erkenntnis, auf welch dramatische Weise die Behandlung der ADD wirken kann.

Mit dem ersten Einblick in die biologische Basis der ADD beginnen wir die Krankheit auch in ihren menschlichen Bezügen zu verstehen: in welcher Weise sie ein Leben beeinflußt, in welcher Gestalt sie auftritt, wie sie einem Menschen in die Quere kommen kann, wie sie auch eine Hilfe sein kann und wie man am besten mit ihr umgeht.

Auf der Grundlage unserer Erfahrung mit Hunderten von Patienten haben wir im folgenden eine Liste der meistgenannten Symptome zusammengestellt. Diese Symptome sind lediglich «vorgeschlagene» Kriterien: ein Vorschlag, den wir aufgrund unserer Erfahrungen mit ADD bei Erwachsenen machen. Bislang verfügen wir über keinerlei Kriterien, die im Feldversuch getestet und validiert wurden, wie das bei Kindern mit ADD der Fall ist. Die vorgeschlagenen Kriterien sind das Resümee der Symptome, die wir bei Erwachsenen mit ADD als die gängigsten beobachten konnten. Es ist sehr wohl möglich, daß andere Ärzte aufgrund ihrer eigenen Erfahrungen an der folgenden Liste manches zu verbessern und zu ergänzen finden.

Beim Lesen der Liste fallen bestimmte Motive ins Auge. Es gibt die klassische Symptomtrias, wie man sie von ADD bei Kindern kennt: Ablenkbarkeit, Impulsivität und Hyperaktivität beziehungsweise Ruhelosigkeit. Außerdem erkennt man Probleme mit Stimmungen, mit Depressionen, dem Selbstwertgefühl sowie dem Selbstbild.

Im allgemeinen sind die Symptome das logische Ergebnis dessen, was man bei Kindern mit ADD antrifft.

Vorgeschlagene Kriterien für die Diagnose von ADD bei Erwachsenen

WICHTIG: Ein Kriterium ist nur dann als erfüllt zu betrachten, wenn das Verhalten erheblich häufiger auftritt als bei der Mehrzahl der Menschen gleichen Intelligenzalters.

A. Eine chronische Störung, bei der mindestens fünfzehn der folgenden Symptome vorliegen:
1. Ein Gefühl von Leistungsschwäche, nicht die Ziele erreicht zu haben, die man sich gesteckt hat (ungeachtet dessen, wieviel man tatsächlich geleistet hat).
Wir setzen dieses Symptom an die erste Stelle, weil es der häufigste Grund dafür ist, warum Erwachsene Hilfe suchen. «Ich kann mich einfach nicht konzentrieren», ist der ständig wiederkehrende Refrain. Die einen bringen vielleicht nach objektiven Maßstäben Höchstleistungen, während sich die anderen mit dem Gefühl abquälen, in einem Irrgarten verloren und unfähig zu sein, aus dem eigenen Potential für sich Nutzen zu ziehen.
2. Schwierigkeiten mit der Organisation des alltäglichen Lebens.
Ein größeres Problem für Menschen mit ADD. Ohne die Ordnungszwänge der Schule im Hintergrund und ohne

Eltern in der Nähe, die Ordnung in ihrem Leben schaffen, zeigen diese Erwachsenen sich den organisatorischen Anforderungen des Alltagslebens möglicherweise nicht gewachsen. Die vermeintlich «kleinen Dinge» können sich zu riesigen Hindernissen auftürmen. Weil der sprichwörtliche Nagel fehlt – weil sie eine Verabredung versäumt, einen Scheck verloren, einen Termin vergessen haben –, geht ihnen vielleicht ein Königreich verloren.
3. Chronisches Auf-die-lange-Bank-Schieben der Dinge beziehungsweise Mühe, eine Sache anzufangen.
Da sie befürchten, sie könnten die Sache falsch machen, haben Erwachsene mit ADD eine solche Angst, eine neue Aufgabe in Angriff zu nehmen, daß sie sie immer wieder hinausschieben, was natürlich die Angstbesetztheit der Aufgabe nur vergrößert.
4. Es sind viele Projekte gleichzeitig am Laufen; Schwierigkeiten, eine Sache durchzuziehen.
Eine logische Folge von Punkt 3. Ist dann die eine Aufgabe aufgeschoben, wird eine neue in Angriff genommen. Am Ende des Tages, der Woche, des Jahres sind zahllose Projekte angefangen und nur wenige davon beendet worden.
5. Eine Neigung zu sagen, was einem gerade in den Sinn kommt, ohne die nötige Überlegung, ob es der richtige Zeitpunkt oder die passende Gelegenheit für die Bemerkung ist.
Wie das ADD-Kind im Klassenzimmer läßt sich der Erwachsene mit ADD von seiner Begeisterung mitreißen. Es kommt ihm ein Gedanke, und der muß sofort ausgesprochen werden – Takt oder Berechnung weichen kindlichem Überschwang.

6. Häufige Jagd nach hochgradiger Stimulierung. Der Erwachsene mit ADD hält ständig Ausschau nach etwas Neuem, Fesselndem, nach etwas in der Außenwelt, das dem Wirbelsturm entspricht, der in seinem Inneren tobt.
7. Mangelnde Toleranz gegenüber Langeweile. Eine logische Folge von Punkt 6. Menschen mit ADD haben eigentlich selten Langeweile. Das liegt daran, daß sie in der Tausendstelsekunde, in der sie sich gelangweilt fühlen, sofort aktiv werden und sich auf etwas Neues verlegen; sie zappen einfach auf einen anderen Kanal.
8. Leichte Ablenkbarkeit, Probleme, die Aufmerksamkeit zu fokussieren, eine Neigung, mitten auf einer Seite oder in einem Gespräch abzuschalten oder in Gedanken abzuschweifen, nicht selten verbunden mit einer Fähigkeit, auch zu hyperfokussieren.
Das ADD-Symptom par excellence. «Das Abschalten» ist ein ganz unwillkürlicher Vorgang. Es passiert, wenn der Betreffende sozusagen einen Augenblick nicht aufpaßt, und im nächsten Moment ist er auch schon weggetreten. Die nicht seltene außergewöhnliche Fähigkeit zu hyperfokussieren ist in der Regel ebenfalls gegeben, was die Tatsache unterstreicht, daß es sich bei dem Syndrom nicht um eine Aufmerksamkeits*schwäche*, sondern um eine Aufmerksamkeits*inkonsistenz* handelt.
9. Häufig kreativ, intuitiv, hochintelligent. Kein Symptom, trotzdem erwähnenswert. Mitten in ihrer Zerfahrenheit und Ablenkbarkeit haben Erwachsene mit ADD episodische Phasen geistiger Brillanz. Dieses «besondere Etwas» zu stabilisieren, ist das Behandlungsziel.

10. Probleme, sich an Verfahrensregeln oder an ein Procedere zu halten.
Anders als man denken könnte, ist das keine Folge irgendwelcher ungelöster Probleme mit Autoritätspersonen. Es ist vielmehr eine Bekundung von Langeweile und Frustration: Langeweile bei jeder Form von Routine, gepaart mit Begeisterung für neue Wege, und Frustration über die eigene Unfähigkeit, etwas so zu machen, wie es gemacht werden «sollte».

11. Ungeduld; geringe Toleranz gegenüber Frustrationen.
Frustrationen jeglicher Art erinnern den ADD-Erwachsenen an alle Fehlschläge der Vergangenheit. «O nein», denkt er, «nicht schon wieder!» Deshalb wird er wütend oder zieht sich in sein Schneckenhaus zurück. Die Ungeduld rührt von dem Bedürfnis nach ständiger Stimulierung her und verleitet andere unter Umständen dazu, den Betreffenden für unreif oder unersättlich zu halten.

12. Impulsiv, beim Reden ebenso wie beim Handeln, zum Beispiel beim impulsiven Geldausgeben, Ändern von Plänen, Propagieren neuer Programme oder Karrierepläne und dergleichen mehr.
Dieses kann, je nach der Natur des Impulses, eines der schädlichsten oder nützlichsten Symptome der ADD bei Erwachsenen sein.

13. Eine Neigung, sich unaufhörlich unnötige Sorgen zu machen; ein Hang, geradezu Ausschau zu halten nach etwas, worüber man sich Sorgen machen kann, während dann wieder die wirklichen Gefahren nicht beachtet oder übersehen werden.

14. Unsicherheitsgefühl.
Viele Erwachsene mit ADD haben ein chronisches Unsicherheitsgefühl, unabhängig davon, wie stabil ihre Lebensumstände sein mögen. Sie haben nicht selten das Gefühl, daß die Welt um sie herum zusammenstürzt.
15. Stimmungsschwankungen, Stimmungslabilität, vor allem nach der Trennung von einem Menschen oder nach Beendigung eines Projekts. Der ADD-Kranke kann plötzlich schlechte Laune bekommen, dann gute Laune und wieder schlechte Laune und das alles innerhalb weniger Stunden und ohne ersichtliche Gründe. Diese Stimmungsschwankungen sind nicht so pronociert wie die Stimmungsschwankungen, die bei manisch-depressiver Erkrankung beziehungsweise bei Depressionen auftreten. ADD-Erwachsene sind anfälliger für Stimmungsschwankungen als ADD-Kinder. Das liegt großenteils an den Frustrationen und Fehlschlägen, die sie in der Vergangenheit erlebt haben, zum Teil aber auch an der biologischen Komponente der Störung.
16. Motorische beziehungsweise innere Unruhe.
Bei Erwachsenen ist die Hyperaktivität gewöhnlich nicht, wie bei Kindern, in ihrer Vollform wahrzunehmen. Statt dessen stellt sie sich als eine «nervöse Energie» dar: Der Betreffende läuft auf und ab, trommelt mit den Fingern, welchselt die Sitzhaltung, läuft häufig vom Tisch weg oder aus dem Zimmer, ist gereizt, wenn er nichts zu tun hat.
17. Tendenz zu Suchtverhalten.
Der Betreffende kann nach einem Stoff – etwa Alkohol oder Kokain – oder nach einer Aktivität – etwa Spielen, Einkaufen, Essen, Arbeiten – süchtig sein.

18. Probleme mit dem Selbstwertgefühl.
Das ist das unmittelbare, traurige Ergebnis jahrelanger Frustrationen und Fehlschläge oder einfach das Gefühl, nie richtig durchzusteigen. Selbst ADD-Kranke, die eine ganze Menge erreicht haben, fühlen sich in gewisser Beziehung unzulänglich. Es ist beeindruckend, welches Stehvermögen die meisten ADD-Erwachsenen trotz aller Rückschläge haben.
19. Unzutreffende Selbstbeurteilung.
Die meisten Erwachsenen mit ADD können sich selbst schlecht beurteilen. Sie können ihre Wirkung auf andere Menschen nicht genau abschätzen. Sie halten sich gewöhnlich für weniger erfolgreich oder mächtig, als sie von anderen gehalten werden.
20. Familiär gehäuftes Auftreten von ADD, manisch-depressiver Erkrankung, Depressionen, Suchtverhalten, Probleme mit der Impulskontrolle oder mit Stimmungen. Da ADD wahrscheinlich vererblich und den anderen genannten Krankheiten verwandt ist, ist es nichts Ungewöhnliches (es ist aber nicht unabdingbar), wenn man ein solches familiär gehäuftes Auftreten feststellt.

B. Auftreten der ADD in der Kindheit. (Sie ist vielleicht nicht förmlich diagnostiziert worden, die einstigen Anzeichen und Symptome müßten jedoch bei der Anamnese identifizierbar sein.)

C. Die Situation läßt sich nicht mit einer anderen organischen oder psychiatrischen Krankheit erklären.

Die genannten Kriterien gründen auf unserer klinischen Erfahrung. Sie führen das gesamte Spektrum der Erwachsenen-ADD vor. Paul Wender hat eine andere Gruppierung von Kriterien für die ADD-Diagnose bei Erwachsenen vorgeschlagen, die von vielen praktizierenden Ärzten und Forschern auf diesem Gebiet herangezogen wird. Diese Kriterien konzentrieren sich auf die Kernsymptome der Erwachsenen-ADD, ohne auf die Begleitsymptome oder Befunde wie Mißbrauch von suchtbildenden Stoffen oder familiär gehäuftes Auftreten von ADD einzugehen. Sie werden allgemein die «Utah-Kriterien» genannt, denn Wender, ein Pionier auf dem Gebiet der ADD, ist Professor für Psychiatrie an der University of Utah School of Medicine.

**Utah-Kriterien für die Diagnose
von ADD bei Erwachsenen**

I. Auftreten der ADD in der Kindheit sowohl mit Aufmerksamkeitsdefiziten wie mit motorischer Hyperaktivität in Verbindung mit mindestens einem der folgenden Charakteristika: Verhaltensprobleme in der Schule, leichte Reizbarkeit und Wutausbrüche.

II. Auftreten der ADD bei Erwachsenen mit ständigen Aufmerksamkeitsproblemen und motorischer Hyperaktivität in Verbindung mit zwei der folgenden fünf Symptome: affektive Labilität, Jähzorn, Intoleranz gegenüber Streß, Zerfahrenheit und Impulsivität.

Zwar finden sich viele Übereinstimmungen zwischen unseren Kriterien und den Utah-Kriterien, der Hauptunterschied besteht jedoch darin, daß es für uns ein ADD-Syndrom ohne Hyperaktivität gibt, während es das für die Utah-Kriterien nicht gibt. Wender selbst erkennt eine ADD ohne Hyperaktivität als klinisches Bild an. In seinen Utah-Kriterien ist sie allerdings nicht enthalten, da diese, zu Forschungszwecken entwickelt, eine homogenere Patientengruppe auswählt und diejenigen ausschließt, bei denen keine Hyperaktivität auftritt.

Unserer Erfahrung nach (und nach der Erfahrung vieler anderer) passen eine Menge Menschen, vor allem Frauen, nach beiden Kriteriengruppierungen genau in das klinische Bild, außer daß bei ihnen keine Hyperaktivität auftritt. Sie sprechen gut auf die Behandlung mit Stimulanzien oder anderen Standardmedikamenten an, die bei ADD eingesetzt werden. Ihre Symptome lassen sich nicht mit irgendeiner anderen Krankheit als ADD erklären, und sie sprechen nicht so gut auf irgendeine andere medikamentöse Behandlung wie auf die Behandlung von ADD an. Deshalb schließen wir die Nichthyperaktiven hier ein: sie entsprechen unseren Kriterien für ADD bei Erwachsenen. Ganz gleich, mit welchen diagnostischen Kriterien man es hält, es kann in diesem Buch gar nicht nachdrücklich genug betont werden, wie wichtig es ist, keine Selbstdiagnose zu stellen. Zur Bestätigung der Diagnose und um andere Krankheiten auszuschließen, ist das Urteil eines Arztes unbedingt erforderlich.

Wir haben nun einige diagnostische Kriterien kennengelernt, aber wie sieht das Syndrom im täglichen Leben aus? Wie sieht das typische Bild eines ADD-Erwachsenen aus? Da das Syndrom in so vielen Spielarten auftritt, läßt es sich nicht durch einen einzelnen Idealtyp darstellen. Um jedoch unser Gefühl für ADD zu vertiefen, wollen wir uns ein paar Schnappschüsse verschiedener Menschen mit ADD anschauen:

Die sechsundvierzigjährige Elizabeth hat sich seit ihrer Kindheit mit ihrer Legasthenie herumgeschlagen. Was sie aber bis vor kurzem nicht wußte: sie hat auch ADD. «Ich wußte immer, daß ich nicht lesen kann. Naja, ich kann lesen, aber nicht besonders gut. Was ich aber nicht verstehen konnte, das war der Zustand der Zerfahrenheit, in dem ich ständig lebte. Ich dachte, ich wäre halt überkandidelt, verstehen Sie, das verrückte Huhn sozusagen. Ich hatte mich wirklich damit abgefunden. Ich dachte, ich wäre einfach blöd.

Und dann bin ich in eine Frauengruppe gegangen und habe von ADD erfahren, und jetzt reimt sich zum erstenmal alles für mich zusammen. Warum ich Dinge auf die lange Bank schiebe. Warum ich kein Selbstvertrauen habe. Warum ich mitten in einer Unterhaltung plötzlich weggetreten bin. Warum ich mich nie konzentrieren kann. Ich wünschte nur, ich hätte schon eher etwas darüber erfahren.»

Harry, heute ein erfolgreicher Geschäftsmann und eine Stütze seiner Gemeinde, brachte mir verzagt einen vier Zentimeter starken Aktenordner, in dem seine ersten zwölf Schuljahre festgehalten waren. Zwar war er ein sehr gescheiter Junge, der bei Intelligenztests gut abschnitt, trotzdem enthielt der Ordner annähernd sechzig Briefe, die der Rabbi, der Direktor der Schule, an Harrys Eltern geschrieben hatte. Die Briefe fingen alle etwa folgendermaßen an: «Wir bedauern, Ihnen mitteilen zu müssen...» Der größte Teil seiner Erinnerungen an die Schule sah, wie Harry sagte, so aus: Er saß im Büro des Rabbiners und sah zu, wie der nach einem altmodischen Diktiergerät griff und immer dieselben verhaßten Worte murmelte: «Addendum zu Harrys anschwellender Akte...» Harry fürchtete die anschwellende Akte. «Sie ist voll vom Elend meiner Jugend. Ich möchte, daß Sie sie für mich annullieren», sagte er. Es war zwar nicht möglich, sie zu annullieren, man konnte sie aber erklären, indem man sie durch die Brille der ADD betrachtete. Dadurch erhielt Harry zumindest eine Antwort darauf, warum er nie mit der Schule klargekommen war, wie er es ausdrückte. «Das hat in all den Jahren an meiner Selbstachtung genagt. Ich habe nie jemandem gezeigt, welche Schwierigkeiten ich hatte, meinen Abschluß zu machen. Jetzt weiß ich warum.»

Jack arbeitet als Redakteur bei einer Illustrierten. Er ist erfolgreich, obwohl er in dem Ruf steht, unhöflich zu sein. Er läuft ohne Vorwarnung plötzlich aus Konferenzen davon, versäumt telefonische Rückrufe, beleidigt Autoren, ohne es zu merken, macht keinerlei

Anstalten, seine Langeweile zu verbergen, wechselt fast mitten in einem Satz das Thema und läßt es im allgemeinen an guten Umgangsformen fehlen. «Er ist brillant», sagte einer der Teilhaber. «Er ist nur so unberechenbar. Wenn man ihn im Gespräch einen Augenblick aus den Augen läßt, ist er auch schon weggetreten. Da meint man gerade, man wäre mitten in so einem richtig interessanten Gespräch und pfft! – weg ist er. Das ist schon, gelinde gesagt, ärgerlich. Auf der andern Seite ist es phantastisch, ihn da zu haben, weil er so einfallsreich und so voller Energien ist.»

George erledigt seine Arbeit vom Auto aus. «Ich weiß nicht, warum ich überhaupt ein Büro habe. Ich halte es dort nur ein paar Minuten aus, dann ist mir schon ganz schaurig zumute. Ich komme mir vor wie lebendig begraben. Dann steige ich in mein Auto, fahre auf die Autobahn, nehme mein Autotelefon zur Hand, und schon bin ich mitten drin in meinen Geschäften. Ich muß mich bewegen, um denken zu können – das ist alles.»

«Mir gefällt die Art, wie ich bin», sagte Grace, die in der Filmbranche arbeitet. «Ich weiß nicht, ob sie anderen gefällt, ich fänd's aber langweilig, wenn ich anders wäre. Ist schon prima, daß ich der Boß bin, sonst würde ich rausfliegen. Ich kann kommen und gehen, wie es mir paßt, ich kann eine neue Arbeit anfangen, bevor ich mit der alten fertig bin, ich kann Sofortentscheidungen treffen und sie eine Stunde später widerrufen. Ich weiß nicht, wie die meisten Leute es machen, daß sie ein so berechenbares Leben führen. Sie können es wohl, ich kann es aber ganz sicher nicht. L. A. ist wahrscheinlich die einzige Stadt, in der ich überleben kann. Manhattan vielleicht noch, aber da ist das Wetter schlecht. Nachdem ich etwas über ADD herausgekriegt hatte, hatte ich wenigstens einen Namen dafür, aber ich möchte auf keinen Fall etwas ändern. Die halbe Stadt hier hat ADD, verstehen Sie. Wahrscheinlich kann man in dieser Branche ohne ADD gar nicht überleben.»

Peters Arbeitszimmer sieht aus – aber lassen wir ihn das selber beschreiben. «Ich habe meine Haufen», sagt er. «Alles, was ich mache, kommt auf einen Haufen. Es gibt kleine Haufen und große Haufen, Papierstapel, Illustriertenstapel, Bücherstapel, Stapel von Rechnungen. Manche Stapel sind gemischt. Es ist wie auf einer Wiese, überall sind kleine, weißbemützte Haufen verstreut wie Pilze. In keinem gibt es eine richtige Ordnung. Ich denke einfach, der Haufen dort sieht noch ein bißchen klein aus, da kann ich noch etwas drauflegen, oder an die Stelle da gehört ein neuer Haufen, oder die Sachen da schichte ich mal von dem Haufen auf den anderen Haufen um. Irgendwie komme ich damit zurecht. Meine Haufen und ich, wir müssen auf so was wie einen unbewußten Gleichlauf gestimmt sein, denke ich.»

In diesen Beispielen zeigt sich der Stoff, aus dem die ADD bei Erwachsenen ist. Peters Haufen sind dafür ganz besonders sinnbildlich. Und so haben viele ADD-Erwachsene ihre Haufen, Kleiner-Wirrwarr-Haufen, Großer-Wirrwarr-Haufen, überall Haufen. Sie sind wie ein Abfallprodukt der Gehirntätigkeit. Was andere Menschen in einen Schrank räumen, legen Menschen mit ADD auf einen Haufen.

Menschen mit ADD lieben auch Autos. Viele ADD-Erwachsene berichten, daß sie beim Autofahren am besten denken können. Und Menschen mit ADD lieben Großstädte, alle Großstädte, ganz besonders aber New York, Las Vegas und vor allem Los Angeles. ADD könnte geradezu in Los Angeles erfunden worden sein.

Sie ist nicht immer so augenfällig wie in den oben angeführten Beispielen. Für viele Erwachsene ist ADD eine kaum wahrnehmbare, aber unveräußerliche Komponente ihrer Identität, wie ein roter Faden, der in einen Nadelstreifenanzug eingewoben ist und sein Aussehen verändert, erst bei genauem Hinsehen wahrnehmbar wird. Der rote Faden könnte ein Faden aus Ablenkbarkeit, Impulsivität oder Zerstreutheit sein, der in einen Streifen aus Kreativität, Geselligkeit oder Fleiß hineingewoben wird. Und die Therapie liegt vielleicht nicht darin, den roten Faden zu beseitigen, sondern nur ganz leicht seinen Farbton zu ändern, so daß er sich nicht mehr mit seiner Umgebung beißt, sondern sie hebt.

Eine Frau, zum Beispiel, fand heraus, daß sie nur beim Schreibmaschineschreiben Hilfe brauchte. Und da ihre Arbeit hauptsächlich daraus bestand, war es wichtig, daß sie das ordentlich machte. Bevor sie dahintergekommen war, daß sie ADD hatte, war das Maschineschreiben eine quälende Angelegenheit für sie gewesen. Sie konnte sich nicht darauf konzentrieren, und je mehr sie es versuchte, desto größer wurde ihre Angst, was zur Folge hatte, daß sie sich noch weniger konzentrieren konnte. Sie versuchte es mit Tranquilizern, die aber nur eine sedierende Wirkung auf sie hatten. Kaffee half ihr ein wenig, aber er machte sie auch explosiv. Nachdem die Diagnose ADD gestellt worden war, versuchte sie es mit einem Stimulans. Es war ganz entschieden eine Konzentrationshilfe für sie und hatte keine Nebenwirkungen. Sie stellte fest, daß ihr das Maschineschreiben leichter fiel, wenn sie eine halbe Stunde vorher ihr Medikament einnahm. Sie brauchte sonst nichts einzunehmen.

Und noch ein weiteres, kurzes Beispiel: Ein Mann hatte Probleme, mit anderen Menschen zurechtzukommen. Es war nichts Weltbewegendes, aber er spürte, daß sich die Menschen von ihm zurückzogen. Er fühlte es unter Umständen sogar im selben Moment, wo es passierte, während er mit jemandem sprach und die Unterhaltung ins Unverbindliche abglitt. Zwar spürte er, wie es passierte, konnte aber nicht sagen, womit er es auslöste. Es stellte sich heraus, daß er eine leichte Form von ADD hatte, deren gravierendstes Symptom in der Unfähigkeit zur Selbstwahrnehmung und korrekten Einschätzung der Reaktionen anderer bestand. Dadurch wirkte er ziemlich egozentrisch oder gleichgültig. Sein Problem bestand tatsächlich darin, daß er nicht in der Lage war, Aufmerksamkeit aufzubringen, die versteckten Winke wahrzunehmen, von denen der reibungslose Ablauf der sozialen Kommunikation abhängt, und seine eigenen Reaktionen zu steuern. Bevor man sich Hals über Kopf auf das Terrain der Psychodynamik stürzt und mit Begriffen wie «Egozentrik» um sich wirft, sollte man besser einmal an die Haustür der Aufmerksamkeit pochen. Brennen die Kontrollampen? Ist der Betreffende in der Lage, die Eigentümlichkeiten menschlicher Interaktion wahrzunehmen, angefangen vom Stimmklang über Körpersprache, Timing, ironische Zwischentöne und so weiter? Im Fall dieses Mannes war etwas Training und Rollenspiel nötig, damit er lernte, sich in die Dinge einzufinden, die ihm fehlten. Durch die Behandlung seiner versteckten ADD verbesserten sich seine zwischenmenschlichen Beziehungen erheblich.

Unter anderem auf folgenden Gebieten kann eine leichte ADD sich im Leben des Erwachsenen hinderlich bemerkbar machen: als Leistungsschwäche; beim Entziffern der Signale direkter zwischenmenschlicher Kommunikation; bei der Inangriffnahme beziehungsweise beim Abschluß kreativer Arbeit; als Unfähigkeit zum Festhalten an Gefühlslagen bis zur vollständigen Verarbeitung; bei der Organisation des täglichen Lebens; als perseverierendes negatives Denken; als Trödelei; als Unfähigkeit, sich die Zeit zu nehmen, die Dinge zu tun, die man schon immer tun wollte; als Unfähigkeit, gewisse obsessiv-kompulsive Verhaltensweisen in den Griff zu bekommen.

Blicken Erwachsene in sich hinein, ist es in den wenigsten Fällen ihr Ziel, Inventur in Sachen Aufmerksamkeit und kognitiver Stil zu machen. Wir sind mehr darauf programmiert, in solchen Kategorien zu denken wie: Wer mag wen, oder: Wer mag wen nicht, oder: Warum haben unsere Angehörigen dies oder das getan, oder: Wie werden wir diese oder jene Angst los? Wir analysieren uns selbst mit Hilfe von Geschichten, und wir stürzen uns Hals über Kopf in die Handlung. Wir denken an diesen Menschen oder jenen, wir unterhalten uns ein wenig, und wir bewegen uns durch die Szene, von einer Szene in die andere, nicht selten ziemlich gequält, aber in der Regel als Teil einer Geschichte mit einer Handlung. Aber ADD kommt vor der Handlung. Sie stellt die Beleuchtung ein und baut das Bühnenbild auf. Sind die Scheinwerfer zu schwach eingestellt oder fehlen im Bühnenbild wichtige Requisiten, bekommt man nicht mit, was auf der Bühne vor sich geht. Bevor man das Drama in Gang setzt, bevor man die Handlungsstränge der immerwährenden Introspektion entwickelt, lohnt es sich, die Bühne von einem Beleuchter und einem Requisiteur inspizieren zu lassen.

Es ist ein wenig alarmierend, wenn man als Erwachsener dahinterkommt, daß man ADD hat. Diese Art Krankheiten, so meint man, sollte nach Ablauf der Kindheit überwunden sein. Danach kommt man mit dem Gehirn aus, das man hat, mit der Beleuchtung, mit der man ausgerüstet ist. Man rechnet im Alter von, sagen wir, vierzig Jahren nicht damit, daß einem eröffnet wird, man hätte eine Lernstörung beziehungsweise ADD. Man rechnet nicht damit, daß man eine Therapie braucht, um besser lesen und arbeiten zu können, um zu lernen, sich auf der Bühne zurechtzufinden.

Die Diagnose kommt auf verschlungenen Wegen zustande. Bei den Kindern sollte die Schule als eine Art röntgenologisches Diagnosezentrum für die verschiedenen Lernschwierigkeiten fungieren. Die Erwachsenen aber haben ein solches Diagnosezentrum nicht. Man findet wohl kaum einen Arbeitgeber, der bei einem leistungsschwachen, sprunghaften, unaufmerksamen Angestellten an eine ADD denkt. Und es gibt wohl kaum eine Ehefrau, die die Flucht ihres Mannes in die Ablenkbarkeit mit den Worten quittiert: «Hast du schon mal daran gedacht, Liebling, daß du ADD haben könntest?» Die Erwachsenen müssen im großen und ganzen in die Diagnose hineinstolpern, indem sie irgendwo etwas darüber hören, zufällig etwas darüber lesen oder durch ein ADD-Kind etwas darüber erfahren.

Ein gängiges Szenario in meinem Sprechzimmer sieht folgendermaßen aus: Ein Elternteil trifft eine Verabredung, um den Sohn oder die Tochter von mir begutachten zu lassen. Wenn ich mit meinem Gutachten fertig bin und mich mit dem Kind und seinen Eltern zusammensetze, räuspert sich ein Elternteil, gewöhnlich der Vater, und fragt so sachlich wie nur möglich: «Herr Doktor, sagen Sie, haben Sie je einen, äh, Erwachsenen mit ADD gesehen? Ich meine, gibt's denn so was überhaupt?» Da ADD mit dem Erbgut übertragen wird, ist es durchaus nichts Ungewöhnliches, wenn ein Elternteil genau wie das Kind ADD hat.

Gibt es jedoch keine direkte Verbindung über ein Kind zu einem Arzt, der die ADD behandelt, sieht der Erwachsene alt aus. In der Ärzteschaft und unter Psychotherapeuten ist es mit der Kenntnis von ADD nicht weit her. Das wird sich ändern, sobald wir mehr über die Störung wissen. Wenn man aber im Moment als Erwachsener nach Hilfe sucht, ist das unter Umständen eine frustrierende und zeitraubende Angelegenheit.

Die Menschen, die mich aufsuchen, sind gewöhnlich von anderen psychologischen Beratern zu mir überwiesen worden. Ich habe im Lauf der vergangenen Jahre Hunderte von Patienten gesehen, und dabei ist mir aufgegangen, welche Vielfalt von Erscheinungen der Begriff ADD bei Erwachsenen abdeckt. Das Syndrom zeigt bei Erwachsenen noch mehr Gesichter als bei Kindern. Wahrscheinlich ist es ein halbes Dutzend klinischer Syndrome, das sich hinter der Fassade des diagnostischen Begriffs ADD verbirgt.

Wenden wir uns weiteren Beispielen zu. Laura kam aus dem gängigsten Grund zu mir, aus dem man einen Psychotherapeuten aufsucht: Sie war unglücklich. Es gab kein akutes Problem, und sie war nicht todunglücklich. Sie hatte chronische Angstgefühle, und sie klagte über ein unbestimmtes Gefühl der Verzweiflung. «Verzweiflung ist gewöhnlich nichts Unbestimmtes», sagte ich.

«Es ist noch nicht in mir drin», antwortete sie. «Es braut sich irgendwo da draußen zusammen – zu einer großen Wolke. Ich dachte, ich gehe lieber vorher zu Ihnen, bevor es mich erwischt.» Laura war zweiunddreißig, Geistliche in einer christlichen Gemeinde und mit einem Bäcker verheiratet. Sie hatten zwei kleine Kinder. Wir nahmen zuerst die augenfälligen Dinge unter die Lupe. Wie sah es in ihrer Ehe aus? War ihr Beruf zu anstrengend für sie? Wie kam sie mit ihrer Gemeinde zurecht? Wogen die Anforderungen, die die Mutterschaft an sie stellte, zu schwer? Gab es Glaubensprobleme, die sie beiseite schob? Es stellte sich heraus, daß keine dieser Fragen Anlaß zu größerer Besorgnis bot. Sie liebte ihren Mann, und sie begannen jeden Tag damit, daß sie gemeinsam im Bäckerladen Kaffee tranken und sich unterhielten, nachdem die Kinder zur Schule aufgebrochen waren. Sie liebte ihre Arbeit, und ihre Gemeinde hing sehr an ihr. Sicher, die Arbeit war anstrengend, aber der Gedanke, etwas so Nützliches zu tun, freute sie. Und was Glaubensdinge betraf, ihr Glaube an Gott war unerschütterlich; es war ihr Glaube an sich selbst, der ins Wanken geraten war.

«Also, dann wollen wir uns mal die Wolke ansehen», sagte ich, «die Sie vorhin erwähnt haben. Können Sie sie beschreiben? Woraus besteht sie? Wie ist sie dort hingekommen?»

«Es ist so ein Gefühl», sagte sie. «Ich weiß nicht, wie ich es genau beschreiben soll. Es ist ein Gefühl, daß meine Welt zusammenbrechen könnte. Einfach einstürzen um mich herum. Ich fühle mich so ungefähr wie eine Figur in einem Zeichentrickfilm, die über die Felskante rausgepresht ist, und jetzt strampelt sie noch wie rasend mit den Beinen, aber sie steht im Leeren, und gleich wird sie ins Bodenlose fallen. Ich weiß nicht, wie ich das erreicht habe, was ich erreicht habe, und ich weiß nicht, wie lange ich noch so weitermachen kann. Ich schreibe meinen Erfolg der Gnade Gottes zu, das ändert aber nichts daran, daß ich nach wie vor das Gefühl habe, es könnte mir alles weggenommen werden.»

«Fällt Ihnen irgendein Grund ein, warum das geschehen könnte?» fragte ich. «Gibt es irgend etwas, weswegen Sie besondere Schuldgefühle haben?»

«Nur die Verbrechen, die ich jeden Tag begehe», sagte sie lächelnd. «Nein, es sind keine Schuldgefühle. Es ist Unsicherheit. Es ist so ein Gefühl, eine Schwindlerin zu sein. Nein, nicht direkt eine Schwindlerin, denn ich mache ja niemandem bewußt etwas vor. Es ist, als wäre ich eines Tages aufgewacht und befände mich auf einem rauschenden Fest, und ich weiß dann nicht, wie ich da hingekommen bin, und ich weiß nicht, wie ich es durchstehen soll.»

Laura und ich verwandten eine Reihe von Sitzungen darauf,

dieses Unsicherheitsgefühl aus den verschiedenen Blickwinkeln unter die Lupe zu nehmen: unter dem Aspekt ihrer Kindheitsgeschichte, ihrer Religiosität, ihrer Träume und Phantasien und was wir sonst an unbewußtem Material zusammentragen konnten, und wir förderten eine Menge interessante Informationen zutage, aber nichts, das die Wolke, deren Gegenwart an ihrem Horizont sie spürte, offenbar erklären konnte.

Dann aber gingen wir daran, ihren Bildungsgang und die Kämpfe zu untersuchen, die sie im Zusammenhang mit ihren schulischen und akademischen Leistungen ausgefochten hatte. Sie war immer sehr erfolgreich gewesen, war in der High School, im College und im theologischen Seminar immer die Beste oder eine der Besten ihrer Klasse gewesen. Deshalb hatte sie bei unseren ersten Gesprächen nichts davon erwähnt; sie hatte so gute Leistungen gebracht, daß sie der Meinung war, daß es da kein Problem gab. Jetzt aber erzählte sie mir, daß Schule und Studium immer eine Mühsal für sie gewesen waren. Wenn sie nur daran dachte, kamen die alten Ängste wieder hoch, die Angst zu versagen, die Angst, Dinge nicht rechtzeitig fertigzubekommen, die Angst durchzufallen. Jedes Referat war eine Qual für sie. Sie fing erst im letzten Moment damit an und wurde nie vor dem Ablieferungstermin fertig. Sie hatte ein fortdauerndes Gefühl, sich bei allem, egal, was es war, sehr anstrengen zu müssen, um mitzukommen, als ob sie kurzsichtig wäre und Mühe hätte, die Tafel zu erkennen. «Ich machte mir allmählich über alles Sorgen», sagte sie. «Da hat es angefangen mit meiner Unsicherheit.»

«Wann war das?» fragte ich.

«Im College. Nein, in der High School. In der Oberstufe, vielleicht schon in der Unterstufe. Immer wenn Probleme auftauchten.»

Ohne die Perspektive ADD würde einen Lauras Geschichte auf den Gedanken bringen, daß sie eine perfektionistische Persönlichkeit hätte, die sie auch tatsächlich hatte, und auf die Diagnose einer obsessiv-kompulsiven Störung beziehungsweise eines gewissen Angstzustandes. Wenn aber ihren Problemen eine ADD zugrunde lag, wenn die Angst und der Perfektionismus im Gefolge einer ADD auftraten, ließ das die Dinge in einem neuen Licht erscheinen. Nachdem sie am theologischen Seminar graduiert, eine Gemeinde gefunden und ihren Mann geheiratet hatte, glaubte sie, daß sie die Jahre der Mühsal nun ad acta legen konnte. Aber die alten Gefühle kehrten in anderer Form zurück. Die Organisation des familiären Alltags wurde zu einer größeren Angelegenheit für sie. Ihr Mann half ihr, aber sie war ständig in Sorge, daß sie etwas vergaß oder eine wichtige Einzelheit übersah. Die alten Gefühle der Inkompetenz und Unsicherheit kreisten sie ein. Und sie machte aus ihrer Angst eine Gewohnheit, die sie nicht wieder loslassen konnte.

«Ich möchte sie loslassen», sagte sie, «aber ich trau mich nicht. Ich bete darum, daß ich sie loslasse und mich mutig und selbstsicher fühle, aber ich trau mich nicht. Ich habe eine Vorstellung davon, wie ich sie loslasse, meine Angst; es ist, als beugte ich mich über das Heck eines Ruderbootes und sähe zu, wie eine große, schwere Last langsam versinkt, bis sie nicht mehr zu sehen ist.»

«Es versinkt wieder im Unbewußten», sagte ich.

«Nein», sagte sie. «Es verschwindet für immer. Wenn ich im Heck auf der Bank knie und mich über den Bootsrand beuge, lasse ich sie los, und dann ist sie für immer verschwunden. Ich kann sehen, wie sie hinabsinkt, immer weiter weg von mir, und das ist ein herrliches Gefühl. In meiner Phantasie kann ich die Angst loslassen – warum kann ich das nicht im wirklichen Leben?»

«Tja, vielleicht können Sie's objektiv nicht», sagte ich. «Vielleicht ist Ihr Gehirn so geschaltet, daß es nicht geht.»

Wir loteten das Thema ADD aus und nahmen dann einige Tests vor. Zwar gibt es keinen absolut zuverlässigen «Test» für ADD, mittels Tests kann man jedoch immerhin eine anderweitig begründete Diagnose erhärten und/oder irgendwelche begleitenden Lernschwächen oder andere versteckte emotionale Probleme ans Licht bringen. Das Testen selbst schloß schriftliche Tests mit ein, die ein paar Stunden dauerten – Tests des kognitiven Stils, der Aufmerksamkeitsspanne, des Gedächtnisses, des Organisationsstils, spezifischer Fähigkeiten und der Stimmung sowie eine neurologische Untersuchung. Zwar ist ein Test nicht in jedem Fall erforderlich, aber wenn man ihn macht, liefert er in der Regel solides Informationsmaterial für die nicht selten auf schwankendem Boden stattfindende Diagnosefindung.

Aus Lauras Lebensgeschichte und den Testergebnissen ging hervor, daß sie tatsächlich eine Erwachsenen-ADD hatte. «Laura, ich glaube, Sie haben sich die meiste Zeit Ihres Lebens so angestrengt, das Chaos abzuwehren, daß Sie gar nicht gemerkt haben, wie Sie dabei gewohnheitsmäßig Ihre Angst zu Hilfe genommen haben. Sie haben einen Vergiftungszustand mit Hilfe eines anderen abgewehrt. Sie haben recht, wenn Sie sagen, daß Sie diese Last, Ihre Angst, nicht loslassen können. Sie ist gewissermaßen Ihr Rettungsanker. Ihr Gehirn läßt diese Angst nicht los.»

Durch die Behandlung auf ADD erlangte Laura nach und nach ein gesicherteres Identitätsbewußtsein. Allmählich festigte sich in ihr die Überzeugung, daß sie nicht eines Tages fehl am Platze auf dem rauschenden Fest aufwachen würde, sondern daß sie da, wo sie war, auch hingehörte und bleiben würde. Die Therapie, die eine medikamentöse und eine psychotherapeutische Komponente hatte, beseitigte die Bedrohung, die die Wolke für Laura darstellte, nicht, sie verhalf ihr aber dazu, sie besser unter Kontrolle zu halten.

Wir arbeiteten in der psychotherapeutischen Behandlung auch daran, wie sie sich von der Last befreien konnte, indem sie sich in der Phantasie über den Bootsrand beugte, die Last losließ und zusah, wie sie versank. Laura verfolgte diesen Vorgang immer wieder und beschrieb ihn mir, während die Last unter ihren Blicken kleiner wurde und schließlich in der Tiefe ganz verschwand. Sie übte, wie es wäre, die Last los zu sein. Das löste am Anfang Angst in ihr aus. Wir sprachen immer wieder über diese Phantasien, Dutzende Male, aber allmählich schrumpfte die Last und reduzierte sich auf ein Maß, wie es die meisten Leute tagtäglich mit sich herumschleppen.

Protagonist des nächsten Beispiels ist ein Mann, der mit keinem Gedanken daran dachte, daß er für sich selbst ärztlichen Rat suchte. Douglas und seine Frau Melanie kamen zu einer Konsultation zu mir, um ihren Sohn, einen ungewöhnlich phantasievollen Erstkläßler, der im vorangegangenen Jahr ernstlich krank gewesen war, begutachten zu lassen. Ich war der Meinung, daß mit ihrem Sohn alles in Ordnung war, dafür tauchten im Lauf der Begutachtung in der Ehe von Douglas und Melanie einige Probleme auf, über die sie gern sprechen wollten.

Die meisten Eheprobleme, zumindest diejenigen, über die anfangs gesprochen wurde, drehten sich um Douglas. Er hatte lästige Stimmungsschwankungen. Er trank viel, etwa eine Flasche Wein täglich. Er arbeitete mit Vehemenz und beachtlichem finanziellen Erfolg in seinem Beruf als Börsenmakler – sein Einkommen erreichte locker einen sechsstelligen Betrag im Jahr. Er hatte Probleme mit Bossen, war aber so fähig in seinem Beruf, daß seine Bosse ihn meist in eigener Regie arbeiten ließen. Er war Jazzmusiker gewesen, bevor er Börsenmakler wurde, und er stürzte sich noch immer, in einem Zustand, der an Entrücktsein grenzte, aufs Komponieren. Er war zudem ein leidenschaftlicher Koch und gab Dinnerparties, wann immer sich eine Gelegenheit dazu bot. Als Vater von zwei Kindern beschäftigte er sich soviel wie möglich mit den beiden. Für Melanie blieb nicht viel Zeit, aber sie hätte ihrer Meinung nach gereicht, wenn er da auch wirklich präsent gewesen wäre. Statt dessen konnte er förmlich jeden Augenblick verschwinden. Sie brauchte sich nur kurz abzuwenden, und schon war er wieder weg, jagte hinter irgendeinem neuen Projekt, irgendeiner neuen Idee, irgendwelchen stärkeren Reizen her.

Melanie glaubte, daß Intimität für Douglas ein Problem war und daß er sein Unbehagen mit Alkohol bekämpfte. Douglas dagegen meinte, daß er nur ein wenig Freiraum für sich haben wollte, um seine Musik zu komponieren, seinen Wein zu trinken, seine Gerichte zu kochen und seine Gedanken zu denken. Er räumte ein, daß er vielleicht schwierig war, sagte aber, daß er daran arbeite.

Nachdem wir uns seiner Vergangenheit zugewandt und mehr über Douglas' Lebensgeschichte erfahren hatten, wurde klar, daß er, ganz gleich, was ihm sonst noch fehlen mochte, bestimmt eine ADD hatte. Alle Symptome einer ADD vom Jagd-nach-Hochspannung-Typ waren vorhanden: Kreativität, Energieüberschuß, Unrast, Ablenkbarkeit, Impulsivität, Jagd nach Reizen verschiedener Art, mal engagiert, mal indifferent, stimmungsanfällig, bindungsscheu und von Angstgefühlen befallen, wenn er einmal nicht total verplant war.

Nachdem ich Douglas und Melanie erklärt hatte, was ADD war, herrschte einen Augenblick Schweigen im Zimmer. Die Eheleute sahen einander an und brachen in Gelächter aus. «Genau das bin ich», sagte Douglas. «Besser hätten Sie mich nicht beschreiben können.»

Melanie beugte sich vornüber und tätschelte ihrem Mann das Knie. «Du meinst, es gibt einen Namen für all das, was du so treibst? Besteht am Ende noch Hoffnung, Schätzchen?» Dann sah sie mich an. «Gibt es irgend etwas, was man dagegen tun kann?»

«Ich denke, ja», sagte ich. «Aber lassen Sie uns zuerst noch ein wenig weiterreden.»

Sie waren so neugierig und gespannt, daß unsere Besprechung zwei Sitzungsstunden in Anspruch nahm. Danach schrieb mir Douglas einen Brief, den ich in Auszügen hier wiedergebe. «Eine Theorie über Verhalten», so begann er,

ist nur dann ein gutes Sinnbild, wenn sie einem erlaubt, eine ganze Menge Aktivitäten aus einem einzigen Prinzip zu erklären. Ich muß Ihnen sagen, daß Ihre Beschreibung von mir als einem «klassischen» Fall von ADD ein besonders nützliches Sinnbild für mich war. Dadurch, daß ich zufällig darauf gestoßen bin, hatte ich in der Tat eines der außergewöhnlichsten Erlebnisse meines Lebens, weil ich mir jetzt auf eine Menge Augenblicke in meinem Leben (ihre Zahl liegt in der Größenordnung von tausend aufwärts) einen Reim machen konnte – was mir vorher nicht möglich war – durch das Sinnbild, das Sie mir an die Hand gegeben haben.

Im weiteren erläuterte er einige dieser Probleme:

Ich war in Englisch immer gut gewesen, erinnere mich aber daran, wie ich eines Tages merkte, daß ich etwas, was ich in einer der Unterrichtsstunden gelesen hatte, nicht gut genug verstand, um auch nur eine der Fragen beantworten zu können. Ich erinnere mich daran, daß ich dasselbe Stück immer wieder las und es beim fünftenmal nicht besser verstanden hatte als beim erstenmal. Deshalb habe ich – wirklich das einzige Mal in meinem Leben – gemogelt und habe im Antwortenteil gespickt ... Mir ist noch heute das Gefühl totaler Verwirrung im Gedächtnis, das mich bei derlei Aufgaben überfiel. Ich hatte dann auch noch später verschiedene Male dieses Gefühl. Selbst jetzt tue ich mich, vor allem für jemanden, der sein Geld mit dem Studium von Börsenberichten, Aktienkursen, Marktdaten und so weiter verdient, übermäßig schwer mit dem Lesen. Ich habe mir in den vergangenen drei Jahren mindestens dreimal neue Brillengläser und Kontaktlinsen verschreiben lassen, um mein Leseproblem «in den Griff» zu bekommen, das hauptsächlich so aussieht, daß ich oben auf der Seite anfange zu lesen und ungefähr drei Zeilen lang alles mitbekomme, und dann finde ich mich plötzlich unten auf der Seite wieder und weiß nicht mehr, was zwischendrin gestanden hat.

Die Unterstufe der High School hatte ich hinter mich gebracht, ohne ein einziges Tutorium oder etwas Ähnliches mitgemacht zu haben, und nachdem das schon das dritte Schuljahr war, in dem ich nur glatte Einsen bekommen hatte, faßte ich den Entschluß, «wenn sie meinen, daß das schon ausreicht für die Versetzung, dann sollen sie mich erst mal sehen, wenn ich in der Oberstufe das Zusatzaggregat einschalte». Ich beschloß, an Tutorien teilzunehmen und mir *wirklich* Mühe zu geben, um mir den Zugang zur Harvard University zu sichern. Ich habe in dem Jahr wirklich intensiver gearbeitet als je zuvor, bekam aber bei den Halbjahrestests zum Beispiel in Mathematik nur die Hälfte der möglichen Punkte, nachdem ich die ganze Zeit vorher nie weniger als neunzig Prozent gehabt hatte. Auch den Geschichtstest habe ich total verhauen und konnte mich an nichts erinnern, was wir im Unterricht durchgenommen hatten, und habe alles in allem das gesamte Schuljahr mit allen Kursen außer *Creative writing* in den Sand gesetzt. Noch heute verfolgen mich Träume, in denen ich wieder in der Schule bin und plötzlich merke, daß ich gar nicht graduiert hatte, weil ich in all diesen Fächern so schrecklich versagt hatte.

Eine ähnliche Erfahrung habe ich während des Studiums mit der Musik gemacht. Ich komponierte eine Menge Stücke, die ich Kommilitoninnen widmete. Eine französische Hornistin fragte mich, ob ich ihr ein Stück für ihr Vorspiel in sieben oder acht Monaten schreiben könnte. In allen vorangegangenen Fällen *hatte ich selbst das Arbeitstempo bestimmt* und hatte die Sache stets in weniger als einem Monat erledigt gehabt. In diesem Fall jedoch war ich durch den Druck, unter dem ich stand, und den Gedanken an die Prüfungskommission völlig gelähmt. Ich wußte nicht, wie ich das Stück anfangen, geschweige denn, wie ich es zu Ende bringen sollte.

Diese Fälle von «zufallsbestimmtem Versagen», wie ich es nennen würde, setzten mir unglaublich zu und verstärkten eine Meinung, die ich von mir hatte (und wahrscheinlich noch immer habe), daß sich alle Erfolge, die ich vor diesem Augenblick gehabt hatte, *durch diesen Augenblick* als Lug und Trug und Hokuspokus erwiesen, den ich allen, mich selbst eingeschlossen, vormachte, was mich vor die unvermeidliche Frage stellte: «Warum gestehst du dir nicht ein, daß es mit deiner Intelligenz und auch mit deiner künstlerischen Inspiration nicht so weit her ist, und gibst auf?» Aus irgendeinem Grund habe ich das nicht getan.

Seitdem ist es unzählige Male vorgekommen, daß ich mich über kürzere oder längere Zeit überhaupt nicht mehr konzentrieren konnte und in eine ziemlich ernstzunehmende Depression verfiel, deren Hauptmerkmal diese Selbstzerfleischung ist. Für Melanie, meine Frau, ist dieses Verhalten von all meinen «Schwächen» diejenige, die sie am schwierigsten zu verkraften findet, weil sie im Grunde noch nichts gefunden hat, wie sie mich da rausbringen kann. Ich empfinde es immer als zu kompliziert, über mich selber zu sprechen; es kommt mir so vor, als wüßte ich schon im voraus in allen Einzelheiten, wie das Gespräch laufen wird, wozu sich also die Mühe machen? Das Ganze lohnt einfach nicht. Deshalb bekommt Melanie dann auch ein ungeduldiges «Danke, aber nein danke» zur Antwort, wenn sie mich in solchen Momenten fragt, ob wir miteinander reden sollen oder ob sie sonst irgend etwas für mich tun kann. Die Folge davon war, daß sie über längere Zeitstrecken das Gefühl hatte, überhaupt keinen Zugang zu mir zu haben. In solchen Phasen komme ich nach Hause, setze mich vor den Fernsehapparat und sehe mir die Nachrichten an oder höre bis tief in die Nacht Musik und fühle mich außerstande, mit irgend jemandem von meiner Familie mehr als das Allernotwendigste zu sprechen. Ich dachte immer, daß mein Interesse fürs Fernsehen in meinem starken Interesse am aktuellen Tagesgeschehen wurzelt, inzwischen ist mir jedoch ziemlich klar geworden, daß es, unabhängig davon, was an diesem Abend in den Nachrichten gezeigt wurde, in diesen Phasen der Niedergeschlagenheit eine heilsame Wirkung auf meine Gemütsverfassung ausübte, wenn ich mich am gewohnten Platz in unserem Wohnzimmer in meinen Lieblingssessel setzte – es half mir, den Zustand negativen Hyperfokussierens zu unterbrechen, in den ich hineingeraten war.

Und wenn ich während dieser Phasen keine Depressionen hatte, hetzte ich hinter irgendwelchen Stimulierungen her. Wenn es mir drekkig ging, fing ich wieder an zu rauchen, ging mehrmals in der Woche abends aus, um mir in irgendwelchen verrauchten Kneipen jede Menge lauten Elektrogitarrenblues reinzuziehen, trank wieder mehr Alkohol und so weiter. In Melanies Augen war das alles das Verhalten eines im Grunde dekadenten Menschen, der ein bißchen ausgeflippt war, während ich ganz genau wußte, daß es das Bedürfnis nach einer gewissen Zentriertheit war, das mich dazu verleitete, «auf den Putz zu hauen».

Vor einiger Zeit arbeitete ich als Wertpapieranalytiker für einen besonders schwierigen Mann in New York, und eines Nachmittags, bevor Melanie und ich und die Kinder ins Wochenende aufbrechen wollten, hatten dieser Mann, Bob, und ich eine sehr unangenehme Auseinandersetzung, die nur die letzte von einer ganzen Reihe ernstlicher Meinungsverschiedenheiten war. Ich fand das Gespräch so enervierend, daß ich mich, nachdem Melanie mich mit dem Auto abgeholt hatte, während der ganzen Fahrt und für den Rest des Abends mehr oder weniger in Schweigen hüllte. Das kam bei Melanie nicht sehr gut an, die der Meinung war, daß ich einfach «damit aufhören» sollte. Am nächsten Morgen wachte ich auf, und wir wollten mit ein paar Freunden Ski laufen gehen, und als ich gerade im Begriff war, in den Lift zu steigen, drehte ich mich zu Melanie um und sagte ihr, daß ich abreisen mußte. Ich *wollte* nicht einfach abreisen, ich *mußte* abreisen. Ich konnte weder ihr noch mir richtig erklären, warum ich abreisen mußte, war mir aber vollkommen im klaren darüber, daß ich nicht länger dableiben konnte. Melanie fand mein Verhalten wie immer völlig inakzeptabel, wußte aber, daß sie nichts tun konnte, um mich aufzuhalten. Ich machte eine Autovermietung in fünfzig Kilometer Entfernung ausfindig und sagte den Leuten in unserem Quartier, daß mich ein Krankheitsfall zurück nach Boston rief, damit mich einer ihrer jungen Angestellten zu der Tankstelle fuhr, in der es gerade noch ein Auto zu mieten gab. Ich fuhr zurück nach Boston, hörte mir auf der Fahrt Kommentare zum Stand des Golfkrieges an und ging auf direktem Weg ins Büro, wo ich alles hatte, was ich brauchte, um mich in einen «frischen» oder «klaren» Geisteszustand zurückzuversetzen – meine Computer, meine Karteikarten, meine Ablagekästen, meinen Terminkalender und so weiter. Daraufhin konnte ich die innere Ruhe finden, die ich brauchte, um über das nachzudenken, worüber ich inmitten meiner Familie und meiner Freunde nicht nachdenken konnte.

Ich wußte genau, als ich nach der langen Fahrt in mein Büro zurückkam, daß es das war, was ich brauchte, was ich aber nicht artikulieren konnte. Ja, es brachte mich sogar in Verlegenheit, es zu artikulieren, weil sowohl meine Freunde als auch Melanie immer abschätzige Bemerkungen über meine Gewohnheit machten, an den Wochenenden zu arbeiten. Aber seit ich erwachsen bin, habe ich, zuerst als Musiker, dann als Freiberufler im Finanzgeschäft, immer das Bedürfnis gehabt, jeden Tag zumindest für eine gewisse Zeit sozusagen «auf meinem Posten» zu sein. Es erleichtert mir die Konzentration, wenn ich ein Programm habe, an das ich mich halten kann. Aber da weder meine Freunde noch Melanie noch die Kinder dieses Bedürfnis kennen, sind sie seit langem der Meinung, daß man ein solches Verhalten ändern kann, daß ich nicht ins Büro zu gehen brauchte, wenn ich mich nur ein wenig entspannte, daß ich dann auch mehr von den Kindern hätte und alles eitel Sonnenschein wäre. Zwar bin ich gern mit Melanie und den Kindern zusammen und unternehme auch gern etwas mit ihnen, es ist mir aber schlichtweg unmöglich, mich wie ein Vater zu verhalten, der keine ADD hat, weil mir vollkommen klar ist, daß ich in Panik gerate, wenn ich nicht grundsätzlich ein ziemlich striktes Programm im Hintergrund habe, und dazu gehört eben auch, daß ich viel Zeit zum Alleinsein brauche, was nicht unbedingt mit Ruhe gleichzusetzen ist, aber ich brauche Zeit, um allein zu sein.

Viele von Douglas' Symptomen könnte man mit anderen Diagnosen erklären – mit einer Angststörung, mit Alkoholmißbrauch, mit einer phobischen Persönlichkeit, mit Depressionen, mit einer obsessiv-kompulsiven Störung –; aber keine Einzeldiagnose erklärt die Symptome insgesamt so gut wie ADD. Douglas' Probleme in der Schule mit dem Lesen sind typisch für eine ADD. Er hätte ebensogut Legastheniker sein können, aber das Abschalten nach dem Lesen weniger Zeilen ist ein deutliches Anzeichen für eine ADD. Sein Drang nach Unabhängigkeit, das Bedürfnis, die Dinge nach seinem eigenen Plan, in selbst gewähltem Tempo zu machen, sind ebenso typisch für ADD wie seine Intoleranz gegenüber Frustrationen und seine Meinung von sich, ein Betrüger zu sein. Sein kognitives Versagen entwertete in seinen Augen all seine Erfolge, und sein Selbstwertgefühl nahm schlagartig ab.

Wir erkennen dieselbe Schwierigkeit, zwischenmenschliche Spannung zu tolerieren, wenn er seine Unfähigkeit schildert, mit Melanie über sich zu reden. «Ich empfinde es immer als zu kompliziert, über mich selber zu sprechen – es kommt mir so vor, als wüßte ich schon im voraus in allen Einzelheiten, wie das Gespräch laufen wird, wozu sich also die Mühe machen? Das Ganze lohnt einfach nicht.» Das Problem bestand nicht darin, daß er nicht in Begriffe fassen konnte, wie es in ihm aussah. Das konnte er sehr wohl. Es war die Spannung, die er ertragen mußte, wenn er sich explizieren sollte, die ihn aus der Fassung brachte. Die Geduldsprobe, die es für sie bedeutet, eine Erklärung Schritt für Schritt – mit erstens, zweitens, drittens – zu entwickeln, eine scheinbar ganz einfache Aufgabe, ist für Menschen mit ADD eine unerträgliche Strapaze. Zwar haben sie die ganze Information im Kopf, aber es fehlt ihnen die Geduld, sie sukzessive zu formulieren. Das ist ihnen einfach zu langweilig. Es wäre ihnen am liebsten, wenn sie die Information in einem Klumpen auf den Boden kippen könnten und auch sofort verstanden würden. Sonst lohnt es, wie Douglas sagt, die Mühe nicht. Es ist zu langweilig.

Wir wollen noch anderen Symptomen Beachtung schenken. Douglas bekämpfte seine depressiven Stimmungen mit Hilfe eines intensiven Lebens und Alkohol. Er linderte sein Angstgefühl mit Strukturierung. Seine Flucht nach Hause von dem Skiausflug in die geordnete Welt seines Büros, die bei einem anderen Menschen als

Symptom für Angst vor Nähe und bei wieder einem anderen als eine Art Platzangst hätte interpretiert werden können, bot Douglas die Möglichkeit, der Angst Herr zu werden, die die nicht vorprogrammierte Aktivität im Skiquartier in ihm hervorgerufen hatte.

Um was also handelt es sich bei Douglas' Bedürfnis nach Strukturiertheit? In Kapitel 8, in dem es um die Behandlung von ADD geht, werden wir noch hervorheben, wie wichtig Strukturiertheit sein kann und wie sehr Erwachsene und Kinder mit ADD ohne sie aus dem Gleichgewicht geraten. Douglas war ständig auf der Suche nach Strukturiertheit und hatte sie auf dem Skiausflug schrecklich vermißt. Zwar brauchen wir alle eine äußere Ordnung in unserem Leben – irgendeinen Grad von Berechenbarkeit, Routinemäßigkeit und Organisiertheit –, Menschen mit ADD brauchen sie jedoch noch mehr als andere. Sie brauchen soviel äußere Ordnung, weil es ihnen so an innerer Ordnung mangelt. Sie sind von dem furchterregenden Gedanken erfüllt, daß ihre Welt jeden Moment vom Einsturz bedroht sein könnte. Und sie haben nicht selten das Gefühl, sich am Rande einer Katastrophe zu befinden, als ob sie mit mehr Bällen jonglieren, als sie bewältigen können. Ihr Innenleben verlangt nach Bekräftigung, Wegweisungen und Orientierungshilfen. Sie brauchen die Hilfsmittel, zu denen Douglas greift, wenn es ihm schlecht geht – «mein Computer, meine Karteikarten, meine Ablagekästen, mein Terminkalender», wie er sagt –, weil sie sich ohne sie vom Chaos überwältigt fühlen. Es ist der Grad, der ihr Bedürfnis nach Ordnung von dem normalen Bedürfnis anderer Menschen unterscheidet. Sie brauchen viel davon, und sie brauchen sie oft. Wo ein anderer vom Skihang nach Hause gestürzt wäre, um ein Medikament einzunehmen oder etwas noch rechtzeitig fertig zu machen, stürzte Douglas nach Hause zu seinen Computern und Terminkalendern, zu den Markierungszeichen, die er sich gesetzt hatte, um sich Organisiertheit und Selbstkontrolle zu verschaffen. Er hatte das Gefühl, daß er ohne diese Strukturiertheit unter der Herausforderung frei verfügbarer Zeit aus dem Gleichgewicht geriet. In seiner Verzweiflung kam er intuitiv dahinter, was er brauchte; er fand heraus, was ihm am besten half. Man kann fast sehen, wie er sich behaglich in seinem Büro niederläßt, nach seinem Terminkalender greift, seinen Computer anmacht und den Inhalt der Ablagekästen inspiziert, und man kann sich den Seufzer der Erleichterung vorstellen, den er ausstößt, wenn er die Angst in seinem Inneren schwinden und sich von einem alten Freund beruhigt fühlt.

Douglas zeigt uns, wie er sich mit Strukturiertheit selbst «behandelt» hat, aber wie baut nun ein Therapeut Strukturiertheit in den realen Behandlungsplan ein?

Der Therapeut muß dem Patienten aktiv und bestimmend dabei helfen, sein Leben neu zu gestalten. Im Gegensatz zur Praxis des Psychoanalytikers muß der ADD-Therapeut dem Patienten konkrete Vorschläge im Hinblick auf die Möglichkeiten machen, die es für ihn gibt, sich zu organisieren, konzentriert zu bleiben, Listen anzulegen, Stundenpläne einzuhalten, bei der Arbeit Prioritäten zu setzen und, ganz allgemein, mit dem Chaos seines Alltagslebens zurechtzukommen. Der Therapeut sollte das nicht *für*, sondern *mit* dem Patienten tun, damit der Patient lernen kann, es gegebenenfalls auch alleine zu machen.

Der Therapeut könnte dem Patienten zum Beispiel empfehlen, sich einen Zeitplaner zu kaufen, und dann mit ihm durchsprechen, wie er ihn führen soll. Oder der Therapeut könnte ihm Anregungen geben, wie er sich einen Budgetplan erarbeiten kann, und ihn dann so lange daran erinnern, die Sache auszuführen, bis sie ausgeführt ist. Das ist bei den meisten herkömmlichen Therapien streng verpönt, bei Menschen mit ADD ist es jedoch unumgänglich. Sie brauchen Direktiven. Und sie brauchen Strukturiertheit. Der Therapeut sollte einem Patienten nicht sagen, wen er heiraten soll, aber er sollte seinen Patienten ganz sicher darin trainieren, wie er sich für eine Verabredung organisieren kann.

Douglas wußte intuitiv, wie wichtig eine äußere Ordnung für ihn war. Und ich kann mich selbst als weiteres Beispiel eines Menschen anführen, der intuitiv wußte, daß er mehr äußere Ordnung brauchte als andere. Ich merkte, lange bevor ich wußte, daß ich ADD habe, daß ich bestimmte organisatorische Hilfsmittel brauchte. In meinen ersten Studienjahren erarbeitete ich mir zum Beispiel mit Hilfe von Lernkarten die riesigen Stoffberge, die man in den ersten vier Jahren bewältigen muß. Vor allem während der ersten zwei Jahre, in denen das medizinische Grundwissen dargeboten wird, zerlegte ich jeden Kurs in Hunderte von Karteikarten. Auf jeder Karte standen ein oder zwei Fakten, die ich mir merken mußte. Einzelne Karten ließen sich meistern, und dadurch, daß ich mich jeweils nur auf eine Karte konzentrierte, mußte ich mich nie mit der scheinbar nicht zu bewältigenden Totalität des Informationsangebots der einzelnen Kurse beschäftigen. Dieses Gliederungsverfahren, große Aufgaben in viele kleine Aufgaben – in meinem Fall einen ganzen Kurs in einen Packen Karteikarten – zu zerlegen, ist für jeden ein nützliches Hilfsmittel, ganz besonders aber für diejenigen unter uns, die ADD haben, weil sie sich bei großen Aufgaben oder komplexen Unternehmungen unter Umständen schnell überwältigt fühlen. Als ich erfuhr, was ADD ist, merkte ich, daß ich meine ADD während meiner gesamten Studienzeit erfolgreich mit verschiedenen Strukturierungstechniken selber «behandelt» hatte.

Mit wachsender Einsicht in die Natur der ADD wurde Douglas auch beredter, was die Empfindungen betraf, von denen die Krankheit bei ihm begleitet war. Eine Glanzleistung ist die Schilderung eines seiner Träume.

Melanie und ich waren mit ungefähr zwanzig anderen Studenten und einem sechsundfünfzigjährigen Professor im Chemiehörsaal. Der Professor schrieb wie wild etwas an die Tafel. Er notierte eine lange Reihe Gleichungen und definierte die Konstanten als x, y und z. Er dachte ganz präzise.

Nach ein paar Minuten drehte er sich um und brachte uns nun alle mit der Ankündigung zum Aufhorchen, daß es sich bei der Sache um die Entwicklung von Cizimar handele. Er sagte uns aber nicht, was Cizimar ist, was man damit macht oder warum es von Interesse sein konnte zu erfahren, wie man es «entwickelt».

Dann ging er daran, die Gleichungen zu «lösen», setzte dabei die Konstanten ein, hatte im Nu die Lösung heraus – sie lautete: null – und drehte sich mit hochzufriedener Miene um. Alle anderen im Hörsaal machten ebenfalls hochzufriedene Gesichter.

Dann fing er an, über das Lösungsverfahren zu sprechen, und ich fragte ihn mit verhältnismäßig ruhiger Stimme, weil klar war, daß ich als einziger den springenden Punkt von alledem nicht kapiert hatte: «Was ist Cizimar, und warum haben wir ein Interesse daran, es zu entwickeln?» Er hörte mich aber nicht, weil er in voller Fahrt war, alle logischen Konsequenzen aus der Lösung der Gleichung zu erklären. Ich wiederholte meine Frage, dieses Mal lauter, woraufhin er auf mich aufmerksam wurde; und er verstummte und sah mich wie alle anderen im Hörsaal an. Er sagte: «Es dient dazu, Macadam zu gewichten» und führte anschließend den unterbrochenen Gedankengang weiter, worin immer der auch bestanden haben mochte. Ich schwieg einen Augenblick, weil ich dachte, daß ich mit dieser Information etwas anfangen konnte und daß mir nun alles klar werden würde, aber obwohl ich wußte, was Macadam war, hatte ich keine Ahnung, warum man daran interessiert sein konnte, es zu «gewichten». Deshalb fragte ich: «Warum haben wir ein Interesse daran, Macadam zu gewichten beziehungsweise *wann* haben wir ein Interesse daran, Macadam zu gewichten?»

Es war jetzt offenkundig, daß ich seine Gedanken und die aller anderen störte. Aber ich mußte wissen, was los war, denn es war schrecklich frustrierend, dem Gerede zuzuhören, ohne eine Ahnung zu haben, worum es ging. Der Professor kam zu mir, nachdem er einen löffelartigen Gegenstand von seinem Pult genommen hatte, der mit etwas gefüllt war, das wie eine ölige, schwarze Masse aussah – unverkennbar genau dosiert –, und begann nun in strengem Ton auf mich einzureden – er stand und ich saß –, daß diese Schöpfkelle voll Cizimar, die ein Beispiel für das Ergebnis all dessen ist, was er gerade erklärt hat, unter gewissen Umständen dazu dient, Macadam zu gewichten. Währenddessen bemühte ich mich verzweifelt zu verstehen, worüber er immer weiter perorierte, aber vergebens, alle anderen verstanden es, nur ich verstand es nicht. Deshalb stand ich auf, warf die Hände in die Luft und sagte: «Das ist doch zu blöd, ich verschwinde hier!» und verließ den Hörsaal in dem Bewußtsein, daß mich jeder der Anwesenden (wahrscheinlich mit Ausnahme von Melanie) für einen Esel hielt. Aber irgendwo im hintersten Winkel meines Kopfes wußte ich, daß ich kein Esel war, obwohl ich mir im Augenblick wie einer vorkam. Ich dachte, wenn ich den Schauplatz für eine Weile verließ und frische Luft schnappte, würde das zur Lösung des Problems beitragen. Und so ist es tatsächlich schon häufig in meinem Leben gewesen.

Douglas' Traum ist eines der lebendigsten Beispiele, das ich gehört habe, für das Gefühl, einfach überhaupt nicht durchzusteigen, unter dem so viele Menschen mit ADD leiden. Tatsächlich war Douglas sehr gut in Mathematik und Chemie, trotzdem gab es mitunter Augenblikke, wie in seinem Traum, in denen er gar nichts verstand – infolge seiner ADD. Zunehmende Panik, das Gefühl, daß irgendein Kauderwelsch als logisch korrektes Sprechen ausgegeben wird, die Furcht, daß alle Welt in sinnlosem Geschwätz befangen ist, das als sinnvoller Gedankenaustausch posiert – das sind die nebulosen Gefühlslagen, mit denen Menschen mit ADD Tag für Tag fertig werden müssen.

Zwar benötigte Douglas auch weiterhin eine Einzeltherapie – eine Behandlung von ADD beseitigt nicht sämtliche psychischen Konflikte und Kümmernisse –, aber die Behandlung seiner ADD half sowohl Melanie als auch ihm, einen neuen Standort im Leben zu erreichen. Mit Hilfe einer Kombination aus Paartherapie, medikamentöser Behandlung und Strukturierung lernte Douglas, wie er einen gewissen Grad an Spannung ertragen, mit Melanie über sich sprechen und Melanie zuhören konnte, und er lernte, seine emotionalen Bedürfnisse vorauszuberechnen und abzuschätzen, statt nur impulsiv auf sie zu reagieren. Mit wachsendem Verständnis für Douglas' Verhalten im Zusammenhang mit ADD legte sich Melanies Groll gegen ihn. Je aufgeschlossener für seinen Gesprächspartner und mitteilsamer Douglas wurde, je mehr er jemand wurde, der «präsent» war, desto weniger trank er, wie er feststellte. Was anfangs zum Teil eine Folge seiner Bemühungen gewesen war, Melanie eine Freude zu machen als Entschädigung für die harten Zeiten, die sie durch ihn gehabt hatte, stellte sich mehr und mehr als Konsequenz seines abnehmenden Bedürfnisses nach Alkohol heraus. Melanie und Douglas fühlen sich jetzt beide wohl.

Der nächste Fall versetzt uns in das Leben einer Frau, die seit ihrer frühen Kindheit immer wieder von ihrem Vater zu hören bekam, sie hätte ein «Spatzengehirn» und ihr Hauptproblem bestünde in ihrer «Faulheit». Zwar sträubte sich ein Teil ihrer selbst gegen diese Bemerkungen, wohl wissend, daß sie nicht stimmten, ein anderer Teil ihrer selbst akzeptierte sie jedoch, nahm sie in sich auf und integrierte sie in ihr Selbstbild. Sarah ist jetzt fünfzig Jahre alt, verheiratet, Mutter erwachsener Kinder, und sie arbeitet als Keramikerin. Sie kam von außerhalb zu einer Beratung zu mir, weil ihr Mann herausgefunden hatte, daß er ADD hat, und Sarah meinte, daß sich ihre Symptome vielleicht aus einer ähnlichen Perspektive erklären ließen.

Sarah und ihr Mann Jeff kamen herein, setzten sich, und Sarah versuchte sofort, mit einem Lächeln ihrer Tränen Herr zu werden. «Ich will nicht weinen. Ich habe zu mir gesagt, du darfst nicht weinen», erklärte sie.

«Hier drin ist Weinen erlaubt», sagte ich. «Aber vielleicht können Sie versuchen, mir zu erklären, was es mit den Tränen auf sich hat.»

«Ich lebe nun schon so viele Jahre so, in dem Bewußtsein, dumm zu sein, und dabei weiß ich, daß es nicht stimmt. Ich habe diese Liste hier mitgebracht», setzte sie hinzu und hielt ein paar Zettel in die Höhe. «Ich habe alles aufgeschrieben, was mir eingefallen ist, damit Sie es lesen können.» Sie gab mir die Zettel, die aufgerollt waren.

Der erste Punkt auf der Liste betraf einen Hustendrops. Ich fragte sie danach, während ich das las.

«Oh, da geht es um einen Hustendrops», gab sie zur Antwort, «den jemand in unserem Auto auf dem Armaturenbrett liegen gelassen hat. Am andern Tag sah ich den Hustendrops und dachte, daß ich den wegschmeißen muß. Bei meinem ersten Stop vergaß ich ihn mitzunehmen und in einen Abfallbehälter zu werfen. Als ich wieder ins Auto stieg, sah ich ihn und dachte, daß ich ihn an der Tankstelle wegwerfen würde. Die Tankstelle kam, und die Tankstelle lag hinter mir, und ich hatte den Hustendrops nicht weggeworfen. Tja, und so ging es weiter, den ganzen Tag, der Hustendrops lag immer noch auf dem Armaturenbrett. Als ich nach Hause kam, dachte ich, daß ich ihn mit reinnehme und in den Mülleimer werfe. Bis ich die Autotür aufgemacht hatte, hatte ich den Hustendrops wieder vergessen. Am nächsten Morgen wartete er schon auf mich, als ich ins Auto stieg. Jeff fuhr mit mir. Ich sah den Hustendrops an und brach in Tränen aus. Jeff fragte mich, warum ich weine, und ich sagte ihm, wegen des Hustendrops. Er dachte, ich wäre dabei, den Verstand zu verlieren. ‹Aber du verstehst nicht›, sagte ich, ‹mein ganzes Leben ist so. Ich nehme mir vor, etwas zu tun, und dann tue ich es nicht. Das ist nicht nur bei unwichtigen Dingen wie dem Hustendrops so, sondern auch bei wichtigen.› Deshalb habe ich geweint.»

Das war eine so klassische ADD-Geschichte, daß ich sie inzwischen das «Hustendropszeichen» nenne, wenn jemand gewohnheitsmäßig schon im Zeitrahmen von Minuten, ja sogar Sekunden Probleme hat, etwas zu Ende zu führen, was er sich vorgenommen hat. Das rührt nicht so sehr von der Neigung an sich her, die Dinge auf die lange Bank zu schieben, sondern davon, daß der Erinnerungsfluß gestört oder unterbrochen wird durch das, was man gerade tut. Sie können von Ihrem Stuhl aufstehen und in die Küche gehen, um ein Glas Wasser zu trinken, und in der Küche vergessen, warum Sie überhaupt dorthin gegangen sind. Oder, in größerem Rahmen gesehen, der wichtigste Punkt in Ihrem Terminplan für einen bestimmten Tag ist, sagen wir mal, ein geschäftlicher Anruf von entscheidender Bedeutung. Sie haben vor, es zu tun, Sie wollen es tun, Sie haben keine Angst davor, es zu tun, Sie brennen förmlich darauf, es zu tun, und Sie sind zuversichtlich, daß Sie es tun werden. Und trotzdem vergeht der Tag, ohne daß Sie die Kurve kriegen, das Telefongespräch zu führen. Eine unsichtbare Mauer der Tatenlosigkeit schiebt sich zwischen Sie und Ihr Vorhaben. Statt dessen spitzen Sie Ihren Bleistift, sprechen mit Ihrem Teilhaber, bezahlen ein paar Rechnungen, gehen zum Mittagessen, werden von etwas Unwichtigerem aufgehalten, beantworten einige andere Anrufe, um den Kopf für den einen wichtigen Anruf freizubekommen, nur um zu guter Letzt festzustellen, daß der Arbeitstag zu Ende ist und Sie das eine wichtige Telefonat nicht geführt haben. Oder auf der Ebene zwischenmenschlicher Beziehungen, Sie wollen Ihrer Frau vielleicht Blumen mitbringen, Sie haben es den ganzen Tag vor, Sie wollen es wirklich, Sie stellen sich tatsächlich auf dem Heimweg in der U-Bahn den Blumenladen vor, in den Sie gehen wollen, nur um schließlich festzustellen, daß Sie mit den Worten «Hallo, Liebling» ohne Blumen in der Hand vor Ihrer Frau stehen. Das rührt manchmal von dem unbewußten Umstand her, daß man keine Blumen kaufen möchte. Manchmal aber, weit öfter, als die meisten Menschen erkennen, ist es eine Folge von ADD. Daß man sich vornimmt, etwas zu tun, daß man etwas tun will und es dann doch nicht tut: das ist das «Hustendrops-Zeichen», und es ist sehr verbreitet unter den Menschen mit ADD.

Der Rest von Sarahs Symptomenliste las sich wie ein Auszug aus einem Text über ADD:

Hing als Kind im Unterricht häufig Tagträumen nach.

Vater nennt mich «Faulpelz» und «Spatzengehirn».

Bekam auf dem College in Englisch in der mündlichen Abschlußprüfung 730 Punkte, wurde aber mit der schriftlichen Arbeit nicht rechtzeitig fertig und kriegte deshalb nur Gesamtnote 3.

Liebe alles Neue, häufig wechselnde Interessen.

Habe jede Menge Ideen, tue mich aber schwer damit, die Sachen so weit auszuarbeiten, daß wirklich was draus wird.

Unordentlicher Schreibtisch.

Habe oft Schwierigkeiten, das richtige Wort im richtigen Moment zu finden, sage deshalb etwas Unüberlegtes oder halte einfach den Mund und komme mir dumm dabei vor.

Arbeite am besten in einem vorgegebenen Rahmen: Es muß alles ins Schema passen. Ich glaube, ich suche immer nach einem Gerüst.

Kann nicht bei der Stange bleiben – lasse mich immer wieder durch Menschen oder Dinge ablenken.

Kommt mir immer so vor, als ob ich anderer Meinung bin als die meisten Leute.

Wenn ich nicht förmlich fasziniert bin, werde ich in der Vorlesung schläfrig.

Handschrift: Manchmal schleichen sich Sachen ins Schriftbild, die ich gar nicht will; lasse Buchstaben aus oder schreibe sie falsch.

Samstags beim Badezimmerputzen: Sehe mir an, was da an Arbeit auf mich zukommt, und fühle mich überfordert. Stelle das Radio an, um mich in Schwung zu bringen. Finde die Musik nach einer Weile störend und mache sie aus. Erinnere mich an das noch ungeputzte Badezimmer und mache mich darüber her, und auf einmal läuft alles wie geschmiert. Habe häufig das Gefühl, als ob ich eine Mauer durchbrechen muß, um in eine Arbeit reinzukommen.

Ich kann mich noch so sehr anstrengen, mich zu organisieren, ich lande immer wieder im Chaos.

Erledige meine Hausarbeit rein assoziativ, völlig ohne System – springe von dem zu jenem, nur um wieder einen Punkt abzuhaken.

Versuche in einem fort Ordnung zu schaffen, aber es läßt sich nicht zwingen. Wenn ich nicht Ordnung schaffe, finde ich nichts wieder.

Zerfahren.

Ordne mein Leben um einzelne Projekte. Dadurch habe ich etwas, worauf ich meine Gedanken richten kann.

Merke, daß ich mich immer zwingen muß, vor allem bis ich in den Dingen *drin* bin.

Liebe einfache Dinge – Barockmusik, keine Romantik.

Unkraut jäten, Ordnung schaffen. Das mache ich gern.

Probleme mit der Pünktlichkeit. Selbst wenn ich reichlich Zeit habe, vertue ich sie mit etwas und komme dann ins Gedränge, oder ich verlier aus den Augen, wie spät es ist. Ich habe kein Gefühl dafür, wie die Zeit vergeht.

Innerlich verzweifelt. Ermutigungen anderer Menschen helfen nicht. Es ist etwas in mir drin, was sich ändern muß.

Türen und Schubladen – mache sie nie hinter mir zu, dann komme ich zurück, sehe, daß sie noch offen sind und mache sie zu.

Es kommt mir so vor, als sagte ich innerlich zu mir: «Ich bin nicht dumm!»

Fühle mich leicht verletzt und abgelehnt.

Räume hinter mir nicht gut auf. Werde von einer gewaltigen Unordnung erdrückt.

Ganz allgemein Probleme mit Ablenkbarkeit und Zerstreutheit.

Bin am ausgeglichensten, wenn ich etwas mit den Händen machen kann wie Gartenarbeit oder Töpfern.

Nachdem ich Sarahs Liste durchgelesen hatte, fragte ich sie, wie sie sie verfaßt hatte.
«Jeff hat Notizen gemacht, und ich hab drauflosgeredet. Was halten Sie davon?»
«Ich glaube», sagte ich, «daß Ihre Liste als Informationsblatt über ADD bei Erwachsenen dienen könnte. Wenn man sie überfliegt, paßt einfach alles ins Bild. Es kommt aber natürlich noch einiges hinzu.»
Es kommt immer noch einiges hinzu. Das Problem besteht in den

seltensten Fällen ausschließlich aus ADD. Sarahs Probleme – ihr Empfinden, verzweifelt und anders zu sein als andere Menschen, das Gefühl, «da ist etwas in mir drin, das sich ändern muß» –, diese Probleme sind durch mehr bedingt als nur durch ADD. Bei der Behandlung dieser Probleme muß man die ADD allerdings mitberücksichtigen, will man den größtmöglichen Erfolg erzielen. Sarah mußte ebenso Punkte ansprechen, in denen sie sich unsicher fühlte, wie ihre Empfindungen über die lieblose Behandlung von seiten ihres Vaters und das Gefühl des Andersseins. Dadurch verstand sie auch am besten, in welcher Weise ADD das Bild verkomplizierte.

Wir begannen mit einer medikamentösen Behandlung, aber Sarah profitierte am Anfang nicht davon. Sie profitierte allerdings sehr davon, daß sie nur eine Diagnose gestellt bekommen, Informationen über ADD erhalten hatte und wußte, wie sich von daher viele ihrer Symptome erklären ließen. Sie profitierte auch von praktischen Tips, die ich ihr gab, wie sie ohne Medikamente mit der Störung umgehen konnte. Eine vollständige Liste dieser Tips ist in Kapitel 8 enthalten, ich erwähne hier nur einige davon, die Sarah besonders geholfen haben:

1. Erwägen Sie, an einer Selbsthilfegruppe teilzunehmen oder selber eine zu gründen.

2. Versuchen Sie, die Negativität loszuwerden, die sich Ihrer bemächtigt hat.

3. Machen Sie soviel wie möglich Gebrauch von äußeren Ordnungshilfen: von Listen, Gedächtnisstützen, Aktenordnern, täglichen Ritualen und so weiter.

4. Verfahren Sie bei schriftlichen Arbeiten nach dem Prinzip N.E.M.: Nur einmal machen.

5. Setzen Sie sich Termine.

6. Tun Sie das, worin Sie gut sind, statt Ihre Zeit damit zu verplempern, gut zu werden in Dingen, in denen Sie schlecht sind.

7. Kommen Sie mit sich ins klare über Ihre Stimmungsschwankungen und lernen Sie damit umgehen.

8. Gewöhnen Sie sich daran, daß nach Erfolgen die Euphorie wieder abklingt.

9. Lernen Sie, Ihre Sache in der richtigen Weise zu vertreten. Erwachsene mit ADD sind so ans Kritisiertwerden gewöhnt, daß sie ihre Anliegen häufig unnötig defensiv vorbringen.

10. Lernen Sie, selbst und mit anderen über Ihre diversen Symptome zu lachen. Wenn Sie lernen können, im Hinblick auf das Syndrom so entspannt zu sein, daß Sie darüber lachen können, werden Ihnen andere viel leichter verzeihen.

Nachdem ich die Diagnose gestellt, Sarah über ADD informiert und ihr praktische Tips gegeben hatte, verwies ich sie noch an einen Psychotherapeuten in ihrem Heimatort und erklärte mich bereit, via Telefon als fachärztlicher Berater zu fungieren, falls es nötig werden sollte. Als sie wieder zu Hause war, änderte ich die Einnahmevorschrift für das Medikament, das ich ihr verordnet hatte. Ich hatte ursprünglich mit einem Antidepressivum Despramin angefangen, weil es, anders als die Stimulanzien, nur einmal täglich eingenommen werden muß und häufig eine gleichmäßigere Wirkung hat als die Stimulanzien. Ich fing mit einer sehr niedrigen Dosis, 20 Milligramm (mg) pro Tag, an, was jedoch nur wenig bewirkte. Die Meinungen über die Dosierung von Despramin gehen ein wenig auseinander. Bei Depressionen liegt die Dosis zwischen 100 und 300 mg pro Tag. Ich habe allerdings festgestellt, daß bei ADD häufig eine wesentlich niedrigere Dosis wirkt. Da eine niedrigere Dosis geringere Nebenwirkungen hervorruft, fange ich gewöhnlich damit an – mit 10 bis 20 mg pro Tag. Dann erhöhe ich die Dosis nach und nach. Als ich Sarahs Dosis auf 40 mg pro Tag erhöht hatte, stellte sie fest, daß es ihr wesentlich besser ging, worüber sie weiter unten berichtet. Nachdem die Medikation festgelegt und Sarah eine Weile in Behandlung gewesen war, bekam ich folgenden Brief von ihr.

Lieber Herr Dr. Hallowell,
Ich möchte Sie gern darüber informieren, in welcher Weise mir die medikamentöse Behandlung geholfen hat. Nachdem Sie die Dosis des Medikaments erhöht hatten, stellte sich ein sehr viel deutlicherer Erfolg ein: Ich fühlte mich ganz allgemein entspannter, positiver gestimmt und ausgeglichener. Ich bin auch nicht mehr so kopflos. Ich wußte vorher gar nicht, daß ich kopflos bin, aber ich glaube, daß das einer der Gründe dafür war, warum ich Konflikten ausgewichen bin und mich unter Menschen angespannt fühlte. Ich war nicht in der Lage, schnell zu denken oder zu antworten, wenn ich unter Streß stand. Ich merke jetzt, daß ich mich eher auf Menschen einlassen kann und daß ich in Konfliktsituationen eher eine Chance habe, mir über meine Empfindungen im klaren zu sein und sie auch ausdrücken zu können. Das heißt nicht, daß ich groß darin bin, aber es geht schon entschieden besser.

Ich fühle mich von sprunghaften, unberechenbaren Menschen weniger bedroht.

Auf meinem Schreibtisch und in meinem Arbeitsbereich ist nicht mehr ein solches Durcheinander, und es fällt mir leichter, Ordnung zu machen. Es ist immer noch nicht so, wie es sein sollte, aber ich mache zumindest Fortschritte...

Ich bin abends frischer und kann klarer denken. Ich amüsier mich ganz allgemein besser.

Mein Mann sagt, daß ich ausgeglichener bin, nicht mehr so sprunghaft und bestimmend, und daß ich mich mehr an Gesprächen beteilige.

Die einzige Nebenwirkung, die ich bemerkt habe, ist die,

daß ich nicht mehr so fest schlafe. Da ich aber nicht wach liege, kann ich damit leben.

Die praktischen Tips, die Sie mir gegeben haben, wie ich ohne Medikamente mit der Störung umgehen kann, haben mir sehr geholfen, im Gleis zu bleiben. Ich lese sie alle immer wieder.

Ich habe noch mal über das Thema Vater nachgedacht. Ich habe Ihnen zuletzt geschrieben, daß ich mir nicht vorstellen könnte, daß ich eine Beziehung zu einem Vater haben möchte. Seitdem habe ich in mir den Wunsch nach größerer Nähe zu manchen der älteren «Vaterfiguren» in meinem Leben entdeckt, nämlich zu denen, die mir in gewisser Weise geistesverwandt sind. Und wenn ich es überdenke, hatten mein Vater, seine Schwester und meine Schwester auch ADD oder etwas in der Art.

Vor einer Weile habe ich geträumt, ich wäre in dem Haus, in dem ich aufgewachsen bin. Ich war furchtbar wütend auf eine Frau, die so etwas wie eine ältere Schwester von mir war. Sie ist eine sehr tüchtige Person, die zehn Dinge gleichzeitig tun kann. Ich glaube, daß sie eine Verkörperung meiner Mutter war, die mich liebte, aber nicht verstand.

Vielleicht hat es meinem Mann und mir am meisten geholfen, daß wir Verständnis füreinander haben, seitdem wir dahintergekommen sind, daß wir beide ADD haben. Vorher fühlte ich mich von meinen Freunden viel besser verstanden als von ihm. Seitdem wir unsere ADD erkannt haben und in Behandlung sind, ist er viel zufriedener, produktiver, er akzeptiert sich mehr, und man kann besser mit ihm reden. Er war vorher immer wie eine Maschine, die versucht Antwort zu geben; jetzt habe ich das Gefühl, daß er der Mensch ist, der mich am besten versteht.

Wie bei Kindern tritt ADD bei Erwachsenen mit erstaunlicher Variationsbreite auf. Es gibt schwere Fälle von Erwachsenen-ADD, wo der Betreffende infolge fortschreitender Verwirrtheit, unkontrollierter Impulsivität oder einer totalen Unfähigkeit, sich auf irgend etwas länger zu konzentrieren, überhaupt kaum in der Lage ist, einer Tätigkeit nachzugehen. Außerdem kann der ADD-Kranke wegen der Sekundärsymptome wie niedriges Selbstwertgefühl oder Depressionen arbeitsunfähig sein. Andererseits gibt es sehr leichte Fälle von ADD, wo die Symptome kaum erkennbar sind.

Leichte Fälle werden unter Umständen auch von Menschen nicht erkannt, die über die Störung etwas wissen. Die Symptome können ganz unauffällig beziehungsweise von anderen Krankheitszeichen überdeckt sein, wie wir in Kapitel 8 über die Diagnose noch erläutern werden, oder der Patient kann sich so gut angepaßt haben, daß es so aussieht, als ob es gar kein Problem gäbe.

Ich habe zahlreiche Fälle von ADD behandelt, wo ich die Störung erst spät – bei der Therapie irgendeines anderen Problems – entdeckte. So hatte ich beispielsweise einen sehr erfolgreichen Geschäftsmann schon fünf Jahre mit einer stützenden Psychotherapie behandelt, als ich merkte, daß er eine leichte ADD hatte. Bernie hatte mich ungefähr einmal im Monat aufgesucht, um mit mir Sorgen und Nöte aus seinem Geschäftsleben zu besprechen. Er benutzte mich als Vertrauten und brachte bei mir Probleme zur Sprache, von denen er wollte, daß sie vertraulich blieben, die er aber nicht unbedingt einem Unternehmensberater zur Kenntnis bringen wollte. Es ging dabei darum, wie er seine Konkurrenten wahrnahm: wie er sie einschätzte, wie er von ihnen behandelt wurde, wie er über die Geschäftswelt im allgemeinen dachte und welches seine ganz konkreten Ängste waren. Unsere gemeinsame Arbeit hatte mit ADD scheinbar nichts zu tun, es ging nicht um Konzentration, nicht um Impulsregulierung, nicht um die Eindämmung von Unruhe, nicht darum, eine Neigung zum Trödeln und zur Unordentlichkeit zu bekämpfen, und auch nicht um irgendein anderes von den Problemen, die man gewöhnlich von Menschen mit ADD zu hören bekommt. Was wir geschaffen hatten, war ein ungewöhnliches, aber in Bernies Fall wirkungsvolles Modell psychologischer Stütztherapie. Erst als wir über eines seiner Kinder sprachen, nach ungefähr fünfjähriger Dauer unserer Beziehung, erwähnte ich die Symptome der ADD. Wir sahen einander einen Augenblick an und hatten denselben Gedanken: Haben wir irgend etwas übersehen?

Zwar hindert die ADD Bernie nicht daran, seinen Beruf auszuüben, er hatte aber tatsächlich die Symptome Ablenkbarkeit, Impulsivität und Launenhaftigkeit, die ihn störten. Er schaltete häufig bei Konferenzen ab und merkte, daß er bei Telefongesprächen nicht zuhören konnte, selbst wenn er es wollte, daß er sich in einem stereotypen Wechsel zwischen Trödelei und überengagiertem Handeln verstrickte und daß er reizbar und wütend war, ohne daß man ihn provoziert hatte. Nachdem er mit der Einnahme eines Stimulans angefangen hatte – Ritalin, 10 mg, dreimal täglich –, ließen die Symptome nach. Seine Produktivität steigerte sich enorm, worüber er erstaunt den Kopf schüttelte. «Ich erledige jetzt mehr an einem Vormittag als sonst in der ganzen Woche», sagte er. Da er ein intuitiver und einfallsreicher Mensch war, hatte er seine ADD mit Hilfe der unbewußten Strategie behandelt, sich aller möglichen Ordnungsschemata zu bedienen und alles, was ihm nicht lag oder was er nicht konnte, an andere zu delegieren. «Aber durch die medikamentöse Behandlung», sagte er, «fühle ich mich jetzt konzentrierter und organisierter als jemals zuvor.»

Ich kam mir ziemlich blöde vor, weil ich als Spezialist für ADD die Symptome der ADD bei einem Menschen nicht erkannte, den ich fünf Jahre lang einmal im Monat behandelt hatte. Mein Problem bestand darin, daß ich das Kapitel Bernie in diagnostischer Hinsicht sozusagen abgeschlossen hatte. Mit der Gewöhnung an unsere regelmäßigen Zusammenkünfte hörte ich auf, Bernie mit den Augen des Diagnostikers zu betrachten. Erst als ich mit ihm über die Symptome seines Kindes sprach, wurden mir die Augen glücklicherweise wieder geöffnet. Es war ein schlagender Beweis für mich, wie sehr das, was wir sehen, von dem Kontext abhängt, in dem wir es sehen. Ich, ein geschulter und besonders für die Wahrnehmung von ADD-Symptomen geschulter Fachmann hatte jahrelang einen Mann behandelt, der viele dieser Symptome aufwies, und ich hatte sie nicht erkannt. Das lag daran, daß ich nicht mit ihnen rechnete. Durch den Kontext, in den ich Bernie plazierte, war er als jemand definiert, der keine ADD hatte. Deshalb erkannte ich die Symptome nicht, obwohl sie greifbar nahe vor mir lagen. Ich wette, ich würde sie auch bei einem Freund oder sogar bei meiner eigenen Frau nicht erkennen, wiederum aufgrund des Kontextes, in dem ich sie erlebe.

Bei den meisten Erwachsenen mit ADD braucht man einen klaren Blick, der mir bei Bernie so lange gefehlt hat, weil ich mir bereits eine Meinung über ihn gebildet hatte. Das ist das Problem beim Erwachsensein: Die Leute haben sich eine Meinung über uns gebildet; wir selbst haben uns eine Meinung über uns gebildet. Das macht es so furchtbar schwer, zu einer radikalen Neubesinnung zu kommen, aber genau das ist es, was das Erstellen einer ADD-Diagnose verlangt.

Die meisten Fälle von ADD sind schwerer als der von Bernie. Aber gleichzeitig sind die meisten Leute mit einer Erwachsenen-ADD keine beruflichen Nieten. Viele erfolgreiche Menschen haben diese Störung. Sie ist vor allem unter kreativen Menschen verbreitet – unter Künstlern, Schauspielern, Schriftstellern – unter Wissenschaftlern, Leuten, von denen in ihrem Beruf ein hohes Maß an Energie und Risikobereitschaft verlangt wird, sowie unter Freiberuflern.

Ich habe unlängst einen Arzt behandelt, nennen wir ihn Joshua, der mich wegen seiner Depression aufsuchte. Er war ein Mann in den Fünfzigern, hochgewachsen, korpulent, mit einem graumelierten Bart und einem Hills-of-Tennessee-Akzent. Ich wußte nicht, was das ist, bis ich es von ihm erfuhr. «Sie hören sich an, als kämen Sie aus den Südstaaten», hatte ich zu ihm gesagt.

«Hills of Tennessee», sagte er. «Einer der zahlreichen Dialekte, die es in den Südstaaten gibt.»

Er war ein freundlicher, liebenswürdiger Mann, ausgebildeter Allgemeinchirurg, arbeitete aber inzwischen als Konsulararzt. «Als die Medizin aufhörte, Medizin zu sein, und anfing, Papierkram zu werden, bin ich ausgestiegen», sagte er. «Es geht mir beruflich prima. Und ich führe eine gute Ehe. Ich lebe einfach nicht das Leben, von dem ich weiß, daß ich es führen könnte. Mir ist meine Arbeit nicht kreativ genug. Vielleicht habe ich keinen Anspruch auf mehr, aber ich habe das Gefühl, daß noch nicht alles herausgekommen ist, was in mir steckt. Ich weiß nicht, ob Sie mir helfen können. Ich bin depressiv, aber andererseits habe ich mein ganzes Leben lang immer wieder depressive Phasen gehabt. Ich habe lange Zeit getrunken. Aber vor einundzwanzig Jahren hab ich damit Schluß gemacht.»

«Wie haben Sie damit Schluß gemacht?» fragte ich.

Er lächelte, wie nachsichtig gegenüber all den Manövern, mit denen Süchtigen geholfen werden sollte. «Auf die einzige Art, die bei mir funktioniert. Totalentzug. Ich habe einfach eines Tages aufgehört. Ich konnte voraussehen, daß es mich umbringen würde oder – schlimmer noch – einen meiner Patienten. Ich kann nicht sagen, daß ich es nicht vermisse, aber ich werde nie wieder trinken. Wie auch immer, mit den Depressionen ist es etwas besser geworden, nachdem ich mit dem Trinken aufgehört hatte, aber ich habe immer noch diese Stimmungen. Rabenschwarze, nicht enden wollende Stimmungen, wo ich nur den einen einzigen Gedanken habe, was für ein mieser, wertloser Mensch ich bin.»

«Sie machen sich selber zur Schnecke», sagte ich.

«Mann, das können Sie laut sagen. Ich falle einfach über mich her, überschütte mich mit allen möglichen und unmöglichen Schimpfwörtern und halte mir gnadenlos alle meine Fehlschläge immer und immer wieder vor Augen. Wissen Sie, ich kann jetzt darüber reden wie über irgendein Symptom, wenn ich aber drinstecke, bin ich wie vernagelt. Ich brüte einfach stundenlang oder sogar einen ganzen Tag lang vor mich hin. Ich kann noch meinen Beruf ausüben, ich kann dabei noch arbeiten, aber da ist diese unbarmherzige Stimme, die in meinem Inneren immer und immerfort an mir herumnörgelt. Meine Frau kann sie nicht zum Schweigen bringen, niemand kann sie zum Schweigen bringen. Ich habe schon eine ganze Reihe Psychotherapeuten aufgesucht, und ich habe fast jedes Antidepressivum eingenommen, das es gibt, ohne daß es etwas bewirkt hätte. Vielleicht ist es meine baptistische Herkunft, die sich als Quälgeist zurückmeldet.» Er hob eine Braue, wie um ein Fragezeichen hinter den Satz zu setzen, den sein Tonfall mit einem Punkt beendet hatte.

«Ich weiß nicht», sagte ich. «Versuchen wir doch, mehr über diese Stimmungen herauszufinden.»

Nachdem ich eine weitschweifige Krankengeschichte aufgenommen hatte, stellte ich fest, daß mehr hinter der Sache steckte als nur ein Problem mit trüben Stimmungen. Joshuas düstere Phasen waren nicht typisch für eine Depression; sie waren nicht gekennzeichnet von Lustlosigkeit, Hoffnungslosigkeit und Pessimismus. Er litt nicht unter Schlafstörungen, hörte nicht auf zu arbeiten und kapselte sich nicht von der Außenwelt ab, wie es so viele Depressive tun. Vielmehr übte er sich aktiv in seelischer Selbstzerfleischung, indem er sich in einem inneren Monolog wie der Prediger von der Kanzel flammende Reden über das Ausmaß seiner Sünden hielt. Er hatte nie mit dem Gedanken an Selbstmord gespielt und nie die Hoffnung auf die Zukunft aufgegeben.

Andererseits zeigte er alle Anzeichen einer seit Kindertagen bestehenden ADD, die er mit Hilfe von Ordnungsschemata und Entschlossenheit kompensierte. «Wissen Sie», sagte ich, «es könnte nützlich sein, wenn wir uns Ihre Depression aus einem anderen Blickwinkel ansehen. Betrachten wir sie als eine pathologische Form von Aufmerksamkeitsschwankungen. Sie verlieren den Überblick. Statt alles mit gleichmäßiger Aufmerksamkeit zu betrachten, greifen Sie gezielt das Negative heraus. Das ist ein unmerklicher, aber tiefgreifender Vorgang. Und dann wissen Sie auch schon, daß in Ihrem Inneren ein verrückter Prediger angefangen hat, auf Sie einzureden, und Sie können nicht genug davon bekommen. Das und alles, was Sie mir sonst noch erzählt haben, läuft unter diagnostischem Aspekt darauf hinaus, daß ich der Meinung bin, Sie könnten eine bei Erwachsenen auftretende Spielart der Aktivitäts- und Aufmerksamkeitsstörung haben.»

«Sie meinen das, was hyperaktive Kinder haben?» fragte er skeptisch.

«Ja», sagte ich. «Aber bei Ihnen tritt die Störung in der Form auf, daß sie vor allem die Stimmung beeinträchtigt. Sie organisieren sich um trübe Stimmungen und hören damit nicht auf. Sie halten daran ums Verrecken fest. Sie trauen sich nicht, damit Schluß zu machen aus Furcht, daß dann das Chaos über Sie hereinbricht.»

Irgend etwas von dem, was ich gesagt hatte, erregte seine Aufmerksamkeit. Er heftete den Blick auf einen Winkel zwischen Wand und Zimmerdecke und überlegte. «Ich organisiere mich um trübe Stimmungen. Interessanter Gedanke. Sagen Sie mir mehr darüber.»

Während in dem früher erwähnten Beispiel von Laura die Angst im Mittelpunkt stand, war bei Joshua das Hauptproblem perseverierendes, negatives Denken. Ich erzählte ihm von ADD und den damit verbundenen Angstgefühlen und Depressionen. Das leuchtete ihm ein. «Sie wollen sagen», meinte er, «mein Verstand gerät in diese wiederkehrenden Grübelphasen hinein wie eine Ratte in die Falle? Schnapp! Die Falle ist zu, und die Ratte kann nicht mehr heraus. So empfinde ich es, weil ich andauernd kämpfe. Ich habe es Depression genannt, weil ich so darunter leide, aber jetzt, wo wir darüber reden, kommt es mir eher wie ein Kampf als wie eine Depression vor.»

«Genau», sagte ich. «Normalerweise organisieren Sie sich um eine Aufgabe, einen Plan oder irgendein anderes logisches Schema. Wenn Sie aber in eine dieser Fallen geraten, organisieren Sie sich um Kummer und Selbstverachtung. Wenn es Ihnen gelingt, den Inhalt der Grübeleien nicht zu beachten – so schwer das auch sein mag – und sich statt dessen auf den Vorgang des Grübelns zu konzentrieren, wird es für Sie vielleicht einfacher, sich aus der Falle zu befreien. Statt sich auf eine Auseinandersetzung einzulassen, statt dem Prediger auf der Kanzel Antwort zu geben, sollten Sie ihm keine Beachtung schenken. Und das können Sie nur dadurch, daß Sie die Kirche verlassen. Gehen Sie joggen. Rufen Sie irgend jemand an. Schreiben Sie einen Brief. Stellen Sie laute Musik an. Tun Sie, was Ihnen hilft, Ihre Aufmerksamkeit vom Prediger Selbsthaß ab- und auf etwas anderes hinzulenken. Es ist nicht der richtige Zeitpunkt für Selbstbeurteilung, wenn Sie in einer dieser Stimmungen sind. Hüten Sie sich vor dem Prediger, denn er ist ein Verführer. Da Sie intelligent sind und Worte lieben und in einer Atmosphäre des moralischen Rigorismus aufgewachsen sind, werden Sie kaum widerstehen können, auf Argumente, die gegen Sie gerichtet sind, zu antworten. Aber sobald Sie sich einlassen, hat der Prediger Sie im Sack. Sie haben keine Chance zu gewinnen. Der Prediger wird immer das letzte Wort haben. Wenn Sie in einer dieser Stimmungen sind, kriegen Sie den nie dazu, klein beizugeben.»

«Sie haben recht», sagte mein Patient und fügte mit einem schiefen Lächeln hinzu: «Sie sprechen so überzeugend davon, daß es sich anhört, als ob Sie das selber schon erlebt hätten.»

«Na», erwiderte ich, «sagen wir einfach, daß ich von andern Leuten schon furchtbar viel davon erzählt bekommen habe.»

«Und die anderen Symptome, wie sehen die aus?»

«Na ja, Sie haben das Trinken in Ihrer Vorgeschichte erwähnt, und Sie haben davon gesprochen, wie häufig Sie trödeln, daß Sie gewöhnlich zu viele Dinge gleichzeitig am Laufen haben, daß Sie sich nicht organisieren können, daß Sie zuviel arbeiten, um sich auf die Weise zu stimulieren, daß Sie vieles aufschieben, Ihre Schreiberei beispielsweise, weil Sie nicht in der Lage sind, damit anzufangen – das alles könnte eine Folge von ADD sein.»

Nachdem wir uns über die Diagnose Klarheit verschafft hatten, einigten wir uns auf die Art der Behandlung. Nachdem wir mit der medikamentösen Behandlung – Ritalin – begonnen und uns noch ein paarmal zum Gespräch getroffen hatten, um Joshuas Einsicht in seine Situation zu vertiefen, ging es ihm wesentlich besser. Er stellte fest, daß ihm seine Arbeit allmählich Spaß machte. Er verstand, was vorging. Und vor allem, die rabenschwarzen Stimmungen hörten auf. Es kam noch vor, daß er unglücklich war, aber nicht mehr in der zermürbenden Weise wie vorher. «Ich habe gelernt, dem Prediger aus dem Weg zu gehen», sagte er. «Ich kann sehen, daß er ein finsteres Gesicht macht, und lache darüber.» Die Erkenntnis, daß er sich um Angst und Depressionen organisierte, half ihm, gegen diese Tendenz anzukämpfen. Das Medikament wirkte sowohl als Konzentrationshilfe wie als Stimmungsaufheller. Er stellte fest, daß ihm die Arbeit leichter von der Hand ging, je weniger Mühe es ihn kostete, sich zu konzentrieren und zu organisieren, und daß er dadurch mehr Freiraum hatte, um mit einigen Projekten anzufangen, die er aufgeschoben hatte. Wie bei vielen Menschen, die als Erwachsene die Entdeckung machen, daß sie ADD haben, wurde dieses neue Selbstverständnis und die Wirkung der Behandlung für ihn zu einer aufregenden Erfahrung. «Wissen Sie, ich bin ohne große Erwartungen hier hergekommen. Aber das, was passiert ist, grenzt an ein kleines Wunder. Aus mir ist ein neuer Mensch geworden. Meine Frau ist überglücklich. Alle Welt sollte wirklich von ADD erfahren.»

Statt Joshuas Begeisterung zu teilen, sollte ich sie dämpfen. Die Anfangsphase der Therapie einer ADD – die Zeit, in der man dahinterkommt, daß man die Störung hat, in der man Nutzen aus der Einsicht zieht, die das alles mit sich bringt, und entdeckt, daß die medikamentöse Behandlung wirkt – diese Phase ist aufregend. Das Leben des Betreffenden kann dadurch tatsächlich verändert werden. Neue Bereiche tun sich für den Patienten auf. Einigen Menschen erscheint das so dramatisch, als wären sie plötzlich in der Lage, eine Fremdsprache zu sprechen, von der sie bislang kein Wort verstanden haben, oder als wüßten sie auf einmal, wie man einen Tennisschläger führt, der ihnen sonst wie eine Hacke in der Hand gelegen hatte, oder als könnten sie jetzt Bücher und Papiere ordnen und organisieren, die sich vorher wie gigantische Müllhalden vor ihrem inneren Auge aufgetürmt hatten.

Andererseits ist die Mühsal nach der Anfangsphase der Behandlung in der Regel nicht vorbei. Bei einigen Glücklichen ist das der Fall, für die meisten Menschen hält die ADD jedoch auch weiterhin täglich Probleme bereit. Zwar hilft die Behandlung dabei, die Symptome abzuschwächen, sie kann sie aber nicht beseitigen. Die ADD geht nicht wieder weg. Man kann sie nicht operativ entfernen. Wenn man sie als Erwachsener hat, behält man sie sein Leben lang.

Menschen, die wegen ADD in Behandlung sind, haben gewöhnlich immer noch mit den Problemen des Sich-Organisierens, der Impulsregulierung und der Ablenkbarkeit zu kämpfen. Mehr noch schlagen sie sich aber mit den Sekundärproblemen herum, die sich im Lauf der Jahre herausgebildet haben, in denen sie mit einer unerkannten ADD gelebt haben. Es sind Symptome wie zum Beispiel ein beschädigtes Selbstbild, ein geringes Selbstwertgefühl, Depressionen, Angst vor anderen Menschen, Selbstbeargwöhnung, Unzuverlässigkeit in zwischenmenschlichen Beziehungen und Wut über die Vergangenheit. Diese Wunden heilen nur sehr langsam.

4 Leben und lieben mit ADD
ADD in der Paarbeziehung

In einer Paarbeziehung, in der einer der beiden Partner ADD hat, kann das Leben von Tag zu Tag ins Schlingern geraten und aus dem Ruder laufen. Wie die eine Hälfte eines Paares mir sagte: «Ich weiß nie, was mich erwartet. Ich kann mich in nichts auf ihn verlassen. Es ist ein richtiger Affenzirkus.» Das Syndrom kann eine Liebesbeziehung kaputtmachen und beide Partner am Boden zerstört zurücklassen. Wenn die Situation allerdings auf unmerkliche Weise reguliert wird, können die beiden Menschen zusammenarbeiten, statt uneins zu sein.

Wenn ADD die Wurzel von Eheproblemen ist, wird das Krankheitsbild nicht selten übersehen, weil die Probleme, die das Ehepaar hat, so aussehen können wie die Probleme anderer Ehepaare. Der Ehemann verschwindet, wenn er nach Hause kommt, sofort hinter der Zeitung, hat Probleme mit der Aufmerksamkeit, vor allem, wenn er über sich selber spricht, schlägt sich mit seinem Selbstwertgefühl herum und ignoriert dabei die wiederholten Versuche seiner Frau, zu ihm durchzudringen. Oder: Eine Ehefrau hängt ständig ihren Tagträumen nach, leidet unter depressiven Stimmungen, klagt darüber, daß sie nie ihr Potential umgesetzt hat, und fühlt sich zu Hause eingesperrt. Diese Symptome passen in beiden Fällen zur ADD, nur wenige Menschen würden dabei jedoch an eine ADD denken, weil die Probleme so alltäglich sind.

Die Symptome bringen ein Ehepaar nicht selten an den Rand einer Scheidung. Sam und Mary Rothman zum Beispiel waren von Sams Therapeuten an mich überwiesen worden, den Sam aufgesucht hatte, weil Mary das für die einzige Alternative zur Scheidung hielt. Beide waren zu diesem Zeitpunkt Anfang vierzig, acht Jahre verheiratet und hatten ein Kind, den fünfjährigen David.

Sie kamen fünfzehn Minuten zu spät zu unserer ersten Verabredung, und Sam gab dem Verkehr die Schuld daran. «Der Verkehr hätte nichts ausgemacht, wenn wir rechtzeitig zu Hause aufgebrochen wären», fügte Mary rasch hinzu.

«Sie hat recht», räumte Sam ein. «Aber so bin ich halt. Ich komme überall zu spät.»

«Was sind Sie von Beruf?» fragte ich.

«Unfallchirurg», gab er zur Antwort. «Aber ich übe meinen Beruf seit einigen Jahren nicht mehr aus. Ich habe eine Zeitlang als Karikaturist gearbeitet und versuche jetzt, mich als freier Schriftsteller über Wasser zu halten.»

«Und wie klappt's?» fragte ich.

«Es ist ein hartes Brot, aber ich habe Arbeit. Wenigstens bis jetzt.»

«Sam, wir wollen ihm sagen, warum wir hier sind», unterbrach Mary ihn.

«Soll ich oder willst du?» fragte Sam und sah Mary an. Sie hatten sich in die gegenüberliegenden Ecken meiner Couch gesetzt. Beide sahen jünger aus, als sie waren – Sam, hochgewachsen, sportlich, mit dichtem, lockigem schwarzen Haar und Mary, kleiner, das schwarze Haar in der Mitte gescheitelt, mit einer Schildpattbrille und einem Notizbuch in der Hand.

«Wir sind hier, weil...» fing Mary an und hielt dann inne, als gingen ihr viele Gedanken gleichzeitig durch den Kopf, die sie sammeln müsse. «Wir sind hier, weil dieser Mann mir ganz offen gesagt das Leben zur Hölle macht. Nein, nein, er schlägt mich nicht, er betrügt mich nicht, er trinkt nicht, und er spielt nicht. Er führt sich bloß auf wie ein verantwortungsloser kleiner Junge. Es stört mich nicht, daß er seinen Beruf wechselt, weil er es zu uninteressant findet, Arzt zu sein. Es stört mich nicht, daß er mitten in der Nacht aus dem Bett springt, weil er sich langweilt und am liebsten zum Fliegen gehen würde; es stört mich nicht, wenn er, ohne mich zu fragen, Flugtickets nach Australien bucht und mich dann eine trübe Tasse nennt, weil ich nicht vor Begeisterung in die Luft springe; es stört mich nicht, daß er mehr auf Reisen ist als zu Hause; es stört mich nicht, daß unsere Lebensversicherungsprämie wegen Sams Fliegerei und Drachenfliegerei und Fallschirmspringerei so hoch ist, daß wir eh nichts mehr davon haben; es stört mich nicht, daß er nicht in der Lage ist, irgend etwas vom Boden aufzuheben, sich daran zu erinnern, wo seine Sachen sind oder Geburtstage und unseren Hochzeitstag im Kopf zu behalten; es stört mich nicht, daß er nicht länger als fünf Minuten bei einer Fernsehshow bleiben kann, ohne daß er herumzappen muß, was sonst noch läuft, selbst wenn ihm die Show, die er sich gerade ansieht, gefällt – das alles stört mich nicht so sehr. Aber daß er gar nicht weiß, daß es mich gibt, *das* stört mich. Er ist so sehr mit sich selbst beschäftigt, daß ich ebensogut ein Roboter sein könnte. Er hat keine Ahnung davon, wie mein Innenleben aussieht. Er weiß noch nicht mal, daß ich ein Innenleben habe. Er kennt mich nicht. Der Mann, mit dem ich seit acht Jahren verheiratet bin, kennt mich nicht. Und das weiß er noch nicht einmal. Das ist ihm alles schnuppe. Das kümmert ihn alles nicht. Deswegen sind wir hier, Herr Doktor. Deswegen sind wir hier. Jedenfalls stellt sich das mir so dar. Möchtest du sagen, wie du darüber denkst, Liebling?»

Wir sahen Sam beide an. Sam holte tief Luft und ließ sie langsam wieder entweichen. «Du konntest schon immer mit Worten umgehen. Was soll ich sagen? Sie hat recht. Aber ich mache das nicht mit Absicht. Das mit deinem Innenleben ist nicht fair. Ich weiß, daß du ein Innenleben hast. Und ich glaube, ich weiß auch meistens, woran du denkst, wirklich.»

«Ach ja?» sagte Mary. «Dann erzähl es mir mal.»

«Tja, du denkst zunächst einmal an mich –» fing Sam an.

«Da haben Sie es», fiel Mary ihm ins Wort, «er ist so egozentrisch, daß er glaubt, ich denke nur an ihn.»

«Darf ich hier einen Augenblick unterbrechen?» fragte ich. «Sie haben einen Grund dafür, warum Sie mich und nicht irgendeinen anderen Psychotherapeuten aufsuchen, stimmt's?»

«Ja», sagte Sam. «Ich habe auf Drängen meiner Frau vor ein paar Monaten mit einer Psychotherapie begonnen.» Mary seufzte bei dieser Bemerkung und verdrehte die Augen, ließ Sam aber weiterreden. «Mein Seelenklempner – es macht Ihnen doch nichts aus, wenn ich die beziehungsweise Sie so nenne? – also, Harry, ich nenne meinen Seelenklempner Harry, müssen Sie wissen, ich mag ihn nämlich, damit hatte ich überhaupt nicht gerechnet, sage ich Ihnen, weil ich nämlich, nichts für ungut, von Psychiatrie nicht allzuviel halte, also, Harry sagte, daß ich seiner Meinung nach vielleicht ADD hätte, und wenn wir sowieso 'ne Paartherapie machen, wär's vielleicht gar nicht so übel, wenn wir gleich zwei Fliegen mit einer Klappe schlagen und zu einem Therapeuten gehen, der was von ADD versteht. Alles klar?»

«Das ist auch wieder so was», warf Mary ein. «Nachdem er ungereimtes Zeug dahergeredet hat, sagt er ‹Alles klar?›, und man nickt automatisch, denkt aber: Nein, überhaupt nichts ist klar.»

«Offen gesagt, ich hab's dieses Mal verstanden. Ich nehme an, Harry hat Ihnen gesagt, daß er mich anruft, bevor Sie hierherkommen.»

«Na prima», sagte Sam. «Harry ist auf Zack.»

Als wir Sams Krankengeschichte durchgingen, häuften sich die Anzeichen für eine ADD-Diagnose. «Aber wie können Sie ADD von Egozentrik unterscheiden?» fragte Mary. «Ich bin kein Psychiater, aber gibt es nicht so etwas wie krankhaften Narzißmus? Ich bin der Meinung, daß Sam das hat. Er nimmt nur sich selbst wahr.»

«Vielleicht können wir das ein bißchen differenzierter betrachten», gab ich zu bedenken. «Er scheint nur sich selbst wahrzunehmen, weil er ständig abgelenkt ist, oder es zieht ihn zu irgendeiner Form von starker Stimulierung, weil er so der Langeweile entgeht.»

«Also findet er mich langweilig», sagte Mary.

«Nein, nicht Sie. Den Alltag. Er hat nicht gelernt, sich auf den Alltag zu konzentrieren und da präsent zu sein. Statt dessen braucht er, wörtlich wie im übertragenen Sinne gemeint, die Intensivstation, damit seine Aufmerksamkeit geweckt wird.»

«Ich finde dich nicht langweilig, Mary. Ganz bestimmt nicht», sagte Sam mit Nachdruck.

«Aber wenn ich dir etwas bedeute, warum beachtest du mich nicht, warum vergißt du Dinge? Selbst wenn dir nichts an den Dingen liegt, du würdest dich daran erinnern, wenn dir etwas an mir läge, weil du wüßtest, wieviel sie mir bedeuten.»

«Aber sehen Sie», unterbrach ich Mary, «es könnte doch sein, daß er sich nicht daran erinnern kann, jedenfalls nicht so wie die anderen Leute.»

«Er hat ein Medizinstudium absolviert», sagte Mary.

«Das war ein einziger Kampf», setzte Sam rasch hinzu. «Du hast ja keine Ahnung. Die ewige Paukerei. Vor den Prüfungen haben meine Freunde mit mir geochst und geochst. Das war nicht so einfach.»

«Und es war die spannungsgeladene Situation, die Sie motiviert und Ihnen zur Konzentration verholfen hat», fügte ich hinzu.

«Wollen Sie damit sagen, daß unsere Ehe zu wenig spannungsgeladen ist, um seine Aufmerksamkeit zu fesseln?»

«Nicht direkt, aber ich bezweifle, daß es Ihnen gefallen würde, wenn Ihre Ehe unter demselben Druck stünde, unter dem man bei einem Medizinstudium steht.»

«Genau das ist mein Problem», sagte Mary. «Offenbar besteht für mich die einzige Möglichkeit, überhaupt noch einen Rest Beachtung von Sam zu bekommen, darin, daß ich dauernd Druck mache. Und ich habe ein solches Leben satt. Ich will, daß er einen Teil der Verantwortung übernimmt. Es ist mir egal, ob man das ADD nennt oder Egozentrik oder Schuftigkeit, ich habe die Nase voll davon. Ich will, daß er mich kennenlernt. Ich will, daß er gemeinsam mit mir überlegt, welche Schule David besuchen soll, statt nur zu nicken. Ich will nicht das Gefühl haben, daß ich alles, was ich ihm zu sagen habe, in die fünf Sekunden hineinquetschen muß, die er mir täglich an Beachtung zukommen läßt. Und ich möchte nicht das Gefühl haben, mit einem unreifen Menschen verheiratet zu sein, der noch immer auf der Suche nach sich selber ist. Kann er nicht einfach erwachsen werden?»

«Was würden Sie sagen, wenn ich Ihnen erzählen würde, daß Menschen mit einer Erwachsenen-ADD in der Regel genau die Dinge zu hören bekommen, die Sie eben aufgezählt haben?»

«Ich würde sagen: ‹Na und?› Ich möchte trotzdem ein Leben führen wie andere Menschen auch.»

Mary und Sam fanden zu einem solchen Leben, das kann man guten Gewissens sagen. Es dauerte noch eine Weile, denn außer dem Erstellen der ADD-Diagnose mußte noch andere Arbeit getan werden, von der Harry in den Einzelgesprächen der Löwenanteil zufiel, während wir in der Paartherapie den Rest besorgten.

Sobald Sams ADD diagnostiziert war, begann er eine medikamentöse Behandlung mit Ritalin in einer Dosierung von 10 mg pro Tag, und das Medikament war ebenso effektiv als Konzentrationshilfe wie als Stimmungsstabilisator. Er stellte keine Nebenwirkungen fest, und es half ihm in einer Weise über längere Zeit konzentriert zu bleiben, wie er es vorher nie gekonnt hatte. Die medikamentöse Behandlung holte ihn heraus aus dem Wolkenkuckucksheim von Selbstbesessenheit, Hast, Jagd nach Nervenkitzel und permanenter Abgelenktheit, in das er langsam hineingerutscht war, und brachte ihn ins Hier und Jetzt zurück. Sie half ihm, sich selbst und seine Frau kennenzulernen und da auch präsent zu sein, wo er eigentlich war. Der Kampf hörte allerdings mit der Diagnose noch nicht auf. Sam und Mary mußten ein hartes Stück Arbeit leisten, um ihre Ehe zu stabilisieren. Das verlangte Beharrlichkeit und ein zur Gewohnheit gemachtes Aufeinander-Eingehen. Sam mußte sich eine Reihe von Angewohnheiten abgewöhnen, und Mary mußte ihren aufgestauten Ärger und ihre Wut überwinden. Sie liebten sich und wollten zusammenbleiben, und sie arbeiteten daran. Das war aber keineswegs einfach.

ADD tritt nicht im luftleeren Raum auf. Der Partner eines ADD-Kranken kann ebenso davon profitieren, wenn er ein offenes Ohr für die Probleme findet, wie der Kranke selbst. Der Druck, unter dem der Partner steht, kann zunehmen, während er versucht, die Dinge im Griff zu behalten, die Familie finanziell wie emotional vor dem Niedergang zu bewahren, und sich ganz allgemein bemüht, Ordnung in das Chaos zu bringen. In Marys Fall war allein das

Wissen um ADD das nützlichste Hilfsmittel. Bevor sie wußte, was ADD war und daß Sam diese Störung hatte, blieben ihr nur Erklärungen wie «egozentrisch» oder «narzißtisch», um verständlich zu machen, was ihr an Sam mißfiel. Sobald sie verstand, was ADD war und sobald sie verstand, daß es sich dabei um eine neurologische Krankheit handelte, fiel es ihr leichter, Sam seine Schwächen zu verzeihen und bei der Suche nach Lösungen mitzuarbeiten.

Für Mary war es nicht nur wichtig, daß sie Sams Verhalten im Licht seiner ADD sehen lernte, sondern auch, daß Sam *ihrem* Leben Beachtung schenkte. Ehefrau eines ADD-Erwachsenen zu sein, kann die Betreffende zur Verzweiflung bringen, wie Mary bezeugen konnte. Diese Frauen sind häufig voller Erbitterung und fühlen sich übergangen. Je wütender die Ehefrau wird, desto mehr wertet sie ihren Mann ab, und je mehr sie ihn abwertet, desto mehr zieht er sich zurück.

Wir können die unten abgebildete Kreisbewegung häufig bei Paaren beobachten, von denen einer der beiden ADD hat:

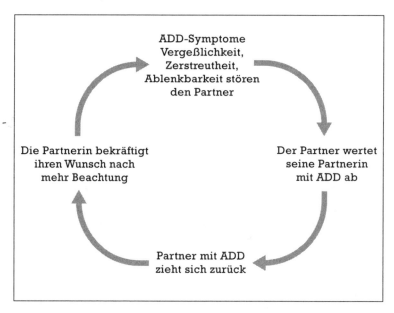

Um die Kreisbewegung zu unterbrechen, muß nicht nur die ADD behandelt werden, sondern es müssen auch die zornigen Regungen angesprochen werden, die die nicht an ADD leidende Seite empfindet. Diese zornigen Regungen haben im Lauf der Jahre einen ziemlichen Druck aufgebaut, und es kann länger dauern als ein paar Wochen oder Monate, bis er wieder abgebaut ist. Wenn die nicht an ADD leidende Paarhälfte jahrelang den Laden schmeißt und sich dabei die ganze Zeit nicht beachtet und allein gelassen fühlt, dann muß sie zwangsläufig wütend werden. Und dadurch, daß man einfach nur sagt: «Weißt du, ich habe ADD», verschwindet diese Wut noch nicht. Das kann es sogar noch schlimmer machen. Die Paarhälfte ist vielleicht doppelt wütend, wenn sie nach all den Jahren herausfindet, daß es einen Grund für die Zerstreutheit und die Abgelenktheit gibt – nämlich eine richtige Krankheit, die nicht behandelt worden ist. «Sie meinen, der ganze Kummer wäre nicht nötig gewesen?» rief eine Ehefrau einmal aus. «Jetzt würde ich ihn wirklich am liebsten umbringen.»

Die Wut ist völlig verständlich. Man muß sie zugeben, man muß darüber sprechen, und man muß sie schließlich in den richtigen Zusammenhang stellen. Es war wichtig für Mary, daß sie wahrgenommen und gehört wurde. Es war wichtig, daß Sam eingestand, wie schwierig er gewesen war, ob das nun seine «Schuld» war oder nicht. Nicht, daß Mary das Bedürfnis nach Schuldzuweisungen hatte, sie wollte vielmehr, daß Sam wußte, wieviel Kummer sie infolge seiner ADD gehabt hatte. So wie Sam den Wunsch hatte, daß Mary verstand, was ADD war und in welcher Weise sich die Störung auf sein Verhalten auswirkte, so hatte auch Mary den Wunsch, daß Sam verstand, was ein Leben mit einem Ehepartner bedeutete, der eine unbehandelte ADD hatte, und in welcher Weise sich das auf Marys Verhalten ausgewirkt hatte. Bei der Behandlung eines Paares, von dem die eine Hälfte ADD hat, ist es unerläßlich, daß die Gefühle beider Partner gehört und mit derselben Ernsthaftigkeit behandelt werden.

Manchmal stellt sich die eine Hälfte eines Paares als der «richtige

Patient» vor und bittet darum, daß die andere Hälfte bei der Therapie außen vor bleibt. Ein Patient namens Edgar brachte seine Frau zwar mit, sagte aber, daß er erst einmal mit mir alleine sprechen wollte. Edgar kam zu einer Konsultation zu mir, weil seine Familie ihn aus dem Familienverband ausgeschlossen hatte. Seine Verwandten waren zu dem Schluß gekommen, daß sie genug von ihm hatten. Und da ihnen das Autohaus gehörte, in dem Edgar arbeitete, konnten sie ihn entlassen. Sie riefen ihn zu sich und erklärten ihm, daß sie ihn wegen seiner Verantwortungslosigkeit nicht mehr länger beschäftigen konnten. Sie würden dafür sorgen, daß er nicht am Hungertuch nagen mußte, aber sowohl im Geschäft wie daheim war er *Persona non grata.* Sie hatten die Nase voll von ihm und waren den Murks, den er ständig machte, leid, und sie waren zu der Überzeugung gekommen, daß es für sie nur noch die eine Möglichkeit gab: ihn an die Luft zu setzen. Sie hielten ihn für einen geborenen Verlierer und obendrein noch für einen lästigen.

«Was soll ich sagen, Herr Doktor?» meinte er und sah mich Kaugummi kauend, mit in Kummerfalten gelegter Stirn durch dicke Brillengläser an. «Ich bin ein Ekel. Ich bin ein einziges Ekel. Meine Leute konnten mich nicht mehr ertragen, deswegen haben sie mich rausgeschmissen. Um Ihnen die Wahrheit zu sagen, ich versteh ihren Standpunkt. Und es ist wahrscheinlich nur eine Frage der Zeit, bis meine Frau dasselbe tut.» Dann glättete sich seine Stirn, und er lächelte. Er senkte nun die Stimme und fuhr in gedämpftem Ton fort, als wollte er nicht, daß ihn sonst noch jemand hörte, obwohl außer mir niemand sonst im Sprechzimmer war. «Aber wissen Sie was? Ich bin gern so, wie ich bin. So bin ich eben. Und ich muß ich sein, und so weiter, verstehen Sie? Was ist schon groß dabei, wenn ich 'n paar Riesen für 'ne Vergnügungsfahrt auf'n Kopf haue. Soll sie sich doch freuen, wenn sie mal rauskommt. Was ist schon groß dabei, wenn ich im Auto den Highway entlangbrettere, das Radio bis zum Anschlag mit Bob Dylan aufgedreht und einen Joint rauche? Na wenn schon! So kommen mir die besten Gedanken. Ich kann nicht in einem Büro hocken, die netten Leutchen im Ausstellungsraum betrachten, meinen Stundenplan für den Tag machen und ein netter kleiner Spießer sein. So bin ich einfach nicht! Ist das so schlimm? Bin ich ein wertloses Stück Dreck, bloß weil ich seit zehn Jahren nicht beim Zahnarzt war? Das hatten sie auch auf ihrer Liste, können Sie sich so was vorstellen? Was kann es die interessieren, wann ich zum Zahnarzt gehe? Wer geht schon gern zum Zahnarzt? Und deswegen werde ich vor die Tür gesetzt? Ich will Ihnen was sagen, Herr Doktor, ich bin vielleicht ein Ekel, aber das, was die mit mir machen, verdiene ich nicht.»

«Glauben Sie wirklich, daß Sie ein Ekel sind?» fragte ich.

«Doch, doch, das bin ich. Aber ich kann es nicht ändern. Ich sehe etwas, was ich tun möchte, und ehe ich die Gelegenheit hatte, darüber nachzudenken, tu ich es. Ich habe aufgehört, Amanda etwas zu versprechen, weil ich zu viele Versprechen gebrochen habe. Ich bin – genau wie sie sagt – unmöglich. Wissen Sie, was ich wirklich gern mache? Ich gehe gern morgens um drei Uhr früh, wenn ich nicht schlafen kann, in den Ausstellungsraum runter und drehe bei allen Autos, die dort stehen, das Radio volle Pulle auf und laß es einfach donnern. Es ist ein riesiges Gefühl, in dem hellerleuchteten Raum mit den donnernden Radios zu stehen, wenn draußen alles noch schläft. Dann habe ich die Welt für mich allein, so, wie es mir gefällt, nach meinen Vorstellungen.»

«Aber ihre Verwandten –» fing ich an.

«Die schäumen», sagte Edgar. «Die sagen immer: ‹Was werden die anderen Leute denken, wenn jemand mitten in der Nacht in unserem Ausstellungsraum Unfug treibt?› Sie sagen: ‹Werd endlich erwachsen, Edgar.› Und dann sage ich: ‹Ihr habt ja recht. Ich will es versuchen.› Ich kann aber nicht erwachsen werden. Das ist vermutlich mein Problem. Ich bin und bleibe halt ein Kind.»

Edgars Verhalten war zwar absonderlich, es ist aber nichts Ungewöhnliches, daß ein ADD-Erwachsener als unreif oder kindisch beschrieben wird. Die Leute wissen nicht, wie sie sich diese Art Verhalten erklären sollen, deshalb prangern sie es als ein für einen

Erwachsenen unwürdiges Verhalten an. Sie hoffen darauf, den Betreffenden durch Beschämung dazu zu bringen, daß er sich ändert. Diese Taktik funktioniert in der Regel nicht. «Was glauben Sie, Edgar», sagte ich, «warum Sie diese Sachen machen?»

«Ich habe keine Ahnung. Deshalb bin ich ja hier! Das sollen Sie mir sagen.»

«Ich will es versuchen. Ich muß aber noch mehr von Ihnen wissen. Was treiben Sie sonst noch so, was andern Leuten nicht behagt?»

«Also, von der Raserei mit dem Auto hab ich Ihnen ja schon erzählt und von der Sache mit dem Ausstellungsraum auch. Die Kunden beleidigen, das ist ein Hammer. Ich meine, was soll ich Ihnen sagen? Wenn mir die Art von jemandem nicht paßt, dann hab ich nicht viel Geduld mit ihm. Ich habe neulich zu einer Kundin gesagt, daß sie sich einen Job bei der Kraftfahrzeugzulassungsstelle suchen soll, weil sie da ganz genau hinpassen würde. Ich meine, sie hat mir ein Bündel Formulare gegeben, ohne ein Wort mit mir zu reden, das konnte einen schon aufbringen, Sie verstehen, was ich meine? Aber meine Leute haben schon recht, ich sollte mit einer Kundin nicht so reden. Der Kunde hat schließlich immer recht und so weiter. Manchmal kann ich einfach nicht anders.»

«Das macht wohl Spaß, was?» sagte ich.

«Klar. Meine Leute finden das im Grunde auch. Die werden mich schon noch vermissen, wenn ich nicht mehr da bin. Wen haben sie denn noch, der diesen Witzfiguren einen Tritt gibt?»

Wie es gewöhnlich der Fall ist, hatte Edgar nicht nur ADD, aber die ADD war sein Hauptproblem. Seine Impulsivität, seine Ruhelosigkeit, seine Taktlosigkeit und sein Energieüberschuß, all das trug zu der schlimmen Lage bei, in der er sich befand. Mochte er seiner eigenen Aussage nach auch ein noch so großes Ekel sein, war er eigentlich auch recht liebenswert, und ich war überzeugt davon, er hatte recht damit, daß seine Verwandten ihn vermissen würden, wenn er nicht mehr bei ihnen war.

«Sind Sie manchmal traurig?» fragte ich.

«Nicht, wenn sich's vermeiden läßt», sagte er. «Dazu bin ich nicht lange ruhig genug. Worauf wollen Sie hinaus? Mach nicht so traurige Augen und so weiter? Geschenkt. Meine Devise lautet: Leben, leben, leben.» Er nahm die Brille ab, holte ein Taschentuch aus der Gesäßtasche und wischte sich damit über die Stirn.

Später empfing ich Edgar und Amanda zu gemeinsamen Sitzungen. Amanda war eine Frau mit einem freundlichen Gesicht, einen Kopf größer als Edgar und ebenso ruhig wie er nervös. «Ich kann nicht sagen, warum ich ihn liebe, ich liebe ihn aber. Kommt das nicht in irgendeinem Schlager vor? Na, wie auch immer, es stimmt jedenfalls. Aber er macht mich wirklich verrückt. Und die Sache ist die, er macht sich auch noch selber verrückt. Er ist kein schlechter Mensch, das dürfen Sie nicht glauben. Er ist wie ein Topf, der überkocht, das ist alles. Gibt es nicht eine Möglichkeit, wie man die Temperatur zurückdrehen kann?»

«Wie packen Sie das Zusammenleben mit ihm?» fragte ich.

«Oh, das ist der reinste Abenteuerurlaub», sagte sie. «Ich kenne keine Langeweile. Bloß bin ich's allmählich ein bißchen leid, und ich weiß, daß er von diesem Durcheinander die Nase voll hat.»

Nachdem ich im Lauf einiger Wochen Edgar besser kennengelernt und einige psychologische Tests gemacht hatte, war ich mir sicher, daß er ADD hatte. Man durfte seine ADD nicht mit einer Manie verwechseln. Beim Maniker ist das «High» höher als beim ADD-Kranken. Das heißt, der Maniker steht unter einem größeren Druck und ist enthemmter als der ADD-Kranke. Der Maniker zeigt gewisse Symptome, die beim ADD-Kranken nicht auftreten, Symptome, wie zum Beispiel das Reden wie ein Maschinengewehr, bei dem die Worte förmlich unter Hochdruck aus dem Mund zu fliegen scheinen, Ideenfluchten, bei denen der Betreffende übergangslos von Thema zu Thema springt. Manie und ADD haben qualitativ verschiedene Erscheinungsbilder. Der Maniker wirkt auf den Beobachter enthemmt, der ADD-Kranke dagegen erscheint einfach nur gehetzt oder zerstreut. Aufgrund der Anamnese von

Edgars Kindheit, die auf ADD hindeutete, und aufgrund des Status praesens, der zeitweilige Agitiertheit, jedoch keine manischen Zustände einschloß, sowie aufgrund psychologischer Tests wurde Edgar die Diagnose ADD gestellt.

Statt Edgar in einer Einzeltherapie zu behandeln, entschied ich mich dafür, die Sitzungen mit Edgar und Amanda abzuhalten. Seine Einsichtsfähigkeit war am Anfang minimal und auf seine Gabe zur Selbstbeurteilung war kein Verlaß. Amanda wurde seine Trainerin und erinnerte ihn an Dinge, die er sonst vergessen hätte. In den meisten Fällen würde diese Art von Paartherapie nicht funktionieren, weil sie die eine Hälfte des Paares zum Patienten macht. Bei ADD ist es ein realistischer Weg voranzukommen.

Mit Amandas Hilfe und mit Hilfe einer medikamentösen Behandlung war Edgar mit der Zeit imstande, eine gewisse Fähigkeit auszubilden, erst nachzudenken und dann zu reden oder zu handeln, auf anderem Weg zu Entspannung und Konzentration zu gelangen als durch schnelle Autos, laute Musik oder Marihuana. Er ließ sich sogar einen Termin bei seinem Zahnarzt geben. Er bat mich häufig, die Dosis des Medikaments zu erhöhen oder ihn in der Therapie härter anzupacken. «Geben Sie mir ruhig einen Schubs, Herr Doktor, ich kann's vertragen.» Ich mußte ihm klarmachen, daß mehr nicht immer besser ist und daß einige seiner Erwartungen im Hinblick auf eine «Generalüberholung», wie er es nannte, im Augenblick ein bißchen überzogen waren.

Nach sechs Monaten glaubten Amanda und Edgar, sie seien soweit, daß sie ein neues Kapitel aufschlagen konnten. Die Frage, wann man eine ADD-Therapie beenden soll, ist offen. Bei einigen Menschen erfordert die Behandlung nur ein paar Sitzungen. Bei den meisten Menschen dauert sie allerdings länger. Der Betreffende – beziehungsweise das Paar – muß einen Großteil seines Verhaltens revidieren, und ein guter Therapeut kann diesen Vorgang unterstützen. Auch kann es eine Weile dauern, bis man die richtige Dosierung des richtigen Medikaments herausgefunden hat. Und schließlich macht die emotionale Anpassung an ADD unter Umständen eine Psychotherapie erforderlich. Die Durchschnittsdauer für die Behandlung einer Erwachsenen-ADD liegt zwischen drei und sechs Monaten.

Ich kam mit Amanda und Edgar zu einer letzten Sitzung zusammen. Edgars Verwandte hatten ihn unter bestimmten Bedingungen wieder eingestellt, und er hatte ihnen, wie Amanda mir erzählte, tatsächlich gefehlt.

«Tausend Dank, Herr Doktor», sagte Edgar. «Ich hätte nie gedacht, daß ich das mal zu einem Arzt sagen würde, wenn Sie wissen, was ich meine.»

«Edgar!» rief Amanda und gab ihm einen Klaps aufs Knie.

«Wofür danken Sie mir?» fragte ich.

Edgar: «Ich danke Ihnen dafür, daß Sie gute Arbeit als Seelenklempner an mir vollbracht haben.»

«Edgar!» rief Amanda wieder.

«Schon gut», sagte ich. «Das ist sogar ein tolles Kompliment. Ich frage mich aber jetzt, wo wir diese Therapie beenden, ob Ihnen das einleuchtet, worüber wir hier drin gesprochen haben.»

«Ehrlich gesagt», erwiderte Edgar, «ich kann mich an das meiste, worüber wir gesprochen haben, nicht mehr erinnern. Aber hier, meine Amanda, der Stecken und Stab meines Lebens, hat alles mögliche aufgeschrieben und hat es mir zu Hause vorgelesen. Sie macht Listen und tut alles, was Sie uns gesagt haben. Sie achtet darauf, daß ich das tue, was ich tun soll, auch daß ich das Medikament einnehme. Aber was wir hier gemacht haben? Ich weiß, daß ich ADD habe, soviel hab ich mitbekommen. Fragen Sie mich nicht, was dahintersteckt – von mir aus kann es sein, was es will –, ich fühle mich jetzt viel besser. Ich bin nicht mehr so gereizt. Und ich bin nicht mehr so unkontrolliert.»

«Fehlt Ihnen das Kiffen und das Rasen?» fragte ich.

«Wollen Sie die Wahrheit hören?» fragte Edgar. «Ehrlich gesagt: Überhaupt nicht, falls Sie sich das vorstellen können. Können Sie sich das vorstellen? Es erschreckt mich sogar, wenn ich jetzt daran denke. Aber das liegt wahrscheinlich daran, daß ich in letzter Zeit so viel mit Amanda und Ihnen zusammen war. Wir müssen nun abwarten, was die Zukunft bringt.»

Das letzte, was ich gehört habe, war, daß Edgar und Amanda zusammen sind, daß Edgar arbeitet und alles gut läuft.

Bei der Arbeit an ADD bei Paaren tauchen viele Probleme auf. Eines der wichtigsten, über das bislang am wenigsten geschrieben worden ist, ist die Sexualität.

Über die Auswirkungen der ADD auf die Sexualität ist noch wenig bekannt. Wir haben allerdings viele Menschen, Patientinnen wie Patienten, in unserer Praxis behandelt, die entweder darüber klagten, daß sie beim Sex nicht die nötige Aufmerksamkeit aufbrachten, um ihn zu genießen, oder über das Gegenteil: eine hyperfokussierte Übersexualisiertheit.

Die scheinbar Übersexualisierten entdecken im Sex eine intensive Stimulierung, die es ihnen ermöglicht, sich zu konzentrieren. Viele ADD-Erwachsene lassen sich von hochgradig stimulierenden Situationen verführen, um etwas gegen ihre Langeweile zu tun oder um einen klaren Kopf zu bekommen. Manche lassen sich auf Freizeitaktivitäten ein, die mit körperlichen Risiken verbunden sind, wie zum Beispiel Autorennen, Extremskifahren, Bungeespringen oder auf andere risikoreiche Unternehmungen wie Glücksspiel oder gefährliche Liebschaften. Sie tun diese Dinge, um dadurch zur Konzentration zu gelangen; sie organisieren sich um hochgradige Stimulierungen. Für manche ADD-Erwachsene fungiert der Geschlechtsverkehr als eine Art Aufputschmittel, und sie suchen in ihm nicht nur die sexuelle Befriedigung, sondern die Befriedigung ihres Bedürfnisses nach Konzentration.

Andererseits beschuldigen sich Menschen, die beim Sex nicht die nötige Aufmerksamkeit aufbringen können, häufig selbst – oder werden von ihrem Partner beschuldigt – «frigide», «untersexualisiert» oder anderweitig interessiert zu sein. In Wirklichkeit haben sie vielleicht sehr viel Vergnügen am Geschlechtsverkehr, haben aber einfach Probleme, dabei konzentriert zu bleiben, so wie sie auch bei irgendeiner anderen Aktivität Konzentrationsschwierigkeiten haben.

Eine Frau ließ mir nach einem Vortrag, den ich gehalten hatte, ein anonymes Schreiben da. Es war das erste Mal, daß mir jemand klipp und klar sagte, in welcher Weise Ablenkbarkeit die sexuelle Aktivität beeinträchtigt:

Lieber Herr Dr. Hallowell,
Ihr Vortrag hat mir sehr gefallen, und ich hätte Ihnen in der anschließenden Diskussion gern folgende Frage gestellt oder, genauer gesagt, die folgenden Bemerkungen gemacht, doch war ich offen gestanden zu verlegen. Deshalb lasse ich Ihnen dieses Schreiben in der Hoffnung da, daß die Überlegungen, zu denen es Anlaß gibt, anderen Menschen zugute kommen.

Ich bin zweiundvierzig Jahre alt. Ich bin recht attraktiv, wenn ich das selber sagen darf, und ich liebe meinen Mann. Und mein Mann hängt sehr an mir. Er sagt, daß ich die Frau seiner Träume bin. Ich hatte allerdings, bis man vor einem Jahr eine ADD bei mir diagnostizierte, noch nie einen Orgasmus gehabt. Mehr noch, mein Mann und ich haben nie ein befriedigendes Geschlechtsleben miteinander gehabt. Er hat mich von Anfang an angebetet – deshalb ist er wahrscheinlich auch bei mir geblieben. Aber Sex zwischen uns? Das war bestenfalls langweilig.

Die längste Zeit dachte ich, das Problem bestünde darin, daß ich einfach frigide bin. Ich bin katholisch erzogen, und ich nahm an, daß ich mich nie von dem Einfluß befreien konnte, den die Nonnen auf mich gehabt hatten. Aber es zerriß mich innerlich. Denn ich hatte sexuelle Erregungen. Ich hatte sie dauernd. Ich konnte mich nur nicht darauf konzentrieren, wenn ich mit meinem Mann im Bett war. Ich las haufenweise erotische Literatur, ich hatte unbeschreibliches Verlangen nach anderen Menschen, dem ich aber nicht nachgab – und ich suchte verschiedene Therapeuten auf, um an dem zu arbeiten, was ich für meine mentale Blockierung hielt. Wie konnte ich mich so sexy fühlen, so sexy aussehen, mich so sexy anziehen, mit einem so unglaublichen Mann verheiratet sein und trotzdem an die Einkaufsliste für den nächsten Tag denken, wenn er mit mir schlief? Ab und zu kommt das vor, aber dauernd?

Das schlimmste war, daß ich mich allmählich wirklich deswegen haßte und daß ich mich so schrecklich unzulänglich fühlte. Ich muß es leider sagen, ich wäre am liebsten auf und davon, Sie wissen schon, ich hätte am liebsten die Segel gestrichen. Aber ich hätte es niemals fertiggebracht wegzugehen. Die Kinder, meinen Mann, ich könnte sie nicht verlassen, obwohl ich glaube, daß sie ohne mich vielleicht glücklicher gewesen wären, so schlecht, wie ich manchmal drauf war.

Und dann habe ich Glück gehabt. Eine Freundin schickte mich zu einer neuen Therapeutin, und diese Frau wußte über ADD Bescheid. Sie stellte nach nur zwei Sitzungen die Diagnose und begann eine medikamentöse Behandlung mit mir. Was für ein Unterschied. Ich hatte nie irgendwo etwas darüber gelesen, in welcher Weise ADD die Sexualität beeinträchtigt, aber in meinem Fall war die Veränderung unglaublich! Auf einmal konnte ich mich konzentrieren. Auf einmal konnte ich präsent sein. Nach einer Weile brauchte ich nicht einmal mehr das Medikament zu nehmen. Ich brauchte mir nur klarzumachen, daß es an ADD lag und nicht an irgendeiner Unzulänglichkeit oder verborgenen Schuld meinerseits. Dann mußte ich für Sex zum richtigen Zeitpunkt sorgen und für einschmeichelnde Musik, die die romantische Seite an mir aktivierte, und ich mußte in aller Offenheit mit meinem Mann darüber reden. Er war wirklich phantastisch. Und es stellte sich heraus, daß er sich genausosehr die Schuld daran gegeben hatte wie ich.

Es ist erstaunlich, wie unspektakulär, aber entscheidend diese Entdeckung für mich war. Ich muß immer daran denken, daß es in unserem Land viele Frauen gibt, die einfach nur ablenkbar sind, statt dessen aber meinen, daß sie sexuell unzulänglich oder bloß gelangweilt sind.

Jetzt habe ich Orgasmen, aber mehr als das, jetzt gehe ich an Sex mit Freude anstatt mit Angst heran. Ich kann ganz da sein, bei meinem Mann, statt irgendwo anders zu sein. Ich habe gelernt, wie ich sexuell mein Vergnügen haben kann. Und das wäre nie geschehen, wenn ich nicht von ADD erfahren hätte. Die medikamentöse Behandlung hat mir in allen Bereichen meines Lebens geholfen, am meisten aber im sexuellen Bereich. Mein Hauptproblem bestand darin, daß ich nicht konzentriert bleiben konnte, und ich habe das nicht gewußt. Ich habe immer geglaubt, daß es etwas viel Schlimmeres, viel Komplizierteres ist, und daß man nichts dagegen tun kann. Und weil ich gesehen habe, wie relativ einfach und dennoch ungeheuer wirkungsvoll die Antwort ist, möchte ich sie mit Ihnen teilen in der Hoffnung, daß sie sie mit anderen teilen werden.

Da ich keine Möglichkeit hatte, der anonymen Briefschreiberin zu danken, möchte ich ihr trotzdem danken. Ihr Schreiben hat mich dazu veranlaßt, meine Aufmerksamkeit erstmals auf eine Seite der ADD zu richten, die die meisten von uns weitgehend übersehen haben. Ich habe bis jetzt sehr viel anekdotisches Material gesammelt, in dem es immer und immer wieder um Unstetigkeit geht; aber viele Menschen berichten tatsächlich, daß ADD Auswirkungen auf ihre Sexualität hat, entweder in Richtung mangelnde sexuelle Reaktionsbereitschaft oder aber in Richtung Übersexualisiertheit.

Die Briefschreiberin ist ein ausgezeichnetes Beispiel für jemanden, dem es nach seiner eigenen Überzeugung an sexueller Reaktionsbereitschaft mangelt. Als Beispiel für einen Menschen, dessen

ADD ihn in Richtung Übersexualisiertheit geführt hat, betrachte man den Fall von Brian, einem neununddreißigjährigen unverheirateten Mann, der sich selber für «sexsüchtig» hielt. Er war ständig auf der Suche nach einem Flirt oder einer Affäre mit einer Frau, und er war überzeugt davon, daß er keiner Art sexueller Versuchung widerstehen konnte. Er war wegen seiner ständigen Treulosigkeit nicht in der Lage, eine langfristige Beziehung aufrechtzuerhalten. Im Gegensatz zu manchen anderen Männern mit diesem Persönlichkeitsprofil war Brian beunruhigt über sein Verhalten. Er wollte eine feste Bindung eingehen und Kinder haben. Er wollte kein Don Juan sein, wie er es ausdrückte, er war jedoch der Meinung, daß er der mächtigen Anziehungskraft, die Frauen auf ihn ausübten, nicht widerstehen konnte.

Er war jahrelang in psychologischer Behandlung gewesen, um seinem Problem auf den Grund zu gehen. Er und sein Psychotherapeut untersuchten die Ursprungsfrage unter den verschiedensten Blickwinkeln. War sein Verhalten das unbewußte Ausagieren einer Feindseligkeit gegenüber Frauen, indem er sie erst verführte und dann sitzenließ? Quälte ihn eine elementare Angst vor Intimität, die ihn zwang, noch im selben Moment, in dem er mit irgendeiner Frau intim wurde, nach einer anderen zu suchen? Versuchte er irgendein Gefühl sexueller Unzulänglichkeit überzukompensieren, indem er sich seine Wirkung auf Frauen immer und immer wieder bewies? All diese Möglichkeiten und noch andere mehr zog er in der Therapie in Betracht.

Als er mich aufsuchte, waren er und sein Therapeut zu dem Schluß gekommen, daß er nach Frauen süchtig war. Sie fragten sich aufgrund eines Zeitungsartikels, den der Therapeut gelesen hatte, ob es vielleicht hilfreich war, das Problem durch die Brille ADD zu betrachten.

Und das war es tatsächlich. Bei der Durchsicht von Brians Anamnese von der Kindheit bis zum Erwachsenenalter stellte ich fest, daß er schon immer Probleme mit Ablenkbarkeit und Impulskontrolle gehabt hatte. Viele Menschen mit ADD empfinden bestimmte Formen von hochgradig stimulierendem Verhalten als Konzentrationsschwäche und nutzen sie zur unbewußten Selbstbehandlung beziehungsweise Selbsttherapie. Manche Menschen suchen dieses konzentrationsfördernde Reizklima im Glücksspiel. Andere suchen es in riskanten Aktivitäten wie rasantem Autofahren oder Fallschirmspringen. In Brians Fall waren es Liebesaffären, die das konzentrationsfördernde Reizklima liefern mußten.

Die folgenden Faustregeln und «Tips» können vielleicht bei der Lösung anderer Probleme helfen, vor denen ein Paar steht, dessen eine Hälfte ADD hat. Sie bieten einen Ausgangspunkt für Gespräche zwischen den Partnern. Und man nutzt sie am besten, wenn man sie sich gegenseitig laut vorliest. Machen Sie nach jedem Ratschlag eine Pause und sprechen Sie darüber, ob er Ihnen vielleicht helfen kann. Dabei können Sie allmählich Ihre eigene Art entwickeln, mit der ADD in Ihrer Beziehung umzugehen. Die Schlüssel zu all dem sind, wie das bei den meisten Problemen der Fall ist, eine verbesserte Kommunikation und die Beilegung des Machtkampfes.

1. Sorgen Sie dafür, daß Sie eine gesicherte Diagnose bekommen. Es gibt viele Zustandsbilder, die aussehen wie ADD, angefangen von übermäßigem Kaffeegenuß über Angstzustände, Charakterneurosen bis hin zur Schilddrüsenüberfunktion. Bevor Sie mit der Behandlung einer ADD beginnen, beraten Sie sich mit Ihrem Arzt, ob das, was Sie haben, auch wirklich eine ADD ist und nicht irgend etwas anderes. Sobald Sie sich der Diagnose sicher sind, bringen Sie soviel wie möglich über ADD in Erfahrung. Es gibt eine große, ständig wachsende Zahl von Veröffentlichungen zu dem Thema. Je mehr Sie und Ihr Partner darüber wissen, desto besser werden Sie einander helfen können. Der erste Schritt bei der Behandlung einer ADD – ganz gleich, ob nun Ihr Partner oder irgend jemand anders an der Störung leidet – ist Information.

2. Bewahren Sie sich Ihren Humor, eine ADD kann manchmal wirklich komisch sein. Lassen Sie keine Gelegenheit zu lachen verstreichen! An den uns allen so bekannten seelischen Kreuzwegen, wo uns nur der Bruchteil einer Sekunde davon trennt, entweder verrückt zu werden oder in Tränen auszubrechen oder laut herauszulachen, entscheiden Sie sich für das Lachen. Humor ist einer der Schlüssel zu einem glücklichen Leben mit ADD.

3. Schließen Sie einen Waffenstillstand. Nachdem Sie über die Diagnose informiert worden sind und einiges darüber gelesen haben, atmen Sie tief durch und schwenken die weiße Fahne. Sie brauchen jetzt beide eine Verschnaufpause, um Ihre Beziehung allmählich auf eine neue Basis zu stellen. Sie haben vielleicht das Bedürfnis, eine Menge aufgestaute schlechte Gefühle zu ventilieren. Tun Sie das, dann werden Sie sie nicht überall mit sich herumschleppen.

4. Setzen Sie eine Zeit für Zweiergespräche fest. Sie werden Zeit brauchen, um miteinander über ADD zu reden – was ADD ist, in welcher Weise sie sich auf Ihre Beziehung auswirkt, wie jeder für sich damit umgehen will, wie jeder für sich die Sache sieht. Tun Sie das nicht zwischen Tür und Angel, das heißt zwischen den Werbespots im Fernsehen, beim Geschirrabtrocknen, zwischen Telefongesprächen und so weiter. Setzen Sie eine Zeit fest, die Sie ganz alleine für sich reservieren.

5. Nehmen Sie kein Blatt vor den Mund. Sagen Sie einander, was Sie auf dem Herzen haben. Die Auswirkungen der ADD zeigen sich bei jedem Paar in anderer Form. Sprechen Sie miteinander darüber, wie sie sich bei Ihnen zeigen. Sagen Sie sich gegenseitig, was Sie verrückt macht, was Sie mögen, was Sie ändern wollen, was so bleiben soll, wie es ist. Versuchen Sie alles auszusprechen, bevor Sie anfangen zu reagieren. Menschen mit ADD neigen dazu, Gespräche abzukürzen, alles gleich auf den wesentlichen Punkt zu bringen. In diesem Fall ist der wesentliche Punkt das Gespräch als solches.

6. Schreiben Sie Ihre Beschwerden und Änderungsvorschläge auf. Es ist gut, schriftlich zu haben, was Sie ändern und was Sie bewahren wollen. Sonst vergessen Sie es am Ende.

7. Machen Sie einen Behandlungsplan. Veranstalten Sie mit Ihrem Partner ein Brainstorming darüber, wie Sie Ihre Ziele erreichen können. Sie haben vielleicht das Bedürfnis, diesen Schritt nicht ohne fachlichen Rat zu tun, es empfiehlt sich jedoch, diesen Schritt zunächst einmal allein zu versuchen.

8. Ziehen Sie den Plan durch. Bedenken Sie, eines der Hauptmerkmale der ADD ist das Unvermögen, bei der Stange zu bleiben, deshalb müssen Sie sich Mühe geben, an Ihrem Plan festzuhalten.

9. Machen Sie Listen. Listen werden Ihnen mit der Zeit zur Gewohnheit werden.

10. Benutzen Sie eine Pinnwand. Schriftliche Mitteilungen werden weniger leicht vergessen. Sie müssen sich natürlich mit der Zeit angewöhnen, einen Blick auf die Pinnwand zu werfen.

11. Legen Sie Notizblöcke an strategisch wichtige Plätze, wie zum Beispiel Ihr Bett, Ihr Auto, Ihr Badezimmer, Ihre Küche.

12. Es empfiehlt sich, die Wünsche, die Sie an Ihren Partner haben, aufzuschreiben und sie ihm oder ihr täglich in Form einer Liste zu geben. Das muß mit der Absicht zu helfen geschehen und nicht mit der Absicht, den anderen zu tyrannisieren. Führen Sie eine gemeinsame Agenda. Achten Sie darauf, daß jeder von Ihnen beiden täglich hineinsieht.

13. Betrachten Sie Ihr Sexualleben im Licht der ADD. Wie bereits vorher erwähnt, beeinträchtigt eine ADD unter Umständen das Interesse am Sex und die sexuelle Leistungsbereitschaft. Es tut gut

zu wissen, daß die Probleme von einer ADD und nicht von irgend etwas anderem herrühren.

14. Vermeiden Sie das Schlampen-Aufräumen-Muster. Sie wollen doch nicht, daß der Partner ohne ADD den Partner mit ADD dadurch, daß er ständig hinter ihm herräumt, in gleicher Weise «aktiviert», wie der nichttrinkende Ehepartner unter Umständen den trinkenden Ehepartner «aktiviert», indem er ihm ständig beim Vertuschen hilft.

15. Vermeiden Sie das Meckern-Abschalten-Muster. Sie wollen doch nicht, daß der Partner ohne ADD für alle Zeiten dauernd am Partner mit ADD herumnörgelt, daß er präsent sein, sich konzentrieren oder hinter der Zeitung hervorkommen soll. Menschen mit ADD brauchen häufig jeden Tag eine gewisse «Abschaltzeit», um ihre Batterien wieder aufzuladen. Es ist besser, sich auf diese Zeit im voraus zu verständigen und sie freizuhalten, statt sich jedesmal, wenn es soweit ist, darüber von neuem zu streiten.

16. Vermeiden Sie das Opfer-Peiniger-Muster. Sie wollen doch nicht, daß der Partner mit ADD als hilfloses Opfer in der Gewalt eines allesbeherrschenden Lebensgefährten ohne ADD dasteht. Diese Dynamik kann sich leicht entwickeln, wenn Sie nicht aufpassen. Der ADD-Kranke braucht Beistand und Ordnungsschemata. Der gesunde Partner versucht ihm das zu geben. Solange keine vollkommene Einigkeit darüber herrscht, was Sache ist, sehen Beistand und Ordnungsschemata unter Umständen aus wie Kontrolle und Nörgelei.

17. Vermeiden Sie das Sklavenhalter-Sklaven-Muster. Eine Folge von Nr. 16. Es kommt allerdings komischerweise häufig vor, daß sich der Partner ohne ADD als Sklave der ADD seines Lebensgefährten fühlt. Der Partner ohne ADD spürt unter Umständen, daß die ADD-Symptome die Beziehung kaputtmachen, indem sie sich wie Fangarme um sie legen und Tag für Tag das zerstören, was eine liebevolle Verbindung sein könnte und auch mal gewesen ist.

18. Vermeiden Sie es, das Muster des sadomasochistischen Kampfes zu Ihrer alltäglichen Umgangsform zu machen. Vor der ärztlichen Diagnose und Intervention verbringen viele Paare, die es mit einer ADD zu tun haben, die meiste Zeit damit, sich gegenseitig anzugreifen. Man hofft, darüber hinaus und in den Bereich der Problemlösungen zu kommen. Hüten Sie sich vor dem heimlichen Vergnügen, das man in der Auseinandersetzung finden kann. ADD kann einen zur Verzweiflung bringen, deshalb macht es Ihnen unter Umständen Freude, Ihren Lebensgefährten dadurch zu bestrafen, daß Sie sich mit ihm streiten. Lassen Sie Ihren Ärger an der Störung aus und nicht an der Person. Sagen Sie: «Ich hasse ADD» statt: «Ich hasse dich» oder: «ADD macht mich ganz verrückt» statt: «Du machst mich ganz verrückt».

19. Seien Sie ganz allgemein auf der Hut vor der Dynamik der Herrschaft, der Dominanz und der Unterwerfung, die in den meisten Beziehungen unterschwellig lauert, gar nicht zu reden von den Beziehungen, in denen eine ADD mit im Spiel ist. Bemühen Sie sich in diesem Punkt beiderseits um größtmögliche Klarheit, damit Sie sich bei Ihren Anstrengungen nicht in Richtung Konkurrenzkampf, sondern in Richtung Kooperation bewegen.

20. Stoppen Sie das Tonband des Negativismus. Viele Erwachsene mit ADD haben sich im Laufe langer Zeit eine resignative Haltung zugelegt nach dem Motto «Für mich gibt es keine Hoffnung». Genauso kann es beiden Partnern in einer Paarbeziehung ergehen. Wie in diesem Buch noch häufiger zu erwähnen sein wird, ist negatives Denken die zerstörerischste Kraft bei der Behandlung der ADD. Was ich das «Tonband des Negativismus» nenne, kann erbarmungslos, unversöhnlich und ohne Ende im Kopf eines Menschen mit ADD laufen. Es ist, als ob es beim ersten Sonnenstrahl zu laufen

begänne und erst zur Ruhe käme, wenn die Bewußtlosigkeit des Schlafs es abschaltet. Es spielt immer und immer wieder zermürbende Laute wie «Du kannst nicht»; «Du bist böse»; «Du bist dumm»; «Es wird nicht funktionieren»; «Sieh nur, wie weit du zurück bist»; «Du bist einfach ein geborener Verlierer». Das Tonband kann sich mitten in einer geschäftlichen Besprechung melden, auf der Heimfahrt im Auto, wenn die Gedanken müßig schweifen, oder es kann den Liebesakt verdrängen. Es ist schwer, verliebte Gefühle zu haben, wenn man voller negativer Gedanken ist. Wie ein teuflischer Sukkubus verführen diese Gedanken Sie statt dessen, eben diese Gedanken zu «lieben». Dieses Tonband ist sehr schwer zu stoppen, mit bewußter, geduldiger Anstrengung kann es aber gelöscht werden.

21. Sparen Sie nicht mit Lob und auch nicht mit Ermutigungen. Lassen Sie allmählich ein positives Tonband laufen. Entdecken Sie jeden Tag etwas Positives, das Sie über Ihren Lebensgefährten und sich selber sagen können. Bauen Sie sich gegenseitig bewußt und zielstrebig auf. Selbst wenn es Ihnen zu Anfang noch wie Hokuspokus vorkommt – mit der Zeit werden Sie sich dabei wohlfühlen, und es wird eine stabilisierende Wirkung auf Sie haben.

22. Lernen Sie, wie man Stimmungen managt. Voraussicht ist ein wunderbares Mittel, jemandem zu helfen, mit den Höhen und Tiefen seines Innenlebens umzugehen. Das gilt besonders bei ADD. Wenn Sie im voraus wissen, daß Sie auf Ihr freundliches «Guten Morgen, Liebling» so etwas wie «Laß mich» zur Antwort bekommen, können Sie es leichter wegstecken und müssen sich deswegen nicht gleich scheiden lassen. Und wenn die andere Hälfte des Paares etwas über Stimmungen gelernt hat, dann ist die Antwort auf «Guten Morgen, Liebling» unter Umständen: «Hör mal, ich sitz gerade mal wieder in meinem ADD-Loch» oder etwas in der Richtung und nicht eine verbale Attacke.

23. Überlassen Sie demjenigen von Ihnen beiden das Organisieren, der es besser kann. Es hat keinen Sinn, sich mit etwas herumzuschlagen, was man nicht hinkriegt. Wenn Sie das Wirtschaftsbuch nicht führen können, dann führen Sie es nicht. Wenn Sie mit den Kindern keine Kleider kaufen können, dann kaufen Sie mit Ihnen keine Kleider. Das ist einer der Vorteile davon, daß man ein Paar ist. Es gibt noch einen anderen Menschen, der aushelfen kann. Was dieser andere Mensch tut, muß dann allerdings in entsprechender Weise wahrgenommen, anerkannt und gutgemacht werden.

24. Nehmen Sie sich Zeit füreinander. Wenn Sie das nur dadurch erreichen, daß Sie sich einen Zeitplan machen, dann machen Sie sich einen Zeitplan. Das ist ein Muß. Viele Menschen mit ADD witschen einem weg wie Quecksilber. Im einen Moment hat man sie, und im nächsten sind sie auch schon wieder weg. Offene Verständigung, Ausdruck von Zuneigung, das Anpacken von Problemen, gemeinsame Freizeitbeschäftigung und gemeinsames Amüsement – all diese Ingredienzien einer guten Beziehung können nicht zustande kommen, wenn Sie keine Zeit miteinander verbringen.

25. Benutzen Sie ADD nicht als Entschuldigung. Jede Hälfte eines Paares muß die Verantwortung für das, was sie tut, übernehmen. Zwar soll man ADD nicht als Entschuldigung benutzen, aber das Wissen um das Syndrom kann unermeßlich zu dem Verständnis beitragen, das man in die Beziehung einbringt.

5 Der große Kampf
ADD und die Familie

Stellen Sie sich folgende Szene vor, die für viele Familien repräsentativ ist, in der ein Familienmitglied ADD hat:

«Ich habe dir gesagt, Mom, daß ich meine Hausaufgaben bis Sonntagabend fertig habe, und ich werde sie auch bis dahin fertig haben. Würdest du mich jetzt bitte in Ruhe lassen?» Tommy Eldridge kickt den Papierkorb neben den Schreibtisch seiner Mutter, während er aus dem Wohnzimmer in die Küche stürmt.

Seine Mutter steht auf, um ihm nachzugehen. «Nein, ich werde dich nicht in Ruhe lassen. Wieso sollte ich das? Was hast du getan, um mein Vertrauen zu verdienen? Du bist jetzt am Anfang von deinem zehnten Schuljahr, hast die halbe High School hinter dir und bist auf dem besten Wege, zwei Kurse in den Sand zu setzen. Du machst nur Versprechungen, und dann wird nie was draus. Ich hab jetzt die Nase voll davon. Wenn du dir dein Leben ruinieren willst –»

«Jetzt beruhig dich schon, Mom. Ich bin nicht dabei, mir mein Leben zu ruinieren. Ich hab nur ein paar schlechte Noten gekriegt, das ist alles.»

«Ein paar schlechte Noten? Ein paar? Du hast *nur* schlechte Noten. Und es sind nicht die Noten, die mich aufbringen. Es ist die Mühe, die du dir dabei machst. Oder besser gesagt, die du dir nicht machst. Das interessiert dich einfach nicht. Solange du es schaffst, aus dem Haus zu kommen, ist dir egal, was morgen passiert. Und genau deshalb wirst du auch an diesem Wochenende nicht weggehen. Nicht eine Sekunde. Nicht mal ne halbe Sekunde», sagt Tommys Mutter und schnickt neben seinem Hinterkopf mit den Fingern.

Tommy dreht sich zu ihr um. «Weißt du was, du bist einfach bloß ne Beißzange. Du bist bloß ne verdammte Beißzange.»

In diesem Moment verliert Tommys Mutter völlig die Fassung, sie schlägt ihm ins Gesicht und fällt bei dem Versuch, der Ohrfeige noch einen Schlag auf seinen Arm folgen zu lassen, vornüber. Am Boden liegend fängt sie an zu weinen. Tommy versucht, ihr aufzuhelfen, aber sie stößt ihn weg, als Tommys Vater in die Küche kommt. «Mach, daß du rauskommst», schnauzt er Tommy an und eilt zu seiner schluchzenden Frau, um ihr zu helfen.

«Ich wollte ihr nicht weh tun», sagt Tommy.

«Hau bloß ab», sagt sein Vater. «Und laß dich hier nicht mehr blicken.»

«Na schön», sagt Tommy, geht durch den Hintereingang hinaus und schlägt die Tür hinter sich zu.

Am nächsten Tag, einem Samstag, ist die Familie wieder komplett. Die anderen Kinder sind aus dem Haus gegangen, Mom und Dad haben sich hingesetzt, um mit Tommy zu reden, den die Polizei nachts um drei am Busbahnhof aufgegriffen und nach Hause gebracht hat.

Sie starren einander an, Jahre gegenseitiger Beschuldigungen sind in diesem einen Augenblick konzentriert.

«Wir müssen zu irgendeiner Ordnung kommen», fängt Dad an.

«Erst will ich, daß er sich bei mir entschuldigt», unterbricht ihn Mom.

«Es tut mir leid», sagt Tommy. «Ich wollte nicht, daß du hinfällst. Und ich wollte das nicht sagen, was ich zu dir gesagt habe.»

«Warum hast du es dann gesagt?» fragt sie.

«Ich weiß es nicht. Ich war wütend. Es ist mir einfach rausgerutscht.»

«Aber das ist das ganze Problem, Tommy», fährt seine Mutter fort. «Das, was du tust, willst du eigentlich gar nicht tun, und das, was du angeblich tun willst, tust du nicht.»

Lassen Sie mich die Szene an dieser Stelle abbrechen. Was Mrs. Eldridge gerade gesagt hat, ist eine recht gute kurze Umschreibung der ADD: *Das, was du tust, willst du eigentlich gar nicht tun, und das, was du angeblich tun willst, tust du nicht.* Wenn sie sich an dieser Stelle unterbrechen und zu Tommy sagen könnte: «Aha! Aus dem, was ich eben gesagt habe, ersehe ich, daß du kein Fall von unverbesserlicher Widerborstigkeit bist, sondern daß du an einer Aktivitäts- und Aufmerksamkeitsstörung leidest», dann könnte es ein gutes Ende nehmen. Gewöhnlich passiert es jedoch, daß diese Streitereien eskalieren und sich zu einer Feuersbrunst ausweiten, der schon mancher Familienzusammenhalt zum Opfer gefallen ist.

In Familien, in denen ein Kind (oder auch ein Erwachsener) ADD hat, entwickelt sich häufig das, was wir den Großen Kampf nennen. Das ADD-Kind schafft es nicht, seinen Pflichten nachzukommen, im Haushalt zu helfen, bei seinen Schulaufgaben zu bleiben, sich an die Ordnung des familiären Tageslaufs zu halten – morgens pünktlich aufzustehen, pünktlich nach Hause zu kommen, pünktlich zu den Mahlzeiten zu erscheinen, pünktlich fertig zu sein, um pünktlich das Haus zu verlassen –, sein Zimmer in Ordnung zu halten, sich kooperativ am Familienleben zu beteiligen und sich generell zu Hause «einzufügen». Das führt zu immer mehr Beschränkungen von seiten der Eltern mit immer strengeren Strafen und einem immer eingeschränkteren Freiraum für das Kind. Das wiederum verstärkt beim Kind Trotz, Widerstand und Entfremdung mit der Folge, daß die Eltern noch aufgebrachter sind über ein Verhalten, das sich ihnen als rein willensabhängig darstellt, keineswegs als die neurologische Störung ADD.

Je mehr den Eltern das Verhalten des Kindes auf die Nerven geht, desto weniger Verständnis haben sie für das, was das Kind an Entschuldigungen und Erklärungen vorbringen mag, desto weniger sind sie bereit, seinen Versprechungen zu glauben, es in Zukunft besser zu machen, und desto mehr tendieren sie dazu, schärfere Maßnahmen zu ergreifen in dem meist vergeblichen Bemühen, das Verhalten des Kindes in den Griff zu bekommen. Nach und nach verfestigt sich die Rolle des Kindes in der Familie zu der des «Problemkindes», und es wird zum auserwählten Sündenbock, der für alle Konflikte und Probleme, die innerhalb der Familie auftreten, in die Wüste geschickt wird. Einem alten Sprichwort zufolge gehören ein Mob und ein Freiwilliger dazu, einen Sündenbock in die Wüste zu schicken. Beim Großen Kampf bildet die Familie den Mob, und das ADD-Verhalten macht das Kind zum Freiwilligen. Im Grunde wird alles, was in der Familie schiefgeht, dem ADD-Kind angelastet. Und mit der Zeit legen sich Hohn und Spott wie eine Decke über das Kind, die jegliches Selbstvertrauen und Selbstwertgefühl im Keim erstickt.

Der Große Kampf kann Jahre dauern. Er kann aussehen wie ein Krieg mit zeitweiligen Gefechten an verschiedenen Fronten – an der Schulaufgabenfront oder an der Grundeinstellungsfront oder der Hausarbeitsfront oder der Kooperationsbereitschafts- und Verantwortungsbewußtseinsfront oder an all diesen Fronten gleichzeitig – mit Angriff und Gegenangriff, dem Einsatz von Spionen und Spezialwaffen, kurzfristigen Feuerpausen, vorübergehendem Einlenken, gelegentlichen Desertionen, Verrätereien, Pakten und immer wieder Siegen und Niederlagen auf beiden Seiten. Unglücklicherweise hat, wie in den meisten Bürgerkriegen, das ganze Volk, oder wie in diesem Fall, die ganze Familie darunter zu leiden.

Der Große Kampf fängt gewöhnlich harmlos an, wenn die eine Seite versucht, die andere Seite dazu zu bewegen, irgend etwas zu tun. Das erste schlechte Zeugnis wird – sagen wir in der fünften Klasse – mit nach Hause gebracht, und die Eltern bemühen sich darum, das Kind zu systematischerem Lernen und Arbeiten anzuhalten. Oder Dad versucht, seinen Sprößling dazu zu bewegen, morgens pünktlich aufzustehen, damit er ihn noch zur Schule fahren kann, ohne selbst zu spät zur Arbeit zu kommen. Oder Mom wird zunehmend ärgerlich über den Widerstand ihrer Tochter gegen das Lesen. Worum es auch immer gehen mag, fängt der Kampf erst einmal an, ist kaum zu verhindern, daß es zum Großen Kampf kommt.

Beim Großen Kampf sind Eltern der Meinung, daß sie ihre Pflicht tun, daß sie alles ihnen Mögliche tun, um das Kind auf den rechten Weg zu bringen, daß das Kind einfach nur noch faulenzt, wenn sie in den Großen Kampf nicht eintreten. Und das Kind ist der Meinung, daß es für seine Unabhängigkeit kämpft, daß es sich dagegen zur Wehr setzt, zum Automaten gemacht zu werden. Oder schlimmer, das Kind weiß eigentlich gar nicht, was los ist. Es reagiert einfach nur. Auf Schlag folgt Gegenschlag, auf Angriff Gegenangriff. Der Grund, warum der Krieg geführt wird, ist längst vergessen, während die Schlachten immer weitergehen und dabei eine Eigendynamik entwickeln. Nach einer Weile weiß keine Seite mehr so recht, worum eigentlich gekämpft wird: Ressentiments und verhärteter Groll beherrschen die Szene, und Runde um Runde drischt man in der Familie blind aufeinander ein.

Das Problem besteht darin, daß der Große Kampf nur selten ein konstruktives Ende findet. Es mag kurzfristige Erfolge geben, wie zum Beispiel, daß die Schulaufgaben gemacht werden, aber der Preis dafür ist gewöhnlich so hoch, daß es sich kaum lohnt. Erst wenn die Diagnose ADD gestellt ist und alle Parteien verstehen können, was wirklich los ist, wird es einen echten Fortschritt geben.

Unglücklicherweise werden die Hauptmerkmale der ADD – Ablenkbarkeit, Impulsivität und Energieüberschuß – so gewohnheitsmäßig mit Kindheit und Jugend in Verbindung gebracht, daß die Möglichkeit einer unterschwelligen neurologischen Ursache häufig gar nicht in Betracht gezogen wird. Ein Junge wie Tommy wird einfach wie ein rebellischer Halbstarker behandelt, und beide Seiten verbohren sich immer weiter in die Sache, das Mißverständnis wird immer folgenschwerer, und der Große Kampf kommt voll in Gang.

«Was soll ich also tun?» fragt Tommy. «Mich umbringen?»

«Du sollst versuchen, deinen Verstand zu gebrauchen», antwortet seine Mutter. «Du sollst all die Hilfen nutzen, die wir versucht haben, dir anzubieten. Du sollst dich bei deinem Nachhilfelehrer sehen lassen. Du sollst dir die Mühe machen, dein Aufgabenheft mit nach Hause zu bringen, damit wir dir beim Durchsehen helfen können. Du sollst mal daran denken, uns die Wahrheit zu sagen, wenn wir dich fragen, ob du am Freitag irgendwelche Tests schreiben mußt. Du sollst dich nicht immer gleich auf den Schlips getreten fühlen und Schluß machen mit dem Gedanken, daß die

ganze Welt gegen dich ist oder daß dich einfach keiner versteht. Du sollst uns ein bißchen Respekt entgegenbringen. Du sollst –»
«Augenblick mal», fällt Dad ihr ins Wort. «Du hörst deiner Mutter ja noch nicht mal zu, Tommy.»
Tommy hat auf seine rot-violetten Nikes gestarrt. «Doch, Dad, ich höre zu. Ich kann dir das alles vorwärts und rückwärts hersagen, wenn du willst. Ich kenn das alles schon.»
«Und warum tust du dann nichts dagegen?» fragt Dad mit zusammengebissenen Zähnen.
Tommy starrt seinen Vater an, als ob er gleich «Nun mach mal halblang» zu ihm sagen wollte, bremst sich dann aber und murmelt die Worte, die für so viele Kinder und Erwachsene mit ADD die letzte Ausflucht sind: «Ich weiß es nicht.»
«Was soll das heißen, du weißt es nicht?» brüllt sein Vater. «Ich kann alles gelten lassen, bloß das nicht. Damit willst du uns doch einfach abwimmeln. Du weißt es nicht. Warum weißt du es nicht? Kannst du nicht mal darüber nachdenken und mit irgendeiner Erklärung ankommen zum Beispiel dafür, warum du so ein Versager bist? Bist du einfach nur dumm? Ich glaube nicht, daß du dumm bist, obwohl ich da allmählich meine Zweifel habe. Du möchtest einfach nicht zu Verstand kommen, nicht?»
Tommys Mutter fährt sich mit den Fingern durchs Haar. «Ich wollte, ich könnte dich machen lassen, was du willst. Ich wollte, ich könnte dich aufgeben und einfach nicht mehr daran denken.»
«Ich auch», sagt Tommy mürrisch.
Mom und Dad sehen einander an, und Tommy kaut an den Fingernägeln, der Große Kampf führt wieder mal in eine Sackgasse. Und da hat diese Familie schon viele Male dringesteckt. Tommy ist jetzt sechzehn und in der zehnten Klasse. In der Schule hatte er einen guten Start gehabt, seine Lehrer bescheinigten ihm anfangs Intelligenz und Kreativität, in den letzten paar Jahren ging es aber mit ihm bergab. Jetzt mogelt er sich gerade noch so durch. Seine Eltern glauben, daß sie die Schule ernster nehmen als er. Tommy ist der Anlaß für so viele Streitigkeiten innerhalb der Familie, daß sein

jüngerer Bruder ihn allmählich nicht mehr leiden kann und seine ältere Schwester, eine High-School-Schülerin in der Oberstufe, sich darum bemüht, zwischen ihm und den Eltern Frieden zu stiften.

Die Berichte aus den letzten paar Jahren lesen sich wie Aufzeichnungen aus dem Kriegszimmer:

März: Tommy verspricht, bei seinem Französischlehrer regelmäßig Nachhilfeunterricht zu nehmen. Seine Eltern glauben, daß er das auch wirklich tut.

Juni: Der Französischlehrer schickt ein Briefchen, in dem er sich darüber wundert, warum Tommy nie zum Nachhilfeunterricht gekommen ist, obwohl er doch in diesem Fach durchzufallen droht. Tommy und sein Vater geraten so sehr aneinander, daß Tommy von zu Hause wegläuft.

Oktober: Bei einer Eltern-Lehrer-Konferenz werden die Eltern von den Lehrern gefragt, ob zu Hause irgend etwas nicht in Ordnung ist. Tommy macht einen so sprunghaften Eindruck, daß man sich in der Schule fragt, ob er Drogen nimmt oder ob ihn irgend etwas umtreibt, wovon man in der Schule nichts weiß. Die Eltern versichern den Lehrern, daß sie eine gute Ehe führen und daß auch sonst alles bestens ist. Sie gehen nach Hause, und im Nu ist wieder ein Riesenkrach darüber im Gange, was bloß mit Tommy los ist.

Januar: Tommy, der seinen Eltern den ganzen Herbst über erzählt hat, er würde in der Schule selbständig an einem Projekt für den Naturkundeunterricht arbeiten, gibt eine Woche vor dem Ablieferungstermin zu, daß er für das Projekt noch keinen Finger gerührt hat. Dad sagt, er kann alles vertragen, nur nicht, daß man ihn anlügt. Er sagt, für die Folgen muß Tommy selber geradestehen. Und Mom sagt, die Folge wird sein, daß er in Naturkunde durchfällt, und das ist teuer bezahlt. Dad sagt: Was verlangst du von mir, soll *ich* das Projekt ausarbeiten? Mom sagt: Ja, und du sollst Tommy eine Strafe aufbrummen. Im Lauf einer Woche tüfteln Tommy und Dad ein Projekt aus, das mit einer Auszeichnung belohnt wird; es basiert auf einer Idee von Tommy für ein Computerprogramm, die auszuführen er bisher nicht geschafft hat. Und die Arbeit an dem Projekt macht ihnen wirklich viel Spaß. Dad vergißt ganz, Tommy zu bestrafen, und die ganze Familie ist eine Zeitlang selig über die Auszeichnung.

März: An dem Tag, als die Familie in die Ferien aufbrechen will, verkündet Tommy, daß er keine Lust hat mitzufahren. Als man nachhakt, sagt er, daß er sich in seiner Freiheit eingeschränkt fühlt, wenn er mit der Familie zusammen ist. Dad fährt aus der Haut und erklärt Tommy, für was er ihm alles dankbar sein muß. Tommy hört schweigend zu und fährt mit. In den Ferien wird er vom Hoteldetektiv dabei erwischt, wie er vom Balkon im ersten Stock ins Schwimmbecken springt. Als man von ihm eine Erklärung verlangt, sagt er, daß er sich gelangweilt hat. Mom und Dad verdonnern Tommy zu vierundzwanzig Stunden Stubenarrest und kriegen anschließend Krach miteinander.

Juni: Tommy verspricht, den Rasen zu mähen, bevor er am Freitag mit seinen Freunden ins Kino geht. Er vergißt es. Am nächsten Tag verspricht er, daß er es nach dem Fußballspiel macht. Wieder vergißt er es. Am Sonntag sagt sein Vater zu ihm, daß er das Haus erst verlassen darf, wenn der Rasen gemäht ist. Tommy betrachtet das als Herausforderung und stiehlt sich ohne Erlaubnis fort, nachdem er seine Schwester dazu gekriegt hat, ihn zu decken und zu sagen, daß er oben in seinem Zimmer arbeitet. Sein Vater erwischt ihn allerdings beim Nachhausekommen. Wütend fängt er an Tommy anzuschreien und stößt ihn dann heftig gegen die Arbeitsplatte in der Küche. Ein Kochtopf fällt aus einem Regal und fliegt scheppernd auf den Steinfußboden. Tommys Vater ballt die Faust und reißt den Arm zurück, als ob er zuschlagen wollte, kann sich dann aber gerade noch bremsen. Er beißt auf die Fingerknöchel und versetzt einer Küchenschranktür einen Tritt. Er holt tief Luft und läßt sie langsam wieder entweichen, während Tommy ihn angstvoll beobachtet. Es vergeht ein Augenblick, bis sein Vater zu ihm sagt: «Ich kann dir gar nicht sagen, wie enttäuscht ich von dir bin, Sohn.»

Tommy zuckt zusammen und denkt, daß es diesmal ernst sein muß, weil sein Vater ihn bisher noch nie «Sohn» genannt hat. «Ich wollte doch vorm Mähen bloß zu Peter rübergehen. Und ich wußte, daß du mich nicht weglassen würdest.» Sein Vater dreht sich um und geht weg. «Es tut mir leid, Dad, ich mähe jetzt sofort den Rasen. Ganz bestimmt. Es tut mir leid.» Sein Vater geht einfach weiter.

Endlich beschließen die Eldridges, einen Fachmann zu Rate zu ziehen. Sie suchen Tommys Nachhilfelehrer auf, der ihnen nahelegt, ihn von einem Kinder- und Jugendpsychiater psychiatrisch begutachten zu lassen. «Ich glaube, es könnte mehr dahinterstecken, als man erkennen kann», sagt er zu Tommys Eltern.

Tommy sucht einen Psychiater auf, der ihn alleine, dann seine Eltern alleine und schließlich alle drei gemeinsam interviewt. Dann wird Tommy zu einem Psychologen überwiesen, der ein paar Tests mit ihm macht, und von da geht's wieder zurück zum Psychiater, der einen Abschlußbericht schreibt.

Das psychiatrische Gutachten ergibt die Diagnose ADD. Während der Psychiater erklärt, was das bedeutet, beobachtet ihn Tommys Mutter gespannt. «Die Aktivitäts- und Aufmerksamkeitsstörung ADD ist eine verbreitete Krankheit», beginnt der Psychiater, «und zudem eine Krankheit, für die wir gute Behandlungsmöglichkeiten haben. Bis sie allerdings diagnostiziert ist und als das erkannt wird, was sie ist, kann sie zu großen Mißverständnissen führen. Und ich glaube, daß das in dieser Familie so gewesen ist. Vieles von Tommys Verhalten läßt sich mit Begriffen der ADD erklären. Die Hauptsymptome dieser Krankheit sind leichte Ablenkbarkeit, Impulsivität und Ruhelosigkeit, und die zeigen sich bei Tommy alle.»

Während der Psychiater fortfährt, die Krankheit zu erklären, bricht Tommys Mutter in Tränen aus. «Soll das heißen, er kann nichts dafür? Ich habe ihm all die Jahre die Hölle heiß gemacht wegen etwas, wofür er gar nichts kann? Ich fühle mich so schuldig. Das ist ja furchtbar.»

In Familien, in denen die Diagnose ADD relativ spät gestellt wird, sagen wir mal eher im High-School- als im Grundschulalter des Kindes, reagieren die Eltern nicht selten mit Wut und Schuldgefühlen. Sie haben Schuldgefühle, weil sie der Sache nicht eher auf die Spur gekommen sind, und sie sind wütend, weil ihnen niemand anders etwas darüber gesagt hat. So wie die Dinge liegen, ist es nicht verwunderlich, daß die Diagnose verfehlt wird, denn in Schulen und bei vielen Fachleuten ist das Phänomen ADD längst noch nicht bekannt genug. Sobald die Diagnose gestellt ist, brauchen die Eltern ebenso Hilfe, um mit ihrer Beunruhigung fertigzuwerden, wie das Kind bei seinen Gefühlen Hilfe braucht. Und die Diagnose macht es unter Umständen erforderlich, daß die innerfamiliäre Rollenverteilung neu überdacht wird.

«Dann bist du jetzt also nicht mehr das schwarze Schaf in unserer Familie», krächzt Tommys vierzehnjähriger Bruder bei einer familientherapeutischen Beratung, die den Zweck hat, die ganze Familie über Tommys ADD aufzuklären.

«Sag nicht so etwas, Alex», sagt Mom.

«Aber es ist doch wahr», sagt Alex. «Er ist das schwarze Schaf gewesen, und jetzt sollen wir auf einmal sagen, daß er krank ist. Das hört sich einfach wie eine riesige Ausrede an.»

Alex zeigt die typische Reaktion von Geschwistern, wenn die Diagnose ADD gestellt wird. Geschwister reagieren mit Groll auf die große Aufmerksamkeit, die dem ADD-Patienten geschenkt wird, und sie reagieren mit Wut, weil sie glauben, daß die harte Arbeit, die sie leisten, nicht gebührend gewürdigt wird.

«Du weißt genau, wieviel ich arbeite, um meine Sachen zu erledigen. Was wäre denn, wenn ich einfach sagen würde: ‹Leider, leider kann ich das nicht, ich hab nämlich ADD›? Würde ich dann eine Vorzugsbehandlung kriegen?»

«Aber du hast nicht ADD», sagt Dad.

«Woher weißt du das? Ich wette, daß ich ADD haben könnte, wenn ich wollte. Und ich wette, daß Tommy ADD nicht haben müßte, wenn er sich darum bemühen würde.»

«Was soll das heißen?» fragt Mom.

«Also», sagt Alex, «nach dem, was der Arzt sagt, hat man bei ADD

Probleme, aufmerksam zu sein und konzentriert zu bleiben. Wer hat die nicht? Ich kann euch garantieren, daß ich, immer wenn wir Mr. Hayworth haben, mächtig Probleme kriege, aufmerksam zu sein und konzentriert zu bleiben. Und ich verstehe nicht, warum es etwas anderes sein soll als eine Lüge, wenn Tommy euch vormacht, er hätte seine Hausaufgaben erledigt. Macht ADD einen zum Lügner? Das ist eine Lizenz zum Töten, diese ADD-Sache. Jetzt kann er doch mit allem ungestraft davonkommen.»

«Das ist nicht ganz richtig», sagt der Psychiater. «Er ist nach wie vor verantwortlich für das, was er tut, nur daß wir uns jetzt besser ein Bild von seinen Problemen machen können. Es ist, als ob er all die Jahre kurzsichtig gewesen wäre und wir ihm jetzt eine Brille geben.»

«Ich weiß nicht», sagt Alex und wirft seinem Bruder einen Blick zu, als hätte der gerade eine Bank ausgeraubt, «das kommt mir immer noch wie ein Schwindel vor.»

Tommy lehnt sich zurück und zeigt seinem Bruder den Stinkefinger. «Du bist ein solcher Saftsack», sagt er.

«Sehen Sie?» sagt Alex.

«Moment mal», unterbricht Dad die beiden. «Wir wollen nicht wieder anfangen zu streiten. Das haben wir nun so ausgiebig getan, daß es für eine Weile reicht.»

«Und was wollen wir sonst tun?» fragt Tommys Schwester. «Wir wissen doch gar nicht, worüber wir reden sollen, wenn nicht über Tommy.»

«Das stimmt nicht, Suzie», sagt Mom.

«Na gut, vielleicht stimmt es nicht, aber wir müssen ganz sicher ein gutes Stück freie Sendezeit ausfüllen, wenn wir uns nicht mehr wegen Tommy streiten.»

«Wer sagt, daß wir uns nicht mehr wegen Tommy steiten?» fragt Alex. «Ich habe nicht gesagt, daß ich da mitmache.»

«Keiner hat gesagt, daß er da mitmacht», unterbricht ihn der Psychiater. «Und Suzie hat da etwas sehr Gutes gesagt. Ihre Streitereien wegen Tommy könnten einen Zweck gehabt haben und sind vielleicht nicht so leicht durch irgend etwas anderes zu ersetzen.»

«Was für einen Zweck?» sagt Dad.
«Na ja, Sie könnten zum Beispiel Spaß daran haben.»
«Spaß? Was soll das heißen, Spaß?» ringt Mom nach Luft. «Die sind doch schrecklich.»
«Da bin ich nicht so sicher», sagt der Psychiater. «Wenn sie auch noch so schrecklich sind, können sie doch auch eine Art Familienvergnügen sein.»
«Ich glaube, das stimmt», sagt Suzie und sieht Alex an. «Ich kann mir zumindest eine Person vorstellen, der sie ausnehmend gut gefallen.»
«Na und?» erwidert Alex. «Er hat es doch selber herausgefordert.»
«Es mag ebensogut noch andere Gründe dafür geben, die Streitereien in Gang zu halten», fährt der Psychiater fort. «Solange Tommy den Kopf hinhält, muß es kein anderer.»
«Das hört sich ja fast so an, als ob Tommy ein unschuldiges Opfer ist», sagt Dad.
«Das habe ich nicht damit sagen wollen», entgegnet der Psychiater. «Ich bin nur der Meinung, daß Sie lieber alles so lassen wollen, wie es ist, statt die Dinge geändert zu sehen.»

Wie die meisten sozialen Gruppen widersetzen sich Familien im großen und ganzen einer Veränderung. Möchte ein Familienmitglied ausziehen, wird das zum Beispiel nicht selten als Verrat betrachtet. Ist ein Familienmitglied dick und versucht abzunehmen, werden seine Bemühungen in dieser Richtung häufig von anderen Familienmitgliedern torpediert. Will ein Familienmitglied einer Rolle entfliehen, die es jahrelang gespielt hat, läßt sich das in der Regel nur schwer bewerkstelligen, weil der Rest der Familie das zu verhindern versucht. Spielt man die Rolle des Clowns, dann bleibt man der Clown. Spielt man die Rolle des verantwortungsbewußten ältesten Kindes, dann bleibt man wahrscheinlich für den Rest seines Lebens innerhalb der Familie das verantwortungsbewußte älteste Kind. Und spielt man die Rolle des schwarzen Schafs, dann wird man große Schwierigkeiten haben, in den Augen der Familie die Farbe zu wechseln, ganz gleich, wie viele gute Taten man tut.

So ist es auch bei der ADD. Wenn die Diagnose gestellt ist und die Familie sich mit der Herausforderung konfrontiert sieht, etwas zu ändern, wird dieser Herausforderung nicht selten mit großem Widerstand begegnet. In der eben geschilderten Szene faßt Tommys Bruder Alex den Widerstand in Worte; er spricht aber nicht nur für sich selbst, sondern auch für das System Familie. Wenn man sich eine Familie nicht als eine Ansammlung isolierter Individuen, sondern als einen vernetzten Verband, ein System vorstellt, begreift man leichter, wieso ein Zug eines Familienmitglieds, ähnlich wie in einem Regelkreis, den Gegenzug eines anderen Familienmitglieds auslösen kann. Und in dem System Familie bringt ein Mitglied unter Umständen eine Meinung zum Ausdruck, die jeder in der Familie bis zu einem gewissen Grad teilt, aber so lange nicht in Worte faßt, wie das betreffende Mitglied seine Rolle weiterspielt. Im eben erwähnten Beispiel versetzt Alex, indem er Zweifel und Mißfallen an der Diagnose ADD äußert, die anderen Familienmitglieder in die Lage, verständnisvoller gegenüber Tommy zu sein. Sehen wir mal, was passiert, wenn Alex sich seiner Sache nicht mehr so sicher ist.

«Sie meinen, ich will vielleicht nicht, daß bei Tommy diese Diagnose gestellt wird, weil ich dann mehr Verantwortung übernehmen muß?» fragt Alex.

«Irgendwas in der Preislage», sagt der Psychiater.

Alex brummt. «Da könnten Sie sogar recht haben.»

«Ist dir nicht gut, Alex?» fragt Mom mit einem gezwungenen Lächeln.

«Doch, Mom. Kann ich nicht meine eigene Meinung haben, ohne daß du gleich daran herummäkelst?»

«Alex will uns wohl den Wind aus den Segeln nehmen», sagt Dad. «Er möchte einlenken, bevor wir ihn dazu zwingen.»

«Alex bemüht sich, den Edelmütigen zu spielen», bemerkt Suzie sarkastisch.

«Alex ist voller Edelmut», sagt Tommy und verschränkt die Arme. «Man kann ihm nicht von hier nach da trauen.»

Schon beim leisesten Versuch, die Rolle zu wechseln, schon beim leisesten Versuch, die ihm zugewiesenen Stellungen zu verlassen, wird auf Alex von allen Familienmitgliedern das Feuer eröffnet. Er hat eine Aufgabe zu erfüllen, er hat eine Rolle zu spielen. Wenn er das nicht tut, wenn er sich seiner Sache nur nicht mehr ganz so sicher ist, fühlt sich die Familie unbehaglich und geht zum Angriff über.

Unsichtbare Prozesse dieser Art, innerfamiliär keine Seltenheit, wenn sie auch schwer dingfest zu machen sind, können Veränderungen, die für Familien, in denen eine ADD diagnostiziert worden ist, so wichtig sind, im Wege stehen.

«Einen Augenblick», schaltet sich der Psychiater ein. «Geben Sie Alex eine Chance. Vielleicht öffnet er die Tür für potentielle Veränderungen.» Mit ein bißchen Hilfe von seiten des Psychiaters wird Alex in die Lage versetzt, seine Rolle als Antagonist und Skeptiker aufzugeben und die Möglichkeit in Betracht zu ziehen, daß Tommy tatsächlich eine richtige Krankheit hat, die ein Überdenken der innerfamiliären Rollen und Verkehrsformen rechtfertigt. Sobald das geschieht, sobald die Familie ihre Zustimmung zu Veränderungen gibt, kann der Große Kampf allmählich deeskalieren und ein Friedensvertrag ausgehandelt werden.

Sobald sich die Faust des Großen Kampfes geöffnet hat, kann die Familie mit der vernünftigen Prozedur des Verhandelns beginnen. Die zwei Grundvoraussetzungen, dahin zu kommen, sind erstens, daß die Diagnose gestellt wird, und zweitens, daß man das Familienunbewußte dazu bringt, Veränderungen im Familiensystem zuzustimmen. Wie redet man mit dem Familienunbewußten? Wie bringt man es dazu, Veränderungen zuzustimmen? Zu den Methoden, die der Therapeut in der Regel anwendet, gehören Sinndeutung, von der er in dem eben angeführten Beispiel Gebrauch machte, als er die Meinung äußerte, daß es vielleicht Gründe dafür gäbe, warum die Familie nicht aufhören wollte, mit Tommy zu streiten, oder Einspruch, wie zum Beispiel wenn der Psychiater zur Familie sagt: «Einen Augenblick. Geben Sie Alex eine Chance.» Bei diesem Beispiel trat der Psychiater der Familie mit seinem Einspruch entgegen, noch ehe die Familienmitglieder Alex daran hindern konnten, aus seiner Rolle auszusteigen. Zu anderen Techniken, die der Therapeut anwenden könnte, zählen direktive Beratung, Unterstützung und Suggestion. Sie werden je nach Umständen angewandt. Gewöhnlich sind Familienkonferenzen oder familientherapeutische Sitzungen gewisser Art hilfreich, um Veränderungen in Gang zu bringen. Eine Familie muß nicht der Meinung sein, daß sie eine Familientherapie machen *muß*, um über Veränderungen zu verhandeln, es wäre jedoch von Nutzen, wenn sie sich über die Fallstricke im klaren wäre, die bei Familienverhandlungen ausliegen. Wie immer man vorgeht, man sollte sich darüber im klaren sein, daß es so etwas wie ein Familienunbewußtes gibt, das unter Umständen versuchen könnte, die konstruktivsten und wohlmeinendsten Bemühungen zu torpedieren.

Während sich die Familie um Veränderungen bemüht, sollte die Losung «Verhandeln» lauten. Es mag zwar am Anfang recht schwierig sein, aber trotzdem sollte die Familie den Versuch machen, die Anspannung auszuhalten, die es bedeutet, zu einem Konsens zu finden, einander so lange zuzuhören und einander so viel Geduld entgegenzubringen, daß am Ende jeder einzelne das Gefühl hat, daß er ausreichend zu Wort gekommen ist, und daß jeder einzelne sein Scherflein zu dem Ergebnis beigetragen hat. Die Leute halten lieber die Regeln ein, die sie selber ausgehandelt haben, als die, die man ihnen aufnötigt.

Zum Beispiel, bei einer späteren Konferenz nur mit Tommy und seinen Eltern, fing Tommys Mom an: «Also, wir müssen jetzt wirklich einen Plan aufstellen für die Hausaufgaben.»

Tommy sackte in seinem Sessel zusammen. Der Psychiater bemerkte es – es war auch kaum zu übersehen – und sagte einfach nur: «Versuchen wir doch mal, auf eine neue Art darüber zu sprechen.»

Tommy und seine Eltern sahen einen Augenblick den Psychiater und dann einander an. Die aufkommende Angst bewirkte eine Pause. «Okay», sagte Tommys Dad, «ich werde den Anfang machen. Ich glaube, mir ist jetzt klar, daß meine Art nicht die allerintelligenteste Art war. Was soll ich Ihnen sagen? So bin ich groß geworden. Mein Vater war genauso dumm und eigensinnig wie ich. Wenn ich nicht getan habe, was er mir sagte, nahm er seinen Gürtel ab und verdrosch mich so lange damit, bis ich getan habe, was er mir sagte.»

«Und hat die Methode was bewirkt?» fragte der Psychiater.

«Ja, sicher», sagte Dad. «Für kurze Zeit schon. Ich habe getan, was er mir sagte. Aber ich habe den Kerl hassen gelernt. Inzwischen hab ich ihm wohl verziehen, weil er's wohl einfach nicht besser wußte – wahrscheinlich ist man mit ihm genauso umgesprungen. Aber das hat uns unsere Beziehung gekostet. Ich kann immer noch nicht mit ihm reden. Ich kann mir einfach nicht vorstellen, über irgend etwas von Belang mit ihm zu reden. Deshalb geht es auch immer ganz steifleinen zu, wenn wir uns unterhalten, und jeder von uns beiden ist froh, wenn es rum ist. Und dann gehen wir mit dem Wunsch auseinander, daß wir ein besseres Verhältnis zueinander hätten.»

Tommy sah seinen Vater mit offenkundigem Interesse an. «Davon hast du mir nie was erzählt, Dad.»

«Nein, das hab ich wohl nicht», sagte sein Vater. «Aber ich möchte bei dir nicht denselben Fehler machen. Und verdammt noch mal, das werd ich auch nicht. Versteh mich nicht falsch, Sohnemann, ich habe dich nie mit einem Gürtel geschlagen, und ich habe nicht vor, mich in der Weise von dir manipulieren zu lassen, daß du machen kannst, was du willst, aber die Gespräche hier haben mich dazu gebracht, über einige Dinge nachzudenken, und ich möchte wirklich nicht, daß es soweit kommt, daß wir nicht mehr miteinander reden. Ich weiß nicht, warum, aber ich mag den Anblick deiner scheußlichen Visage und den Klang deiner Krächzstimme.»

«Hey, Dad, und ich liebe einfach deinen Meter Bauchumfang», sagte Tommy.

Tommys Mutter saß da, beobachtete die beiden und hörte zu. In einem Augenblick, als weder ihr Sohn noch ihr Mann es bemerkten, warf sie dem Psychiater einen beifälligen Blick zu.

«Fünfundneunzig Zentimeter», sagte Dad.

«O.k., ich schenk dir fünf Zentimeter. Und du willst also auch, daß ich Hausaufgaben mache», sagte Tommy.
«Ja. Ich würde sagen, das solltest eigentlich *du* wollen, ich weiß aber, daß du es nicht willst. Was willst du also?»
«Freizeit, Geld, Mädchen, Musik und schnelle Autos», sagte Tommy mit einem breiten Grinsen.

Mit diesen Ausgangspositionen und Moms stummer Ermutigung gingen Tommy und sein Vater daran, einen Plan auszuhandeln, mit dem sie beide leben konnten. Voraussetzung dafür war, eine Atmosphäre des Entgegenkommens und der Kooperationsgemeinschaft zu schaffen und die Verhandlung nicht im Streit zu beginnen.

Leider kommt es in Familien nicht selten vor, daß ADD das Autoritätsbewußtsein der Eltern derart in Frage stellt, daß ein Elternteil – oder beide – in der Weise überreagiert, daß er nun alles bis ins kleinste Detail zu kontrollieren sucht. Er besteht darauf zu bestimmen, wie alles gemacht werden sollte, und ebenso wann, wo und warum. So ansprechend eine aufgeklärte Monarchie in abstracto sein mag, sie funktioniert nur selten bei Familien gut, die durch eine ADD in sich gespalten sind. Und zwar aus verschiedenen Gründen. Erstens sind Monarchien in der Regel nicht so aufgeklärt, wie sie glauben. Zweitens wollen Familienmitglieder nicht andauernd gesagt bekommen, was sie tun sollen. Und drittens bewirkt solch autoritäres Gehabe eher die Steigerung als den Abbau von Spannungen und Konflikten innerhalb der Familie. Hätte zum Beispiel Tommys Vater in der eben geschilderten Sitzung angefangen, irgend etwas mehr oder weniger Aggressives und Unversöhnliches zu sagen wie «Jetzt hör mir mal zu, Tommy, hier bestimmen wir, und du wirst dich an unsere Regeln halten müssen», wäre die Sitzung wahrscheinlich nicht gut gelaufen. Die Fronten hätten sich verhärtet. Es hätte Spannungen gegeben, und Tommy hätte, aus Angst, sein Gesicht zu verlieren, dem, was sein Vater sagte, nicht zustimmen können, selbst wenn er in manchem derselben Meinung gewesen wäre.

Natürlich sind Verhandlungen mitunter nicht möglich. Und bei kleineren Kindern sind sie häufig gar nicht wünschenswert. Kleinere Kinder mit ADD haben Ordnungsschemata und Beschränkungen besonders nötig. Sie brauchen sie und werden die Geduld ihrer Eltern so lange strapazieren, bis sie sie bekommen. Bei kleineren Kindern ist es vernünftiger zu sagen: «Wir gehen zu McDonald's» als: In welches der fünf Fast-Food-Restaurants hier in der Umgebung möchtest du heute abend gern gehen?» Das Gemüt des kleineren Kindes ist dem übermächtigen Reiz einer Entscheidung von dieser Tragweite nicht gewachsen. Es wird nicht fertig mit der Qual der Wahl, und es dauert unter Umständen, bis es sich für ein Lokal entschieden hat. In solchen Momenten ist es am besten, den gesunden Menschenverstand zu gebrauchen und entschlossen einzugreifen. «Wir gehen zu McDonald's» wird vielleicht mit Protest quittiert, aber auch mit einem unausgesprochenen innerlichen Gefühl der Erleichterung.

Die Vertrautheit mit der Methode des Verhandelns, ein Schlüssel zum Umgang der Familie mit ADD, sollte man schon in einem frühen Lebensalter herstellen, allerdings nicht bei ganz kleinen Kindern. Sie können manchmal die Spannungen nicht ertragen, die damit zwangsläufig verbunden sind. Dann wieder machen sie aus einer Verhandlung ein Streitgespräch und finden das sehr unterhaltsam. Sich zu streiten bedeutet Stimulierung, und Menschen mit ADD lieben Stimulierungen. Ein ADD-Kind, das sich langweilt, bricht vielleicht einen Famlilienkrach vom Zaun und genießt die damit verbundene Stimulierung. Sollte das geschehen, ist es berechtigt, wenn Sie mit den Worten: «Wir machen es so, wie ich will, weil ich es sage» von Ihrer elterlichen Autorität Gebrauch machen und sich auf keine weiteren Diskussionen einlassen, bis sich die Lage beruhigt hat.

In allen Familien wird das Verhandeln desto wichtiger, je älter die Kinder werden. Wer die Umgangsformen in einer Familie oder sonstigen Gruppe beeinflussen will, kann auf das Instrument des Verhandelns nicht verzichten. Aber daß in einer Familie mit einer

ADD verhandelt wird, ist schwer hinzukriegen. Lassen Sie sich nicht entmutigen, wenn Sie bei Ihren Bemühungen zu verhandeln wieder ins Streiten zurückverfallen. Denken Sie erstens daran, daß es in der Natur eines ADD-Kranken, ganz gleich welchen Alters, liegt, lieber zu streiten als zu verhandeln, weil ein Streit meist stimulierender ist. Es ist unter Umständen aufregender, einen Familienkrach heraufzubeschwören, als sich vernünftig, kooperativ und friedlich zu verhalten. Es ist vermutlich unterhaltsamer, mit Kartoffelpüree nach seiner Schwester zu werfen, als ihr höflich die Schüssel zu reichen. Die meisten Menschen mit ADD lieben Aufregung und Stimulierungen. Deshalb ist der Große Kampf verlockender – interessanter – als irgendwelche langweiligen Verhandlungen.

Zweitens ist der Prozeß des Verhandelns für jemanden mit ADD naturgemäß schwierig, weil er es mit sich bringt, daß man Frustrationen ertragen muß. Das ist für alle Menschen schwierig. Besonders schwierig ist es aber für einen Menschen mit ADD, dessen bevorzugte Art, mit seiner Frustration umzugehen, darin besteht, ihr entweder eruptiv Luft zu machen oder – selbst wenn er damit seinen Interessen schadet – ihre Ursachen auf schnellstem Wege zu beseitigen, und nicht darin, sich der qualvollen Zerreißprobe auszusetzen, die es für ihn bedeuten würde, sie ertragen zu müssen. Wie es dem ADD-Kind fast unmöglich ist, im Unterricht stillzusitzen, so ist es ihm oder dem ADD-Erwachsenen auch fast unmöglich, bei einer Frustration stillzusitzen. (Ein praktischer Vorschlag hierzu: Man fordere den ADD-Patienten auf, während des Verhandelns im Zimmer auf und ab zu gehen.)

Können wir mit diesen Warnungen im Hinterkopf einige hilfreiche allgemeine Regeln für das Verhandeln innerhalb der Familie formulieren? Eines der besten Bücher über die Technik des Verhandelns stammt aus dem Harvard Negotiation Project. Es ist: *Das Harvard-Konzept: Sachgerecht verhandeln – erfolgreich verhandeln* von Roger Fisher und William Ury (deutsch von Werner Raith und Wilfried Hof. Frankfurt am Main: Campus, 15. Aufl. 1996). Ursprünglich zum Gebrauch im Geschäftsleben und in der Diplomatie gedacht, ist dieses Buch besser geeignet als fast alle psychologischen oder familientherapeutischen Lehrbücher, um zu lernen, wie man innerhalb der Familie wirkungsvoll verhandelt.

Die Autoren empfehlen eine Verhandlungsmethode, die sie *prinzipiengeleitetes Verhandeln* oder *Verhandlungen über das Wesentliche* nennen. Die Methode basiert auf vier Grundregeln:

1. «Menschen: Man halte den Menschen und das Problem auseinander.» Dahinter steht der Gedanke, daß man das Selbst eines Menschen und seinen Stolz von dem Problem – was immer es sein mag – trennen muß, so daß man das Problem ohne die Angst in Angriff nehmen kann, dabei auch den Menschen anzugreifen. Wenn Person und Problem als eine Einheit gesehen wird, ändert die Person ihre Meinung wahrscheinlich nie, ganz gleich, wie vernünftig die Lösung ist, weil sie ihr Gesicht nicht verlieren will.

2. «Interessen: Man konzentriere sich auf Interessen und nicht auf Standpunkte.» Das unterscheidet eine Verhandlung von der Debatte. Debattierende Parteien verteidigen – oder attackieren – auf Teufel komm raus einen bestimmten Standpunkt. An nichts anderem sind sie interessiert. Wie Soldaten im Stellungskrieg in ihren Gräben verschanzen sie sich in ihren Positionen. Aus einer Verhandlung sollte nie eine Debatte (oder ein Stellungskrieg) werden. Menschen, die miteinander verhandeln, vertreten vielerlei Interessen, und sie wollen ihre Interessen abgleichen und nicht ihre Standpunkte durchboxen. Ja, manchmal kann der eigene Standpunkt mit den eigenen Interessen im Konflikt liegen, und man möchte gar nicht so stark auf seinen Standpunkt festgelegt sein, daß man ihn nicht wechseln könnte. Das gilt besonders für Jugendliche, die sich im Lauf eines Wortgefechts unter Umständen in eine Sackgasse manövrieren, so daß sie zuletzt aus Stolz einen Standpunkt verteidigen, den sie gar nicht einnehmen wollen.

3. «Optionen: Schaffen Sie sich vielfältige Wahlmöglichkeiten, ehe Sie sich entscheiden.» Das ist besonders wichtig in ADD-Familien, weil das Familienmitglied mit ADD dazu neigt, Diskussionen vorzeitig zu beenden, einfach um die Spannung zu vermeiden, die die Diskussion selber mit sich bringt. Glauben Sie nicht, alles in einer einzigen Sitzung erledigen zu können. Formulieren Sie das Problem aus, und dann soll jeder sich ein paar Tage lang Lösungsmöglichkeiten und -vorschläge überlegen. Man denkt viel unbefangener, wenn man nicht unter Druck steht. Achten Sie sorgfältig darauf, niemanden vorschnell zu einer Zustimmung zu drängen.

4. «Kriterien: Bestehen Sie darauf, daß das Ergebnis auf objektiven Maßstäben fußt.» Das versetzt die Verhandlungsteilnehmer in die Lage, sich in ihrer Argumentation auf andere Maßstäbe als lediglich ihre eigenen Wünsche und Meinungen zu berufen. Beispiele für objektive Maßstäbe, die bei Familienverhandlungen von Nutzen sein könnten: Wie gehen andere Familien in der Umgegend mit dem Problem um? Was empfiehlt die Schule? Welcher Preis würde am freien Markt für diese Dienstleistung verlangt? Wie steht es aus ärztlicher Sicht im großen und ganzen mit der Unbedenklichkeit dieser Aktivität? Welchen Übungsplan empfiehlt der Trainer? Wie ist die Rechtslage? Gibt es für alle Verhandlungsteilnehmer einen verbindlichen Wertekatalog oder ein für alle verbindliches religiöses Konzept, die bei der Verhandlung von Nutzen sein könnten?

Bei Familienverhandlungen schalten die Eltern nicht selten zwischen «harten» und «weichen» Verhandlungen hin und her. Am einen Tag oder in einem Moment setzen sie den Kindern strikte Grenzen und kündigen ihnen strenge Strafen an. Am nächsten Tag oder im nächsten Moment sind sie unglücklich über ihre «harte» Haltung und schalten auf eine «weiche» um, die ebenso wirkungslos ist. Am einen Tag wird Tommy aus dem Haus geworfen, und am nächsten Tag backt ihm seine Mutter vielleicht Kekse, um ihn wieder aufzubauen. Beim prinzipiengeleiteten Verhandeln, wie Fisher und Ury es beschrieben haben, kommt es nicht darauf an, daß eine harte oder weiche Position vertreten wird, sondern darauf, daß das Wesentliche, über Grundsätzliches und konkrete Probleme, verhandelt wird, wobei man stets auf Befriedigung aller Beteiligten und mögliche Interessenkonflikte achte, welch letztere dann auf der Basis einer gerechten Norm und nicht von Willenskraft und Macht zu lösen sind.

In Tommys Fall zum Beispiel war es wichtig, daß der Machtkampf zwischen Tommy und seinen Eltern beendet und das Problem von Tommys schulischen Leistungen in Angriff genommen wurde. Solange der Machtkampf vorherrschend war, solange die Betroffenen an diesem Problem klebten, so lange würde der Große Kampf weitergehen. Sobald Tommy und sein Vater in der Lage waren, einander auf einer gemeinsamen Basis friedlich zu begegnen, konnten echte Verhandlungen beginnen.

Nachdem Tommys Familie einen Plan ausgearbeitet hatte, nach dem man vorgehen wollte, geschah etwas, das häufig in ADD-Familien geschieht. Ein Familienmitglied versuchte, den Streit von neuem zu entfachen. Tommy hatte sich bereit erklärt, seine Hausaufgaben jeden zweiten Tag mit einem Nachhilfelehrer durchzusehen. Eines Abends beim Abendbrot beschloß Alex, seinen Bruder damit aufzuziehen, daß er zu einem Nachhilfelehrer ging. «Nachhilfelehrer sind was für geistig Zurückgebliebene», sagte Alex.

«Weißt du, was du mich kannst –» legte Tommy los.

«Moment mal», ging Mom dazwischen. «Warum ärgerst du deinen Bruder? Siehst du nicht, daß er sich Mühe gibt? Was würdest du sagen, wenn ich mich über dich lustig mache, wenn Sharon McCall das nächste Mal hier vorbeikommt?»

Alex wurde rot. Und Tommy lachte. Für dieses Mal geht das Abendessen ohne Turbulenzen weiter.

Es kostet Arbeit – Tag für Tag von neuem – wenn man den Großen Kampf bezwingen will. Wie Unkraut kommt er wieder, wenn man ihm dazu Gelegenheit gibt.

Es folgt eine Zusammenfassung von weiteren Regeln für den Umgang von ADD in Familien.

25 Ratschläge für den Umgang mit ADD in Familien

1. Verschaffen Sie sich eine gesicherte Diagnose. Das ist der Ausgangspunkt für jegliche therapeutische Behandlung der ADD.

2. Informieren Sie Ihre Familie. Als ersten Behandlungsschritt müssen alle Familienmitglieder von der Faktenlage der ADD erfahren. Viele Probleme erledigen sich von selbst, sobald die Familienmitglieder verstehen, was los ist. Der Informationsprozeß sollte möglichst unter Beteiligung der ganzen Familie stattfinden. Jedes Familienmitglied wird Fragen haben. Sorgen Sie dafür, daß all diese Fragen beantwortet werden.

3. Bemühen Sie sich, das «Ansehen» oder den «Ruf» zu ändern, in dem der ADD-Kranke innerhalb der Familie steht. Wie jemandes Ansehen in der Öffentlichkeit oder in Teilöffentlichkeiten, so preßt auch jemandes Ruf in der Familie den betreffenden Menschen in ein Klischee oder eine Schablone. Wenn man den Ruf eines Menschen, den er innerhalb der Familie hat, umändert, kann das eine günstigere Prognose bewirken. Wenn man von jemandem erwartet, daß er versagt, wird er es wahrscheinlich tun; wenn man von jemandem erwartet, daß er Erfolg hat, wird er ihn vielleicht haben. Es dürfte zu Anfang schwer sein, das zu glauben, aber ADD zu haben ist unter Umständen eher ein Geschenk als ein Fluch. Bemühen Sie sich, an einem Menschen mit ADD die positiven Seiten zu sehen und die zur Entfaltung zu bringen, und bemühen Sie sich, sein Ansehen innerhalb der Familie zu ändern, damit diese positiven Seiten hervortreten können. Denken Sie daran, daß dieser Mensch in der Regel ein besonderes Etwas in die Familie bringt – besondere Energien, eine besondere Kreativität, einen besonderen Humor. Er wirkt in jeder Gesellschaft als belebendes Element, und auch wenn er sich immer wieder als Ruhestörer betätigt, ist es meist anregend, ihn um sich zu haben. Er läßt Schwätzer auflaufen und kann

Dummköpfe nicht leiden. Er kennt keinen Respekt und scheut sich nicht zu sagen, was er denkt. Der Mensch mit ADD hat anderen viel zu geben, und niemand kann ihm so sehr dabei helfen, sein Potential zu realisieren, wie seine Familie.

4. Stellen Sie klar, daß an ADD niemand schuld ist. Weder Mom ist schuld noch Dad. Weder der Bruder noch die Schwester. Weder Großmutter noch der ADD-Kranke selber. Niemand ist schuld. Es ist sehr wichtig, daß das von allen Familienmitgliedern verstanden und geglaubt wird. Wenn sich das Gefühl hält, daß ADD nur eine Ausrede für verantwortungsloses Verhalten ist oder daß ADD durch Faulheit hervorgerufen wird, wird sich das negativ auf die Behandlung auswirken.

5. Stellen Sie auch klar, daß ADD die ganze Familie betrifft. Anders als irgendwelche medizinischen Probleme berührt ADD jeden innerhalb der Familie täglich in signifikantem Maß. Sie wirkt sich auf das Verhalten am frühen Morgen aus und auf das Verhalten am Abendbrottisch, sie hat Auswirkungen auf die Ferien und ebenso auf die Ruhezeiten. Sorgen Sie dafür, daß jedes Familienmitglied zu einem Teil der Lösung wird, so wie es vorher ein Teil des Problems gewesen ist.

6. Achten Sie auf eine ausgeglichene «Zuwendungsbilanz» innerhalb der Familie. Bemühen sie sich, jede Unausgewogenheit zu korrigieren. Wenn ein Kind ADD hat, bekommen seine Geschwister nicht selten weniger Zuwendung. Die Zuwendung mag negativ sein, aber das ADD-Kind bekommt häufig Tag für Tag mehr als seinen gerechten Anteil an der Zeit und der Zuwendung der Eltern. Dieses Ungleichgewicht in der Zuwendung kann bei Geschwistern Unmut auslösen und ihnen zudem etwas vorenthalten, was sie dringend brauchen. Vergessen Sie nicht, daß es seine eigenen, besonderen Belastungen mit sich bringt, das Geschwister eines ADD-Kinds zu sein. Geschwister brauchen die Möglichkeit, ihre Sorgen, Nöte, zornigen Gefühle und Ängste über das, was vorgeht, zu äu-

ßern. Geschwister müssen wütend werden und Hilfestellung geben dürfen. Sorgen Sie dafür, daß die Zuwendung nicht so unausgewogen verteilt wird, daß der ADD-Kranke das gesamte Familienleben beherrscht, indem er allem seinen Stempel aufdrückt, jederzeit das Klima beeinflußt, bestimmt, was geschehen kann und was nicht, kurz, den ganzen Zirkus dirigiert.

7. Bemühen Sie sich, den Großen Kampf zu vermeiden. In Familien mit einer undiagnostizierten ADD beziehungsweise einer diagnostizierten, aber wenig erfolgreich behandelten ADD ist er eine gängige Heimsuchung. Der Große Kampf, in Gestalt eines täglichen Dominanzkampfes, schafft Zwietracht zwischen dem ADD-Kind und seinen Eltern, dem ADD-Erwachsenen und seinem Lebensgefährten. Der Negativismus, von dem der Große Kampf erfüllt ist, zerstört allmählich die ganze Familie. So wie Nichtwahrhabenwollen der Sucht und das Begünstigen der Sucht charakteristisch für die Binnenbeziehung in der Familie des Alkoholikers sein können, so kann der Große Kampf das Charakteristikum (und der Ruin) in der ADD-Familie sein.

8. Sorgen Sie dafür, sobald die Diagnose gestellt ist und die Familie versteht, was ADD ist, daß sich alle zusammensetzen und ein Abkommen aushandeln. Bedienen Sie sich der Regeln, die ich am Ende des vorigen Kapitels aufgelistet habe und versuchen Sie, auf dem Verhandlungsweg zu Spielregeln zu finden, die alle Familienmitglieder akzeptieren können. Um ein Familienpatt durch den Großen Kampf zu vermeiden beziehungsweise um zu vermeiden, daß der Krieg weitergeht, sollte man sich klugerweise angewöhnen zu verhandeln. Das erfordert unter Umständen eine Menge Arbeit, mit der Zeit kann man aber in der Regel auf dem Verhandlungsweg Übereinkünfte erzielen. Egal, zu welcher Einigung man kommt, es sollte allen deutlich sein, welche Punkte sie im einzelnen umfaßt. Am besten, man fixiert alle Einzelheiten schriftlich, damit im Zweifelsfall darauf zurückgegriffen werden kann. Sie sollte nicht zuletzt auch eine Spezifikation der konkreten Zusagen aller Parteien umfassen sowie Maßregeln für den Fall, daß die Ziele erreicht werden beziehungsweise daß sie nicht erreicht werden. Beenden Sie den Krieg mit einem Friedensvertrag.

9. Wenn sich die Verhandlungen zu Hause festfahren, denken Sie daran, einen Familientherapeuten aufzusuchen, einen Fachmann, der Erfahrung darin hat, den Familienmitgliedern dabei zu helfen, einander zuzuhören und zu einem Konsens zu finden. Da die Familienmitglieder ziemlich geladen sein können, ist es unter Umständen nützlich, einen Fachmann bei sich zu haben, der die Entladungen unter Kontrolle hält.

10. Im Rahmen einer Familientherapie können Rollenspiele von Nutzen sein, bei denen Familienmitglieder zeigen können, wie sie einander sehen. Da Menschen mit ADD eine schlechte Selbstbeobachtungsgabe haben, wird ihnen, wenn sie sich ansehen, wie sie von anderen dargestellt werden, unter Umständen auf lebendige Weise ein Verhalten demonstriert, dessen sie sich wohl eher nicht bewußt sind, als daß sie sich dagegen sträuben, es zu ändern. Ein Video kann in dieser Hinsicht genauso von Nutzen sein.

11. Wenn Sie merken, daß der Große Kampf gleich losgehen wird, bemühen Sie sich auszusteigen. Versuchen Sie auf Distanz zu gehen. Wenn der Große Kampf erst mal richtig angefangen hat, ist es schwer, da wieder rauszukommen. Man kann ihn jeden Tag von neuem dadurch aufhalten, daß man sich gar nicht erst daran beteiligt. Hüten Sie sich davor, die Auseinandersetzung eine nicht mehr einzudämmende Übermacht gewinnen zu lassen.

12. Geben Sie jedem Familienmitglied Gelegenheit, angehört zu werden. Eine ADD wirkt sich auf jeden innerhalb der Familie aus, bei manchen im stillen. Bemühen Sie sich, die Stillen im Lande zum Reden zu bringen.

13. Bemühen Sie sich, den negativen Lauf der Ereignisse anzuhalten und ihn ins Positive zu wenden. Geizen Sie nicht mit Lob und Ermutigung, wann immer sich ein Erfolg zeigt. Bemühen Sie sich darum, daß sich alle Familienmitglieder positiven Zielen zuwenden, statt in trister Weise weiter dem Glauben anzuhängen, daß alles nur negativ ausgehen kann. Eine der schwierigsten Aufgaben, mit der sich eine Familie, die es mit einer ADD zu tun hat, konfrontiert sieht, ist, in ein positives Fahrwasser zu kommen. Ist das allerdings geschafft, können die Ergebnisse phantastisch sein. Suchen Sie sich einen guten Familientherapeuten, einen guten Trainer, was auch immer – konzentrieren Sie sich einfach darauf, sich einander und dem Problem positiv zu nähern.

14. Stellen Sie klar, wer innerhalb der Familie wofür die Verantwortung hat. Jeder muß wissen, was von ihm erwartet wird. Jeder muß die Spielregeln kennen und was sie für ihn bedeuten.

15. Vermeiden Sie als Elternteil das für Ihr Kind schädliche Heutehassen-morgen-lieben-Muster. An einem Tag bringt Sie das Kind zur Weißglut, und Sie bestrafen es. Am nächsten Tag bereitet es Ihnen Freude, und Sie loben und lieben es. Es trifft auf alle Kinder zu, ganz besonders aber auf ADD-Kinder, daß sie am einen Tag kleine Teufel und am nächsten ein Quell des Entzückens sein können. Bemühen Sie sich, diesen extremen Pendelausschlägen mit gleichbleibender Ruhe zu begegnen. Wenn Sie mit Ihren Reaktionen genauso stark hin und her pendeln wie das Kind, kann sich Ihr Familienleben recht turbulent und unberechenbar gestalten.

16. Nehmen Sie sich Zeit, sich mit Ihrem Ehepartner abzustimmen. Bemühen Sie sich, Geschlossenheit zu demonstrieren. Konsequentes Verhalten ist hilfreich bei der Behandlung der ADD.

17. Machen Sie vor Ihrer Verwandtschaft kein Geheimnis aus der ADD. Sie ist nichts, dessen Sie sich schämen müßten, und je ge-

nauer Ihre Verwandten darüber Bescheid wissen, was los ist, desto besser können sie Ihnen helfen. Außerdem ist auch nicht unwahrscheinlich, daß einer von ihnen ADD hat, ohne davon etwas zu wissen.

18. Bemühen Sie sich, Problembereiche zu identifizieren. Zu den typischen Problembereichen zählen die Zeiten, zu der man für die Schule lernt, aufsteht, schlafen geht, zu Abend ißt, sowie Zwischenzeiten (in denen man das Haus verläßt und dergleichen) und Ferien. Sobald ein Problembereich klipp und klar identifiziert ist, können ihn alle auf konstruktivere Weise angehen. Verhandeln Sie miteinander, wie man es besser machen kann. Bitten Sie einander um spezielle Vorschläge.

19. Halten Sie Brainstorming-Sitzungen mit der Familie ab. Verständigen Sie sich in krisenfreien Zeiten darüber, wie man bestimmte Problembereiche angehen kann. Seien Sie bereit, jede denkbare Lösung wenigstens einmal auszuprobieren. Nehmen Sie die Probleme als Team mit einer positiven, einer Das-schaffen-wir-schon-Haltung in Angriff.

20. Machen Sie Gebrauch von Feedback, das von außerhalb kommt – von Lehrern, vom Kinderarzt, vom Therapeuten, von anderen Eltern und Kindern. Die Menschen hören manchmal nicht auf Familienangehörige oder glauben ihnen nicht, hören aber auf Außenstehende.

21. Bemühen Sie sich, ADD innerhalb Ihrer Familie einfach zu akzeptieren, wie Sie das mit jeder anderen Krankheit tun würden, und machen Sie sie in den Augen aller Familienmitglieder, soweit es geht, zu einer alltäglichen Angelegenheit. Stellen Sie sich auf ADD ein, wie Sie es mit einer besonderen Begabung oder besonderen Interessen in der Familie tun würden, etwa einem musikalischen oder sportlichen Talent, deren Pflege ja ebenfalls Auswirkungen auf

die Familie haben würde. Stellen Sie sich darauf ein, aber bemühen Sie sich, sie das Familienleben nicht beherrschen zu lassen. In kritischen Phasen scheint das unmöglich, aber denken Sie daran, daß die schlimmen Zeiten nicht ewig dauern.

22. ADD kann eine Familie untergraben. ADD kann eine Familie vollkommen durcheinanderbringen und jeden auf jeden wütend machen. Es dauert unter Umständen lange, bis die Behandlung wirkt. Manchmal ist der Schlüssel zum Behandlungserfolg einfach, daß man bei der Stange bleibt und *sich seinen Humor bewahrt*. Zwar ist es schwierig, den Mut nicht zu verlieren, wenn alles scheinbar immer schlimmer wird, denken Sie aber daran, daß es häufig längere Zeit so aussieht, als ob die Behandlung der ADD nichts bewirke. Konsultieren Sie noch einen zweiten Arzt, suchen Sie sich zusätzliche Hilfe, aber geben Sie nicht auf.

23. Schlagen Sie sich mit Ihren Sorgen nicht alleine herum. Sichern Sie sich soviel Unterstützung von anderer Seite wie möglich. Vom Kinderarzt über den Hausarzt bis hin zum Therapeuten, von der Selbsthilfegruppe über die professionelle Hilfsorganisation bis hin zu Tagungen auf nationaler Ebene, von Freunden über Verwandte bis hin zu Lehrern und Schulen, machen Sie Gebrauch von jeder Art Hilfe, die Sie bekommen können. Es ist erstaunlich, wie in der Gruppe aus einem riesigen Hindernis ein lösbares Problem werden kann und wie sehr die Gruppe Ihnen dabei helfen kann, die Dinge im richtigen Rahmen zu sehen. Sie werden feststellen, daß Sie sagen: «Soll das heißen, daß wir nicht die einzige Familie sind, die ein solches Problem hat?» Auch wenn das Problem dadurch noch nicht gelöst ist, kommt es einem dadurch lösbarer und weniger fremdartig und bedrohlich vor. Suchen Sie sich Hilfe. Schlagen Sie sich mit Ihren Sorgen nie alleine herum.

24. Achten Sie auf Privatsphären und hüten Sie sich vor Überreglementierung in der Familie. Menschen mit ADD verletzen häufig,

ohne es zu wollen, die Privatsphäre anderer. Es ist wichtig, daß jedes Familienmitglied weiß und das Gefühl hat, daß es ein Individuum und nicht ständig dem kollektiven Familienwillen unterworfen ist. Außerdem kann sich das Vorhandensein einer ADD in der Familie bedrohlich auf das elterliche Bedürfnis nach Kontrolle auswirken, so daß der eine oder andere Elternteil ein bißchen tyrannisch wird und kategorisch darauf besteht, jederzeit alles zu kontrollieren. Solch ein Überreglementieren erhöht die Spannung innerhalb der Familie und weckt in jedem den Wunsch nach Rebellion. Es erschwert den Familienmitgliedern zudem, das Gefühl der Unabhängigkeit zu entwickeln, das sie brauchen, um ihre Funktionen außerhalb der Familie effizient zu erfüllen.

25. Geben Sie die Hoffnung nicht auf. Hoffnung ist die Basis bei der Behandlung von ADD. Haben Sie jemanden in petto, dem Sie Ihr Leid klagen können und der Ihnen wieder Mut macht. Vergessen Sie nie der positiven Aspekte der ADD – die Energie, die Kreativität, die Intuition und die Gutherzigkeit –, und vergessen Sie auch nicht, daß viele, viele Menschen mit ADD sehr erfolgreich in ihrem Leben sind. Wenn Sie das Gefühl haben, daß ADD Sie und Ihre Familie «fertigmacht», denken Sie daran, daß alles besser werden wird.

Durch ADD können sich Familienmitglieder entfremden, ganz gleich, wie alt die Betroffenen sind. George war siebenundfünfzig Jahre alt und stammt aus einer konservativen, angesehenen neuengländischen Familie. Er hatte in seinem ganzen Leben immer wieder den Beruf gewechselt, hatte für seine Frau und die Kinder gesorgt, aber nie so gelebt, wie es seinen Fähigkeiten beziehungsweise den größeren Erwartungen angemessen gewesen wäre, die seine aristokratische Familie in ihn gesetzt hatte. Als er im Alter von siebenundfünfzig Jahren entdeckte, daß er ADD hatte, daß es tatsächlich einen Grund für seine Leistungsschwäche gab, wurde er ganz euphorisch und konnte es gar nicht erwarten, seiner älteren Schwester, dem weiblichen Familienoberhaupt nach dem Tod seiner Mutter, die Neuigkeit mitzuteilen. Sie reagierte kühl mit den Worten: «Ich freue mich für dich George, daß du etwas gefunden hast, das dich glücklich macht.»

«Ich hab nicht allzuviel erwartet», sagte George. «Vielleicht nur ein ‹Du liebe Güte›. Aber gar nichts? Das versteh ich nicht.»

George schrieb, kurz nachdem er mit seiner Schwester gesprochen hatte, den folgenden Brief, schickte ihn aber nicht ab. Er übergab ihn mir bei einer seiner Sitzungen; der Text war mit folgender Bemerkung eingeleitet: «Ein nicht abgeschickter Brief an meine ältere Schwester, die scheinbar ideale Tochter, verheiratet mit einem Manager und dadurch scheinbar ideale Mutter, Ehefrau und Stütze ihrer Gemeinde, das erstklassige Erzeugnis einer vollkommenen Familie. Seit ich ihr Mitte März von der ADD erzählt habe, die man gerade bei mir festgestellt hatte, habe ich nichts mehr von ihr gehört. Das ist komisch, da sie ihr Leben weitgehend damit verbringt, allen Menschen, mit denen sie in Berührung kommt, alles erdenkliche Gute zu tun. Ich habe diesen Brief als eine Fingerübung geschrieben. Vielleicht hilft er mir, auch wenn er nie abgeschickt werden wird.»

Liebe Patricia,
es ist eine Weile her, wie Du zweifellos wissen wirst, seit wir miteinander gesprochen haben. Wenn ich mich recht erinnere, war es Mitte März, als ich Dich anrief und Dir meine erleuchtende Entdeckung der ADD eröffnete. Ganz kurz sprachen wir uns am Osterwochenende wieder, als Du mich ziemlich schnell (und ziemlich unhöflich, wie ich hinzufügen könnte) an David weitergabst. Ich habe offen gestanden ein paarmal vergeblich versucht, Dich telefonisch zu erreichen, und je mehr Zeit verging, desto klarer wurde mir, daß Du keinen nennenswerten Versuch machtest, Kontakt mit mir aufzunehmen. Nachdem jetzt noch mehr Zeit

vergangen ist, scheint es mir richtig, die Sache anders anzugehen. Ich weiß nicht, was eigentlich los ist, und bin mir deshalb nicht sicher, welches die richtige Vorgehensweise wäre; aber ich habe mich entschlossen, Dir meine Gedanken so klar und offen wie möglich mitzuteilen.

Wie Du vielleicht weißt, versteht man erst seit kurzem halbwegs etwas von ADD bei Kindern, während über ADD bei Erwachsenen weiterhin ziemliche Unsicherheit herrscht. Du weißt vielleicht auch, daß... Moment mal, in diese Richtung will ich ja gar nicht. Offen gesagt ist es eigentlich nicht das Hauptanliegen dieses Briefes, Informationen über ADD weiterzugeben. Eigentlich geht es mir um den Versuch, ein bißchen aus meinem Leben zu erzählen und bei dieser Gelegenheit auch zu hören, was Du so machst.

Rekapitulieren wir noch einmal: Mein Anruf im März diente dem Zweck, Dich über die bedeutsamste Erkenntnis meines Lebens ins Bild zu setzen. Diese ADD-Sache hat mich nicht nur unbemerkt daran gehindert, all die Dinge erfolgreich zu tun, die man von mir erwartet hat, sondern sie hat es auch in einer Weise getan, daß ich (mit den meisten anderen Schicksalsgenossen) zu der Überzeugung kam, daß mein Leistungsdefizit eine Willenssache und somit eine schwere Charakterschwäche war. Das habe ich, ehrlich gesagt, wirklich geglaubt, solange ich zurückdenken kann. Außerdem war mir, ebenso wie allen anderen, die mit mir in Berührung kamen, klar, daß ich begabt war und intelligent, daß ich gut aussah, anständige Manieren hatte und was sonst noch bei der Jagd nach Erfolg von Wichtigkeit ist... ein weiterer Fehlstart.

Ich möchte wirklich wissen, was in drei Teufels Namen in Deinem Kopf vorgeht. Dein Bruder, den Du Deiner aufrichtigen Liebe und Zuneigung versichert hast, erzählt Dir, daß er eine äußerst gravierende neurologische Störung, nämlich ADD hat und daß die Begleiterscheinungen dieser

Störung mein ganzes Tun und Denken und alle meine Beziehungen verdreht haben. Warum hast Du mich nicht ermutigt, mir Mitgefühl, Interesse oder irgend etwas Derartiges bezeigt? Wenn Du aus irgendwelchen Gründen nichts dergleichen empfunden hast, warum hast Du mich dann nicht zur Rede gestellt und mir entrüstet vorgehalten, ich sei ein Simulant, ein Ärgernis, das schwarze Schaf in unserer amerikanischen Traumfamilie? Warum zum Teufel hast Du überhaupt nicht reagiert? Bin ich ein so unbedeutender Fliegenschiß in Deinem dickärschigen Samariterdasein, daß Du mich noch nicht einmal einer kurzangebundenen, hochnäsigen (meinetwegen sogar herablassenden) Antwort für würdig erachtest?

All diese Optionen sind kompletter Unsinn, Patty. Ich bin Dein Bruder George. Ich habe ein neurologisches Leiden mit Namen Aufmerksamkeits-Defizit-Disposition, kurz ADD. Niemand ist schuld daran, daß ich dieses Leiden habe, und niemand hat absichtlich zu den Auswirkungen beigetragen, die es auf mich gehabt hat. Zwar bin ich nicht zornig oder verbittert deswegen, es ist aber die Ursache unendlicher Mühe gewesen, die es mich gekostet hat, selbst die einfachsten Dinge zu tun, die ich und andere von mir erwartet haben. Ich hatte keine Kontrolle über die psychischen Funktionen, die bei fast allem, was in meinem Leben wichtig ist, für die Aufrechterhaltung meines Interesses vonnöten sind. Ich bin mir selbst und anderen als faul und unmotiviert vorgekommen, als jemand, der eine Fülle von angeborener Begabung verschleudert. Das hat mich so nachhaltig entmutigt, daß ich lange, lange Zeit für nichts auch nur einen Funken echte Begeisterung aufbringen konnte (außer dafür, mir meine Schulden vom Hals zu schaffen). Das ist *keine* Ausgeburt meiner Phantasie und auch nicht irgendein Modesyndrom, die als Ausrede für ein verpfuschtes Leben herhalten sollen. So wie sich die Störung auf mich auswirkt, so wirkt sie sich auch auf Tausende anderer Menschen aus. An meiner Diagnose besteht kein Zweifel. Drei Spezialisten für ADD bei Erwachsenen haben sie unabhängig voneinander überzeugend bestätigt. Ich habe zahllose Berichte darüber gelesen, wie Menschen mit einer unerkannten ADD gelebt haben, für die meisten davon hätte ich das anekdotische Material beisteuern können. Die nosologische Beschreibung des Krankheitsbildes paßt so genau auf mich, als wäre sie für mich geschrieben. Und dabei kann ich mich glücklich schätzen, daß ich nicht zum Alkoholiker geworden bin oder sonst ein unrühmliches, aber durchaus nicht ungewöhnliches Ende nach Art so manches armen Teufels genommen habe, der von der ADD erwischt wurde.

Zur Zeit probiere ich eine Medikamentenkombination aus, die mir als Konzentrationshilfe dient. Gleichzeitig bemühe ich mich, Verhaltensmuster zu entwirren, die jahrelang für ein Wechselbad von Erfolg, Mißerfolg, Frustrationen, Verwirrung und sogar Anlaß zum Lachen gesorgt haben. Ich halte es zwar nicht für ein Glück, daß ich diesen hinterhältigen Nervenkitzel habe, mir ist aber klar, daß es immerhin ein Vorteil für mich ist, Bescheid zu wissen und mich nicht bis zum Ende durch ein Leben zu wursteln, das genaugenommen kein reines Vergnügen war.

Würdest Du mich wohl bitte wissen lassen, wie Du darüber denkst? Ich erwarte keine bestimmte Haltung von Dir. Ich möchte nur Deine ehrliche Meinung wissen, ganz gleich, wie sie ausfallen mag. Es wäre schön, wenn wir die familiären Beziehungen, den Erfahrungsaustausch, den wir früher hatten, in positiver Weise fortsetzen könnten, aber wenn Dir das aus irgendwelchen Gründen gegen den Strich geht, kann ich damit leben. Laß es mich nur wissen.

Herzlich
Dein Bruder George

Nach einiger Überlegung beschloß George, den Brief nicht abzuschicken. «Ich glaube, ich sollte meine Bemühungen aufgeben, irgendeine Art Anerkennung von ihr zu bekommen, die sie ja doch nicht in der Lage ist, mir zu geben. Ich weiß nicht, warum mir in meinem Alter überhaupt daran liegt. Aber das tut es nun mal.»

Mit der Zeit bekam George diese Anerkennung von anderen und, was das Wichtigste war, von sich selbst. Der Kampf, den er ein Leben lang geführt hatte, war wenigstens begreiflich geworden, zumindest für ihn, seine Frau und seine Kinder. Es hätte ihm die Zerreißprobe, in der er sich befand, allerdings erleichtert, wenn seine Schwester für seine Lage hätte Verständnis aufbringen können.

Die Familie hat im allgemeinen eine ungeheure Macht, sowohl zu heilen, wie Schmerz zuzufügen. Wenn die Familie bereit ist, ein chronisch angeschlagenes Familienmitglied in einem neuen Licht zu sehen, wenn die Familie bereit ist, dabei mitzuhelfen, daß es geheilt wird, kann das wirkungsvoller sein als alle ausgeklügelten Medikationen, Therapien und Beschwörungen. Wenn die Familie allerdings nicht dazu bereit ist, ihren George einmal mit anderen Augen anzusehen, sondern statt dessen schnaubt und schnauzt: «Das ist doch schon wieder so eine von deinen faulen Ausreden! Warum reißt du dich nicht einfach zusammen?», dann unterminiert sie unter Umständen, was auch immer er vielleicht an guter Therapie bekommt. Nur wenige von uns entwachsen der Macht, die die Familie besitzt, uns niederzumachen wie uns aufzubauen. Nur wenige von uns gelangen jemals über den Wunsch hinaus, von Vater und Mutter, Geschwistern und Verwandten anerkannt und geliebt zu werden. Dieser Wunsch kann zu unserem Nutzen verwandt werden, indem er als erfüllter Wunsch uns festigt, und er kann dazu verwandt werden, uns zu zerstören, indem er ständig verweigert wird.

Will die Familie von ihrer großen Macht zu heilen Gebrauch machen, muß sie bereit sein, die Herausforderung einer Veränderung zu akzeptieren. Alle Gruppen, ganz besonders aber die Familie, sehen durch eine Veränderung ihren Status quo bedroht, ganz gleich, wie schlecht er auch sein mag. In dem Maße, wie der ADD-Kranke sich zu ändern sucht, verlangt er von seiner Familie, sich mit ihm zu ändern. Das ist nie einfach. Nicht nur die Problemfamilie tut sich mit Veränderungen schwer, sondern jede Familie. Doch mit Aufklärung und Information, mit Unterstützung und Ermutigung kann sich die Familie erfolgreich den Umständen anpassen. Wenn im Familiensystem nicht mehr soviel gelitten wird, kann das Leben zu Hause sogar vergnüglich sein.

6 Teile des Elefanten
Abarten der ADD

Wir haben noch keine griffige Definition für ADD. Statt dessen müssen Symptombeschreibungen dazu herhalten, sie zu definieren. Die Beschreibungen konzentrieren sich häufig auf den einen oder anderen Teil des Syndroms, indem sie diesen oder jenen Aspekt in einer Weise hervorheben, die an die Geschichte von den Blinden erinnert, die einen Elefanten beschreiben. Ein Blinder betastet den Rüssel und beschreibt ihn als etwas Langes, Röhrenförmiges, aus dem Luft entweicht. Ein anderer betastet den Schwanz und beschreibt ihn als etwas Schmales, Biegsames. Wieder ein anderer betastet ein Bein und beschreibt es als etwas, das einem Baumstamm ähnelt. Und noch ein anderer betastet den Bauch und beschreibt ihn als etwas Massiges und doch Weiches. Keiner der Blinden ist in der Lage, ein Stück zurückzutreten und den Elefanten als Ganzes zu sehen.

So ist es unter Umständen auch mit der ADD. Wenn wir uns auf einen Teil des Syndroms konzentrieren, riskieren wir, einen weiteren, ganz andersartigen Teil zu übersehen. Wenn wir uns zum Beispiel auf Unaufmerksamkeit konzentrieren, übersehen wir unter Umständen, daß viele Menschen mit ADD gelegentlich auch hyperfokussieren können. Oder wenn wir uns auf Hyperaktivität konzentrieren, übersehen wir vielleicht die vielen Menschen mit ADD, die still und verträumt sind. Es ist schwierig, ein Stück zurückzutreten und zu erkennen, daß all diese Aspekte Teil eines größeren Ganzen sind. Untersucht man allerdings die verschiedenen Teile oder Abarten der ADD, gelangt man zu einem genaueren Begriff von diesem komplexen Syndrom. Die offizielle diagnostische Nomenklatur erkennt nur zwei Arten von ADD an: ADD mit Hyperaktivität und ADD ohne Hyperaktivität. ADD bei Kindern und ADD bei Erwachsenen bildet eine weitere grobe Einteilungskategorie.

Wir würden gern einige andere Unterarten einführen, die nicht alle offiziell anerkannt, aber aufgrund unsrer klinischen Erfahrung zur Identifizierung der landläufigsten und charakteristischsten Formen nützlich sind, in denen sich die ADD manifestiert. Weil viele Sekundärsymptome, die bei ADD auftreten, sich erst im Lauf der Zeit entwickeln, gelten diese Unterarten hauptsächlich für die ADD, wie sie sich bei Erwachsenen darstellt. Wir zählen sie hier ungefähr in der Reihenfolge ihrer Häufigkeit (absteigend) auf.

Zu den Unterarten zählen:

1. ADD ohne Hyperaktivität

2. ADD mit Angstzuständen

3. ADD mit Depressionen

4. ADD mit anderen Lernstörungen

5. ADD mit Agitiertheit beziehungsweise Manie

6. ADD mit Suchtverhalten

7. ADD bei schöpferischen Menschen

8. ADD mit Risikoverhalten beziehungsweise «Nervenkitzel»-ADD

9. ADD mit dissoziativen Zuständen (Bewußtseinsspaltung)

10. ADD mit Merkmalen der Borderline-Persönlichkeit

11. ADD mit Störungen des Sozialverhaltens oder oppositionel-

lem, aufsässigem Verhalten (bei Kindern) beziehungsweise mit Merkmalen von Asozialität (bei Erwachsenen)

12. ADD mit obsessiv-kompulsiver Störung

13. Pseudo-ADD

ADD ohne Hyperaktivität

Eines der verbreitetsten Mißverständnisse in bezug auf die Aufmerksamkeits-Defizit-Disposition ADD ist die Annahme, daß sie nur in Verbindung mit Hyperaktivität auftritt. Viele Menschen glauben, daß das Kind, das nicht «von Mauern herunterspringt», auch nicht ADD hat. Wenn ein Kind keine Verhaltens- oder Disziplinprobleme hat und noch nicht mal ein Zappelphilipp ist, dann kann es auch keine ADD haben. Oder wenn ein Erwachsener kein rastlos kreiselnder Derwisch ist, dann kann er auch nicht ADD haben. Die Diagnose basiert offenbar in den Köpfen vieler Menschen auf dem Symptom der motorischen Hyperaktivität.

Das stimmt zwar nicht, ist aber verständlich. Unser Wissen von ADD haben wir an hyperaktiven Kindern gewonnen. Wir sind erst vor relativ kurzer Zeit zu der Einsicht gekommen, daß ADD auch ohne Hyperaktivität und übrigens auch bei Erwachsenen auftreten kann. So wie man ein Image, das man sich erworben hat, nur schwer wieder los wird, so schwer wird überaltertes Wissen wieder aufgegeben.

Doch die Faktenlage zeigt jetzt, daß es zahlreiche Kinder und Erwachsene mit ADD gibt, die alle anderen Symptome einer ADD haben, die aber nicht hyperaktiv beziehungsweise noch nicht einmal überaktiv sind, sondern allenfalls motorisch verlangsamt, wenn nicht sogar träge.

Das sind die Tagträumer. Das sind die Kinder – häufig Mädchen –, die im Klassenzimmer hinten sitzen und ihr Haar durch die Finger gleiten lassen, während sie aus dem Fenster starren und sich in lange, lange Gedankenfluchten verlieren. Das sind die Erwachsenen, deren Gedanken während einer Unterhaltung oder beim Lesen mitten auf der Seite plötzlich abschweifen. Das sind die Menschen – sie sind häufig sehr phantasievoll –, die mitten in einer Unterhaltung eine Leiter zum Himmel bauen, die in Gedanken Theaterstücke schreiben, während sie mit ihrer Tagesarbeit nicht zu Rande kommen, oder die höflich und liebenswürdig nicken, obwohl sie gar nicht mitbekommen haben, was überhaupt gesagt worden ist. Sie stehlen sich leise davon, ohne das Getöse, das ihre hyperaktiven Brüder dabei veranstalten, doch sie stehlen sich genauso davon.

Kann sein, daß es an der Art liegt, wie das ADD-Gen zum Ausdruck kommt, kann aber auch sein, daß es an dem fehlenden Y-Chromosom liegt, jedenfalls haben Mädchen offenbar häufiger ADD ohne Hyperaktivität als Jungen. Sie kann bei beiden Geschlechtern auftreten, ist aber verbreiteter unter Mädchen beziehungsweise Frauen.

Bei diesen Menschen ist die Ablenkbarkeit in der Regel das Kernproblem. Sie vollzieht sich lautlos, ihre Aufmerksamkeitsverlagerung. So lautlos und definitiv wie der Schnitt zwischen zwei Filmsequenzen. Stellen Sie sich vor: Sie sind jetzt hier und im nächsten Moment ganz weit weg. Sie merken es eigentlich gar nicht. Sie gehen einfach mit, wie Sie bei einem Schnitt im Film mitgehen. Sie folgen der Geschichte, die in Ihrem Inneren abläuft, der inneren Verfilmung Ihres Tageslaufs, und der Gang der Handlung nimmt Sie mit sich fort.

In mancher Hinsicht ist es ein bezauberndes Symptom. Die Phantasie schlängelt sich wie ein Bach, sie gleitet auf gewundener Bahn durch die Landschaft, folgt hier einer Biegung, stürzt dort in einer Kaskade ab und nimmt, ihrem eigenen Tempo folgend, unerschütterlich ihren Lauf zu einem größeren Gedankenfluß.

In anderer Hinsicht ist es jedoch alles andere als bezaubernd. Es kann geradezu lähmend sein, wenn Sie sich nicht darauf verlassen können, daß Ihr Bewußtsein sich an die Dinge erinnert, an die es sich erinnern soll, Ihnen nicht sagt, wann Sie wo zu sein haben, sich nicht auf das Gespräch konzentriert, das Sie gerne führen würden, nicht auf die Seite, die Sie gerne lesen würden und nicht auf das Arbeitsprojekt, das Sie dringend zu Ende führen müßten. Der mäandrierende Bach, der unstete Gesell, scheint Sie für immer von dort fortzutragen, wo Sie sein möchten.

«Es kann sein, daß ich an meinem Schreibtisch an irgendeinem Projekt arbeite», berichtet eine Patientin, «und dann denke ich auf einmal, ohne mir dessen eigentlich bewußt zu sein, über irgendeinen anderen Gedanken nach, der mit meiner Arbeit zu tun hat. Dann verfolge ich diesen Gedanken weiter und stehe vielleicht vom Schreibtisch auf, um irgend etwas zu holen; und wenn ich dann gegangen bin, um die betreffende Sache zu holen, hatte ich schon wieder vergessen, was ich eigentlich holen wollte. Es ist fast, als ob ich schlafwandeln würde. Es können Stunden vergehen, die ich in diesem unkonzentrierten Zustand verbringe. Viele interessante Gedanken gehen mir durch den Kopf, und ich werde unter Umständen von einer ganzen Reihe interessanter Ideen gefesselt, aber es kommt wenig dabei heraus. Ich kann ein paar Minuten dagegen ankämpfen, wenn ich darauf achte, sobald ich mich aber irgendeiner Sache zuwende, sobald ich aufhöre, mich zu kontrollieren und mich meiner Arbeit überlasse, bin ich meinen Marotten wieder ausgeliefert. Wenn ich nur in der Lage wäre, mich eine Stunde lang richtig zu konzentrieren, könnte ich in der Zeit wahrscheinlich mein ganzes Tagespensum schaffen.»

Als diese Frau auf ADD behandelt wurde, änderte sich ihr Leben. «Es ist erstaunlich», sagt sie, «ich hab mich eigentlich gar nicht anders gefühlt, aber ich wurde auf einmal mit meiner ganzen Arbeit fertig. Projekte, die ich seit Jahren im Hinterkopf hatte, führte ich allmählich zu Ende, und abends konnte ich kaum glauben, wieviel ich tatsächlich geleistet hatte. Aber nicht nur meine Produktivität hat sich geändert, sondern mein ganzes Selbstbild. Ich betrachtete mich nicht mehr als eine Art Hans-guck-in-die-Luft und merkte allmählich, daß ich so intelligent war wie alle anderen. Und ich merkte allmählich auch, daß ich gar keine Macke hatte. Ich war sogar recht gut. Das war etwas Neues für mich, das kann ich Ihnen sagen. Wie schade, daß ich nicht schon früher etwas von meiner Krankheit erfahren habe.»

Es gibt außer ADD noch viele andere Faktoren, die zur Konzentrationsschwäche beitragen können: die Hektik unseres Alltags, traumatische Erfahrungen in Gegenwart oder Vergangenheit, Depressionen, Suchtverhalten, Medikamentenmißbrauch, Angststörungen, abnorme Erlebnisreaktion, bedeutende Veränderungen der Lebensumstände und verschiedene Krankheiten, wie zum Beispiel bestimmte anfallartige Störungen, die nur ein Arzt beurteilen kann. Die Ursache könnte allerdings auch eine unbehandelte ADD sein.

Vor allem wenn keine Hyperaktivität mit im Spiel ist, wird die Diagnose ADD leicht verfehlt. Die betreffende Person scheint einfach nur einer jener zahllosen Menschen zu sein, die keine Ordnung in ihr Denken bringen können. Man möchte ihn packen und schütteln und zu ihm sagen: «Reiß dich zusammen! Halt dich ran! Merkst du nicht, daß du dein Leben verschleuderst?!» Wenn sich aber jemand aus der näheren Umgebung des Betreffenden Zeit für die Überlegung nähme, daß das Problem von etwas Komplexerem herrühren könnte als von Faulheit oder einem allgemeinen Desinteresse, dann würde die Situation in einem neuen Licht erscheinen, und das könnte unter Umständen der Anfang von einem besseren Leben sein.

ADD mit Angstzuständen

Manche Menschen erfahren die ADD als einen chronischen Angstzustand. Was sie am meisten quält, ist nicht die bei der ADD auftretende Unaufmerksamkeit oder Impulsivität, sondern das damit verbundene Angstgefühl, das sie ständig empfinden.

Diese Angst kann in zwei Komponenten zerfallen, die eine ist logisch und augenfällig, die andere irrational und versteckt. Die «logische» Angst ist die Angst, die zu empfinden man erwartet, wenn man dauernd irgendwelche Verpflichtungen vergißt, sich der Tagträumerei überläßt, impulsiv im Reden und Handeln ist, zu spät kommt, Verabredungen nicht einhält – all die typischen ADD-Symptome. Wenn man in einem solchen Geisteszustand lebt, versetzt einen das natürlich in Angst: Was habe ich vergessen? Was wird als nächstes schiefgehen? Wie kann ich alle Bälle, die ich in der Luft habe, im Auge behalten?

Die versteckte Angst ist ein unglaubliches Phänomen, aber wir erleben sie häufig in unserer Praxis. Es ist die Angst oder Sorge, die sich der betreffende Mensch aktiv sucht. Der Patient mit der «Angst-ADD» beginnt häufig den Tag oder irgendwelche Ruhepausen damit, hastig seinen inneren Horizont abzusuchen mit dem Ziel, irgend etwas zu finden, worüber er sich Sorgen machen kann. Sobald ein Gegenstand zur Sorge ausgemacht ist, hängt sich der Betreffende wie ein Geschoß mit einem Wärmesensor dran und läßt ihn nicht wieder los. Ganz gleich, wie trivial der Gegenstand oder wie quälend die Sorge ist, er hält sie wach und kommt, wie magnetisch angezogen, immer wieder darauf zurück. Tatsache ist, daß einige dieser Menschen eine obsessiv-kompulsive Störung haben, die Mehrzahl aber nicht. Sie benutzen die Sorge tatsächlich als Hilfsmittel zur Organisation ihrer Gedanken. Lieber sich mit einer Sorge herumschlagen, so empfinden sie es offenbar, als mit der Angst vor dem Chaos.

Hören wir uns die Schilderung einer Patientin an: «Sobald ich ein Problem gelöst habe, suche ich mir gleich ein neues. Es sind in der Regel wirklich Lappalien wie beispielsweise eine unbezahlte Rechnung oder etwas, das jemand vor zwei Tagen zu mir gesagt hat, oder ob ich zu dick bin oder nicht. Aber ich brüte darüber, bis mir die ganze Laune verdorben ist.»

Dieser Hang, sich um eine Sorge zu organisieren, ist das konstitutive Merkmal der ADD mit Angstzuständen. Er ist verbreitet. Warum hält sich dieser Hang so hartnäckig? Nicht zuletzt, weil die betreffende Person nicht weiß, warum sie das tut. Wie die meisten seelischen Gewohnheiten hält er sich so lange, bis er erkannt ist und damit das Bemühen um eine Änderung einsetzen kann.

Eine weitere Erklärung für diese grüblerische, oft äußerst quälende Art zu denken hat mit dem zu tun, was wir Alarmreaktion bei ADD nennen. Es ist eine Ereignisfolge, die nach festem Schema abläuft:

1. Irgend etwas «alarmiert» das Gehirn. Eine Übergangssituation vielleicht, das morgendliche Erwachen etwa oder die Umstellung von einer Verabredung auf die nächste, oder die Beendigung einer Arbeit, oder das Eintreffen irgendeiner Nachricht. Dieses Etwas mag eine Banalität sein und ist es gewöhnlich auch, aber der «Alarm» erfordert ein Umorganisieren auf seiten des Gehirns.

2. Das löst eine kleine Panik aus. Das Bewußtsein weiß nicht, woran es sich halten und was es tun soll. Es hat sich auf eine Sache konzentriert und soll nun mit einem Szenenwechsel fertigwerden. Das ist ziemlich desorganisierend. Deshalb greift das Bewußtsein nach etwas Brandaktuellem, etwas, worauf es sich konzentrieren kann. Da Sorgen so «aktuell» und deshalb so organisierend sind, sucht sich das Bewußtsein etwas, worüber es sich Sorgen machen kann.

3. Besorgtes Grübeln tritt an die Stelle der Panik. Besorgtes Grübeln ist zwar quälend, doch ist es wenigstens organisiert. Man kann sich immer und immer wieder, tausendmal am Tag sagen: «Werd ich's schaffen, meine Steuern pünktlich zu bezahlen?» oder: «Bedeutet der Blick, den sie mir zugeworfen hat, daß sie mir böse ist?» oder: «Ob ich mein Examen wohl bestanden habe?» An die Stelle der Panik, die durch den Alarm ausgelöst wurde, tritt der konzentrierte Schmerz besorgten Grübelns.

Der Sinn dieser Ereignisfolge besteht einzig darin, ein Chaos zu vermeiden. Chaos freut niemanden, aber die meisten Menschen können es für Sekundenbruchteile oder sogar für Sekunden ertragen beim Übergang von einer Aufgabe zur anderen, von einem Zustand in den anderen, von einem Reiz zum anderen. Das ADD-Bewußtsein kann das häufig nicht. Statt dessen fixiert es sich auf Sorgen und organisiert sich im sie herum – und kommt nicht mehr von ihnen los.

ADD mit Depression

Manchmal ist das Symptom, dessentwegen der ADD-Kranke erstmals den Psychiater aufsucht, irgendeine Affektstörung, namentlich eine Depression. Zwar ist die ADD durch andere Symptome definiert – Ablenkbarkeit, Impulsivität, Ruhelosigkeit – und wird infolgedessen nicht in Erwägung gezogen, wenn jemand sagt, daß er deprimiert ist. Tatsache ist aber, daß ADD und Depression häufig koexistieren.

Das ist nicht schwer zu verstehen, wenn man die typische Lebenserfahrung eines ADD-Kranken bedenkt. Seit Kindertagen ist er von dem Gefühl erfüllt, dauernd frustriert zu sein und zu vergessen. Da er mit seinen Leistungen ständig hinter seinen Möglichkeiten zurückbleibt, als dumm, faul oder eigensinnig getadelt wird, da er es äußerst schwierig findet, den Anforderungen des alltäglichen Lebens zu genügen, da er immer woanders ist als im Hier und Jetzt, da er immer wieder das Ziel verfehlt, da er mit einem Zuviel an Energie und einem Zuwenig an Selbstwertgefühl leben muß, kommt die Person mit ADD unter Umständen zu dem Schluß, daß Weitermachen sich einfach nicht mehr lohnt, daß das Leben zu schwer, eine zu große Schinderei ist und daß es vielleicht das beste wäre, es wäre vorbei.

Es ist herzerfrischend zu sehen, wie tapfer sich Menschen mit einer unerkannten ADD bemühen, ihrer Verzweiflung Trotz zu bieten. Sie geben nicht auf. Sie lassen sich nicht unterkriegen. Auch wenn sie schon viele Male zu Boden gegangen sind, sie stehen wieder auf, um dann wieder zu Boden zu gehen. Es ist schwer, sie endgültig zu Boden zu schicken. Sie neigen nicht zum Selbstmitleid. Sie neigen eher dazu, wütend zu werden, wieder aufzustehen und es noch mal zu versuchen. In der Beziehung könnte man sagen, daß sie eigensinnig sind: Sie geben einfach nicht auf. Aber bei all dem können sie deprimiert bleiben.

Zwar kann für die Depression, die man so häufig bei Menschen mit ADD feststellt, zum Teil die Lebenserfahrung verantwortlich sein, doch spielt hier auch häufig ein biologischer Faktor mit. Es könnte sein, daß ADD und die biologisch bedingte (das heißt die nicht durch lebensgeschichtliche, sondern durch biologische Faktoren verursachte) Depression eine gemeinsame pathophysiologische Grundlage haben. Anders gesagt: Es könnte sein, daß ADD und die biologisch bedingte Depression unter physiologischem und pathogenetischem Aspekt verwandt sind. Was immer bei der Depression falsch läuft, worin immer die «Patho»-Komponente in der Physiologie besteht – dies ist vielleicht auch die Komponente, mit der es bei der ADD hapert.

James Hudson und Harrison Pope von der Harvard Medical School gehen bei ihren innovativen Forschungen von der Hypothese aus, daß acht eigenständige Störungen, darunter auch Depression und ADD, mit ein und derselben physiologischen Abnormität in Zusammenhang stehen. Sie nennen die Gruppe Affekt-Spektrum-Störung. (Dazu zählen Bulimie, obsessiv-kompulsive Störungen, Schrecklähmung, Migräne, Angstattacken [Panikstörung] und das Reizdarmsyndrom.) Für die Zusammenfassung zu einer Gruppe spricht sowohl das klinische Material als auch der Umstand, daß alle Störungen auf dieselben Medikamente ansprechen. Wenn man – wie das der Fall ist – mit einem Medikament, mit dem man eine schwerere Depression erfolgreich behandelt hat, auch ADD erfolgreich behandelt, darf man dann nicht davon ausgehen, daß es zwischen den beiden eine Verbindung gibt? Zwar ist das nicht unbedingt so – der Mediziner kennt tatsächlich Störungen, die nichts miteinander zu tun haben und mit demselben Medikament behandelt werden. Es lohnt sich aber, darüber nachzudenken. Genau das haben Hudson und Pope getan. Ihre Forschungen weisen überzeugende Anhaltspunkte dafür auf, daß es eine physiologische Verbindung zwischen den acht Störungen ihres «affektiven Spektrums» gibt.

Berücksichtigt man die Rolle von Biologie und Lebenserfahrung, dann ist es also nicht verwunderlich, daß die ADD von einer Depression begleitet wird.

Das Affektproblem ist bei ADD allerdings häufig eine diffizile Sache. Es ist nicht so gravierend, daß man es Depression nennen kann, es ist jedoch gravierender als die normalen Stimmungstiefs des Alltagslebens. Hören wir uns die Schilderung einer Patientin an:

Ich bin, glaube ich, noch nie in meinem Leben wirklich glücklich gewesen. Solange ich zurückdenken kann, hat Traurigkeit an mir genagt. Manchmal habe ich nicht daran gedacht. Das waren dann wohl die Momente, von denen man sagen könnte, daß ich glücklich war. In dem Augenblick aber, wo ich anfange nachzudenken, ist das schlechte Gefühl wieder da. Es ist keine Verzweiflung. Ich habe nie versucht, mich umzubringen oder dergleichen. Ich hab bloß nie ein gutes Gefühl gehabt, was mich betrifft, was mein Leben betrifft und was die Zukunft betrifft. Es ist alles ein harter Kampf gewesen. Ich habe wohl immer gedacht, daß das Leben einfach so ist – eine lange Reihe von Enttäuschungen mit ein paar Lichtblicken dazwischen.

Die Schilderung dieser Patientin erinnert an einen Ausspruch des berühmten englischen Schriftstellers und Gelehrten «Doctor» Samuel Johnson (1709–1784), der, wie viele Anzeichen vermuten lassen, selbst ein Mensch mit ADD und Depression war. Johnson sagte, daß «das Leben nicht von Vergnügen zu Vergnügen, sondern von Hoffnung zu Hoffnung fortschreitet». Und irgendwo anders hat er geschrieben: «Überall auf der Welt ist das Leben ein Zustand, in dem es mehr Leid als Freude gibt.» Und er sagte weiter, «daß die Welt, in der wir leben, ein Sündenpfuhl und ein Jammertal ist».

Eine solche anhaltende Traurigkeit und ein solcher Mangel an jeglicher Lebensfreude geht häufig mit ADD einher. Manchmal lichtet sich die Trübsal, wenn die ADD behandelt wird. Als hätte man aus dem Auge des betreffenden Menschen ein Staubkorn entfernt, kann er nun die erfreulichen Seiten des Lebens dort wahrnehmen, wo bisher nur Wirrwarr und Nebel gewesen ist. Bei Menschen mit dieser Abart der ADD verstellt die mit zu den Krankheitszeichen gehörende Ablenkbarkeit den Blick für die erfreulichen Seiten des Lebens und für die Ordnung von Dingen und Situationen und beeinträchtigt das Gefühl, daß das Leben schon ganz in Ordnung sein kann.

Es war der eben zitierten Patientin nie in den Sinn gekommen, daß die Dinge in ihrem Leben einen positiven Verlauf nehmen könnten, weil sie es nie merkte, wenn es der Fall war. Sie wurde immer von irgendeiner relativ belanglosen Sorge abgelenkt. Aber sie war so ablenkbar, so sehr Opfer der nervlichen Zerrüttung, in die ihre Sorgen sie stürzten, daß sie vor lauter Bäumen den Wald nicht sah. Das Gefühl ständiger Enttäuschung war eine Funktion ebensosehr ihrer Unfähigkeit, Ordnung und Stabilität in ihrer Welt wahrzunehmen, wie von Fällen realen Versagens.

Wir wollen hier nicht behaupten, daß jede Depression eine Folge der ADD ist. Das wollen wir keineswegs. Es gibt allerdings Menschen, die ständig traurig sind und tatsächlich eine unerkannte ADD haben.

Die Primärstörung – die Unfähigkeit, bei der Sache zu bleiben – führt unter Umständen zum Sekundärproblem der Depression. Oder beide – ADD und Depression – können koexistieren und haben beide ihren Ursprung in derselben physiologischen Abnormität.

ADD mit anderen Lernstörungen

Die Qual einer Lernstörung besteht nicht nur in der Anstrengung, die es einen kostet zu funktionieren, sondern auch in der Kontaktlosigkeit, die man zu ertragen hat, ein mangelnder Kontakt sowohl zur Sprache und zum Gedanken, zum Ausdruck und zur Kreativität, zu Büchern und zu Wörtern wie auch zu Menschen und zu Gefühlen.

Ebenso läßt sich meiner Meinung nach sagen, daß die verschiedenen Störungen Vergnügungen mit sich bringen, und eine davon liegt in Phantasiespielen. Mag das Kind mit Legasthenie oder ADD einerseits auch stammeln, stolpern und steckenbleiben, mag es auch den Kontakt zu den geschriebenen Wörtern, den bedruckten Seiten, zu den Menschen verlieren, so kann es doch andererseits auch Höhenflüge erleben. Vielleicht knüpft es auf eine neue, unerwartete Weise Kontakt. Vielleicht stolpert es beim Stolpern in etwas Neues und Wundervolles hinein. Deshalb ist es wichtig, daß wir an den Seelen dieser Kinder die Fenster sauberhalten, daß nicht Scham, Kritik, Defätismus und Abwertung sie mit einer Schmutzschicht überziehen.

Dazu möchte ich eine Geschichte erzählen. Es war einmal ein kleiner Junge, der wurde zum Schreibphobiker erklärt. Und diese Bezeichnung stammte von einem Psychologen. «Karl ist ein Schreibphobiker», war in dem Bericht zu lesen. «Ich komme zu diesem Ergebnis aufgrund psychometrischer wie projektiver Tests, aus denen eine partielle Unfähigkeit hervorgeht, vorsprachliche Gedächtnisinhalte bei Bilderinnern und improvisierter Stimulation abzurufen. Das führt zu einer relativen Hemmung der Fähigkeit zum schriftlichen Ausdruck, genauer gesagt zu einer Neigung, von außen kommende Reize und Stressoren zu vermeiden, die mit dem Schreibvorgang zu tun haben. Die neurologische Situation wird auf psychodynamischer Ebene dadurch kompliziert, daß Karl ein frühreifes Sensorium für die inneren Konflikte seiner Eltern hat. Für einen Jungen von acht Jahren zeigte er eine ungewöhnliche Einsicht in die unerfüllten schriftstellerischen Ambitionen seiner Mutter sowie in die Scham-Stolz-Ambivalenz seines Vaters angesichts eigenen Autorenlorbeers, der Tatsache nämlich, daß er es zu einem gewissen Erfolg als Schreiber von gemeinhin so genannten TV-

Sitcoms gebracht hat. So bewirken die neurologischen und psychodynamischen Faktoren zusammen in Karl eine starke Zerrissenheit in der Frage, ob er schreiben soll oder nicht, ob er schreiben kann oder nicht und was genau Schreiben eigentlich bedeutet. Solange diese Fragen nicht gelöst sind, wird er Schreibphobiker bleiben. Ich würde dazu raten, in dieses prekäre Gleichgewicht nicht einzugreifen, sondern Karls Abwehrsystem zu respektieren und darauf zu warten, daß die Fragen sich lösen. Wenn das nicht hilft, könnte die Förderklasse sich als unschätzbare Hilfe erweisen.»

Meine Freundin Priscilla Vail, eine Lerntherapeutin, las den Bericht und brach in lautes Lachen aus. «Was soll denn das heißen?» fragte sie sich. Da sie dem Bericht keinen rechten Glauben schenkte, beschloß sie, eine andere Route einzuschlagen, als der Psychologe empfohlen hatte. Sie sagte Karl, daß er seine Schreibproduktion – egal, wie groß seine Lust zum Schreiben war – auf eine halbe DIN-A4-Seite täglich beschränken mußte. Dann fing sie mit ihm alle möglichen Spaßprojekte an, zu denen Schreiben gehörte – Buchstabenrätsel, Kreuzworträtsel, Rebusse, Wunschlisten, Fanpost. In Null Komma nichts bat Karl um einen ganzen DIN-A4-Bogen. «Ich weiß nicht recht», sagte Priscilla und rieb sich das Kinn. «Das ist mächtig viel Platz, den du da füllen müßtest.»

«Oh, bitte, Mrs. Vail», bettelte Karl.

«Na schön, wenn du meinst, daß du das schaffst –»

«Daß ich das schaffe?» fiel Karl ihr ins Wort. «Ich schaff noch viel mehr!»

Schon bald überstieg Karls Schreibproduktion die der meisten Profischreiber. Die «Schreibphobie» und die Förderklasse waren vergessen, während Karl sich eifrig mit Wörtern beschäftigte, wozu er ja gar nicht fähig sein sollte.

Ich glaube, Menschen finden so ähnlich zu Wörtern, wie Liebende zueinander finden. Zu den seltsamsten Zeiten, an den sonderbarsten Orten stolpern sie aufeinander zu. Sie begegnen sich in einem leeren Wartesaal an einem verregneten Sonntagnachmittag, oder ihre Blicke treffen sich über die Tanzfläche eines Ballsaals hinweg mitten in einem Hochzeitswalzer. Sie begegnen sich ohne Verabredung und beginnen eine Beziehung ohne Plan. Es kommt vielleicht zu einem langen Liebeswerben oder zu einer stürmischen Romanze. Man geht vielleicht dem geliebten Objekt lange Zeit aus dem Weg, ja entwickelt sogar eine Haltung, die – siehe Karl – wie eine Phobie aussieht. Oder man will das geliebte Opfer sofort und auf der Stelle haben, man empfindet so etwas wie Liebe auf den ersten Blick. Für manche beschränkt sich die Beziehung zu den Wörtern auf den Briefverkehr, sie drücken ihre Gefühle in der «Prosa» eleganter Briefe aus, während andere sich auf die Wörter stürzen und sie wie die Werbetexter der ganzen Welt zubrüllen. Manche heften ihre Wörter per Anschlagzettel an Telefonmasten, während andere sie in petto behalten wie eine in der Handtasche versteckte Pistole. Manche lesen stockend, wie der aufgeregte Verliebte, den Hut verlegen in der Hand drehend, mit der Geliebten spricht, während andere zum Redner geboren zu sein scheinen. Jeder wirbt um die Sprache auf seine Weise, und jedem zeigt sie ihre Gunst auf andere Weise. Manchmal kommt die Beziehung mühelos ins Rollen, aber es gibt kaum eine Straße ohne Unebenheiten. Die Sprache ist zwar unglaublich schön, besitzt unerschöpflichen Formenreichtum und geht unter die Haut, sie kann aber auch frustrierend und verwirrend sein, kann sich unversöhnlich zeigen und zur Verzweiflung bringen.

Priscilla Vain, eine unserer vorzüglichen Paarberaterinnen für sprachgestörte Beziehungen, wußte intuitiv und dank ihrer großen Berufserfahrung, wie sie Karl mit Wörtern zusammenbringen konnte. Sie wußte, wie sie ihn von der Saalwand auf die Tanzfläche bugsieren konnte. Sie wußte, wenn sie ihm die richtige Musik vorspielte, wenn sie ihm ein paar einfache Schritte zeigte, würde der Zauber des Tanzes Karl die Scheu vor dem Umgang mit Wörtern nehmen.

Priscilla wußte, was alle wissen, die es bei ihrer Arbeit mit Wörtern zu tun haben: daß Sprache kein lebloses Werkzeug ist, das man wie einen Hammer vom Regal nimmt. Vielmehr ist sie ein lebendiger Begleiter, mit dem wir die meiste Zeit unseres Wachlebens verbringen. Für viele Menschen ist Sprache ein Freund, dessen Existenz sie als Selbstverständlichkeit betrachten.

Für andere ist die Sprache allerdings bei weitem keine Selbstverständlichkeit. Diese Menschen – und ich zähle mich als Legastheniker und ADD-Kranker dazu – wissen nie, was sie im Umgang mit Wörtern erwartet. Unser Verhältnis zu Wörtern gründet in Unberechenbarkeit. Im einen Moment sind wir Abraham Lincoln, wie er seine «Gettysburg Address» formuliert, und im nächsten Moment gehen wir so unbeholfen mit Wörtern um wie ein junger Mann bei seinem ersten Rendezvous.

Als ich – in den sechziger Jahren – auf der High School war, war die Systematik der Lernstörungen wirklich eine recht simple Angelegenheit. Es gab im wesentlichen *eine* Lernstörung: Dummheit. Und es gab im wesentlichen *eine* Behandlung: sich mehr anstrengen. O ja, man redete gekonnt über «Heilpädagogik» und Nachhilfe, und wir alle wußten, daß manche Menschen gut in Mathematik und andere in Englisch und ein paar wenige glückliche gut in beidem waren; und der eine oder andere hatte schon von Legasthenie gehört, aber wir hatten darüber hinaus keine genauere Kenntnis davon, was da eigentlich los war.

Inzwischen wurde die Lernpsychologie erweitert und vertieft. Je mehr unser Wissen zunahm, desto komplizierter wurde die Sache. Die Fachsprache auf diesem Gebiet ist sperrig, und Berichte über Tests sind häufig schwer zu verstehen. Zu den Begriffen, mit denen herumgeworfen wird, zählen «Gehörsverarbeitungsprobleme», «visuell-spatiale Dysfunktion», «Sprachauffassungsstörung», «nichtverbale Lernschwäche», «amnestische Aphasie», «sprachbedingte Lernstörung» und so weiter, und so weiter. Das sind alles sehr prägnante Begriffe, mit denen schwer zurechtzukommen ist, wenn man nicht jeden Tag damit zu tun hat. Von den Spezialisten schafft sich jeder seine eigene Terminologie, die er dann gegen den Begriffsapparat seiner Kollegen durchzusetzen versucht. Ausschüsse tagen und verabschieden eine Nomenklatur, und kaum daß man sich die eingeprägt hat, tagen sie erneut und werfen alles wieder über den Haufen. Der Ausschuß, der vor nicht sehr langer Zeit – Mitte der achtziger Jahre – zusammentrat, der die Definition der ADD für das *Diagnostic and Statistical Manual of Mental Disorders*, 3., überarbeitete Auflage (kurz: DSM-III-R) zu verfassen, soll demnächst mit einer neuen Definition für DSM-IV aufwarten.*

Man kann kaum annehmen, daß sich die Entwicklung der Wissenschaft verlangsamt, damit wir mit ihrer Nomenklatur Schritt halten können. Es ist allerdings wichtig, sich von der Wissenschaft nicht einschüchtern zu lassen. Nur allzu häufig stiften Spezialisten für Lernprobleme und ADD eher Verwirrung durch die Verwendung mysteriöser Begriffe oder Zitate, als daß sie zur Aufklärung beitragen. Es sollte möglich sein, den Zugang zu den wichtigsten Informationen auf diesem Gebiet zu bekommen, ohne daß man dabei ein Wörterbuch benutzen muß.

Priscilla Vails Bezeichnung für viele der Kinder, die wir in diesem Buch beschrieben haben, lautet «Problemkinder». Auf diese Kinder paßt keine einfache Formel, und wir können nicht alles erklären, was in ihnen vorgeht. Diese Kinder stellen uns vor Rätsel: An einem Tag quälen sie sich bei der Arbeit ab, und am nächsten Tag brillieren sie; an einem Tag lesen sie wie die Weltmeister, und am nächsten Tag starren sie aus dem Fenster; in ihrer Freizeit lösen sie die kompliziertesten mathematischen Probleme und scheitern dann kläglich beim nächsten Mathematiktest.

Zwar stellen uns die Problemkinder (und die Problemerwachsenen im übrigen nicht minder) vor Rätsel, doch eines der Rätsel, mit denen sie uns konfrontieren, ist häufig ADD. Beim Umgang mit ADD ist es wichtig zu wissen, daß die Störung nicht selten mit anderen Lernschwierigkeiten einhergeht. Je nachdem, auf welche

---

* Die deutsche Ausgabe der 3., korrigierten Auflage erschien unter dem Titel *Diagnostisches und Statistisches Manual Psychischer Störungen DSM-III-R* 1991 im Beltz Verlag, Weinheim und Basel. Die von Wittchen, Saß, Zaudig und Koehler bearbeitete deutsche Fassung behandelt ADD unter der Nr. 314.01 «Aufmerksamkeits- und Hyperaktivitätsstörung» auf den Seiten 78 bis 82.

Schwierigkeit man sich bezieht und wie man sie definiert, schwankt die Häufigkeit von anderen Lernstörungen als Begleiterscheinung von ADD zwischen zehn und achtzig Prozent. Ein Großteil der Schwankungen hat hier mit der Definition zu tun.

Nach Bruce Penningtons neuropsychologischer Theorie ist ADD eine von mehreren sogenannten Lernstörungen. Eine Lernstörung verweist auf ein Problem im neuropsychologischen System der betreffenden Person, das sich nachteilig auf die schulischen Leistungen auswirkt. Natürlich kann man auch, ohne eine Lernstörung zu haben, in der Schule schlecht sein, wenn die schlechten Leistungen ausschließlich eine Folge emotionaler oder sozialer Faktoren sind. Die Formen von geistiger Behinderung und Geistesschwäche bilden die eine große Gruppe der Lernstörungen, während Pennington die andere untersucht hat. Zu den Störungen, die er erörtert, zählen – in der Reihenfolge abnehmender Häufigkeit – Legasthenie und andere Sprachentwicklungsstörungen, ADD, rechtshemisphärische Lernstörungen (zu denen spezifische Probleme mit Rechnen, Schreiben und Zeichnen nebst den damit verbundenen Problemen mit der sozialen kognitiven Funktion gehören), im Autismusspektrum liegende Störungen und erworbene Gedächtnisstörungen (meist bedingt durch ein Schädeltrauma oder Anfallsleiden). Lernschwächen – spezifische Probleme mit dem Rechnen, Lesen oder mit der Sprache – sind in Penningtons Einteilung eine Untergruppe der Lernstörungen.

ADD ist demnach eine Art Lernstörung. Sie kann in Begleitung anderer Lernstörungen wie Legasthenie oder erworbene Gedächtnisstörung auftreten. Sie kann auch in Begleitung spezifischer Lernschwächen wie beispielsweise einer Rechenschwäche auftreten.

Diese Unterscheidung zwischen Störung und Schwäche mag zu Anfang verwirrend sein. Die Schwächen sind eine Untergruppe der Störungen. Die Schwächen beeinträchtigen spezifische Fähigkeiten: Rechenschwäche, Sprachschwäche, Rechtschreibschwäche. Dagegen sind die Störungen weniger spezifisch; sie beeinträchtigen die kognitive Funktion im allgemeinen.

Da sich die ADD auf alle kognitiven Bereiche auswirkt, aggraviert sie jede Lernschwäche. ADD selbst ist keine spezifische Lernschwäche, sie schwächt nicht diese oder jene einzelne kognitive Funktion, sondern greift auf breiter Front an. Eine spezifische Rechenschwäche kann man ebenso im Zusammenhang mit ADD feststellen wie spezifische andere Lernschwächen, vor allem Probleme beim Erlernen von Fremdsprachen.

Schwierigkeiten mit dem Rechnen wollen genau analysiert sein. Man kann auf verschiedene Arten Rechenprobleme haben, das Spektrum reicht von kulturell bedingten Problemen (Beispiel: Mädchen, die in dem Glauben erzogen werden, daß sie sowieso in Mathematik keine guten Leistungen bringen können und mit der Zeit eine Rechenphobie entwickeln) bis hin zu Lernschwierigkeiten mit neurologischem Hintergrund. Die neurologisch bedingten Schwierigkeiten zerfallen wiederum in verschiedene Arten, die teils mit der Raumwahrnehmung, teils mit der Begriffsbildung und teils mit dem Gedächtnis und der Informationsverarbeitung zu tun haben. Sobald man genau verstanden hat, mit welcher Art Schwierigkeit man es zu tun hat, ist man in der Lage, die heikle Aufgabe zu lösen, einen Behandlungsplan aufzustellen. Es gibt therapeutische Hilfe bei Rechen- und Sprachschwäche. Sie reicht vom Nachhilfeunterricht über spezielle didaktische Hilfsmittel wie die Cuisenaireschen Rechenstäbe (manipulierbare farbige Stäbe von unterschiedlicher Länge, die kleinen Kindern beim Rechnenlernen helfen) bis hin zu Sonderschulen, wo pädagogischer Sachverstand und intensive pädagogische Betreuung vorhanden sind. Diese sonderpädagogischen Maßnahmen können äußerst hilfreich sein, sie können aber nicht heilen. Die Schwäche gibt sich nicht, man lernt einfach nur, so gut es geht, damit umzugehen.

Wann entscheidet man, daß die betreffende Person lange und intensiv genug beim Lösen mathematischer Probleme oder beim Erlernen einer Fremdsprache gearbeitet hat, ehe man mit der sonderpädagogischen Betreuung aufhört? Diese Entscheidung wird am besten gemeinsam mit der Familie, der Schule, der betreffenden

Person und einem Lerntherapeuten getroffen. Man möchte nicht zu früh aufhören und damit den Umfang dessen beschränken, was der Betreffende lernen kann. Andererseits möchte niemand ohne sichtbaren Erfolg endlos weiterschuften und dabei nur Zeit und Selbstwertgefühl verlieren. Die Lage sollte immer wieder kritisch beurteilt und dem Betreffenden sollte bei den Programmen eine gewisse Flexibilität zugestanden werden, damit er soviel wie möglich lernen kann, ohne daß sein Selbstvertrauen Schaden nimmt.

Die am meisten verbreitete Lernstörung und diejenige, über die wir am meisten wissen, ist die Legasthenie. Ihre Häufigkeit liegt, je nachdem, wie man sie definiert, zwischen zehn und dreißig Prozent. Kurz gesagt, Legasthenie ist ein Problem beim Lesen oder Schreiben der Muttersprache, das nicht durch externe Ursachen wie mangelnde Schulbildung, Seh- beziehungsweise Hörschwäche, Hirnschaden oder Entwicklungsstörung erklärt werden kann. Da nicht eine Legasthenie wie die andere ist, sollten wir vielleicht von den Legasthenien im Plural sprechen. Manche Legastheniker haben Probleme mit der Rechtschreibung. Andere sind das, was man gemeinhin «Spiegelschriftleser» nennt, sie drehen die Reihenfolge der Buchstaben um und lesen «Neger» statt «Regen» und so fort. Andere drehen nicht die Reihenfolge der Buchstaben um, antizipieren aber beim Lesen nachfolgende Buchstaben oder Laute falsch und lesen deshalb die Wörter verkehrt, weil sie zum Beispiel «Schlachtfeld» mit «Schlachthof», «Firnis» mit «Firmament» oder sogar «Metapher» mit «Medizin» verwechseln. Bei den Forschungen von Albert Galaburda an der Harvard-Universität hat sich ergeben, daß das Gehirn des Legasthenikers sich anscheinend dadurch vom normalen Gehirn unterscheidet, daß es anomale Knötchen auf der Großhirnrinde aufweist. Diese Knötchen können die Art und Weise beeinträchtigen, auf die das Gehirn die Phoneme wahrnimmt und verarbeitet, aus denen die Wörter bestehen. Das zugrundeliegende phonologische Verarbeitungsproblem führt seinerseits zu den Problemen beim Lesen, bei der Rechtschreibung und beim Schreiben, die für die Legasthenien charakteristisch sind. Die Primärsymptome der ADD – Aufmerksamkeitsschwankung, Impulsivität, Ruhelosigkeit – können beim Lesen Schwierigkeiten machen und so eine Legasthenie vortäuschen. Beide, ADD und Legasthenie, sind indes voneinander unabhängige Störungen. In praktischer Hinsicht ist die Unterscheidung insofern von Bedeutung, als beide Leiden je verschiedene Behandlungsweisen verlangen.

Die beiden Störungen können koexistieren, oder sie können unabhängig voneinander auftreten. Was ersteres betrifft, ADD tritt häufiger bei Legasthenikern auf als bei der Bevölkerung im allgemeinen. Umgekehrt kann von einem gehäuften Auftreten von Legasthenien bei der ADD-Population nicht die Rede sein. Anders ausgedrückt, für den Legastheniker ist die Wahrscheinlichkeit, daß er auch ADD hat, höher als für den durchschnittlichen Menschen; für den ADD-Kranken indes ist die Wahrscheinlichkeit, daß er auch Legastheniker ist, nicht höher als für den durchschnittlichen Menschen.

Probleme bei der Verarbeitung von Gehörsempfindungen treten ebenfalls häufig im Zusammenhang mit ADD auf. Wie der Ausdruck schon sagt, beeinträchtigt ein Problem bei der Verarbeitung von Gehörsempfindungen die Fähigkeit des Gehirns, vollständig zu verstehen, was es «hört». Das Kind oder der Erwachsene mit diesem Problem leidet nicht an einer Hörschwäche; die akustischen Wahrnehmungen wandern problemlos zum Gehirn. Sobald sie aber ins Gehirn gelangen, hat die Großhirnrinde Mühe, sie zu verarbeiten beziehungsweise sie vollständig zu verstehen.

Ein Kind mag zum Beispiel im Unterricht «hören», wie der Lehrer sagt: «George Washington war der erste Präsident der Vereinigten Staaten», versteht das aber als «George Washington ist der Präsident der Vereinigten Staaten». Wenn es, nach Washington befragt, seine «revidierte» Version wiederholt, gilt es als doof.

Oder ein Kind mag Probleme mit dem Sozialverhalten haben, weil es Gesagtes nicht richtig verarbeitet. Probleme derselben Art können auch einem Erwachsenen das Leben schwermachen, sowohl bei der Arbeit wie im sozialen Bereich.

Wir wissen noch nicht genau, wie tiefgreifende Auswirkungen Probleme mit der Verarbeitung von akustischen Wahrnehmungen auf das Lernen und die zwischenmenschlichen Beziehungen haben. Vor allem bei Menschen, die auch ADD haben, können sich Probleme mit der Verarbeitung von Gehörtem im Alltagsleben als sehr hinderlich erweisen.

Eine Lernstörung, wie immer sie definiert oder verursacht sein mag, ist in der Regel mit schmerzlichen Erfahrungen verbunden. Sehen wir uns zum Beispiel den folgenden Auszug aus den Erinnerungen des Romanschriftstellers John Irving an seine Schulzeit an der Phillips Exeter Academy an:

Ich schloß mich der damals gängigen Meinung an – ich tat mich schwer in der Schule, also war ich dumm. Ich war so ein schlechter Schüler, ich brauchte fünf Jahre für das auf drei Jahre veranschlagte Pflichtfach Fremdsprachen; und in meinem fünften Jahr in Exeter – meinem zweiten Jahr in der Oberstufe – belegte ich Mathematik III zum zweitenmal (ich hatte schon Mathematik II zweimal belegt). Ich war ein ganz schwacher Schüler, ich schloß Latein I mit einer Vier ab – und fiel in Latein II durch; dann wechselte ich zu Spanisch und schaffte da mit Ach und Krach meine Prüfung.
Man stellte in Exeter keine Lernschwäche und auch keine Legasthenie bei mir fest, ich war eben einfach nur dumm. Ich verhaute einen Rechtschreibtest und wurde in eine Rechtschreibförderklasse gesteckt; weil ich nicht in der Lage war, die Rechtschreibung zu erlernen – ich kann *heute* noch keine Rechtschreibung –, gab man mir den Rat, den *Psychiater* der Schule aufzusuchen! Dieser Rat leuchtete mir damals nicht ein – er leuchtet mir auch jetzt nicht ein –, aber wenn man in Exeter ein schlechter Schüler war, entwickelte man mit der Zeit ein so dauerhaftes Minderwertigkeitsgefühl, daß man wahrscheinlich irgendwann einen Psychiater brauchte...
Ich wollte, ich hätte damals als Schüler in Exeter gewußt, daß es einen Namen für das gibt, was mir mein Schülerdasein so schwermachte; ich wollte, ich hätte meinen Freunden sagen können, daß ich Legastheniker war beziehungsweise eine Lernschwäche hatte. Statt

dessen schwieg ich oder riß bei meinen engsten Freunden böse Witze über meine Dummheit.

Eine Lernstörung an sich ist mühselig genug, wenn die Mühsal aber noch durch eine Reihe gemeiner Etikettierungen – dumm, faul und so weiter – weiter belastet wird, ist das Selbstwertgefühl bedroht. Die Erfahrung, moralisch verurteilt zu werden, ist unter Menschen mit einer Lernstörung so verbreitet wie alltäglich. Tatsächlich hat sich erst in jüngster Zeit so etwas wie eine aufgeklärte, mitfühlende Betrachtungsweise herausgebildet. Trotzdem hört man noch dauernd abfällige Witze über diese Bevölkerungsgruppe: Diese Menschen sind «intellektuell überfordert» beziehungsweise sie suchen nur nach einer Ausrede, um in der Schule bessere Noten zu bekommen oder beschweren sich bei der Arbeit über Zurücksetzungen.

Es ist nützlich, an dieser Stelle das in unserer Gesellschaft herrschende Vorurteil zu erwähnen, das nicht selten der Hinderungsgrund dafür ist, daß die ADD – oder irgendeine andere Lernstörung – diagnostiziert wird. Ein puritanischer Zug ist der heutigen Leistungsgesellschaft zutiefst eingeprägt. Wir sind einerseits tolerant und aufgeschlossen und andererseits rigide und konservativ. Wir sind einerseits Querdenker und Projektemacher und andererseits Moralapostel und Lästermäuler. Wir haben einerseits Mitgefühl mit dem Unterlegenen und glauben andererseits an das Selbstvertrauen.

Das tritt auf dem Gebiet der Lernstörungen deutlich zutage. In unserem Bildungssystem ist trotz Reformen immer noch «Friß, Vogel oder stirb» das geltende Prinzip. Wir sind offenbar der Meinung, die Schule sei ein gerechter Markt. Die Gescheiten tun sich hervor. Wer sich nicht hervortut, der ist eben nicht gescheit. Allen anderslautenden schönen Reden zum Trotz glauben offenbar die meisten Schüler, Eltern und Lehrer immer noch einmütig an die Polarität von gescheit und dumm. Den Gedanken, daß es mit der Intelligenz vielleicht etwas komplizierter bestellt ist, als in der simplen Alternative gescheit oder dumm zum Ausdruck kommt, scheinen sie lediglich für einen Trick zu halten, mit dem man sich vor der Wahrheit drückt: Man hat's, oder man hat's nicht.

Eine solche Denkweise kann die Schulzeit zu einer endlosen, peinigenden Marter machen.

Wir besitzen inzwischen das Wissen, Lernschwächen bei Kindern früh zu erkennen und ihnen so das emotionale Trauma zu ersparen, das darin besteht, täglich falsch gesehen zu werden, täglich als dumm bezeichnet zu werden, täglich nichts zu kapieren und sich täglich zu fragen, warum das so ist.

Denken Sie daran, wie wichtig die arglose Neugier ist, mit der das Kind in die Schule kommt. Denken Sie an die zarten Schößlinge von Wissen und Selbstwertgefühl. Gehegt und gepflegt werden sich diese Schößlinge im Lauf der Schul- und Collegejahre und auch hinterher zu einem Fundus soliden Wissens auswachsen, zu Selbstvertrauen bei der Begegnung mit neuen Gedanken, zu hochgemutem Selbstbewußtsein. Denken Sie an den Gesichtsausdruck einer Dreijährigen beim Seifenblasenmachen oder an das Gesicht eines Vierjährigen beim Bauen eines Kartenhauses, oder denken Sie an einen Fünfjährigen, der auf seinem ersten Fahrrad balanciert. Denken Sie an sein konzentriertes Gesicht und denken Sie daran, wie wichtig es für ein Kind ist, etwas richtig zu machen. Erinnern Sie sich an Ihre eigene Kindheit, an die Erregung und an das Gefühl der Gefahr, wenn Sie irgend etwas Neues ausprobierten. Erinnern Sie sich daran, daß Sie mehr als alles andere den Spott und die Demütigung fürchteten und nicht das Versagen. Denken Sie an die Gesichter der Kinder allüberall auf der Welt, wenn sie ihren Geist dem Lernen öffnen.

Behalten Sie diese Gesichter im Gedächtnis, die kleinen Mädchen und Jungen in den ersten Klassen, die alle darauf vertrauen, daß die Erwachsenen ihnen den Weg weisen, voll gespannter Erwartung auf das Leben und was es bringen wird, und behalten Sie sie dann einfach auch weiterhin im Auge. Behalten Sie das Gesicht eines kleinen Mädchens im Auge, das nicht sehr gut lesen kann und dem gesagt wird, daß es sich mehr anstrengen soll; das einen Hang zum Tagträumen hat und dem gesagt wird, daß es lieber aufpassen soll; das mitten im Unterricht laut herausplatzt, wenn es irgend etwas sieht, wovon es fasziniert ist, wie zum Beispiel ein Schmetterling auf der Fensterscheibe, und dem gesagt wird, daß es das Klassenzimmer verlassen und sich beim Rektor melden soll; das seine Hausaufgaben vergißt und dem gesagt wird: «Du lernst es ja wohl nie»; das einen phantasievollen, kenntnisreichen Aufsatz schreibt und dem gesagt wird, daß seine Schrift und seine Rechtschreibung katastrophal sind; das um Hilfe bittet und dem gesagt wird, daß es sich mehr anstrengen und nicht andere die Arbeit für sich machen lassen soll; das sich mit der Zeit in der Schule unglücklich fühlt und dem gesagt wird, daß sich große Mädchen mehr Mühe geben. Mit dieser brutalen Methode zerstört man die Lebensfreude eines Kindes. Ich kann mir keine kostbarere natürliche Gabe vorstellen als die Lebensfreude unserer Kinder. Es läßt sich nicht vermeiden, daß uns das Leben bis zu einem gewissen Grade beutelt; das aber überflüssigerweise im Namen der Bildung mit unseren Kindern zu tun – das ist eine Tragödie. Einem Kind die Freude am Lernen zu nehmen – die man an jedem Kind erkennen kann, das mit etwas Neuem herumexperimentiert – ihm diese Freude zu nehmen und sie in Angst zu verwandeln ist etwas, das wir niemals tun sollten.

Bei meiner Arbeit mit ADD-Erwachsenen bekomme ich viele Geschichten über eine verunglückte Schulzeit zu hören. Die Menschen berichten von diesen Dingen wie von einem seelischen Trauma. Sie sind wie erstarrt, wenn sie mir ihre Geschichte erzählen. Sie zeigen kaum Gefühle, sie berichten nur in einem langen Monolog von ihren Erfahrungen in der Schule. Erst nach und nach, wenn ich Mitgefühl zeige für das, was sie durchgemacht haben, kommen ihre Gefühle allmählich zum Vorschein: das Verletztsein, die Wut, die Enttäuschung, die Angst.

«Sie können sich ja nicht vorstellen, wie ich die Schule gehaßt habe», sagte Franny, eine Frau in den Dreißigern, zu mir. «Es spielte sich alles im Nebel ab. Ich dachte nur daran, wie ich den Tag ohne seelische Blessuren überstehen konnte. Ich sagte lieber: ‹Das weiß ich nicht›, als eine falsche Antwort zu riskieren. Ich las eigentlich gern und dachte mir auch gern Geschichten aus, aber die Lehrer bemerkten nur, wie langsam ich las, wie verspätet ich meine Hausaufsätze abgab, wie unordentlich meine Schrift und wie fehlerhaft meine Rechtschreibung war. ‹Du hast eine Schrift wie ein Kretin›, sagte eine Lehrerin doch tatsächlich zu mir. Dabei gehörte sie noch nicht mal zu den fiesen Lehrerinnen. Sie wollte mich nur dazu bringen, daß ich mir mehr Mühe gab. Aber eine Zehnjährige versteht das nicht so. Ich glaubte allmählich, daß ich in gewisser Hinsicht ein Kretin war: eine, die gern las und die sich gern Geschichten ausdachte, mit denen sie aber nichts anfangen konnte, weil sie nicht schreiben beziehungsweise keine Rechtschreibung konnte. Ich dachte wirklich, daß ich eine Macke hatte. Mein Selbstbild reduzierte sich ganz auf das Gefühl: Du bist anders als die anderen. Ich fürchtete mich davor, Freundschaften zu schließen. Ich hatte jedes Jahr einen oder zwei Quasifreunde. Das waren die anderen Außenseiter in der Klasse. Daß wir uns anfreundeten, war vorprogrammiert. In einem Schuljahr haben wir uns tatsächlich ‹die Ausgestoßenen› genannt.»

Es stellte sich heraus, daß Franny Legasthenikerin war und außerdem ADD hatte. Ihre Behandlung erwies sich als kompliziert, weil man in der Schule ihr Selbstwertgefühl beschädigt hatte. Zu guter Letzt war sie in ihrem Leben doch noch erfolgreich, indem sie sich als selbständige pädagogische Psychologin etablierte und sich auf Lernstörungen bei Frauen spezialisierte.

Falls es irgendeinen Zweifel gibt, ob mit ADD irgendeine Lernstörung oder -schwäche einhergeht, kann man mit Hilfe neuropsychologischer Tests klären, worin das Lernhindernis besteht. Je genauer das Problem eingegrenzt wird, desto gezielter kann man es behandeln. Die Tests beantworten unter Umständen solche Fragen wie: Haben wir es hier mit einer spezifischen Rechenschwäche zu tun oder nur mit ADD? Wie ist die Leseleistung in diesem speziellen Fall? Wo liegen bei diesem spezifischen Persönlichkeitsprofil die relativen kognitiven Stärken und Schwächen?

Diese Tests sind Teil einer sogenannten neuropsychologischen Testbatterie. Es sind hauptsächlich Papier-und-Bleistift-Tests. Einige sind wie die Lese-Verständnis-Tests, die wir alle in der Grundschule gemacht haben. Andere sind wie Spiele. Der Betreffende muß Teile eines Labyrinths zusammensetzen oder geometrische Figuren aus dem Gedächtnis rekonstruieren. In anderen Tests muß er sich nach einem Bild oder nach einer Reihe von Aussagesätzen eine Geschichte ausdenken und in wieder anderen ein mathematisches Problem lösen. Alles in allem sind diese Tests ganz unterhaltsam, wenn sie von einem sensiblen Prüfer durchgeführt werden, und machen mitunter sogar Spaß. In der Regel läßt sich aus ihnen eine Menge entnehmen. Zu der Testbatterie zählen: Aufmerksamkeitstests, Erinnerungstests, Beobachtungsschärfetests, Tests des Verständnisses von Gesprochenem, Raumvorstellungstests, Wortwahltests, Wortschatztests, Rechenfähigkeitstests, Tests des Allgemeinwissens und Impulsivitätstests. Manchmal zählen Seh- und Hörtests zur Testbatterie, und manchmal kommt auch eine neurologische Untersuchung hinzu.

Menschen mit Legasthenie und ADD sind häufig die kreativsten und intuitivsten der ADD-Population. Richtig diagnostiziert und behandelt können sie sehr erfolgreich sein.

ADD mit Agitiertheit beziehungsweise Manie

Die ADD kann mitunter wie ein manisch-depressives Leiden aussehen aufgrund des Energieüberschusses, der bei beiden Symptomen im Spiel ist. Für manisch-depressive Leiden sind erhebliche periodisch wiederkehrende Stimmungumschwünge charakteristisch, bei denen Hochstimmung von Niedergeschlagenheit abgelöst wird. Die Hochstimmungen, manische Phasen genannt, ähneln der ADD insofern, als zu ihnen überaktives Verhalten, leichte Ablenkbarkeit, Impulsivität und ein deutlicher Leichtsinn im Hinblick auf die eigene Sicherheit gehören.

Man kann die Manie vom Energieüberschuß der ADD am Intensitätsgrad unterscheiden. Der durchschnittliche Mensch könnte den energetisierten Zustand, wie er bei der ADD auftritt, simulieren, er könnte sich jedoch nicht willentlich auf den Energetisierungsgrad des Manikers hochschrauben. Die Manie ist die extremste Form nicht durch Drogen bewirkter Getriebenheit. Der Maniker kann tagelang ohne Schlaf auskommen, macht Weltreisen, haut seine Ersparnisse für irgendwelche verrückten Projekte auf den Kopf, macht sich ungeheuer wichtig und redet von morgens bis abends ohne Punkt und Komma.

Der Maniker ist tatsächlich außer Kontrolle. Er kann sich nicht bremsen. Er redet nicht nur schnell, er redet, als ob die Wörter aus seinem Mund herausgetrieben würden, ein beunruhigendes Symptom, das man als «Rededrang» bezeichnet. Wenn man einem Maniker zuhört, bekommt man das Gefühl, sich ducken zu müssen; es kommt einem vor, als ob man mit Wörtern bombardiert würde. Das Denken eines Manikers springt von Thema zu Thema, wie ein Frosch von einem Seerosenblatt zum nächsten springt, überall, wo er ankommt, nur einen Augenblick verweilend, um gleich wieder weiterzuschnellen. Dieses Symptom wird passenderweise «Ideenflucht» genannt. Es macht jede halbwegs logisch fortschreitende Unterhaltung von einiger Länge so gut wie unmöglich. Hier ein Beispiel aus meiner Arbeit mit einem Patienten in der psychiatrischen Klinik:

«Guten Morgen, Mr. Jones.»

«Oh, einen schönen guten Morgen, Herr Doktor, und einen schönen guten Morgen all den hübschen kleinen Schnörkeln auf Ihrer Krawatte und den Schnörkeln allüberall, die, nebenbei gesagt, Symbolisierungen des Chaos sind, eines Zweigs der Physik und Mathematik, dessen Quantifizierung demnächst abgeschlossen sein wird, wonach jedem, der nicht seine Integralrechnung gebüffelt hat, kaum noch Hoffnung bleibt, es in bezug auf diesen Wissensstoff zu mehr als einem flüchtigen

Überfliegen zu bringen, so wie die Kuh im Kinderlied über den Mond wegfliegt. Sie sind doch auch mal ein Kind gewesen, Herr Doktor. Man kann davon ausgehen, daß wir alle einmal Kinder waren, da würde ich drauf wetten, das kann ich Ihnen auch schriftlich geben, wenn Sie wollen. Schreib das mal auf, Junge, hat meine Lehrerin früher immer gesagt, was man schwarz auf weiß besitzt, kann man getrost nach Hause tragen. Ein vernünftiger Rat, besonders für einen planetarischen Sternengucker, meinen Sie nicht auch? In den Sternen steckt mehr Verstand drin als in allen Gehirnen der Welt, wenn man sie alle aneinanderhängt wie eine Kette Bratwürste. Bratwurst ist übrigens ein köstliches Frühstück!»

Zwar kommt der ADD-Kranke unter Umständen auch vom Hölzchen aufs Stöckchen. Und während der ADD-Kranke auch ruhelos und energetisch sein kann, wird er doch nicht annähernd von den PS angetrieben wie der Maniker.

Die beiden Syndrome können tatsächlich koexistieren. Der ADD-Kranke kann für einen gewissen Zeitraum manisch werden, und dieser Zustand kann periodisch mit Depressionen wechseln.

Andererseits wird möglicherweise bei einem Patienten, der ADD mit einer hochgradigen Agitiertheit hat, fälschlich ein manisch-depressives Leiden diagnostiziert. Das hat insofern eine praktische Bedeutung, als das Medikament, das zur Behandlung einer Manie meistens eingesetzt wird, nämlich Lithium, bei ADD in der Regel nicht wirkt. Es kann die ADD sogar verschlimmern. Deshalb ist es wichtig, bei einem Menschen mit Agitiertheit, den man für einen Maniker hält, der aber auf Lithium nicht anspricht, ADD als mögliche Diagnose in Betracht zu ziehen. Der Betreffende hat vielleicht ADD, und sein Befinden bessert sich, wenn er mit einem der Medikamente behandelt wird, die bei ADD eingesetzt werden.

Dazu ein Beispiel: Ein dreiundvierzigjähriger Mann, nennen wir ihn James, kam zu mir zur Begutachtung wegen des Verdachts auf ADD. Er hatte seit zwölf Jahren die Diagnose eines manisch-depressiven Leidens – beziehungsweise nach der offiziellen Nosologie: einer bipolaren Störung – mit sich herumgeschleppt. Zur

Behandlung nahm er 1800 mg Lithium täglich, eine sehr hohe Dosis. Er sagte mir, daß die Dosis nach und nach erhöht worden war, nachdem er vor zwölf Jahren angefangen hatte, Lithium zu nehmen. Er blieb anscheinend unverändert ablenkbar. Er glaubte nicht, daß ihm das Lithium wesentlich geholfen hatte, traute sich aber nicht, es abzusetzen.

Seine Krankengeschichte war wirklich bemerkenswert, vor allem die Geschichte seiner Beschäftigungsverhältnisse. In dem Jahr, bevor die Diagnose bipolare Störung gestellt wurde, hatte er sage und schreibe hundertvierundzwanzig Anstellungen, richtige Anstellungen, wie aus seiner Steuerkarte hervorging. Dieses Stakkato von geheuert und gefeuert hatte dazu geführt, daß bei ihm eine Manie diagnostiziert worden war. Die Gründe dafür, daß seine Anstellungen nur von so kurzer Dauer waren, deuteten auf eine Manie hin. Er wurde gefeuert, weil er mitten in der Arbeitszeit weitschweifige Tiraden über die Schlechtigkeit der Welt losließ. Er wurde gefeuert, weil er seinen Chef beleidigte, indem er darauf beharrte, daß seine eigenen Vorschläge zur Lösung irgendwelcher Probleme intelligenter seien. Oder er kündigte, weil er irgendwelche großartigen Vorstellungen von lukrativeren Jobs hatte. Oder er gab seine Stellung auf, um irgendwelchen verrückten Plänen nachzujagen, wie einmal, als er einem Bauernfänger auf den Leim ging, der ihm im Mail-Order-Geschäft goldene Berge versprach. Oder er wurde gefeuert, weil er zu «durchgeknallt» war, um mit anderen zusammenzuarbeiten.

Dieser hochintelligente Mann mit einem nachgewiesenen IQ von 144 arbeitete zur Zeit von nachts um zwölf bis morgens um acht als Nachtwächter und besuchte abends ein Abendcollege. Er hatte diese Stelle länger als irgendeine andere vorher – nämlich siebzehn Monate – wahrscheinlich weil nachts niemand da war, der ihm hätte Anweisungen geben können beziehungsweise den er hätte beleidigen oder mit dem er sich hätte anlegen können. Sein Abendunterricht war von keinem großen Erfolg gekrönt; er kam kaum weiter, weil er nicht in der Lage war aufzupassen.

Ich hatte den Eindruck, daß James' Krankengeschichte ebensogut zu ADD wie zu einem manisch-depressiven Leiden paßte. Und da seine Symptome offenbar auf Lithium nicht ansprachen und andere alternative Medikamente wie zum Beispiel Tegretol, die bei einer Manie eingesetzt werden, ohne Erfolg ausprobiert worden waren, beschlossen wir, es mit Ritalin zu versuchen. Während wir nach und nach das Lithium reduzierten, um eventuell auftretende Symptome einer Manie beobachten zu können, fing James an, Ritalin einzunehmen.

Die Resultate waren dramatisch. James fühlte sich viel wacher, konzentrierter und «lebendiger», wie er es ausdrückte, seit er das neue Medikament einnahm. Seine Noten im Abendcollege erreichten phantastische Werte; der Durchschnitt lag bei 95 Punkten. Seine Frau konnte gar nicht fassen, wie sehr er sich verändert hatte. «Er ist ein völlig neuer Mensch. Ich habe immer gewußt, daß er gescheit ist, aber jetzt kann er etwas damit anfangen.»

Nach sechs Wochen hörte er ganz auf, Lithium zu nehmen. Es zeigte sich keine Manie. Er war weiterhin erfolgreich.

ADD mit Suchtverhalten

Das Suchtverhalten ist eine von den vielen Masken der ADD, hinter die man nur schwer blicken kann, weil es dieselben Probleme hervorruft. Wenn jemand Alkoholiker ist oder Kokain schnupft beziehungsweise Marihuana raucht, sind wir häufig so sehr auf die Probleme fixiert, die durch den Drogenkonsum auftreten, daß wir uns gar nicht nach dem Grund fragen, aus dem der Konsument die Droge nimmt. Die ADD ist eine der verborgenen Ursachen für ein Suchtverhalten, nach der Ausschau zu halten besonders wichtig ist, weil man sie behandeln kann.

Es gibt viele Gründe dafür, warum Leute trinken, Kokain schnupfen oder Marihuana rauchen. Um sich ein kurzes Vergnügen zu verschaffen, seinem Kummer zu entfliehen, Hemmschwellen abzubauen, das sind verbreitete Gründe für den Drogengebrauch. Wenn aus dem Gebrauch Mißbrauch wird, dann kann das zu einer Krankheit für sich werden. Es ist inzwischen allgemein anerkannt, daß Alkoholismus eine Krankheit ist mit einem spezifischen genetischen Hintergrund, spezifischer Naturgeschichte, Behandlung und Prognose. Ob es, um es mit «Doctor» Samuel Johnson zu sagen, «die Qual des Menschseins» ist, die die Leute zum Trinken bringt, oder ob das Trinken die Qualen des Alkoholikers hervorruft, steht noch zur Diskussion. Es kann allerdings sein, daß der Alkoholismus seine eigene Ursache ist und es keine weiteren bedingenden Faktoren gibt.

Doch vielleicht noch raffinierter als das Krankheitskonzept des Alkoholismus und des Suchtverhaltens im allgemeinen ist die Hypothese von der Selbstmedikation, wie sie von Edward Khantzian, einem Psychoanalytiker und Spezialisten auf dem Gebiet des Suchtverhaltens, vorgetragen wird. Er vertritt die These, daß Menschen Drogen gebrauchen, um damit irgendwelche unterschwelligen schlechten Gefühle zu behandeln. Sie gebrauchen das Rauschmittel – ob Alkohol, Kokain, Tabak, Marihuana oder was auch immer – als eine Art selbstverordnetes Medikament gegen ihre emotionalen Probleme. Das Rauschmittel schafft dann seine eigenen körperlichen und seelischen Probleme, so daß der Dauergebrauch der Droge schließlich zu dem Bemühen wird, ihre Nebenwirkungen zu bekämpfen, so wie man gegen den Alkoholkater Alkohol trinkt. Aber der Mißbrauch fängt schon mit dem Bemühen an, irgendwelche schlechten Gefühle zu kurieren. Man kann zum Beispiel Alkohol benutzen, um eine Depression zu behandeln, oder Marihuana, um Minderwertigkeitsgefühle abzumildern.

Dieses Konzept ist besonders nützlich für das Verständnis des Zusammenhangs zwischen ADD und Suchtverhalten. Viele Menschen mit einer unerkannten ADD fühlen sich schlecht und wissen nicht warum. Manche sind deprimiert, wie wir bereits erwähnt haben. Manche agitiert oder angstvoll. Die Mehrzahl fühlt sich abgelenkt und unkonzentriert und lebt in einer isolierten Vorhölle und wartet auf den Knall. Diese Verstimmung beziehungsweise «Dysphorie», wie Psychiater es nennen, hat keinen Hintergrund und nicht mal einen Namen. Sie ist einfach nur das Innenleben der Betroffenen. Man kann sein Leben lang mit etwas leben, ohne sich dessen als einer eigenständigen Sache bewußt zu sein. Es ist einfach ein Teil des eigenen Ichs. So verhält es sich mit einem Großteil unserer Gefühle. Solange wir ihnen keinen Namen geben, sind sie ununterscheidbar in unserem Ichbewußtsein verwoben. Indem wir den Gefühlen einen Namen geben, bekommen wir eine gewisse Macht über sie. Wenn ich sagen kann: «Ich bin traurig», macht das die Traurigkeit unter Umständen weniger lähmend. Sobald man ein Gefühl erkennt, kann man sich bemühen, es zu beherrschen beziehungsweise es abzustellen. Andererseits werden Menschen, die nicht sagen können: «Ich bin traurig» oder: «Ich bin wütend», häufig in einer Weise von diesen Gefühlen dirigiert und beherrscht, die ihnen kaum bewußt ist.

Dasselbe gilt auch für die Dysphorie, die in Verbindung mit der ADD auftritt. Es ist eine eigentümliche Art Gefühl, diese ich-interne Ablenkbarkeit, die viele Menschen mit ADD haben. Dieses Gefühl führt, wenn es nicht erkannt und behandelt wird, nicht selten über die Selbstmedikation zum Suchtverhalten.

Nehmen wir zum Beispiel Kokain. Kokain ist in den Kategorien der Rauschmittel das, was wir ein Stimulans nennen. Ritalin, das Standardmedikament zur Behandlung der ADD, ist ebenfalls ein Stimulans. Die meisten Menschen, die Kokain schnupfen, haben einen ungerichteten Energieschub. Menschen mit ADD dagegen fühlen sich unter der Wirkung von Kokain ebenso konzentriert wie unter der Wirkung von Ritalin. Statt high zu werden, haben sie plötzlich einen klaren Kopf und sind bei der Sache. Wenn Menschen, die nicht wissen, daß sie ADD haben, auf Kokain stoßen, kommt ihnen die Droge insofern wie ein Heilmittel vor, als sie ihre Symptome abschwächt, und so werden sie zu Dauerkonsumenten. In der Literatur über Kokain berichten interessanterweise annähernd fünfzehn Prozent der Abhängigen, daß der Kokaingenuß sie nicht high, sondern konzentriert mache. Diese fünfzehn Prozent haben wahrscheinlich eine Erwachsenen-ADD und therapieren sie, ohne es zu wissen, mit Kokain.

Unter den potentiell zum Mißbrauch führenden Drogen stellt Kokain zwar das spezifischste Antidot für die Dysphorie in Verbindung mit ADD dar, doch können Alkohol und Marihuana in gleicher Weise eingesetzt werden. Alkohol beruhigt in der Regel das innere «Rauschen», über das viele Erwachsene mit ADD klagen. Er reduziert auch kurzfristig die Angst, die gewöhnlich in Verbindung mit ADD auftritt. Leider wirkt Alkohol langfristig depressionsfördernd, und das tägliche Sich-Absondern beziehungsweise der Kater steigert die Angst. Marihuana dämpft in ähnlicher Weise das innere «Rauschen» und hilft dem Betreffenden so, «einen klaren Kopf zu bekommen», wie einer meiner Patienten sagte. Bedauerlicherweise wirkt das auch nur kurzfristig, und der Dauergebrauch von Marihuana als Mittel gegen die Angst ist mit einem Motivationsverlust verbunden.

Bei den Süchtigen, die tatsächlich eine ADD haben, ist es unumgänglich, sowohl die ADD als auch die Sucht zu behandeln. Durch die Behandlung der ADD verringert man die Wahrscheinlichkeit eines Rückfalls in die alte Sucht.

Als Beispiel lassen Sie mich den Fall eines dreiundzwanzigjährigen Mannes erörtern, den ich Peter nennen will. Peter suchte mich nach seiner Entlassung aus dem Gefängnis auf, wo er eine sechsmonatige Strafe wegen Dealens mit Marihuana verbüßt hatte. Vor seiner Inhaftierung hatte er durch den ständigen Marihuanamißbrauch ein so ernstes Problem bekommen, daß sich sein ganzes Leben um das Rauschmittel drehte. Im Gefängnis las er einen Artikel über ADD und schickte ihn seiner Mutter. Als sie sich sein Leben in der Kindheit vor Augen führte, so wie es in der Schule und zu Hause verlaufen war, kam sie zu dem Schluß, daß er sehr wahrscheinlich ADD hatte. Nach seiner Entlassung aus dem Gefängnis befand Peter sich allerdings in einem Dilemma, wie es viele Menschen kennen, die wegen Drogenmißbrauchs vor Gericht gestanden haben. Diese Menschen stoßen auf eine Menge Vorurteile und

Angst, wenn nicht gar auf Verachtung auf seiten der medizinischen Welt. Die meisten Ärzte sehen nicht gern Knackis in ihren Praxen. Das ist zwar verständlich, ist aber auch bedauerlich. Eben die Behandlung, die diesen Menschen verweigert wird, ist das einzige Mittel, sie vor dem Rückfall in die Sucht und vor der Rückkehr ins Gefängnis zu bewahren. Diese Leute brauchen nur ein paarmal von amtlich bestallten Samaritern abgewiesen zu werden, um wieder mit der Selbstmedikation und dem gewohnheitsmäßigen Drogenmißbrauch anzufangen.

Peter konnte mich davon überzeugen, daß er ernstlich Hilfe suchte, und ich nahm ihn als Patienten an. Ich sah die Schulzeugnisse durch, die seine Mutter mir brachte, und hörte mir die Berichte von Peter und seiner Mutter über Peters Kindheit an. Sie waren typisch für eine ADD. Ein Kinderarzt hatte tatsächlich die Diagnose Hyperaktivität gestellt, hatte es aber an den nötigen Nachuntersuchungen fehlen lassen. Peters schulische Leistungen ließen im Lauf der High School immer mehr nach. Und obwohl er sehr intelligent war – er hatte einen IQ von 126, der aufgrund der ADD beim Test vermutlich niedriger ausfiel, als er in Wirklichkeit war –, brachte er es in der High School nicht zu einem befriedigenden Leistungsniveau und brach die Schule ab.

Ein Problem führte zum nächsten, und der hübsche, gescheite Junge aus gutbürgerlichem Hause landete im Gefängnis. Nach seiner Entlassung änderte er sein Leben allmählich auf eigene Faust. Zornig, zynisch und verbittert auf der einen Seite, war er andrerseits doch fest entschlossen: nie wieder Drogen zu nehmen, einen Schulabschluß zu machen und die verlorengegangene Zeit zu kompensieren.

Die Behandlung seiner ADD bot ihm die Lösung, nach der er gesucht hatte. «Ich hab jetzt noch nicht mal mehr Lust, Pot zu rauchen», sagte er. «Es ist, als ob das Medikament mir das Verlangen danach genommen hätte.» Er fand eine Arbeit und begann auch, eine Abendschule zu besuchen. Er setzte sich hohe Ziele und bekam die besten Noten in seiner Klasse. Er schnitt in der Leistungsstatistik hervorragend ab. Seine Freundin, die auch während seiner Gefängniszeit zu ihm gehalten hatte, sagte, sie wäre jetzt zuversichtlich, daß alles ein gutes Ende nehmen würde. Der dramatischste Bericht über die Wirksamkeit der Behandlung stammt jedoch von Peters Mutter, die mir einen Brief schrieb, den ich in Auszügen hier wiedergebe:

Lieber Herr Doktor Hallowell,
als Ihr Blick das letztemal über diese Schrift glitt, war ich eine von verzweifelter Hoffnung erfüllte Mutter. Peter war letztes Wochenende zum erstenmal zu Hause, seitdem er in Behandlung ist. Es ist mir wirklich fast unmöglich, die Worte zu Papier zu bringen, von denen mein Herz voll ist.

Der Peter, der am Wochenende nach Hause kam, war der Mensch, von dem ich immer gewußt habe, daß er Peters wahres Ich ist, und von dem ich mir immer gewünscht habe, daß Peter ihn herausläßt.

Ich hatte immer Herzklopfen, wenn er und sein Vater je versuchten, irgend etwas gemeinsam zu machen oder einfach nur miteinander zu reden. Es war, als ob eine Zeitbombe tickte und man wußte, daß sie hochgehen würde. Ich sah sie miteinander reden, lachen und den Kleintransporter beladen (nicht mal das hatten sie sonst ohne Streitigkeiten tun können). Die Reaktion seines Vaters war: Was für eine Freude, Peter zu Hause zu haben!

Meine Reaktion läßt sich auf dem Papier nicht wiedergeben. Peter und ich redeten die ganze Zeit über miteinander, die er hier war – bis Sonntag früh um drei. Da ist dieses sonderbare Gefühl, das ich all die Jahre hindurch immer gehabt habe, auch in den Horrorzeiten. Vielleicht ist da nur eine Mutter, die sich ein Wunschbild von ihrem Sohn macht, aber wenn Sie mich fragen, bin ich wirklich nicht der June-Cleaver-Typ. Trotz Ruppigkeit, langen Haaren, Grateful Dead und Knast sehe ich und sah ich in Peter immer etwas ganz Besonderes, und das kommt jetzt zum Vorschein. Vielleicht ist es etwas so Einfaches, wie ihn mit Lorraine (seiner Freundin) zusammen zu sehen, wie sie lachen, wie sie einander lieben, ihnen zuzuhören, wie sie Zukunftspläne schmieden, wie er sich in eine Richtung bewegt, wo ich sicher bin, daß seine Begabung Früchte trägt.

Wenn man mit ansehen muß, wie der Sohn, den man liebt, Kollisionskurs steuert – schlechte Gesellschaft, Drogen, Minderwertigkeitsgefühle, Konflikt mit dem Gesetz, Gefängnis –, das zerreißt einem das Herz, da muß es jedem Vater und jeder Mutter schwer werden, weiterzumachen, das Leben ganz normal weiterzuleben, aber das müssen sie. Und was passiert dann? Dieser junge Mann, mein Sohn, entdeckt ausgerechnet in einer Frauenzeitschrift einen Artikel, über den er mit seiner Mutter redet und den er ihr schickt, was zu der Erkenntnis führt, die ein Leben verändert...

Der junge Mann, der letztes Wochenende nach Hause kam, der Friede und die Liebe, die *beide*, Vater und Mutter, erfüllten, die nicht aufgeben konnten, die sich weigerten, ihr Kind abzuschreiben, und denen die Kraft zum Durchhalten gegeben wurde...

Es ist jetzt ein Jahr her, seit ich Peter kennengelernt habe. Er ist nicht rückfällig geworden. Und er ist erfolgreich.

ADD bei schöpferischen Menschen

Zwar ist Kreativität bei Menschen mit einer ADD so gut wie die Regel, trotzdem behandeln wir diese Kombination hier als eine Unterart für sich, um bei dieser Gelegenheit einige Fragen ausleuchten zu können, die den Zusammenhang zwischen ADD und Kreativität betreffen.

Eine erschöpfende Definition von Kreativität und ihren psychologischen wie neurologischen Wurzeln würde über den Rahmen dieses Buches weit hinausgehen. Für unsere Zwecke definieren wir Kreativität als Tendenz, dem Leben neue Aspekte abzugewinnen, persönliche Erfahrungen zu neuen Sinnganzheiten zu kombinieren, neue Ideen zu entwickeln.

Einige Züge der ADD-Geistesverfassung begünstigen Kreativität. Zunächst einmal haben Menschen mit ADD eine höhere Toleranz für Chaos als die meisten Menschen. So dekonzentriert, wie sie sind, von allen Seiten mit Reizen bombardiert, unfähig, sich gegen Belangloses abzuschirmen, stecken Menschen mit ADD ständig im Chaos. Sie sind daran gewöhnt, sie rechnen damit. Bei allen Problemen, die das möglicherweise hervorruft, fördert es unter Umständen den schöpferischen Prozeß. Um neue Ordnungen in das Leben einführen zu können, um schöpferische Leistungen vollbringen zu können, muß man sich eine Weile mit der Unordnung häuslich einrichten können. Man muß in der Lage sein, mit dem Unvertrauten zu leben, ohne – um es mit Keats zu sagen – «gereizt nach Fakten und Gründen zu suchen». Indem man die Spannung des Unbekannten oder Unvertrauten aushält, verhilft man vielleicht etwas Neuem zum Dasein. Bricht man einen Gedankengang vorschnell ab, weil er einem zu bizarr oder abwegig oder wirr vorkommt, ist die darin möglicherweise verborgene Struktur oder Schönheit dahin.

Wenn ein Mensch mit ADD mit irgendeinem Reiz konfrontiert wird – einem Bild, einem Satz, einer Idee, dem Gesicht eines Menschen, einer Frage –, dann ordnet er ihn nicht gleich an der «richtigen» Stelle ein. Er weiß noch nicht einmal, wo die richtige Stelle ist. So wird zum Beispiel die Wasserrechnung zusammen mit dem Gedanken an den nächsten Angelausflug abgelegt, und hopplahopp ist plötzlich eine Idee für einen geschäftlichen «Fischzug» geboren. Eben die Unsicherheit, mit der die ADD-Kranken auf die meisten Stimuli reagieren, schafft die Möglichkeit, daß diese Informationen einen Gestaltwandel durchlaufen, ehe sie sich im Bewußtsein sedimentieren. Diese Neigung, durcheinanderzugeraten oder Dinge durcheinanderzubringen – so häufig als Hauptmanko des ADD-Gehirns angesehen –, steigert unter Umständen die Kreativität in höchst vorteilhafter Weise.

Zweitens, eines der Kernsymptome der ADD ist Impulsivität. Was ist Kreativität anderes als Impulsivität, in die richtigen Bahnen gelenkt? Man nimmt sich nicht vor, einen kreativen Gedanken zu haben. Kreative Gedanken entstehen von selbst. Das heißt, die kommen spontan, impulsiv und ungeplant. Man kann Umstände schaffen, die maximale Chancen für das Auftreten eines kreativen Einfalls bieten – das Glück hilft mit Vorliebe dem Kopf, der vorbereitet ist –, aber die eigentliche Idee oder Formulierung oder Vorstellung kommt gewissermaßen aus dem Nirgendwo. Im Nirgendwo leben viele Menschen mit ADD immer. Weder hier noch da, noch sonst an einem bestimmten Ort, sondern vielmehr hier *und* da, nicht an einem einzelnen Ort, sondern überall und nirgendwo. Und aus dem Nirgendwo kommt auf den Flügeln eines Impulses die Kreativität herbeigeflogen.

Ein dritter Zug, der die Kreativität bei Menschen mit ADD begünstigt, ist eine Fähigkeit, die sie haben, die nicht selten übersehen wird. Es ist die Fähigkeit, zeitweilig stark fokussieren beziehungsweise hyperfokussieren zu können. Wie schon erwähnt, ist der Ausdruck «Aufmerksamkeitsschwäche» eine Fehletikettierung. Es handelt sich vielmehr um eine Aufmerksamkeitsinkonsistenz. Zwar trifft es zu, daß der Geist eines Menschen mit ADD umherschweift, wenn er nicht von irgend etwas gefesselt wird, es trifft aber auch ebenso zu, daß er mit Leidenschaft an einer Sache dranbleibt, wenn sie ihn fesselt. Ein ADD-Kind kann stundenlang mit größter Sorgfalt ein Modellflugzeug zusammenbauen. Ein Erwachsener kann erstaunlich konzentriert arbeiten, wenn er einen Termin vor Augen hat. Oder ein ADD-Erwachsener läßt sich von einem Projekt so sehr gefangennehmen, daß er es in einem Zehntel der Zeit zu Ende bringt, die man dafür veranschlagt hätte. Diese Fähigkeit zu hyperfokussieren heizt sozusagen den Hochofen im Gehirn auf, starre Elemente verflüssigen und vermischen sich, so daß neue Produkte aus ihnen geformt werden, sobald sie in das kühle Tageslicht austreten. Die Intensität, mit der das Feuer in diesem Hochofen glüht, könnte auch zur Erklärung beitragen, warum er so gründlich auskühlen muß, die Schlacke zerstreut werden muß, solange er nicht aufgeheizt wird.

Einen vierten Zug, der zur Kreativität beiträgt, entdeckte Russell Barkley in etwas, das er als «Hyperreaktivität» der ADD-Psyche bezeichnete. Hyperreaktivität, mit der traditionellen Hyperaktivität entfernt verwandt, begegnet bei Menschen mit ADD häufiger als diese. Menschen mit ADD sind ständig am Reagieren. Selbst wenn sie äußerlich ruhig und gelassen wirken, geht es in ihrem Inneren gewöhnlich turbulent zu, werden Informationen aus einem Zusammenhang in einen anderen versetzt, Eindrücke in das Kommunikationsnetz der Gefühle eingespeist, Ideen in der Feueresse gehärtet. Die ADD-Psyche dreht auf oder bremst sich, ist aber immer in Bewegung. Diese Hyperreaktivität steigert die Kreativität, weil sie die Zahl der Kollisionen im Gehirn erhöht. Jede Kollision hat das Potential, neues Licht und neue Materie freizusetzen wie bei den Kollisionen subatomarer Teilchen.

Für Menschen mit ADD besteht die Kunst darin, diese Prozesse produktiv zu nutzen. Manche Menschen versuchen das ein Leben lang vergeblich. Sie platzen vor Energie, aber sie verströmen ihre Energie unkanalisiert. Ein Kind vertut seine Kreativität vielleicht einfach damit, daß es im Unterricht altkluge Bemerkungen macht, oder der Erwachsene hat vielleicht eine lange Liste wundervoller Ideen und keine Vorstellung, wie er sie verwirklichen kann. Im Kapitel über die Behandlung der ADD werden wir über Möglichkeiten sprechen, wie man diese Energie konstruktiv organisieren kann.

ADD mit Risikoverhalten beziehungsweise «Nervenkitzel»-ADD

«Wie meine liebste Wunschphantasie aussieht?» fragte mich ein Erwachsener mit ADD. «Ich möchte den lieben langen Tag in einem Zimmer sitzen, wo drei Fernseher laufen, und ich hab den Zapper in der Hand, mein PC läuft, das Faxgerät ist angestellt, der CD-Player spielt, ich hab die Zeitung aufgeschlagen vor mir, das Handy am Ohr und bin gerade dabei, drei Verträge gleichzeitig unter Dach und Fach zu bringen.»

Diese Jagd nach «Nervenkitzel»-Situationen ist häufig ein zentrales Merkmal des ADD-Syndroms bei Erwachsenen und bei Kindern.

Manche ADD-Kinder sind ständig hinter Action her. Wo das auf Extremsituationen zielende Verhalten Erwachsener seinen Ursprung hat, kann man an hyperaktiven (nicht aber an verträumten, nicht-hyperaktiven) Kindern erkennen. Hyperaktive ADD-Kinder sind auf Neues erpicht und brauchen den Umtrieb. Sie lieben ein prickelndes, beschwingtes Leben. Liegt kein Konflikt vor, nichts, was Leben in die Bude bringt, dann sorgt das ADD-Kind unter Umständen selber dafür. Es fängt zum Beispiel einen Streit mit einem seiner Geschwister an, aber nicht aus Wut, sondern aus Langeweile. Oder es schmeißt seiner Familie zu Hause vielleicht den ruhigen Abend, und zwar nicht, weil es aufgeregt ist, sondern weil es sich nicht ausreichend stimuliert fühlt. Oder es spielt vielleicht den Clown im Unterricht, und das nicht, weil es besonders witzig ist oder das Bedürfnis nach Aufmerksamkeit hat, sondern weil es den Unterricht langweilig findet. Die Erregung und die Gefahr, die damit verbunden ist, daß man im Klassenzimmer einen Aufruhr auslöst, können jede Belohnung, die für Wohlverhalten winkt, bei weitem in den Schatten stellen. Es ist wichtig, daß die Eltern beziehungsweise die Lehrer das verstehen. Wenn Sie das Verhalten des Kindes zu ernst nehmen, wenn Sie ihm erlauben, Sie auf die Palme zu bringen, erreichen Sie damit womöglich das Gegenteil von dem, was Sie wollen. Die Erregung, die durch eine heftige Reaktion ausgelöst wird, ist vielleicht genau das, was das Kind will.

So verhält es sich unter Umständen auch mit dem ADD-Erwachsenen, der sich – nicht selten mittels Risikoverhaltens – eine intensive Stimulierung zu verschaffen sucht. Zwar sind die meisten Menschen mit ADD leicht gelangweilt und sind schnell auf Ablenkung aus, dem Erwachsenen mit einer «Nervenkitzel»-ADD ist Langeweile aber besonders verhaßt. Er – und in der Regel ist es ein Er – sucht hochgradige Stimulierung vielleicht auf relativ ungefährlichen Wegen – indem er sich bei der Arbeit enge Termine setzt; indem er regelmäßig exzessiv Sport treibt; indem er viele Projekte gleichzeitig am Laufen hält; indem er Spiele und Kreuzworträtsel greifbar hat für den Fall, daß er sich plötzlich langweilt; indem er freiwillig schwierige Aufgaben übernimmt; indem er ständig am Rande des Chaos lebt, weil er seine Einnahmen und Ausgaben nicht kontrolliert, keinen Terminkalender führt und so weiter oder nur so aus Daffke Streitgespräche vom Zaun bricht. Oder aber er versucht es auf riskantere Weise – mit Glücksspiel, gefährlichen Romanzen, mit äußerst riskanten Geschäftsabschlüssen, mit Gefahren für Leib und Leben durch Aktivitäten wie *vertical skiing* (eine außerordentlich gefährliche und euphorisierende Form von Skilaufen, zu der Abfahrten über eine fast senkrechte Eiswand gehören), Bungeespringen, Autorennen oder durch andere waghalsige Aktivitäten eigener Erfindung. Ein ruhiges Plätzchen oder eine erholsame Gegend können diese ADD-Erwachsenen bis zur Erschöpfung anstrengen. Indes können diese Menschen paradoxerweise bei tumultuarischen Aktivitäten, ja selbst in sehr gefährlichen Situationen Ruhe und Entspannung finden.

Brian Jones, ein siebenunddreißigjähriger Versicherungsangestellter in leitender Position, ist ein gutes Beispiel. Er kreuzt morgens um sechs Uhr dreißig in seinem Büro auf, nachdem er zehn Kilometer gejoggt ist und zwanzig Minuten auf seinem Heimtrainer verbracht hat. Er ist kein Fitneßfanatiker; er hat aber das Gefühl, daß er ohne sein morgendliches Training im Gefängnis des Arbeitstages explodieren würde. So wie die Dinge liegen, benutzt ihn seine Gesellschaft als eine Art menschliche Zeitbombe, indem sie ihn strategisch bei Verhandlungen einsetzt, wo ein explosives Element vonnöten ist, oder bei Kunden, die bei Verhandlungen nicht vom Fleck kommen. Von den jüngeren Angestellten wird er hinter seinem Rücken «Bumm-Bumm» genannt wegen seiner legendären Ausbrüche. Er steht immer kurz vorm Rausschmiß oder der Beförderung.

An den Wochenenden ist Brian auf der Suche nach Action unterwegs. Er hat Vertical Skiing ausprobiert und ist begeistert davon. Er ist Rennen in Formel-1-Wagen gefahren. Er geht regelmäßig Fallschirmspringen. Manchmal fährt er nur durch die Stadt und spielt an den Ampeln «Mutprobe», indem er bei Rot über die Kreuzung fährt und in der falschen Richtung durch Einbahnstraßen trekkt, um das zu bekämpfen, was er «die grenzenlose Redundanz des alltäglichen Lebens» nennt. Er ist ein begeisterter Spieler und hat dabei ziemliches Glück gehabt. Neuerdings hat er allerdings angefangen, beim Pferderennen Fünfhundertdollar-Zufallswetten zu plazieren: Er macht seinen Einsatz, ohne sich den Wettschein anzusehen, er pickt sich einfach nach Lust und Laune irgendein Pferd heraus. Er kam zu einer Konsultation zu mir, nachdem er vier von diesen Wetten in Folge verloren hatte.

«Mich beunruhigt nicht, daß ich verliere, mich beunruhigt, daß mir das Wetten als solches soviel Spaß macht. Ich meine, es macht mir nicht bloß Spaß. Ich bin ganz wild darauf. Ich würde gerne hingehen und eine Hunderttausend-Dollar-Zufallswette plazieren. Nun könnte mich ein so hoher Betrag in große finanzielle Schwierigkeiten bringen, ich möchte es trotzdem tun. Ich bin da vermutlich wie einer, der eine Affäre hat, die er nicht haben sollte, der es aber nicht lassen kann, weil er so fasziniert davon ist. Ich habe endlich etwas gefunden, das meine Aufmerksamkeit erregt. Es bringt meine Säfte in Wallung wie sonst nichts, beruhigt und entspannt mich aber gleichzeitig auf sonderbare Weise. Alle anderen Ablenkungen in meinem Leben, die kleinen Mücken, die mir um den Kopf schwirren und mich zu stechen versuchen, sie alle verschwinden, wenn ich auf dem Rennplatz bin. Ich meine, sobald ich die Wette plaziert habe, bin ich an Deck. Ich lebe. Ich sehe und höre. Danach ist alles andere langweilig für mich. Ich muß mich jetzt morgens wirklich mit Gewalt zum Arbeiten zwingen.»

Brian hatte eine Erwachsenen-ADD. Er sprach gut auf die Behandlung an, die in Medikamenteinnahme und einer Psychotherapie bestand. Das Medikament half ihm sich zu konzentrieren und verringerte sein Verlangen nach Nervenkitzel, den er als Konzentrationshilfe benutzt hatte. Die Psychotherapie half ihm, sich selbst zu finden und es eine Weile mit seinen Gefühlen auszuhalten, statt zwanghaft vor ihnen davonzulaufen. Einer der Gründe, warum Menschen wie Brian hinter Extremsituationen herjagen, ist der, daß sie eine ganz normale Gefühlsspannung nicht sehr lange aushalten können. Wenn sie traurig sind oder sich einsam fühlen, wenn sie Angst haben und vor allem wenn sie sich langweilen, stürzen sie sich in Hektik. Nachdem Brian mit Hilfe des Medikaments gelernt hatte, sich zu konzentrieren, lernte er mit Hilfe der Psychotherapie, mit seinen Gefühlen zu leben. Er stellte allmählich fest, daß Gefühle Stimulanzien eigener Art waren, und zwar ungefährliche und nützliche.

Er hat mit dem Glücksspiel aufgehört und arbeitet daran, sein Verlangen nach Nervenkitzel so weit in den Griff zu kriegen, daß er die Freuden eines ganz normalen Lebens genießen kann. Er ist kein Langweiler geworden, wie er befürchtet hatte, aber das Instrumentarium, mit dem er dafür sorgt, daß das Leben interessant bleibt, hat sich geändert.

Die Spielsucht ist eine verbreitete Störung; Millionen Menschen sind davon betroffen. Wir haben noch keine verläßlichen Zahlen darüber, ein wie hoher Prozentsatz der Spielsüchtigen ADD hat, es dürften aber, grob geschätzt, fünfzehn bis zwanzig Prozent sein. Eine Nebenerscheinung der Spielsucht, die auch in Verbindung mit ADD auftritt, ist das chronische Schuldenmachen. So wie das Zahlenlotto einfache und bequeme Möglichkeiten zum Glücksspiel eröffnet, erleichtert die Kreditkarte auf tückische Weise das Schuldenmachen. Der Schuldenmacher bekämpft irgendein leichtes Gefühl der Langeweile mit der Erregung, die der Raubzug durch eine Einkaufspassage mit sich bringt. Von beiden, vom Spieler wie vom Schuldenmacher, kann eine Behandlung die finanzielle Katastrophe abwenden.

Jedes der folgenden Merkmale ist ein mögliches Anzeichen für eine «Nervenkitzel»-Erwachsenen-ADD:

Chronische Waghalsigkeit jeder Art

Faszinierende Persönlichkeit

Abenteuerjäger

Suchtverhalten

Wutausbrüche

Exzessive sportliche Betätigung

Reizbare Ungeduld

Gewohnheitsmäßiges Glücksspiel

Gewalttätigkeit

Unfallneigung

Wiederholte Strohfeueraffären

Chronisches Schuldenmachen

Andere Störungen der Impulskontrolle wie Kleptomanie und Pyromanie

Der Grundzug dieser Unterart der Erwachsenen-ADD ist das heftige Verlangen nach intensiver Stimulierung. Sobald man diesen Hang versteht und einen Namen dafür hat, spürt man ihn, wenn man mit Menschen zusammen ist, die ihn haben. Sie strahlen Energie aus und schaffen, wo sie gehen und stehen, eine Sphäre von Aktivität. Es ist, als trügen sie ein Brennelement in sich, das unaufhörlich Energie abgibt. Wo immer es geht, hauen sie auf den Putz, lassen die Puppen tanzen, nutzen jede Gelegenheit, und sie machen jeden Moment zu einer Gelegenheit. Sie schließen in der Mittagspause Geschäfte ab, funktionieren das Hinterzimmer ihres Ferienhauses zur Nachrichten- oder Organisationszentrale um, zaubern aus Resten ein Festmahl, steigen mitten im Satz aus einer Unterhaltung aus, um irgendeiner Idee nachzugehen, oder kommen mit einer Blaskapelle zum Leichenschmaus. Das Zusammensein mit diesen Menschen kann sehr unterhaltsam, es kann aber auch sehr anstrengend sein. Sie sind – wie Brian Jones – unter Umständen produktiv und erfolgreich, können sich aber auch ständig am Rand des Ruins befinden. Sie sind vielleicht diejenigen, die es wagen, «Wege zu gehen, die noch keines Menschen Fuß betreten». Sie können allerdings auf diesen Wegen auch in Gefahr sein. Es ist möglich, daß sie Hilfe brauchen.

Zwar verstehen wir nicht genau, warum bestimmte ADD-Erwachsene ein solches Gefallen an Gefahren und Abenteuern finden, wir sehen dieses Muster aber häufig. Es ist möglich, daß die Abenteuer oder die Gefahren dem Betreffenden als Konzentrationshilfe dienen, ähnlich wie ein stimulierendes Medikament, das mit Veränderungen auf der Neurotransmitterebene einhergeht. Stimulierende Medikamente, die Standardmedikation bei ADD, erhöhen die Freisetzung von Adrenalin im Gehirn. Waghalsiges Verhalten bewirkt dasselbe. Deshalb kann es sich bei einem solchen Verhalten um eine Form von Selbstmedikation handeln. Außerdem kann eine «Nervenkitzel»-Situation die besondere Motivation hervorrufen, von der wir wissen, daß sie unter Umständen konzentrationsfördernd wirkt. Wenn ein Mensch hochmotiviert ist, findet wiederum eine Veränderung auf der Neurotransmitterebene statt, was zur

Steigerung der Konzentration führt. Vor allem Gefahrensituationen können sich so auswirken. Wie «Doctor» Samuel Johnson es ausdrückte: «Verlassen Sie sich darauf, Sir. Nichts verhilft einem Menschen so wundervoll zu geistiger Konzentration, wie wenn er weiß, daß er in vierzehn Tagen gehängt wird.»

Wonach auch immer es aussehen mag, es ist wichtig, daß wir bei Erwachsenen in folgenden Fällen unbedingt die Möglichkeit einer ADD in Betracht ziehen: Wenn sie Abenteuern nachjagen, halsbrecherische Risiken auf sich nehmen beziehungsweise unfähig sind sich zu entspannen oder sich ohne intensive Stimulierung nicht amüsieren können. Selbst die Menschen, die wir einfach nur als den Typ der wohlbekannten faszinierenden Persönlichkeit einordnen, können eine unerkannte ADD haben. Zwar tragen seelische Konflikte sicherlich zu einem solchen Verhalten bei, eine psychotherapeutische Behandlung allein geht aber möglicherweise an der biologischen Komponente vorbei. Wenn man die Biologie nicht mit in Betracht zieht, bleibt die Therapie unter Umständen wirkungslos.

ADD mit dissoziativen Zuständen

Das Symptom der ADD, das wohl am schwierigsten genau einzuschätzen ist, ist dasjenige, das wir «Ablenkbarkeit» nennen. Zwar wissen wir nur zu gut, was «ablenkbar» bedeutet, die genaue Identifikation der Ursachen, warum ein Mensch ablenkbar ist, kann aber sehr schwierig sein. Zu einer unvollständigen Liste von Ursachen für Ablenkbarkeit würden zählen:

ADD

Depressionen

Angstzustände

Drogenmißbrauch beziehungsweise Entzug

Anfallsstörungen (petit mal)

Koffeinismus

Schlaflosigkeit, Erschöpfung

Dissoziative Störungen

Diese Liste ist unvollständig, sie macht aber deutlich, wie wichtig es ist, vor dem Erstellen einer Diagnose genau zu verstehen, wodurch ein Symptom verursacht wird. Es ist die in der Liste zuletzt genannte Ursache, die dissoziativen Störungen, die in diesem Abschnitt behandelt wird.

Dissoziation (Dis-Assoziation) meint die Unverbundenheit zwischen einem Gefühl und seiner Ursache. Ein dissoziativer Zustand ist ein Zustand der inneren Leere und Gefühllosigkeit, bei dem man von seiner äußeren Situation und seinen Gefühlen abgeschnitten ist. Traumatisierte flüchten sich häufig in die Dissoziation, um sich dem mit der Erinnerung an das Trauma verbundenen Schmerz zu entziehen, oder aber sie dissoziieren noch während der Traumatisierung selbst, weil ihnen die Abwehr des Unerträglichen anders nicht möglich ist. Das traumatisierende Erlebnis können irgendwelche Mißhandlungen sein oder Kriegserlebnisse oder irgendein Ereignis, das mit einem so großen emotionalen oder physischen Schmerz verbunden ist, daß es psychisch nicht zu ertragen ist.

Der dissoziative Zustand, den das Trauma auslösen kann, ähnelt unter Umständen sehr dem Zustand der Ablenkbarkeit, wie er durch die ADD verursacht wird. Wir haben in den letzten Jahren dank der exzellenten Arbeit von Forschern wie Judith Herman und Bessel Van der Kolk eine Menge über emotionale Traumata gelernt. Nachdem mehr und mehr über Mißhandlungen in der Kindheit berichtet wird, treffen wir immer häufiger auf Menschen, die ein Trauma erlitten haben, aber nicht darüber sprechen können. Von der Forschung noch nicht beantwortet ist die Frage, wie weit die Population der Traumatisierten, die einen dissoziativen Zustand ausgebildet hat, mit den ADD-Kranken überlappt.

Will man den dissoziativen Zustand von der Ablenkbarkeit abgrenzen, muß man sich als erstes die Krankengeschichte des Betreffenden ansehen. Kommt in der Krankengeschichte ein Trauma vor? Natürlich können sich viele Traumatisierte nicht an das Trauma erinnern, das sie erlitten haben. Nicht selten erinnert sich ein Patient mitten in einer Psychotherapie allmählich an irgendwelche schrecklichen Erlebnisse, die über Jahre vergessen waren. Im Schutz der psychotherapeutischen Situation hat der Betreffende die Möglichkeit, sich die Erinnerung ins Gedächtnis zurückzurufen und den Versuch zu machen, den Schmerz aufzuarbeiten.

Als nächstes ist zu fragen: Spiegelt sich in der Krankengeschichte des Patienten vielleicht eine – wenn auch undiagnostizierte – ADD? Menschen mit ADD als Vorerkrankung haben nicht die faktische Seite, die Anzeichen ihrer ADD vergessen, sondern lediglich, was sie bedeuten.

Selbst wenn man in der Krankengeschichte eine ADD, aber kein Trauma entdeckt, ist das keine Garantie dafür, daß nicht im weiteren Fortgang der Therapie doch noch ein Trauma zum Vorschein kommt. Man sollte nie vergessen, daß sich hinter scheinbarer Ablenkbarkeit ein dissoziativer Zustand verbergen kann.

ADD mit Merkmalen der Borderline-Persönlichkeit

Zur Zeit der Erstbeschreibung der Borderline-Persönlichkeitsstörung in den fünfziger Jahren bezeichnete der Begriff «Borderline» den Grenzbereich zwischen Psychose und Neurose.

Wir wissen seit den fünfziger Jahren sehr viel mehr über diese

Krankheit, trotzdem hat man die ursprüngliche Benennung der Diagnose beibehalten. Heute verstehen wir das Syndrom folgendermaßen: Menschen mit einer Borderline-Persönlichkeitsstörung haben eine unscharf umrissene innere Ich-Repräsentanz. Einerseits hungern sie förmlich nach Beziehungen, mit einem Verlangen, das fast auf Verschmelzung mit dem anderen zielt, andererseits beenden sie Beziehungen abrupt und fliehen vor der Intimität, sobald sie sich einstellt. Sie leiden episodisch unter psychischen Schmerzen, stecken voller Wut, Angst und Depressionen. Sie empfinden häufig einen großen Lebensüberdruß und spielen als junge Erwachsene im typischen Fall wiederholt den Selbsttötungsakt durch, in der Regel mit Schnitten ins Handgelenk oder einer Überdosis Tabletten. Ihre Selbsttötungsversuche enden gewöhnlich nicht mit dem Tod, sondern haben eher eine Art selbstberuhigende Funktion. Es mag widersinnig erscheinen, im Zusammenhang mit einem Suizidversuch von selbstberuhigend zu sprechen, aber viele Menschen mit einer Borderline-Persönlichkeit berichten von enormen Schwierigkeiten bei der Regulierung ihrer Gefühle. Manchmal wächst in ihnen eine Art Gefühlsungeheuer heran, das den Eindruck erweckt, als ob es sie ganz und gar überwältigen wollte. Der Schnitt ins Handgelenk, so schmerzhaft er sein mag, trifft das Ungeheuer im Inneren, und mit dem Aderlaß verflüchtigen sich die schlechten Gefühle in einem erlösenden Rinnsal.

Eines der Gefühle, die man bei der Borderline-Persönlichkeit am häufigsten antrifft, ist die Wut, die unerwartet und scheinbar ohne Anlaß losbrechen kann. Borderline-Kranke reagieren äußerst empfindlich auf Ablehnung. Sie neigen dazu, andere in ihr persönliches Drama hineinzuziehen, und sie neigen dazu, diese Menschen – in der Regel sind es ihre Pfleger – in Gut und Böse einzuteilen. Sie haben Schwierigkeiten, andere Menschen als Verbindung von beidem, Gut und Böse, zu sehen, und sie lösen diese Schwierigkeiten dadurch, daß sie die einen idealisieren und die anderen ganz und gar abwerten. Sie behandeln ihre Seelenqualen häufig mit Drogen und/ oder Alkohol. Diese Konstellation krasser Symptome macht ihr

Leben zu etwas Chaotischem, Qualvollem, Unvorhersehbarem und nicht selten auch Tragischem.

Was hat das mit ADD zu tun? Wenn man sich die eben erwähnten Symptome noch einmal ansieht, kann man einige Überschneidungen mit der ADD feststellen. Das unscharf umrissene Ich-Bewußtsein ähnelt unter Umständen sehr stark dem dekonzentrierten, zersplitterten Ich des ADD-Kranken. Das abrupte Abbrechen von Beziehungen ist bei ADD nichts Ungewöhnliches, wenn der Betreffende unabsichtlich den Kontakt verliert.

Ähnlichkeiten zwischen ADD und der Borderline-Persönlichkeit

ADD	Borderline
Dekonzentriertes Ich-Bewußtsein	Unscharf umrissenes Ich-Bewußtsein
Klinkt sich aus Beziehungen aus	Bricht Beziehungen ab
Organisiert sich um Nervenkitzel herum	Lindert Seelenqualen mit Nervenkitzeln
In der Regel impulsiv	In der Regel impulsiv
Zorn über eigene Patzer	Zorn über unerfüllte emotionale Bedürfnisse
Suchtverhalten nicht ungewöhnlich	Suchtverhalten nicht ungewöhnlich
Stimmungsschwankungen	Stimmungsschwankungen
Gewöhnlich leistungsschwach	Gewöhnlich leistungsschwach

Der ADD-Kranke jagt hinter Nervenkitzeln her, um sich zu konzentrieren, während die Borderline-Persönlichkeit den Nervenkitzel sucht, um mit ihren quälenden Gefühlen zurechtzukommen. Beide Syndrome sind durch ein hohes Maß an Impulsivität gekennzeichnet. Menschen mit ADD stecken voller Zorn, weil sie sich häufig mit der Enttäuschung über eigene Fehler abfinden müssen, in Menschen mit Borderline-Persönlichkeit schwelt der Zorn über die häufige Enttäuschung ihrer emotionalen Bedürfnisse. Bei beiden Syndromen ist Suchtverhalten als eine Form von Selbstmedikation nichts Ungewöhnliches. Diese Ähnlichkeiten sind in der Tabelle aufgelistet.

Wir haben in unserer Praxis eine Reihe von Patienten behandelt und von anderen gehört, bei denen eine Borderline-Persönlichkeit diagnostiziert worden war, während sie in Wirklichkeit ADD hatten. Das ist insofern von praktischer Bedeutung, als die Behandlung der beiden Krankheiten grundverschieden ist.

Sehen wir uns als Beispiel den Fall von Bonnie an. Als Kind war Bonnie zu Hause physisch aggressiv und in der Schule impulsiv und unproduktiv. In der dritten Klasse dann wurde sie von ihren Eltern und Lehrern gleichermaßen als «Schrecken» apostrophiert und war mit ihrer Mutter in einen Machtkampf verstrickt, der sich über Jahre hinzog. Sie war wütend über die Versuche ihrer Mutter, «sie in eine konventionelle Form zu zwingen», und rebellierte deshalb dagegen, sooft es nur ging. Als Teenager nahm sie häufig Drogen und kam nachts nicht nach Hause. Besuche bei verschiedenen Familien- und Einzeltherapeuten brachten keine Hilfe. Bonnie war attraktiv und hatte in der High School immer eine Schar von Verehrern. Sie heizte Gerüchte über ihr Liebesleben an, um ihre Mutter zu beunruhigen, die daraufhin vergeblich versuchte, ihr Grenzen zu setzen. Bonnie hatte zwar schlechte Noten, schnitt aber beim Studieneignungstest vorzüglich ab und konnte sich nun an einer erstklassigen Universität einschreiben. An der Universität war Bonnie in ihrem Element, und hier entdeckte sie ihr Herz für die Literatur. Obwohl sie große Mühe hatte, ihre schriftlichen Arbeiten termingerecht abzugeben, erwarb sie sich akademische Grade. Kurz darauf wurde sie schwanger und heiratete einen Mann, den sie gern hatte, aber nicht liebte.

Das Kind wurde in ähnlicher Weise zum Organisationskern in Bonnies Leben, wie es die Literatur an der Universität gewesen war. Sobald allerdings das Kind das Haus verließ, um zur Schule zu gehen, wurde Bonnie von Selbstmordphantasien gequält. Wenn das Kind nicht da war, fühlte Bonnie sich leer. Sie wollte nicht glauben, daß die Verbindung zwischen ihr und dem Kind nicht abriß, auch wenn das Kind außer Haus war. Ihre alten Unsicherheiten meldeten sich wieder und setzten ihr zu. Um diese Gefühle zu bekämpfen, fing sie an zu trinken, bis ihr Mann sie schließlich in eine Entziehungsanstalt einweisen ließ, wo bei ihr eine Borderline-Persönlichkeit diagnostiziert wurde.

Nach zwei Jahren Therapie ging es Bonnie nicht besser. Sie litt unter einer chronischen Depression und war, wie sie es ausdrückte, «zu zerfahren, um sich irgendwelche klaren Ziele setzen zu können». Dann las sie zufällig etwas über ADD. Nach einer Beratung mit ihrem Therapeuten, der ihr recht aufgeschlossen empfahl, sich im Anschluß einer Begutachtung auf ADD zu unterziehen, kam Bonnie zu uns in die Klinik.

Nachdem ich ihre Krankengeschichte durchgesehen und einige psychologische Tests mit ihr gemacht hatte, war mir klar, warum die Diagnose Borderline-Persönlichkeit gestellt worden war. Wenn ich allerdings andere Aspekte ihrer Krankengeschichte hervorhob, konnte ich auch genügend Gründe für die Diagnose ADD finden. Bonnie und ihr Therapeut stimmten dem Versuch mit einem Medikament gegen ADD zu.

Das Resultat war dramatisch. Was Bonnie für eine Depression gehalten hatte, entpuppte sich im Rückblick als «ziellose Aufmerksamkeitswanderung». Nachdem die konzentrationsfördernde Wirkung des Medikaments eingesetzt hatte, setzte sie sich wieder Ziele. Sie immatrikulierte sich noch einmal und ist jetzt mit besten Erfolgsaussichten dabei, ihren Doktor in Englisch zu machen. Ihre

Arbeit mit dem Therapeuten zeigte plötzlich Ergebnisse und blieb nicht mehr wie bisher enttäuschend fruchtlos. Sie konnte allmählich viele Probleme aus ihrer Kindheit aufarbeiten, statt ihnen auszuweichen oder sie zu verdrängen. Außer der Konzentrationshilfe, die ihr das Medikament bot, befreite die Diagnose ADD Bonnie von den Schuldgefühlen und Selbstanklagen, die in ihr waren, solange sie sich für eine Borderline-Persönlichkeit hielt.

Ohne es zu wissen, hatte sie ihre ADD in der Vergangenheit dadurch behandelt, daß sie nach irgendwelchen Achsen suchte, um die herum sie sich organisieren konnte. Zuerst war es der Kampf mit ihrer Mutter. Der lädierte sie zwar psychisch, diente aber insofern einem konstruktiven Zweck, als sie ihre Gedanken und Gefühle darum herum organisieren konnte. Dann war es das Literaturstudium und schließlich zu Hause die Fürsorge für ihr Kind. Als allerdings das Kind das Haus verließ, um zur Schule zu gehen, füllte diese Beziehung ihren Tag nicht mehr aus; die Achse, um die herum sie ihr Leben organisiert hatte, fehlte, und der Einfluß der Konzentrationsschwäche gewann die Oberhand, und sie fing an, sich mit Alkohol zu behandeln.

Wir wissen nicht, wie verbreitet dieses Bild der ADD mit Zügen des Borderline-Syndroms wirklich ist. Es wäre nicht überraschend, wenn es mit zunehmendem Bekanntheitsgrad der Diagnose ADD häufiger konstatiert werden würde. Das Symptomenbündel aus Jähzorn, Jagd nach Nervenkitzel, Selbsttötungsphantasien, Leistungsschwäche und Zerstreutheit, das sich wie die Beschreibung einer Borderline-Persönlichkeit anhört, könnte gut eine larvierte ADD sein.

ADD mit Störungen des Sozialverhaltens oder oppositionellem aufsässigem Verhalten (bei Kindern) beziehungsweise mit Merkmalen von Asozialität (bei Erwachsenen)

Bei Kindern wie bei Erwachsenen – vor allem solchen männlichen Geschlechts – können bestimmte Formen von aggressivem aufsässigem Verhalten eine ADD verdecken oder im Verein mit ihr auftreten.

«Störungen des Sozialverhaltens» und «oppositionelles aufsässiges Verhalten» sind zwei verschiedene Diagnosen, die auf bestimmte aggressive Verhaltensmuster bei Kindern zutreffen. Daß diese Ausdrücke womöglich schlimmste Assoziationen an eine Art psychiatrischer Gesundheitspolizei heraufbeschwören, die gegen «ordnungswidriges» Verhalten altfränkische Ideale von gutem Betragen hochhält, ändert nichts an der Tatsache, daß es Kinder gibt, die große Schwierigkeiten haben, mit welchem Umfeld auch immer friedlich auszukommen. Diese Kinder prügeln sich häufig; sie können sich an keine Regel halten; sie lassen sich keine Grenzen setzen; sie stören andere beim Arbeiten und beim Spielen; sie übertreten unter Umständen sogar das Gesetz. Zwar spielt ein genetischer Faktor, dem wir gerade auf die Spur gekommen sind, eine Rolle, doch ist andererseits auch der Faktor Umwelt von Bedeutung. Diese Kinder kommen nicht selten aus zerrütteten Familien, wo die Eltern vielleicht häufig nicht zu Hause sind oder kein Interesse am Familienleben haben, wo Drogenmißbrauch an der Tagesordnung ist, wo die Kinder körperlich mißhandelt oder sexuell mißbraucht, extrem vernachlässigt oder schlecht ernährt werden, wo man ihnen kaum Fürsorge, Erziehung oder Unterstützung irgendwelcher Art angedeihen läßt. Das «ordnungswidrige» Sozialverhalten dieser Kinder ist oft ein Alarmsignal, das anzeigt, daß eine Intervention mit stützenden Maßnahmen im häuslichen Umfeld dringend geboten ist.

Das unruhige, hyperaktive Gebaren eines ADD-Kindes ähnelt

unter Umständen dem eines Kindes mit Störungen des Sozialverhaltens beziehungsweise oppositionellem Aufsässigsein. Man muß genau hinsehen, um zwischen den beiden zu unterscheiden. Sie können tatsächlich gleichzeitig auftreten. Häufiger allerdings ist der Fall, daß bei Kindern mit ADD fälschlich eine Störung des Sozialverhaltens diagnostiziert wird und umgekehrt. Bei Kindern, die nur ADD haben, sieht man die Fratze der Wut oder die Absichtlichkeit nicht, wie man sie bei Störungen des Sozialverhaltens oder oppositionellem aufsässigem Verhalten erkennen kann. Wenn ein Kind mit ADD stolpert und hinfällt, verliert es vielleicht die Fassung. Wenn ein Kind mit oppositionellem aufsässigem Verhalten stolpert und hinfällt, sieht es sich sofort nach jemandem um, dem es die Schuld geben kann, und beginnt insgeheim, seine Rache zu planen. Die explosiven Ausbrüche eines Kindes mit ADD kommen meist spontan und impulsiv, wohingegen diese Ausbrüche bei einem Kind mit einer Störung des Sozialverhaltens in der Tendenz vorausgeplant beziehungsweise Reaktion auf eine vermeintliche Kränkung oder Ungerechtigkeit sind. Andererseits manifestiert das Kind, das nur eine Störung des Sozialverhaltens hat, nicht die Dekonzentriertheit und die Ruhelosigkeit des ADD-Kindes. Es ist unter Umständen schwierig, für diese Kinder eine exakte Diagnose zu bekommen, weil alle – Eltern, Lehrer, Funktionäre der Schulverwaltung – über das «schlechte» Betragen derart in Rage geraten, daß sie es zu unterdrücken versuchen, noch bevor sie einen Versuch unternommen haben, die Gründe dafür zu verstehen.

Ein typisches Beispiel ist das Kind in der Schule, das «keinen Stein auf dem anderen läßt». Es ist in der Regel ein kleiner Junge im Alter von sechs bis zwölf Jahren, der, wo immer er auftaucht, bei den Erwachsenen ein Kopfschütteln und in den Bart gemurmelte Kommentare hervorruft. Es ist der Junge, der auf der Geburtstagsparty den Tisch umschmeißt oder der im Zeichenunterricht den Farbtopf umkippt, oder der in der Pause das kleine Mädchen hinschubst, oder der mit seiner Lehrerin karamboliert, während sie sich bückt, um ein Stück Kreide aufzuheben. Es ist das Kind, das

Kraftausdrücke gebraucht, wenn ihm gesagt wird, was es tun soll, das im Klassenzimmer Wutanfälle kriegt und dabei Fensterscheiben und Stühle kaputtmacht, das sich strampelnd und schreiend auf den Fußboden wirft, wenn ihm gesagt wird, daß es zum Turnunterricht gehen soll, das seinem Freund beim Warten in der Reihe mit dem Bleistift in den Arm sticht.

Beim Umgang mit diesen Kindern ist es wichtiger, die Ursache für ihre Aggressionen herauszufinden, als sie einfach nur für ihr Verhalten zu bestrafen. Zu den vielen möglichen Ursachen zählen Störungen des Sozialverhaltens, oppositionelles aufsässiges Verhalten oder ADD beziehungsweise eine Kombination davon.

Es gibt eine ähnliche Gruppe von Erwachsenen, deren Verhalten solche Probleme auslöst, daß vielen Leuten eine Behandlung sinnlos erscheint, ein großzügig gewährter Luxus. Einige von ihnen sitzen mit der Diagnose «asoziale Persönlichkeit» im Gefängnis oder in der Nervenheilanstalt. Ähnlich wie im Fall der Borderline-Patienten oder der Menschen mit Störungen der Impulskontrolle leiden auch viele als asoziale Persönlichkeit Diagnostizierte an ADD.

Menschen mit einer asozialen Persönlichkeitsstörung, solche, die manchmal Soziopathen oder Psychopathen genannt werden, sind die Missetäter in unserer Welt. Sie brechen die Gesetze, sie probieren aus, wie weit sie gehen können, sie hintergehen andere, sie lügen, betrügen und stehlen. Sie können aber auch häufig sehr liebenswert und charmant sein.

Bei Erwachsenen mit asozialer Persönlichkeit, deren Krankengeschichte in der Kindheit kein oppositionelles aufsässiges Verhalten, sondern eindeutig ADD ausweist, kann es sein, daß die Asozialitätsdiagnose falsch ist oder daß das asoziale Verhalten zwar alle formalen Bedingungen für die Diagnose erfüllt, der Betreffende aber trotzdem positiv auf die spezifische ADD-Behandlung anspricht.

Vor allem unter Personen männlichen Geschlechts, in deren Vorgeschichte gewalttätiges Verhalten vorkommt – die Art Menschen, die Gefängnisse und Nervenheilanstalten bevölkern –, findet man viele mit einer typischen ADD-Krankengeschichte. Ihre Gewalttätigkeit ist nicht auf einen Defekt in ihrem Gewissen oder eine Psychose oder irgendwelche pathogenen familiären Konflikte, sondern auf die ADD-bedingte mangelnde Frustrationstoleranz und Impulsivität zurückzuführen. Wenn sie die richtige Diagnose gestellt bekommen und entsprechend behandelt werden, bessert sich häufig ihr Verhalten.

ADD mit obsessiv-kompulsiver Störung

Interessanterweise stammt eine ganze Reihe unserer besten Forschungsarbeiten über ADD wie über die obsessiv-kompulsive Störung (englisch: Obsessive-Compulsive Disorder = OCD) von ein und derselben Person, von Dr. Judith L. Rapoport vom National Institute of Mental Health in Washington. Ihr Buch über OCD «Der Junge, der sich immer waschen mußte: Wenn Zwänge und Ticks den Tag beherrschen» ist ein ausgezeichnetes Beispiel für eine allgemeinverständliche Darlegung psychologischer Sachverhalte.

Wie Rapoport in ihrem Buch und anderswo darlegt, kann OCD zusammen mit anderen Syndromen auftreten, von denen eines ADD ist. Zu den Symptomen von OCD zählen: ritualisierte Zwangsgedanken; wiederkehrende Zwangshandlungen; unangenehme Zwangseinfälle sowie eine Unfähigkeit des «Willens», diese Symptome zu bekämpfen, wie sehr er es auch versuchen mag. Wie ADD ist OCD eine biologisch fundierte Störung.

Wenn die OCD im Verein mit ADD auftritt, bleibt die ADD möglicherweise zunächst unerkannt, weil die Symptome der OCD auffälliger sind. Beziehungsweise wenn die destruktiven Symptome der ADD sich in den Vordergrund schieben, übersieht man unter Umständen die dahinter verborgene OCD. Da die Syndrome auf verschiedene Weise behandelt werden, ist es wichtig, sie beide zu diagnostizieren, wenn sie zusammen auftreten.

Pseudo-ADD

Am Ende dieses Kapitels über die Unterarten der ADD erwähnen wir eine, die gar keine ADD ist. Sie ist eigentlich auch keine Unterart, wird aber hier erwähnt, weil sie mit der echten ADD direkt verwandt ist. Es ist das Phänomen der kulturell induzierten ADD, die wir Pseudo-ADD nennen.

Die amerikanische (und jede amerikanisierte) Gesellschaft neigt dazu, in uns allen ADD-ähnliche Symptome hervorzurufen. Wir leben in einer ADDogenen Kultur.

Was sind Hauptmerkmale der amerikanischen Kultur, die zugleich typisch für eine ADD sind? Hohes Tempo. Sprechblasen. Konzentration auf das Wesentliche. Kurze Einstellungen, schnelle Schnitte. Zappen. Waghalsigkeit. Ruhelosigkeit. Gewalttätigkeit. Angst. Erfindungsgabe. Kreativität. Geschwindigkeit. Gegenwartsbezogenheit, keine Zukunft, keine Vergangenheit. Querdenker. Mißtrauen gegen Autorität. Video. Auf den Putz hauen. Alles muß schnell gehen. Blitzverfahren. Pragmatismus. Hollywood. Börse. Trends. Jagd nach Nervenkitzel.

Es ist wichtig, das im Gedächtnis zu behalten, sonst denkt man unter Umständen mit der Zeit, daß jeder ADD hat. Die Störung ist kultursynton, mit anderen Worten, sie liegt im Trend.

Es ist zutreffend, daß die Prävalenz der ADD – die Häufigkeit aller Fälle in einer Population innerhalb eines bestimmten Zeitraums – in den USA höher ist als in Übersee. Wir wissen nicht, warum das so ist. Die Engländer sind der Meinung, daß wir in Amerika die Diagnose ADD zu häufig stellen. Bis vor kurzem bezweifelte Michael Rutter, einer der führenden englischen Kinderpsychiater und Epidemiologen, daß eine ADD, wie wir sie uns vorstellen, als nosologische Entität überhaupt existiert. Er dachte, wir würden andere Syndrome unter der Überschrift ADD zusammen in einen Topf werfen. Er hat inzwischen seine Meinung geändert und räumt ein, daß es die ADD tatsächlich gibt, doch stellt er sie in der britischen Bevölkerung seltener fest, als wir sie hier in Amerika diagnostizieren.

Eine mögliche Erklärung dafür ist die, daß unser Genpool einen starken Drall zur ADD hat. Die Menschen, die unser Land gegründet haben, und diejenigen, die es mit der Zeit bevölkerten, waren genau der Menschenschlag, der ADD gehabt haben könnte. Sie blieben nicht hinterm Ofen sitzen. Sie mußten bereit sein, das hohe Risiko einzugehen, ein Schiff zu besteigen, den Ozean zu überqueren und ihr Zuhause hinter sich zu lassen; sie waren tatendurstig, unabhängig, wollten die ausgetretenen Pfade verlassen und etwas Neues beginnen, in der Bereitschaft, auf der Suche nach einem besseren Leben alles zu verlieren. Die überdurchschnittlich hohe Prävalenz der ADD in der heutigen US-Gesellschaft ist möglicherweise darauf zurückzuführen, daß die Störung bereits bei den Menschen, die Amerika besiedelten, stark verbreitet war.

Bestimmte Eigenschaften werden häufig mit dem amerikanischen Temperament in Zusammenhang gebracht. Unsere gewalttätige, rücksichtslose Gesellschaft, unser Pragmatismus, unsere Ungeduld, unsere Unduldsamkeit gegen Klassenschranken, unsere Begeisterung für hochgradige Stimulierungen – diese Eigenschaften, die zuweilen mit der Jugend unserer Nation erklärt werden, haben vielleicht ihren Ursprung in dem starken Drall unseres Genpools zur ADD.

Da wir vermuten, daß die ADD mit der Erbinformation weitergegeben wird, ist diese Theorie nicht ganz abwegig. Zwar ist es unmöglich, etwas über die Häufigkeit der ADD im Boston oder Philadelphia der Kolonialzeit zu erfahren, liest man aber die Biographien der verwegenen Seelen, die dort lebten, wird man feststellen, daß nicht wenige von ihnen auf riskante Situationen und hochgradige Stimulierungen aus waren, alte Zöpfe abschnitten und leeren Formelkram über Bord warfen, innovativ und erfinderisch lebten und die Probleme am liebsten von der praktischen Seite angingen. Es ist gefährlich, Tote zu diagnostizieren, aber Benjamin Franklin zum Beispiel wirkt wie ein Fall von ADD. Er war kreativ, impulsiv und erfinderisch, er war ein Mensch, der immer viele Projekte zur gleichen Zeit verfolgte, der in der Betätigung seines

Witzes, in der Politik, Diplomatie, Literatur, Wissenschaft und Liebe nach hochgradiger Stimulierung suchte, mit einem Wort, der uns allen Anlaß gibt zu vermuten, daß er – zu seinem eigenen Vorteil – möglicherweise ADD hatte. Wenn es zutrifft, daß ein Teil des Energieüberschusses und der Risikobereitschaft unserer Vorfahren eine Folge der ADD ist, würde das bis zu einem gewissen Grad erklären, warum unsere amerikanische ADD-Quote höher ist als die anderer Völker. Aber selbst wenn wir das alles in Rechnung stellen, bleibt immer noch die Frage, ob es nicht sein könnte, daß wir die Diagnose allzu häufig stellen oder daß unsere Definition der Störung zu weit gefaßt ist. Menschen, die zum erstenmal eine Beschreibung der ADD hören, reagieren nicht selten mit der Bemerkung: «Aber hat das nicht jeder?» oder: «Ist das nicht schlicht und einfach eine Variante von normalem Verhalten?» oder: «Wie kann man das eine Störung nennen, wenn es so verbreitet ist?»

Es hat fast den Anschein, als rückten unsere kulturellen Normen mehr und mehr in die Nähe der diagnostischen Kriterien für die ADD. Viele von uns, vor allem die Menschen in den Städten, leben in einer ADDogenen Welt, einer Welt, die ihnen Tempo und die Zersplitterung der Aufmerksamkeit abverlangt, wenn sie «am Ball bleiben» wollen. Die Anforderungen, die an unsere Aufmerksamkeit gestellt werden, und der Informationsfluß, den wir verarbeiten müssen, sind gewaltig. Die Explosion der Kommunikationstechnologien und unsere normale Art und Weise, mit ihrer allgegenwärtigsten Konkretion – dem Fernsehen – umzugehen, sind gute Beispiele für das ADD-Verhalten. Die Fernbedienung in der Hand zappen wir von einem Programm zum anderen, ziehen uns Dutzende von Sendungen auf einmal rein, erhaschen hier einen Satz, dort ein Bild, schnappen im Bruchteil einer Sekunde die Quintessenz einer Sendung auf und sind nach einer vollen Sekunde gelangweilt, zappen weiter zum nächsten Programm, zum nächsten Happen frischer Stimulierung.

Da wir in einer sehr ADDoiden Kultur leben, kann fast jeder die Symptome der ADD nachfühlen. Die meisten Menschen wissen, was es heißt, von Reizen überflutet, von sich überstürzenden Informationen ständig abgelenkt zu werden, zu viele Verpflichtungen und nicht genug Zeit zu haben, ihnen nachzukommen, dauernd in Eile zu sein, zu spät zu kommen, zu schnell das Interesse zu verlieren, leicht frustriert zu sein, wissen, was es heißt, nicht zur Ruhe kommen und entspannen zu können, wenn es Gelegenheit dazu gibt, nicht auf hochgradige Stimulierungen verzichten zu können, ans Telefon, das Fax, den Computer und das Video gefesselt zu sein, ein Leben zu leben wie in einem Wirbelsturm.

Das soll allerdings **nicht** heißen, daß die meisten Menschen ADD haben. Was sie haben, ist das, was wir Pseudo-ADD nennen. Wie wir im Kapitel über die Diagnose noch darlegen werden, ist die echte ADD ein Krankheitsbild, das von einem medizinischen Fachmann diagnostiziert werden muß. Der Unterschied zwischen Pseudo-ADD und ADD, der Unterschied zwischen den Menschen, die die Störung nachfühlen können, und denen, die sie tatsächlich haben, ist eine Sache von Dauer und Intensität der Symptome.

Das gilt für viele psychiatrische Diagnosen. Die meisten von uns kennen zum Beispiel das Gefühl der Paranoia. Wir alle hatten hier und da schon einmal das Gefühl, daß jemand hinter uns her ist, und alles war nur Einbildung. Die meisten von uns waren mißtrauisch und nervös und haben sich gefragt: Werde ich beobachtet? Ist die Steuerfahndung hinter mir her? Bereitet mein Chef einen Rausschmiß vor? War der Witz auf der Konferenz eine versteckte Anspielung auf mich? Daß wir uns zeitweilig verfolgt fühlen, macht uns freilich noch nicht zu Paranoikern. Beim echten Paranoiker ist das Leiden chronisch und heftig. Die Intensität und die Dauer der Symptome unterscheiden den unsicheren Menschen vom echten Paranoiker.

In ähnlicher Weise sind wir alle schon hin und wieder deprimiert gewesen. Das heißt nicht, daß wir an einer typischen Depression leiden. Die meisten von uns haben schon mal gespielt – haben sich ein Lotterielos gekauft oder eine Münze in einen Spielautomaten geworfen – und empfanden freudige Erregung, wenn sie gewonnen haben. Deswegen sind sie noch keine pathologischen Spieler. Die meisten Menschen hatten schon mal Höhenangst oder hatten klaustrophobische Gefühle oder haben sich vor Schlangen gefürchtet, jedoch nicht in dem Ausmaß, daß sie eine Phobie entwickelt hätten. Erst wenn die Symptome stärker ausgeprägt sind oder über einen längeren Zeitraum anhalten und wenn sie das alltägliche Leben des Betreffenden beeinträchtigen, erst dann kann man von einem wirklichen Krankheitsfall sprechen.

So auch bei der ADD. Menschen mit einer echten ADD verspüren die Symptome fast ununterbrochen, und das intensiver als der durchschnittliche Mensch. Und was noch wichtiger ist: Das alltägliche Leben ist durch die Symptome in der Regel nachhaltiger beeinträchtigt als beim Durchschnittsmenschen.

Es ist wichtig, die echte ADD und die Pseudo-ADD auseinanderzuhalten, damit die Diagnose einen ernstzunehmenden Sinn behält. Wenn man bei jedem, der sich leicht ablenken läßt oder sich gehetzt fühlt oder schnell gelangweilt ist, eine ADD diagnostiziert, verkommt die Diagnose zu einer vorübergehenden Modetorheit. Zwar mag die Pseudo-ADD interessant sein als eine Art Metapher für die amerikanische Kultur, das echte Syndrom aber ist keine Metapher. Es ist ein reales, behinderndes, biologisch fundiertes Leiden, das eine sorgfältige Diagnose und eine ebenso sorgfältige Behandlung verlangt.

7 Woran erkenne ich, daß ich es habe?
Die Vorstufen der Diagnose

Es ist im Grunde eine Sache des Beliebens, wo man die diagnostische Grenzlinie zieht, wo das «normale» Verhalten aufhört. Und doch, wie der britische Staatsmann und Autor Edmund Burke (1729–1797) im Hinblick auf den Unterschied zwischen Tag und Nacht bemerkte: «Wiewohl es keine klare Grenzlinie zwischen ihnen gibt, würde dennoch niemand bestreiten, daß ein Unterschied besteht.»

Die Diagnose ADD steht am Ende einer logisch geordneten Serie von Befunden. Der Schlüssel zu ihr ist die Lebensgeschichte, die persönlichen Lebenserinnerungen des Betreffenden, die (vor allem wenn man bei einem Kind eine ADD diagnostiziert) durch Beobachtungen ihm Nahestehender – Eltern, Partner, Lehrer, Geschwister, Freunde – bestätigt und ergänzt werden. Es gibt keinen eindeutigen Test für ADD, keinen Bluttest, kein EEG, keine Computeraxialtomographie, keine Positronenemissionstomographie, keine Röntgendiagnostik, keinen kennzeichnenden neurologischen Befund, keine psychologische Testtabelle.

Es ist wichtig, folgendes hervorzuheben: Die Diagnose ADD stützt sich in erster Linie auf die Kranken- oder Lebensgeschichte des Betreffenden. Das wichtigste Mittel, um herauszufinden, ob man ADD hat, ist, mit einem Sachkundigen zu sprechen. Der wichtigste «Test» zum Erstellen der Diagnose ist die Anamnese der Krankengeschichte. Das ist Medizin alter Schule und keine Hightech-Medizin. Das ist ein Arzt, der mit seinem Patienten redet, Fragen stellt, sich die Antworten anhört, der sich erst dann ein Urteil bildet, wenn er den Patienten gründlich kennengelernt hat.

Heutzutage begegnen viele von uns jeglicher Form von Heilkunst, die nicht mit aufwendigen Apparaturen arbeitet, mit Nichtachtung oder Mißtrauen. Die Diagnose ADD indessen beruht auf dem einfachsten medizinischen Verfahren: der Anamnese. Sie ist das wirksamste (und ironischerweise unaufwendigste) Hilfsmittel, das wir beim Erstellen der Diagnose haben. Ihr Arzt sollte auf sie vertrauen und Gebrauch von ihr machen, bevor er irgendwelche komplizierten, kostspieligen und manchmal überflüssigen Tests anordnet.

Die logischen Vorstufen der Diagnose sind folgende:

1. Sie suchen Hilfe

Es geschieht etwas, das Sie dazu veranlaßt, sich nach Hilfe umzusehen. Bei Kindern sind es in der Regel mangelhafte schulische Leistungen und störendes Verhalten. Bei Erwachsenen sind die Hauptgründe dafür, Hilfe in Anspruch zu nehmen: die Unfähigkeit, «seine fünf Sinne zusammenzuhalten», ständige Zerstreutheit oder ständiges Auf-die-lange-Bank-Schieben von Dingen, Leistungsschwäche im Beruf, Probleme mit der Intimität in einer Beziehung, chronische Angstzustände oder Depressionen, Suchtverhalten, Glücksspiel oder ständige Dekonzentriertheit. Die meisten Erwachsenen mit ADD ahnen nicht, daß sie diese Störung haben. Sie spüren nur, daß in schwer zu bezeichnender Weise irgend etwas nicht in Ordnung ist. Viele werden auf eine andere Krankheit als ADD behandelt; die ADD bleibt maskiert und unerkannt.

2. Rekapitulieren Sie Ihre Lebensgeschichte

Der erste Schritt im diagnostischen Prozeß bedeutet für Sie, sich einen Arzt zu suchen, der auf dem Gebiet der ADD Experte ist, und mit ihm Ihre Lebensgeschichte durchzugehen. Wenn Ihr Arzt nach der Rekapitulation Ihrer Lebensgeschichte zu dem Schluß kommt, daß sie 1. die Symptome der ADD haben und sie 2. seit Ihrer Kindheit haben, daß Sie die Symptome 3. in viel stärkerem Maße haben als andere im vergleichbaren Intelligenzalter und daß es 4. keine andere Diagnose gibt, die Ihre Symptome erklärt, kann man eine bedingte Diagnose ADD stellen.

Was Ihre Lebensgeschichte betrifft, sollten Sie bestimmte Punkte im Auge behalten. Zunächst einmal ist es am besten, wenn mindestens zwei Personen die Geschichte erzählen. Menschen mit ADD sind bekanntermaßen schlechte Selbstbeobachter. Die Geschichte wird viel glaubwürdiger, wenn noch ein anderer da ist, der sie ergänzt und abrundet. Bei Kindern sollte die Lebensgeschichte anhand von Auskünften des Kindes und seiner Eltern sowie anhand von schriftlichen und telefonischen Auskünften der Lehrer rekonstruiert werden. Bei Erwachsenen sollte die Lebensgeschichte durch Befragen des Betreffenden wie seines Lebensgefährten beziehungsweise eines Freundes oder Verwandten rekonstruiert werden. Falls Unterlagen aus der Schul- und Collegezeit vorhanden sind, können diese zur Abrundung des Bildes herangezogen werden.

Bei der Rekapitulation Ihrer Lebensgeschichte wird Ihr Arzt über die folgenden zehn «Kapitel» etwas wissen wollen. Es wird bei Ihrem ersten Arztbesuch mehr herauskommen, wenn Sie sie vorher in Gedanken durchgehen:

a. Die Familiengeschichte. Hat es bei Ihren Eltern, Großeltern oder im entfernteren Familienkreis Fälle von ADD oder Hyperaktivität gegeben (was unwahrscheinlich ist, da die Diagnose in der Generation vor uns selten gestellt wurde, wenn es aber eine solche Diagnose gab, ist das sehr wichtig)? Hat es irgendwelche Fälle verwandter Störungen gegeben wie zum Beispiel Depressionen, manisch-depressive Leiden, Alkoholismus oder andere Arten von Suchtverhalten, asoziales Verhalten, Legasthenie oder andere Lernschwächen? Wenn Sie adoptiert worden sind, ist das allein ein signifikanter Befund, da die ADD bei Adoptierten viel häufiger auftritt als bei der Bevölkerung im allgemeinen.

b. Das Kapitel Schwangerschaften und Geburten in der Lebensgeschichte. Hat es Risikofaktoren wie Drogenmißbrauch (Zigaretten und Alkohol eingeschlossen), mangelnde Gesundheitspflege während der Schwangerschaft gegeben oder Traumata beziehungsweise Sauerstoffmangel während der Geburt oder irgendwelche Krankheiten unmittelbar danach?

c. Medizinische und körperliche Faktoren. Ihr Arzt nimmt die übliche Anamnese auf, fragt nach Krankheiten, Operationen, Verletzungen und dergleichen in der Vergangenheit. Er wird Sie ebenso danach fragen, welche Medikamente Sie ständig nehmen, wie nach Ihrem Umgang mit Alkohol, Tabak, Kokain, Marihuana und anderen Drogen. In der Anamnese sollte auch der sexuelle Aspekt nicht ausgeklammert werden. Menschen mit ADD haben häufig die verschiedenartigsten sexuellen Probleme, sie sind in den meisten Fällen unter- oder übersexualisiert.

Ihr Arzt wird Sie nach bestimmten körperlichen Faktoren fragen, die nicht selten mit der ADD einhergehen, dazu zählen Linkshändigkeit beziehungsweise Beidhändigkeit, häufige Ohrenentzündungen in der Kindheit, Infektionen der oberen Atemwege oder andere Krankheiten in der Kindheit, Allergien, Schlafstörungen, vor allem große Schwierigkeiten beim Einschlafen beziehungsweise häufiges Aufwachen in der Nacht oder Probleme morgens mit dem Aufstehen, Unbeholfenheit oder Ungeschicklichkeit beziehungsweise mangelhafte visuell-motorische Koordination, Bettnässen, Unfallneigung oder häufige körperliche Beschwerden in der Kindheit.

d. Rekapitulieren Sie das, was man Ihren «Entwicklungsprozeß» nennt. In welchem Alter haben Sie angefangen zu laufen, zu sprechen, lesen zu lernen? Bei Menschen mit ADD zeigen sich in der Entwicklung häufig Brüche und Sprünge. Sie sind auf einigen Gebieten voraus, auf anderen zurück gewesen.

e. Das Kapitel Schule. Was hat Ihnen die Schule bedeutet? Das ist eine Schlüsselfrage in Ihrer Lebensgeschichte. Viele Menschen mit ADD bezeichnen die Schule als den ersten Ort, wo sie realisierten, daß bei ihnen irgend etwas anders war. Haben Sie lange gebraucht, um Lesen und Schreiben zu lernen? Hatten Sie Schwierigkeiten, Ordnung zu halten, pünktlich zu sein, Ihre Impulsivität zu kontrollieren? Waren die Lehrerberichte gespickt mit Bemerkungen wie zum Beispiel: «Wenn Johnny doch nur stillsitzen und aufpassen könnte...» oder: «Johnny könnte soviel besser sein, wenn er richtig arbeiten würde...» oder: «Johnny liegt mehr an Geselligkeit als am Arbeiten...»? Gehörte Leistungsschwäche mit ins Bild? Waren die Leistungen unbeständig, sprunghaft?

f. Das Kapitel Elternhaus, Familie. Wenn es sich um kleinere Kinder handelt, wird der Arzt nach dem Verhalten an wichtigen Stellen im Tageslauf fragen: beim Anziehen am Morgen, beim Aufbruch in die Schule, bei den Mahlzeiten mit der Familie, beim Übergang von einer Aktivität zu einer anderen, beim Schlafengehen und beim Aufstehen. Will man bei einem Heranwachsenden beziehungsweise einem Erwachsenen eine Diagnose erstellen, werden sich die Fragen wahrscheinlich auf folgende Gegenstände beziehen: Wie es auf dem Schreibtisch aussieht, ob irgendwelche Haufen von Durcheinander innerhalb und außerhalb des Arbeitszimmers verstreut sind und wie hoch generell das Niveau von Desorganisation oder drohendem Chaos ist. Man fragt unter Umständen auch nach der Anzahl der «nervenkitzelnden» Apparate, die der Betreffende hat (das heißt Computer, Stereoanlagen, CDs, Faxgeräte, Anrufbeantworter, Videospiele, Fernsehapparate, Gegensprechanlagen, Satellitenschüsseln und Handys beziehungsweise Autotelefone), und man fragt, wieviel Zeit der Betreffende mit Interaktionen mit der Familie verbringt und nicht damit, zwischen eigenen Vorhaben hin und her zu springen oder zu schlafen.

g. Das Kapitel College und andere Bildungserfahrungen. Erinnern Sie sich an Themen wie Leistungsschwäche oder an Dinge, die Ihnen besondere Mühe machten? Gab es eine formelle Diagnose Lernschwäche?

h. Das Kapitel Beruf. Haben Sie eine gewisse Regelmäßigkeit bemerkt in puncto Leistungsdefizit, Ärger mit dem Chef, Arbeitsplatzwechsel oder in puncto Probleme mit dem Einhalten von

Terminen oder dem Aufschieben von Dingen? Neigen Sie dazu, in Ihrem Betrieb ein Außenseiter zu sein? Sind Sie besonders innovativ oder kreativ? Sind Sie ein fleißiger Arbeiter? Haben Sie immer wieder das Problem, im falschen Moment das Falsche zu sagen?

i. Zwischenmenschliche Beziehungen. Haben Sie die Erfahrung gemacht, daß es Ihnen schwerfällt, sowohl im Gespräch als auch in einer langfristigen Beziehung bei der Stange zu bleiben? Haben Sie besonders gern Menschen um sich? Werden Sie von anderen Menschen oft mißverstanden, weil Ihre Geistesabwesenheit fälschlich für Gleichgültigkeit gehalten wird?

j. Vergleichen Sie vor Ihrem ersten Besuch bei einem Experten Ihre Lebensgeschichte (oder die Ihres Kindes) mit der Symptomenliste von Tabelle I und II und den Utah-Kriterien.

Die formellen diagnostischen Kriterien für ADD bei Kindern, wie sie in dem psychiatrischen Standardwerk DSM-III-R (*Diagnostic and Statistical Manual*, 3. redivierte Auflage) dargelegt sind, sind in Tabelle 1 auf Seite 301 ff. zusammengefaßt.

Die genannten Kriterien gelten für Kinder. Sie sind statistisch erhärtet, das heißt, sie wurden an verschiedenen Gruppen von Kindern im Vergleich mit anderen Kriterien getestet, bis die für die ADD-Diagnose aussagekräftigsten identifiziert waren. Diese wurden in das Handbuch der psychiatrischen Diagnostik aufgenommen.

Bis jetzt haben wir keine formellen, statistisch erhärteten Kriterien für die ADD-Diagnose bei Erwachsenen. Es ist noch nicht lange her, da war das Syndrom bei der Erwachsenenpopulation überhaupt noch nicht diagnostiziert. Auf der Grundlage unserer Erfahrung mit Hunderten von ADD-Erwachsenen haben wir jedoch inzwischen die in Tabelle 2 auf Seite 303 ff. aufgezählten Kriterien für die Diagnose der ADD bei Erwachsenen zusammengetragen (es ist eine Kurzfassung der in Kapitel 3 erörterten Symptome).

Zusätzlich zu den genannten Kriterien testen Sie sich auch mit Paul Wenders Utah-Kriterien. Sie werden Utah-Kriterien genannt, weil Wender Professor für Psychiatrie an der University of Utah School of Medicine ist. (Vgl. Tabelle 3 auf Seite 305 f.)

Einerlei, welche diagnostischen Kriterien man zugrunde legt, es kann nicht nachdrücklich genug hervorgehoben werden, wie wichtig es ist, sich nicht selbst zu diagnostizieren. Zwar mögen Sie durch die hier dargebotenen Informationen und Beispiele zu der Vermutung gelangt sein, daß Sie selbst, Ihr Kind oder ein Anverwandter ADD hat, ein Gutachten von einem Arzt, das die Diagnose erhärtet und andere Krankheiten ausschließt, ist aber unabdingbar.

3. Ziehen Sie alle Möglichkeiten in Betracht

Im Zusammenhang mit der Diagnose muß Ihr Arzt sowohl andere Krankheiten ausschließen, die wie ADD aussehen können, als auch auf Krankheiten achten, die unter Umständen zusammen mit ADD auftreten. Die Diagnose ADD wird häufig verfehlt, weil die ADD durch eine mit ihr koexistierende Krankheit verdeckt wird wie zum Beispiel Suchtverhalten, Depressionen oder Angstzustände. Dann wieder wird die Diagnose falsch gestellt, wenn die Symptome von irgendeiner organischen Krankheit wie zum Beispiel einer Schilddrüsenüberfunktion hervorgerufen werden.

Tabelle 1: Diagnostische Kriterien für die Aufmerksamkeits- und Hyperaktivitätsstörung bei Kindern (nach DSM-III-R)

NB: Ein Kriterium ist nur dann als erfüllt zu betrachten, wenn das Verhalten erheblich häufiger auftritt als bei der Mehrzahl der Menschen gleichen Intelligenzalters.

A. Eine Störung von mindestens sechsmonatiger Dauer, bei der nicht weniger als acht der folgenden Symptome auftreten:

1. Zappelt häufig mit Händen oder Füßen oder rutscht auf dem Stuhl hin und her (kann bei Heranwachsenden beziehungsweise Erwachsenen auf das Gefühl motorischer Unruhe beschränkt sein).
2. Hat Mühe, an seinem/ihrem Platz sitzen zu bleiben, wenn die Umstände es verlangen.
3. Ist leicht ablenkbar durch Außenreize.
4. Es fällt ihm/ihr beim Spiel oder in Gruppensituationen schwer zu warten, bis er/sie an der Reihe ist.
5. Platzt häufig mit der Antwort heraus, bevor die Frage vollständig formuliert ist.
6. Es fällt ihm/ihr schwer, Instruktionen von anderer Seite konsequent zu befolgen.
7. Es fällt ihm/ihr schwer, beim Arbeiten oder Spielen über längere Zeit aufmerksam zu bleiben.
8. Wechselt häufig die Tätigkeiten, ohne eine von ihnen zu beenden.
9. Es fällt ihm/ihr schwer, still zu spielen.
10. Redet häufig ohne Punkt und Komma.
11. Unterbricht oder stört häufig andere.
12. Macht häufig den Eindruck, er/sie höre gar nicht zu, wenn man mit ihm/ihr spricht.
13. Verliert häufig Sachen, die er/sie für Arbeiten oder Aktivitäten in der Schule oder zu Hause benötigt.
14. Läßt sich häufig auf physisch riskante Aktivitäten ein, ohne die möglichen Folgen zu bedenken.

NB: Die genannten Punkte basieren auf einem landesweiten Feldversuch mit den DSM-III-R-Kriterien für dissoziale Verhaltensstörungen. Sie sind nach ihrer differentialdiagnostischen Aussagekraft in absteigender Reihenfolge geordnet.

B. Beginn vor Vollendung des siebten Lebensjahrs.

C. Erfüllt nicht die Kriterien für eine tiefgreifende Entwicklungsstörung.

Tabelle 2: Vorgeschlagene Kriterien für die Diagnose von ADD bei Erwachsenen

NB: Ein Kriterium ist nur dann als erfüllt zu betrachten, wenn das Verhalten erheblich häufiger auftritt als bei der Mehrzahl der Menschen gleichen Intelligenzalters.

A. Eine chronische Störung, bei der mindestens zwölf der folgenden Symptome vorliegen:

1. Ein Gefühl der Leistungsschwäche: das Gefühl, nie die selbstgesteckten Ziele zu erreichen (das unabhängig davon ist, wieviel man tatsächlich erreicht hat).
2. Probleme mit der Organisation des Alltagslebens.
3. Chronisches Auf-die-lange-Bank-Schieben von Aufgaben beziehungsweise Mühe, einen Anfang zu machen.
4. Es sind viele Projekte gleichzeitig am Laufen; es fällt schwer, eine Sache durchzuziehen.

5. Die Neigung, auszusprechen, was einem gerade in den Sinn kommt, ohne zu überlegen, ob man den richtigen Zeitpunkt oder die richtige Gelegenheit für seine Bemerkung gewählt hat.
6. Häufige Jagd nach hochgradiger Stimulierung.
7. Mangelnde Toleranz gegenüber Langeweile.
8. Ablenkbarkeit; Probleme mit der Aufmerksamkeitsfokussierung; die Neigung, mitten in der Lektüre einer Seite oder mitten in einem Gespräch abzuschalten; das alles nicht selten verbunden mit der Fähigkeit zu zeitweiligem Hyperfokussieren.
9. Häufige Beweise von Kreativität, Intuition, hoher Intelligenz.
10. Schwierigkeiten, Verfahrensregeln und «ordnungsgemäßes» Procedere einzuhalten.
11. Ungeduld; geringe Frustrationstoleranz.
12. Impulsivität im Reden wie im Handeln; Beispiele: impulsives Geldausgeben, Ändern von Plänen, Erproben neuer Strategien, Sich-Entscheiden für neue Berufsziele und ähnliches mehr. Cholerisches Temperament.
13. Die Neigung, sich unaufhörlich unnötige Sorgen zu machen; der Hang, mit Argusaugen Ausschau zu halten nach Anlässen zur Sorge, abwechselnd mit Blindheit oder Gleichgültigkeit gegenüber realer Gefahr.
14. Innere Unsicherheit.
15. Stimmungsschwankungen, Stimmungslabilität, besonders wenn nicht aktuell mit einem Menschen oder einem Projekt beschäftigt.
16. Motorische oder innere Unruhe.
17. Neigung zu Suchtverhalten.
18. Chronisch angeschlagenes Selbstwertgefühl.
19. Unzutreffende Selbstbeurteilung.

20. Familiär gehäuftes Auftreten von ADD, manisch-depressiver Erkrankung, Depression, Suchtverhalten, Problemen mit der Impulskontrolle oder mit Stimmungen.

B. Auftreten von ADD in der Kindheit. (Sie wurde vielleicht nicht in aller Form diagnostiziert, doch läßt sich bei der Anamnese feststellen, daß die Anzeichen und Symptome seinerzeit vorhanden waren.)

C. Der Befund läßt sich mit einer anderen organischen oder psychiatrischen Krankheit nicht erklären.

Tabelle 3: Utah-Kriterien für Erwachsenen-ADD

I. Auftreten der ADD in der Kindheit sowohl mit Aufmerksamkeitsdefiziten wie mit Hyperkinese in Verbindung mit mindestens einem der folgenden Charakteristika: Verhaltensprobleme in der Schule, Impulsivität, Reizbarkeit, Wutausbrüche.

II. Beharrliche Aufmerksamkeitsstörung und Hyperkinese beim Erwachsenen in Verbindung mit zweien der folgenden fünf Symptome: Affektlabilität, Jähzorn, mangelnde Streßtoleranz, Zerfahrenheit und Impulsivität.

Tabelle 4: Pathologische Erscheinungen,
die zusammen mit der ADD auftreten können,
ihr ähneln können oder sie maskieren können

Angststörungen
Anfallartige Störungen
Arzneimitteleffekte (z. B. von Phenobarbital und Dilantin)
Bleivergiftung
Chronische Erschöpfung
Coffeinismus (exzessiver Kaffee- oder Colakonsum)
Depression
Embryofetales Alkoholsyndrom
Lernschwäche
Manisch-depressive Störung
Obsessiv-kompulsive Störung
Oppositionelles aufsässiges Verhalten (bei Kindern)
Phäochromozytom
Psychisches Belastungssyndrom
Schilddrüsenüber- oder -unterfunktion
Situationsbedingte Aufregung wie zum Beispiel nach Ehescheidung, Verlust des Arbeitsplatzes oder anderen Erschütterungen der Daseinssituation
Störung der Impulskontrolle (Diebstahl, Brandstiftung und dergleichen)
Störung des Sozialverhaltens (bei Kindern)
Suchtverhalten (z. B. Kokain-, Cannabiskonsum, Alkoholismus)
Tourette-Syndrom

In Tabelle 4 auf Seite 306 sind einige der Krankheiten verzeichnet, die der ADD ähneln und im Zusammenhang mit der Diagnose ausgeschlossen werden müssen, sowie einige Krankheiten, die zusammen mit der ADD auftreten oder die ADD verdecken können. Auch wenn Sie vielleicht nicht in allen Fällen wissen, was sich hinter der Diagnose verbirgt, können Sie die Liste in Ihrem Gespräch mit dem Arzt als Fragenkatalog verwenden. In den meisten Fällen kann die Feststellung allein von einem Arzt getroffen werden. Unter Umständen sind auch bestimmte Blutuntersuchungen erforderlich wie zum Beispiel ein Schilddrüsenfunktionstest oder andere Arten von medizinisch-diagnostischen Tests wie zum Beispiel ein EEG. Sie sind allerdings nicht immer angezeigt. Darüber wird Ihr Arzt entscheiden.

Zwar würde eine umfassende Erörterung dessen, was wir Ärzte eine Differentialdiagnose nennen – eine vollständige Liste der symptomatisch ähnlichen oder zum Teil sogar übereinstimmenden Krankheitsbilder, deren Vorliegen ausgeschlossen werden muß, ehe die endgültige Diagnose gestellt werden kann – mehr medizinische Kenntnisse verlangen, als dieses Buch voraussetzt, ein paar Bemerkungen dazu sollen aber doch gemacht werden.

Wie in Kapitel 6 über die Unterarten der ADD dargelegt wurde, verbirgt sich die Aktivitäts- und Aufmerksamkeitsstörung nicht selten hinter anderen Diagnosen wie zum Beispiel Depressionen; Alkohol-, Cannabis- und Kokainmißbrauch; Spielsucht und so weiter. Diese Krankheitsbilder können eine ADD maskieren oder schwer von ihr zu unterscheiden sein. Die Krankengeschichte des Kindes ist besonders hilfreich bei der Lösung dieses Problems. Hat es in der Kindheit Anzeichen für eine ADD gegeben? Wenn ja, dann kann der Befund von sagen wir Suchtverhalten einen Fall von ADD überlagern.

Schwerer zu durchschauen sind die Probleme, die sich gleichsam als organische Fortsetzung der ADD einstellen. Sie sind ein spezielles Persönlichkeitsprofil, das ein Mensch mit ADD ausbilden kann. Das wirkt dann unter Umständen wie eine genuine psychiatrische Persönlichkeitsstörung. Es handelt sich dabei um Menschen, die ihre Aggressionen nicht direkt zum Ausdruck bringen können. Sie bringen sie statt dessen in passiver Manier zum Ausdruck: durch Nicht-Handeln beziehungsweise Nicht-Reagieren. Statt ihrem Chef zu sagen, daß sie anderer Meinung sind, drücken sie sich vor dem Gespräch. Statt ihrer Frau zu sagen, daß sie böse auf sie sind, verstecken sie sich hinter der Zeitung. Statt sich um den Job zu bemühen, den sie haben wollen, «vergessen» sie, ihre Unterlagen rechtzeitig hinzuschicken. Üblicherweise interpretieren wir das passiv-aggressive Profil im psychodynamischen Sinn und versuchen dem Patienten mittels Psychotherapie beizubringen, wie er mit all den Ängsten, die er möglicherweise vor dem direkten Ausdruck seiner Aggressionen hat, umgehen kann. Aber Vergeßlichkeit, Unpünktlichkeit, Schwierigkeiten, sich auf ein Gespräch zu konzentrieren – genau darum dreht es sich auch bei der ADD. Die vermeintliche «passiv-aggressive Störung» könnte in Wirklichkeit ein Fall von ADD sein.

In ähnlicher Weise kann die ADD ein Verhalten verursachen, das wie Narzißmus aussieht. Der Narzißt hat, in einfachen Worten gesagt, Probleme, seine Aufmerksamkeit auf andere Menschen zu richten. Er scheint ganz mit sich und seinem Platz in der Welt beschäftigt und zu wirklicher Empathie und Liebe nicht fähig zu sein. Wenn diese Unfähigkeit, sich auf andere einzustellen, auf frühkindliche Deprivationserlebnisse des Betreffenden zurückgeführt werden kann, ist Narzißmus eine mögliche Diagnose, und die angemessene Behandlung wäre dann eine Psychotherapie beziehungsweise eine Psychoanalyse. Wenn die Unfähigkeit, sich auf andere einzustellen, allerdings eine Folge der ADD ist, helfen Psychotherapie oder Psychoanalyse nicht. Wenn der Kranke auf ADD behandelt wird, werden die «narzißtischen» Symptome verschwinden, und der Betreffende wird fähig sein, sich in die Beziehung zu anderen einzubringen.

Es ist entscheidend, daß diese Differenzierungen so früh wie möglich im Leben des Betreffenden vorgenommen werden. Es geht unter Umständen viel Zeit damit verloren, daß die falsche Krankheit beziehungsweise nicht die richtige Krankheit behandelt wird.

4. Der nächste Schritt: Psychologische Tests

Sobald Ihr Arzt aufgrund Ihrer Lebensgeschichte (oder der Ihres Kindes) eine Diagnose gestellt und andere Krankheiten ausgeschlossen hat, muß er entscheiden, ob zusätzlich noch psychologische Tests gemacht werden sollen.

Psychologische Tests sind unter Umständen sehr hilfreich bei der Aufdeckung irgendwelcher mit der ADD einhergehender Lernschwächen oder anderer Probleme, die in der Lebensgeschichte vielleicht nicht aufgetaucht sind wie zum Beispiel larvierte Depressionen, Probleme mit dem Selbstbild, larvierte Denkstörungen oder Psychosen. Der Projektionstest zum Beispiel untersucht, was der Proband unwissentlich auf den Testreiz projiziert. Das klassische Beispiel eines Projektionstests ist der Kleckstext (der Rorschachtest ist der berühmteste). Die Testperson wird aufgefordert, sich eine Reihe symmetrischer Kleckse anzusehen. Was der Proband in den Klecks «hineinsieht», ist seine eigenschöpferische Leistung und vermag unter Umständen Auskunft darüber zu geben, was in seinem Unbewußten vorgeht. Die Testpersonen sehen mitunter Szenen von außergewöhnlicher Gewalttätigkeit oder Destruktion in den Klecksen; diese Menschen können mit verhaltener Wut oder unterdrückten Erinnerungen an traumatische Mißhandlungen zu tun haben. Manche Menschen entwickeln aus den Klecksen schrecklich traurige Geschichten; diese Menschen können mit larvierten Depressionen zu tun haben. Wieder andere Menschen sehen nur Wirrwarr und unidentifizierbare Formen in den Klecksen; diese Menschen können Probleme mit der Informationsverarbeitung, vielleicht sogar eine unerkannte Psychose haben.

Psychologische Tests können auch Beweise liefern, die zur Erhärtung der ADD-Diagnose beitragen. Die Werte bestimmter Subtests der Wechsler Intelligenztests, des WISC *(Wechsler Intelligence Scale for Children)* für Kinder und des WAIS *(Wechsler Adult Intelligence Scale)* für Erwachsene, sind bei Menschen mit ADD typischerweise niedrig.

Es gibt in der sogenannten neuropsychologischen Batterie für ADD noch andere Aufmerksamkeitstests. Es bleibt dem Tester überlassen, welchen Test er anwendet. Es gibt keine Standardbatterie, sondern eine Reihe von Tests, aus der der Tester auswählen kann. Diese Art Test ist ebensosehr eine Kunst wie eine Wissenschaft. Der Psychologe entscheidet je nach Befund, welcher Test angewandt wird. Wenn ADD das Problem beziehungsweise der Befund ist, wenden manche Psychologen einen Test an, bei dem der Proband eine abstrakte Zeichnung aus dem Gedächtnis wiedergeben muß, nachdem er sie sich zehn Sekunden angesehen hat. Andere wenden einen sogenannten *Performance Test* an, bei dem der Proband auf Lichtsignale achten muß. Beim Auftauchen einer bestimmten Folge muß der Proband einen Knopf drücken; wenn diese Folge nicht auftaucht, soll er auch nicht auf den Knopf drücken. Bei diesem Test ergeht es einem ähnlich wie bei dem Spiel «Alle Vögel fliegen hoch». Manchmal drückt man den Knopf, wenn man ihn nicht drücken soll, und manchmal drückt man den Knopf nicht, wenn man ihn drücken soll. Das kommt ganz darauf an, wie alert man sein kann. Der Test versucht, das Maß der Aufmerksamkeit und der Impulsivität zu bestimmen: Wenn man den Knopf zum richtigen Zeitpunkt drückt, ist das ein Indikator für Aufmerksamkeit, und wenn man ihn zum falschen Zeitpunkt drückt, ist das ein Indikator für Impulsivität. Allerdings ist der Test alles andere als unfehlbar. Externe Faktoren wie Motivation und Stimmung des Probanden, die räumlichen Bedingungen, unter denen der Test durchgeführt wird, Funktionsstörungen oder reibungsloses Funktionieren der Testapparatur können das Testergebnis enorm beeinflussen.

Andere Tester wenden den TOVA *(Test of Variability of Attention,* deutsch Aufmerksamkeitsschwankungstest) an, bei dem der Proband unter ähnlichen Bedingungen wie beim *Performance Test* auf unterschiedliche Figuren reagiert, die auf eine Leinwand projiziert werden. Welchen Test auch immer man anwendet, sie versuchen alle, Aufmerksamkeit, Ablenkbarkeit und Impulsivität zu quantifizieren. Allerdings ist kein Testverfahren ein definitiver Beweis für oder gegen die ADD-Diagnose. Es kann lediglich klinische Indizien für die Diagnose bestätigen oder entkräften.

Ein deutliches Wort der Warnung in bezug auf psychologische Tests sollte an dieser Stelle hinzugefügt werden. Häufig verläßt man sich für die ADD-Diagnose allzusehr auf psychologische Tests. Das ist aber ein schwerwiegender Fehler, weil psychologische Tests nicht selten fälschlicherweise ein negatives Ergebnis haben. Das heißt, Menschen, die tatsächlich ADD haben, erwecken bei psychologischen Tests den Eindruck, als ob sie die Störung nicht hätten.

Das liegt daran, daß der Test die ADD unter Umständen vorübergehend «kuriert», indem er die Symptome für die Dauer des Testvorgangs zum Verschwinden bringt. Drei der besten Behandlungsmethoden für ADD sind: die Einzeltherapie, hoher Motivationsgrad und neuartige Situationen. Menschen mit ADD können sich typischerweise in einer Unter-vier-Augen-Konstellation konzentrieren, während die Gruppensituation wie zum Beispiel in der Klasse, am Arbeitsplatz oder auf einer Party konzentrationshemmend wirkt. Auch in Situationen, in denen der Betreffende hochmotiviert ist, verschwinden nicht selten die Symptome. Und neue Situationen – eine ungewöhnliche oder neue Umgebung – können den ADD-Kranken in einem solchen Maße stimulieren, daß er sich konzentrieren kann. Die psychologische Testprozedur schließt alle drei «Behandlungsarten» der ADD ein. Sie ist eine Unter-vier-Augen-Konstellation, in der der Psychologe den Probanden mündlich durch den Test dirigiert, so daß diesem die Möglichkeit zum Abschalten genommen wird. Der Proband ist typischerweise hoch motiviert und bemüht sich, «seine Sache gut zu machen». Und der Testvorgang ist für ihn hochgradig stimulierend infolge der Neuartigkeit der Situation. Diese drei Faktoren zusammen machen die Testsituation zu einer nahezu idealen Behandlung für ADD, für die Diagnose der ADD sind diese Umstände allerdings alles andere als ideal. Man muß äußerst skeptisch gegenüber psychologischen Tests sein, bei denen sich keine Anzeichen für eine ADD finden, wenn der klinische Befund, die alltäglichen Realitäten die Diagnose stützen.

Oft präsentieren die Patienten ein so kompliziertes Bild, daß niemand auf den Gedanken kommt, daß ADD im Spiel sein könnte. Eine Patientin, die ich Andrea nennen will, kam zu einer Konsultation zu mir und berichtete von dreijähriger leidvoller Fehlbehandlung in der Psychiatrie. Nachdem man Andrea eines Morgens im Juni wegen Benommenheit in die Notaufnahme gebracht hatte, begann für sie eine ganze Latte von Untersuchungen; dazu gehörten Röntgenuntersuchungen, Kernspintomographie, verschiedene Bluttests, Stoffwechseluntersuchungen, Tests der Immunabwehr, ja sogar ein Schwangerschaftstest. Als man keine körperliche Ursache für ihre Benommenheitsepisode fand, wurde Andrea in die psychiatrische Klinik überwiesen.

Infolge einer Reihe von Mißverständnissen galt Andrea als gewalttätig und selbstmordgefährdet. Was in Wirklichkeit passierte, war eine der komisch-entsetzlichen Geschichten, wie sie in Filmen vorkommen, wo ein Irrtum einen anderen nach sich zieht. Sie hatte ein Gespräch mit einem Psychiater und erklärte, daß sie nicht verrückt sei. Der Psychiater, der ein ziemlich bürokratischer Typ war, nickte und schrieb auf, was sie sagte. Das ärgerte Andrea. «Warum schreiben Sie auf, was ich sage?» fragte sie. «Warum reden Sie nicht lieber mit mir?»

«Sind Sie in Ihrem Leben viel ignoriert worden?» entgegnete der Psychiater.

Andrea war am Ende der psychiatrischen Begutachtung dann so frustriert, daß sie einen Aschenbecher vom Schreibtisch des Psychiaters nahm und ihn durchs geschlossene Fenster zu werfen drohte, wenn er sie nicht auf der Stelle gehen ließ.

«Bitte, tun Sie das nicht», sagte der Psychiater ruhig.

«Wie können Sie so ruhig sein?» fragte Andrea. «Sehen Sie nicht, wie aufgeregt ich bin?»

«Ich sehe, daß Sie aufgeregt sind», erwiderte der Psychiater.

«Sie sitzen aber da wie ein Ölgötze», fuhr Andrea fort. «Keine Gemütsregung. Keine Reaktion. Würde es etwas bewirken, wenn ich sage, daß ich Selbstmordgedanken habe? Reagieren Sie dann?»

Der Psychiater reagierte allerdings. Mit der Begründung, daß sie potentiell gewalttätig und suizidal sei, wurde Andrea in einer psychiatrischen Klinik interniert.

Bis sich das ganze Durcheinander dann aufgeklärt hatte, hatte Andrea eine ziemliche Abneigung gegen das psychologische Therapie- und Beratungswesen gefaßt. Andererseits brauchte sie Hilfe. Zwar war das Gefühl der Benommenheit nicht wieder aufgetreten, durch Andreas Aufenthalt in der psychiatrischen Klinik waren aber einige Probleme zutage getreten, die ihren Mann bedrückten. Er war besorgt über ihre Nervosität, Vergeßlichkeit und Unzuverlässigkeit. Er war besorgt über ihre Stimmungsschwankungen und ihr cholerisches Wesen. Er war besorgt über ihr inkonsequentes Verhalten bei der Behandlung der Kinder, und er war vor allem besorgt darüber, daß sie so viel trank.

Andrea und ihr Mann machten eine Paartherapie. Ihre Beziehung wurde dadurch nur schlechter. Andreas Symptome besserten sich nicht, und ihr Mann fand die ganze Situation immer unerträglicher.

Nach einer sechsmonatigen versuchsweisen Trennung machte Andrea freiwillig eine Entziehungskur. Sie hatte wegen der Trennung schreckliche Schuldgefühle und hatte tatsächlich angefangen, unkontrolliert zu trinken. Ein Anstaltspsychologe sah ihre Lebensgeschichte durch und zog die Möglichkeit einer ADD in Erwägung. Diese Frage war vorher noch nie gestellt worden. Niemand war schuld daran, es war zu einer Zeit, als noch kaum jemand etwas über ADD wußte. Doch der Anstaltspsychologe kannte sich mit der Störung aus. Sein Sohn wurde auf ADD behandelt, und er selbst hatte viel zu dem Thema gelesen.

«Als mir dieser Mann die Symptome beschrieb», sagte Andrea zu mir, «fühlte ich mich wie erlöst. Es gab plötzlich eine andere Erklärung, als daß ich neurotisch war. Ich las alles, was ich auftreiben konnte, und es paßte ins Bild. Ich habe meine Schulzeugnisse hervorgeholt, und was soll ich Ihnen sagen, da gab es jede Menge Beurteilungen, in denen stand, wie schlecht ich stillsitzen konnte und was für eine Tagträumerin ich war.»

«Und was geschah dann?»

«Mein Mann mußte über ADD ins Bild gesetzt werden. Ihm hat es ebenso eingeleuchtet. Selbst wenn das Medikament nicht so gut gewirkt hätte, es war einfach großartig, aus dem psychiatrischen Alptraum herauszukommen. Ich hatte endlich die richtige Diagnose.»

Wenn Sie glauben, daß Sie vielleicht ADD haben, suchen Sie zunächst jemanden auf, der mit der Krankheit Erfahrung hat. Kinderpsychiater, Neurologen, Psychologen und Kinderärzte sind Experten, die sich die erforderliche Sachkompetenz für die Diagnose der ADD erworben haben. Wen immer Sie konsultieren, erkundigen Sie sich unbedingt, ob der Betreffende Erfahrung in der Diagnostik und Behandlung der ADD hat und ob sich diese Erfahrung auf Erwachsene oder Kinder oder beide erstreckt. Nicht der akademische Titel zählt, sondern die Erfahrung, die jemand in der Beurteilung der ADD hat. Irgendwann im Laufe des Vorgangs sollte auch ein Arzt eingeschaltet werden, um sicherzugehen, daß keine organische Krankheit übersehen wird. Werden psychologische Tests für erforderlich gehalten, sollten sie von jemandem durchgeführt werden, der einen Doktor in klinischer Psychologie hat. Vergewissern Sie sich, daß der Betreffende in neuropsychologischen Tests geschult ist und Erfahrungen mit ADD- und Lernschwächentests hat.

Da ADD bei Erwachsenen eine relativ neue «Entdeckung» ist, haben Sie möglicherweise Schwierigkeiten, in Ihrer Nähe einen praktizierenden Arzt zu finden, der Erfahrungen mit der Behandlung dieser Störung hat. Im Anhang finden Sie Hinweise auf Stellen, die Ihnen weiterhelfen können.

Die im folgenden zusammengestellten Fragen vermitteln dem Leser in etwa einen Eindruck davon, mit welchen Fragen er bei einem erfahrenen Diagnostiker zu rechnen hat. Zwar kann dieser Fragenkatalog die Diagnose nicht bestätigen, die Fragen können dem Leser aber einen besseren Eindruck davon vermitteln, was ADD ist, und geben eine ungefähre Orientierung, ob er sich an kompetenter Stelle um eine fachgerechte Diagnose bemühen soll.

Je mehr Fragen mit «ja» beantwortet werden, desto wahrscheinlicher ist es, daß eine ADD im Spiel sein könnte. Da jeder eine gewisse Anzahl von Fragen mit «ja» beantworten wird und wir für diesen Fragebogen keine Normen aufgestellt haben, sollte er nur als unverbindlicher Hinweis benutzt werden.

1. Sind Sie Linkshänder oder Ambidexter?

2. Gibt es in Ihrer Familie Fälle von Drogen- oder Alkoholmißbrauch, Depressionen oder manisch-depressiven Leiden?

3. Leiden Sie unter Stimmungsschwankungen?

4. Galten Sie in der Schule als leistungsschwach? Zum gegenwärtigen Zeitpunkt?

5. Haben Sie Schwierigkeiten, Dinge anzufangen?

6. Trommeln Sie häufig mit den Fingern, klopfen mit den Füßen auf den Boden, zappeln herum oder laufen auf und ab?

7. Stellen Sie beim Lesen fest, daß Sie häufig einen Absatz oder eine ganze Seite noch einmal lesen müssen, weil Sie mit offenen Augen träumen?

8. Haben Sie häufig Absencen und Trancezustände?

9. Fällt es Ihnen schwer, sich zu entspannen?

10. Sind Sie extrem ungeduldig?

11. Haben Sie festgestellt, daß Sie viele Unternehmungen gleichzeitig anzufangen pflegen, so daß Ihr Leben häufig einem Äquilibristikakt gleicht, bei dem der Jongleur mehr Bälle in der Luft hat, als er bewältigen kann?

12. Sind Sie impulsiv?

13. Läßt Ihre Konzentrationsfähigkeit leicht nach?

14. Haben Sie festgestellt, daß Ihre Konzentrationsfähigkeit mitunter die Intensität eines Laserstrahls hat, selbst wenn sie sonst leicht nachläßt?

15. Schieben Sie Dinge ständig auf die lange Bank?

16. Sind Sie häufig Feuer und Flamme für ein Projekt und bleiben dann nicht an der Sache dran?

17. Fällt es Ihnen schwerer als den meisten Menschen, sich anderen verständlich zu machen?

18. Ist Ihr Gedächtnis so löchrig, daß Sie auf dem Weg von einem Zimmer ins andere manchmal vergessen haben, was Sie dort holen wollten?

19. Rauchen Sie Zigaretten?

20. Trinken Sie zuviel?

21. Haben Sie festgestellt, wenn Sie schon mal Kokain geschnupft haben, daß Sie nicht high, sondern ruhiger wurden und sich konzentrieren konnten?

22. Wechseln Sie bei Ihrem Autoradio häufig den Sender?

23. Strapazieren Sie Ihre TV-Fernbedienung durch häufigen Programmwechsel?

24. Fühlen Sie sich getrieben, als ob in Ihrem Inneren unaufhörlich ein Motor liefe?

25. Hat man Sie als Kind zum Beispiel «Tagträumer», «faul», «Hans-guck-in-die-Luft», «impulsiv» oder einfach «böse» genannt?

26. Sind Ihre engeren Beziehungen durch Ihre Unfähigkeit, sich über längere Zeit an einem Gespräch zu beteiligen, belastet?

27. Sind Sie immer in Bewegung, auch wenn Sie es eigentlich gar nicht möchten?

28. Ist es Ihnen mehr als den meisten Menschen verhaßt, zu warten, bis Sie an der Reihe sind?

29. Sind Sie von Natur aus nicht in der Lage, zuerst die Gebrauchsanweisungen zu lesen, bevor Sie anfangen?

30. Sind Sie eine Mimose?

31. Müssen Sie dauernd aufpassen, daß Sie nicht mit etwas Falschem herausplatzen?

32. Lieben Sie Glücksspiel?

33. Haben Sie das Gefühl, innerlich in die Luft zu gehen, wenn jemand Mühe hat, zur Sache zu kommen?

34. Waren Sie als Kind hyperaktiv?

35. Fühlen Sie sich von Situationen mit Spannungsatmosphäre angezogen?

36. Versuchen Sie häufig, eher die Dinge zu tun, die Ihnen schwerfallen, als die, die Ihnen leichtfallen?

37. Sind Sie besonders intuitiv?

38. Geraten Sie häufig in eine Lage, in die Sie gar nicht geraten wollten?

39. Würden Sie sich lieber beim Zahnarzt einer Wurzelbehandlung unterziehen, als nach Plan vorgehen?

40. Beschließen Sie dauernd, Ihr Leben besser zu organisieren, nur um festzustellen, daß Sie sich ständig am Rande des Chaos befinden?

41. Haben Sie häufig festgestellt, daß Sie einen Juckreiz haben, den Sie nicht beseitigen können, oder Appetit auf «mehr von irgend etwas», und Sie wissen nicht wovon?

42. Würden Sie sich als übersexualisiert bezeichnen?

43. Ein Mann, bei dem sich herausstellte, daß er eine Erwachsenen-ADD hatte, zeigte die ungewöhnliche Symptomentrias: Kokainmißbrauch, häufige Lektüre pornographischer

Schriften, Sucht nach Kreuzworträtseln. Können Sie ihn verstehen, auch wenn Sie diese Symptome nicht haben?

44. Würden Sie von sich sagen, daß Sie zu Suchtverhalten neigen?

45. Flirten Sie mehr, als Sie eigentlich wollen?

46. Sind Sie in einer chaotischen, undisziplinierten Familie aufgewachsen?

47. Fällt es Ihnen schwer, alleine zu sein?

48. Bekämpfen Sie depressive Verstimmungen häufig durch irgendwelche möglicherweise schädlichen zwanghaften Verhaltensweisen, zum Beispiel dadurch, daß Sie zuviel arbeiten, unkontrolliert Geld ausgeben, zuviel trinken oder zuviel essen?

49. Sind Sie Legastheniker?

50. Gibt es in Ihrer Familie Fälle von ADD oder Hyperaktivität?

51. Fällt es Ihnen wirklich schwer, Frustrationen zu ertragen?

52. Sind Sie unruhig, wenn es in Ihrem Leben keine «Action» gibt?

53. Haben Sie Mühe, ein Buch ganz durchzulesen?

54. Fällt es Ihnen regelmäßig leichter, gegen Vorschriften und Verordnungen zu verstoßen, als sich mit der Frustration abzufinden, die das Befolgen für Sie bedeuten würde?

55. Werden Sie von irrationalen Ängsten gequält?

56. Bringen Sie in Wörtern oft die Buchstaben oder in Zahlen die Ziffern durcheinander?

57. Haben Sie am Steuer Ihres Wagens schon mehr als vier Unfälle verschuldet?

58. Gehen Sie ungleichmäßig mit Geld um?

59. Sind Sie der stürmische, dynamische Typ?

60. Gibt es nur wenig Strukturiertheit und Schematismus in Ihrem Leben, und übt beides eine beruhigende Wirkung auf Sie aus, wenn Sie es dazu bringen?

61. Sind Sie öfter als einmal geschieden?

62. Haben Sie Mühe, Ihr Selbstwertgefühl zu bewahren?

63. Haben Sie eine schlechte viso-motorische Koordination?

64. Waren Sie als Kind im Turnen mehr oder weniger eine Niete?

65. Haben Sie häufig Ihren Arbeitsplatz gewechselt?

66. Sind Sie ein Einzelgänger?

67. Ist es für Sie ein Greuel, Aktennotizen lesen oder schreiben zu müssen?

68. Finden Sie es fast unmöglich, ein Adreßbuch oder eine Adreßkartei zu führen?

69. Sind Sie an einem Tag die Stimmungskanone auf einer Party und genieren sich am nächsten Tag dafür?

70. Wenn Sie unerwartet etwas freie Zeit zur Verfügung haben, stellen Sie dann häufig fest, daß Sie sie nicht sinnvoll nutzen können oder deprimiert sind?

71. Sind Sie kreativer und phantasievoller als die meisten Menschen?

72. Haben Sie ständig Schwierigkeiten, aufmerksam zu sein oder bei der Stange zu bleiben?

73. Arbeiten Sie am besten in kurzen Schüben?

74. Überziehen Sie regelmäßig Ihr Konto?

75. Sind Sie in der Regel erpicht darauf, etwas Neues zu probieren?

76. Haben Sie festgestellt, daß Sie häufig nach einem Erfolg deprimiert sind?

77. Hungern Sie nach Mythen und anderen Geschichten, die «Kristallisationskerne» darstellen?

78. Haben Sie das Gefühl, nicht Ihr volles Potential umsetzen zu können?

79. Sind Sie besonders rastlos?

80. Waren Sie in der Schule ein Tagträumer?

81. Waren Sie je der Klassenclown?

82. Hat man Sie schon mal als «gierig» oder sogar als «unersättlich» charakterisiert?

83. Haben Sie Schwierigkeiten, Ihre Wirkung auf andere Menschen genau zu taxieren?

84. Neigen Sie dazu, Probleme intuitiv anzugehen?

85. Wenn Sie sich verlaufen oder verfahren haben, suchen Sie den Weg dann lieber nach Gefühl, statt eine Karte zu benutzen?

86. Sind Sie beim Geschlechtsverkehr häufig abgelenkt, selbst wenn Sie Sex mögen?

87. Sind Sie ein Adoptivkind?

88. Sind Sie Allergiker?

89. Hatten Sie als Kind oft Ohreninfektionen?

90. Arbeiten Sie effizienter, wenn Sie Ihr eigener Boß sind?

91. Sind Sie intelligenter, als Sie sich präsentieren können?

92. Sind Sie besonders unsicher?

93. Haben Sie Schwierigkeiten, ein Geheimnis für sich zu behalten?

94. Vergessen Sie häufig, was Sie sagen wollen, in dem Moment, wo Sie es sagen wollen?

95. Reisen Sie gern?

96. Leiden Sie an Klaustrophobie?

97. Haben Sie sich schon mal gefragt, ob Sie verrückt sind?

98. Erfassen Sie sehr schnell den springenden Punkt ciner Sache?

99. Lachen Sie viel?

100. Machte es Ihnen Mühe, Ihre Aufmerksamkeit so lange auf diesen Fragebogen zu konzentrieren, daß Sie ihn zu Ende lesen konnten?

8 Was können Sie dagegen tun?

Die Behandlung der ADD

Allgemeine Behandlungsgrundsätze

Die meisten Menschen mit ADD, ob Kinder oder Erwachsene, die entdecken, daß sie ADD haben, haben ziemlich viel durchgemacht. Die emotionale Erfahrung mit der ADD ist geprägt von Verwirrung, Demütigung und Selbstzerfleischung. Wenn dann die Diagnose gestellt wird, haben viele ADD-Kranke bereits ihr Selbstvertrauen verloren. Viele von ihnen sind immer wieder mißverstanden worden. Viele von ihnen haben zahlreiche Spezialisten konsultiert, ohne wirklich Hilfe zu finden. Und viele haben daraufhin die Hoffnung aufgegeben.

Menschen mit ADD haben unter Umständen vergessen, was sie auszeichnet. Sie haben unter Umständen das Gefühl dafür verloren, daß Probleme sich lösen lassen. Sie blockieren sich vielfach hartnäckig selbst und brauchen ihr ganzes Stehvermögen und einen beträchtlichen Einfallsreichtum, um den Kopf über Wasser zu halten.

Und trotzdem besitzen sie eine immense Fähigkeit zu hoffen und zu träumen. Menschen mit ADD sind in höherem Maße als andere visionär veranlagt. Sie denken große Gedanken und träumen große Träume. Sie können aus der kleinsten Gelegenheit in ihrer Phantasie eine größere Chance machen. Sie können aus einer Zufallsbegegnung in ihrer Phantasie einen rauschenden Abend machen.

Doch wie die meisten Träumer sind sie dann nur noch ein Häufchen Elend, wenn sich der Traum in Luft auflöst. Zu dem Zeitpunkt, wo der Betreffende Hilfe in Anspruch nimmt, hat sich dieses Spiel in der Regel oft genug ereignet, um ihn mißtrauisch gegen jede neue Hoffnung zu machen.

Die Hoffnung fängt mit der Diagnose an. Häufiger als bei anderen Störungen hat schon das Erstellen der ADD-Diagnose eine starke therapeutische Wirkung. Das Gebäude jahrelanger Mißverständnisse stürzt ein, sobald die Ursachen der Probleme des einzelnen klar erkannt sind.

Bei anderen Krankheiten zeigt die Diagnose den Behandlungsweg, bei ADD *ist* die Diagnose schon ein Stück Behandlung. Die Diagnose an und für sich bewirkt schon eine deutliche Besserung. Wenn Sie zum Beispiel kurzsichtig wären und nicht wüßten, daß es so etwas wie Kurzsichtigkeit gibt, und wenn Sie jahrelang geglaubt hätten, daß Ihre unscharfe Sicht und die daraus resultierenden Lernprobleme auf mangelndes Bemühen oder moralische Defizite zurückzuführen wäre, dann stellen Sie sich ihre Erleichterung vor, wenn Sie entdecken, daß es diese Krankheit mit Namen Kurzsichtigkeit gibt und daß sie nichts mit Bemühen und Moral zu tun hat, sondern vielmehr eine Nervenkrankheit ist. So ist es auch bei der ADD. Die Diagnose wirkt befreiend.

Alles Weitere an Behandlung ergibt sich mit logischer Konsequenz aus der Bewertung der Diagnose.

Information

Sobald die Diagnose gestellt ist, gilt es als nächstes, soviel wie möglich über die Krankheit in Erfahrung zu bringen. Je mehr Sie wissen, desto besser sind Sie in der Lage, für eine Behandlung zu sorgen, die Ihren Bedürfnissen entspricht, und desto besser verstehen Sie Ihre Lebensgeschichte unter dem Aspekt der ADD. Eine wirksame Behandlung macht es nicht selten erforderlich, daß Sie Ihr Selbstbild grundlegend überdenken. Wenn Sie sich mit den vielerlei Formen vertraut gemacht haben, in denen die ADD auftreten kann, hilft Ihnen das nicht nur besser zu verstehen, wie das Syndrom auf Sie einwirkt, sondern auch, es den Menschen in Ihrer Umgebung – Ihren Familienangehörigen, Freunden, Kollegen und Lehrern – zu erklären.

Entscheidend ist, daß Sie die Menschen in Ihrer Umgebung informieren können. ADD hat eine tiefgreifende Wirkung auf Ihr Sozialleben: Sie berührt Ihre Arbeit, Ihren häuslichen oder schulischen Bereich ebenso wie Ihr Innenleben. Sie müssen in der Lage sein, Ihrer Umwelt zu erklären, was in Ihrem Innern vorgeht. Wenn Sie zum Beispiel Ihrem Chef die ADD so erklären können, daß er Verständnis und Mitgefühl haben kann, können Sie Ihre Arbeitsbedingungen möglicherweise erheblich verbessern. Und ganz ähnlich, wenn Sie Ihrem Ehepartner oder Lebensgefährten die ADD auf verständliche Weise erklären können, können Sie Ihre Beziehung unter Umständen auf eine ganz neue Basis stellen. Allgemein gesprochen, setzt der erfolgreiche Umgang mit ADD voraus, daß Sie in der Lage sind, als geschickter Anwalt in eigener Sache aufzutreten, und um das zu können, müssen Sie soviel wie möglich über das Syndrom wissen.

Je mehr Sie über ADD erfahren, desto mehr verändern Sie sich. Sie erwerben sich eine nie gekannte Kraft, und diese Kraft beruht auf Ihrem Wissen. Ihr Wissen wird zu einem Teil Ihrer selbst und führt Sie lautlos und unmerklich zu neuen Ufern.

Die ADD-Behandlung ist nichts Passives, nichts, das Sie im Lehnstuhl über sich ergehen lassen können. Die Behandlung ist vielmehr ein aktiver Prozeß, der mit Lernen und Arbeiten verbunden ist.

Bei Erwachsenen vollzieht sich der Informationsprozeß auf direktem Wege: Durch Lesen, Vorträge, Gespräche mit Experten und anderen ADD-Kranken eignet man sich nach und nach soviel Wissen wie möglich über die Störung an. Wenn es allerdings um Kinder geht, wird die Sache für die meisten Eltern und Lehrer problematisch. Wieviel soll man einem Kind sagen? Wann ist ein Kind alt genug, um zu verstehen, was ADD ist? Sollten es die anderen Kinder in der Klasse erfahren, wenn ein Kind ADD hat? Was ist, wenn das Kind denkt, daß die Diagnose in Wirklichkeit bedeutet, daß es dumm ist? Wieviel sollte ein Kind über die Medikation erfahren?

Das sind schwierige Fragen. Es gibt keine «richtige» Antwort darauf. Aufgrund einer umfassenden Erfahrung mit vielen Kindern, Familien und Schulen bin ich allerdings zu dem Schluß gekommen, daß der folgende Grundsatz die beste Richtschnur ist: Sagen Sie die Wahrheit.

Wenn Sie dem Kind und der Schule die Wahrheit sagen, hilft das, der ADD das Stigma zu nehmen. Es hilft, das Syndrom zu normalisieren. Da es nicht von einem verlangt, bestimmte Einzelheiten unter den Tisch fallen zu lassen oder kindgemäße Euphemismen zu erfinden, erlaubt es einem auch, die Information in der einfachsten und genauesten Form zu übermitteln. Gewöhnlich merkt das Kind es ohnehin, wenn ihm eine schönfärberische Version der Wahrheit angeboten wird, und entnimmt dieser Heimlichtuerei einen Hinweis auf Risiken und Gefahren; die schlichte Wahrheit hingegen vermittelt die Botschaft, daß es nichts zu verheimlichen und nichts zu befürchten gibt und nichts, wofür man sich schämen müßte.

Wenn ich einem Kind die ADD erkläre, tue ich das in Anwesenheit eines oder beider Elternteile. Ich benutze kein Manuskript, aber eine typische Einführung in die ADD könnte ungefähr folgendermaßen lauten (beachten Sie, daß ich dabei häufig Pausen mache, damit das Kind Fragen stellen kann, und ich sorge dafür, daß es tatsächlich ein oder zwei Fragen stellt; es ist totale Zeitverschwendung, ADD-Kindern einen Monolog zu halten – sie hören nach zwei Sätzen nicht mehr zu):

«Du weißt ja, Jimmy, du bist mit deiner Mom und deinem Dad hierhergekommen, um mit mir darüber zu sprechen, wie es zu Hause und in der Schule so läuft. Ich bin nun auf etwas gekommen, was dich betrifft, und ich glaube, damit können wir dir helfen. Wir haben darüber gesprochen, wie es für dich in der Schule ist, und du hast mir gesagt, daß du große Schwierigkeiten hast aufzupassen und zuzuhören und daß du gern aus dem Fenster siehst und daß es dir schwerfällt stillzusitzen und zu warten, bis du an der Reihe bist und den Finger zu strecken und so weiter und so fort. Junge, kann ich verstehn, wie du dich fühlst! Und weißt du auch warum? Weil wir beide, du und ich, etwas haben, was man Aktivitäts- und Aufmerksamkeitsstörung oder abgekürzt ADD nennt.

Bei der ADD ist es so, als ob man kurzsichtig wäre und eine Brille brauchte, nur kommt die Kurzsichtigkeit nicht von unseren Augen. Sie kommt von unserer Art zu denken. Wir brauchen für unsere Art zu denken eine Brille, die uns hilft, unsere Aufmerksamkeit zu konzentrieren, damit wir nicht soviel tagträumen, so häufig das Thema wechseln und Dinge vergessen oder so große Probleme haben, uns morgens und nach der Schule zu organisieren.

Die Tatsache, daß wir ADD haben, bedeutet nicht, daß wir dumm sind. Viele wirklich intelligente Menschen hatten ADD, zum Beispiel Thomas Edison und Mozart und Einstein, und auch der Schauspieler Dustin Hoffman hat ADD – weißt du, wer das ist? Was wir Menschen mit ADD aber brauchen, das sind spezielle Hilfen – so etwas wie eine Brille –, damit wir unser Bestes leisten können. Nur ist die Hilfe, die wir brauchen, nicht direkt eine Brille, sondern es sind andere Dinge, die uns helfen, uns zu konzentrieren und zu organisieren. Manchmal helfen uns Listen, Pläne und Gedächtnisstützen. Manchmal kann uns ein Nachhilfelehrer oder ein Trainer helfen. Und manchmal hilft uns unter Umständen ein Medikament. Viele andere Kinder haben auch ADD. Wenn dich jemand danach fragt, ist es deine Sache, was du ihm erzählen willst, aber denk immer daran, es ist genauso wenig dabei, ADD zu haben, wie eine Brille zu tragen.»

Ich bemühe mich, so offen und verständlich wie möglich zu sein. Was ich sage, ist meine aufrichtige Überzeugung: Es ist nichts dabei, ADD zu haben, und es ist nichts, wofür man sich schämen müßte. Die meisten Kinder brauchen etwas Zeit, um sich an den Gedanken zu gewöhnen, daß sie ADD haben. Die meisten Kinder sind zu Anfang verwirrt oder schämen sich. Ich bin allerdings zu dem Schluß gekommen, je eher das Thema auf den Tisch kommt und alle

Fragen offen angesprochen werden, desto eher kann das Kind die Krankheit einfach als einen Teil seines alltäglichen Lebens akzeptieren.

Denselben Rat gebe ich den Lehrern in der Schule: Sagen Sie die Wahrheit! Wenn eines der Kinder eine Spezialbehandlung für ADD bekommt, sollte man es den anderen Kindern sagen, und man sollte ihnen auch den Grund dafür nennen. Die anderen Kinder werden ohnedies merken, daß irgend etwas im Busch ist, deshalb kann man ihnen ebensogut reinen Wein einschenken. Sonst ist die Behandlung von einem Geheimnis umgeben, und Geheimnisse erwecken immer den Eindruck, daß es etwas zu verbergen gibt. Ich schlage vor, daß die Lehrer zuerst die Erlaubnis der Eltern und des Kindes einholen und der Klasse dann erklären, was ADD ist und welche Spezialbehandlung das Kind bekommt; zum Beispiel, daß es vorn in der Nähe der Lehrerin sitzt, daß es seine Tests nicht innerhalb einer bestimmten Zeit fertig haben muß, daß es das Klassenzimmer verlassen darf, wenn es das Gefühl hat, überstimuliert zu sein, oder um sich ein Medikament geben zu lassen, wenn das zur Verordnung gehört, daß es individuelle Hausaufgaben bekommt und so weiter. Da für das ADD-Kind ohnedies ein individueller Behandlungsplan für die Schule aufgestellt werden muß und die anderen Kinder von der Sache Wind bekommen werden, gibt man ihnen besser eine genaue Erklärung dafür, als zuzulassen, daß in der Gerüchteküche eine ungenaue entsteht. Darüber hinaus ist es fast sicher, daß noch andere Kinder in der Klasse ADD oder irgendeine andere Lernstörung haben. Je eher man ein normales Verhältnis zu diesen Krankheiten bekommen und sie als das sehen kann, was sie sind, desto besser für alle.

Die Vorschläge, wie Eltern und Lehrer Kindern die ADD erklären können, sind im folgenden aufgezählt:

10 Tips für Eltern und Lehrer, wie sie Kindern die ADD erklären können

1. Sagen Sie die Wahrheit. Das ist das wichtigste Leitprinzip. Informieren Sie sich zunächst über die ADD und fassen Sie das, was Sie erfahren haben, dann in Ihre eigenen Worte, in Worte, die das Kind verstehen kann. Drücken Sie dem Kind zur Erklärung der ADD nicht einfach ein Buch in die Hand oder schicken es zu einem Experten. Erklären Sie sich selbst die Störung, nachdem Sie etwas darüber in Erfahrung gebracht haben, und erklären Sie sie dann dem Kind. Seien Sie offen, ehrlich und verständlich.

2. Drücken Sie sich präzise aus. Gebrauchen Sie keine nichtssagenden oder verschwommenen Ausdrücke. Das Kind wird die Erklärung, die Sie ihm geben, überall parat haben.

3. Die Metapher von der Kurzsichtigkeit ist nützlich, wenn man einem Kind die ADD erklären will. Sie trifft den Sachverhalt genau, und ihr Gefühlswert ist neutral.

4. Beantworten Sie Fragen. Bitten Sie um Fragen. Denken Sie daran, daß Kinder häufig mit Fragen kommen, die Sie nicht beantworten können. Haben Sie keine Angst davor zuzugeben, daß Sie die Antworten nicht wissen. Machen Sie sich dann daran, die Antwort herauszufinden.

5. Vergessen Sie nicht, dem Kind zu sagen, was ADD **nicht** ist: keine Dummheit, kein geistiges Zurückgebliebensein, kein Defekt, keine Schlechtigkeit.

6. Geben Sie dem Kind Beispiele positiver Rollenmodelle entweder aus der Geschichte, wie zum Beispiel Thomas Edison, oder aus Ihrer persönlichen Erfahrung, wie zum Beispiel ein Familienmitglied (Mom oder Dad?).

7. Lassen Sie andere möglichst wissen, daß das Kind ADD hat. Lassen Sie es die anderen Kinder in der Klasse wissen und lassen Sie es Ihre Verwandten wissen. Wieder sollte die Botschaft lauten, daß es nichts zu verbergen gibt und nichts, wofür man sich schämen müßte.

8. Ermahnen Sie das Kind, ADD nicht als Entschuldigung zu benutzen. Sobald sie nämlich begriffen haben, was ADD ist, durchleben die meisten Kinder eine Phase, während der sie die Störung als Entschuldigung benutzen. ADD ist eine Erklärung, keine Entschuldigung. Die Kinder müssen trotzdem die Verantwortung für das, was sie tun, übernehmen.

9. Informieren Sie andere. Informieren Sie die anderen Eltern und Kinder der Klasse. Informieren Sie Verwandte. Wissen ist die stärkste Waffe, um sicherzugehen, daß das Kind die richtige Behandlung bekommt. Verbreiten Sie Ihr Wissen, soweit Sie können; es gibt immer noch viel zu viele Informationsdefizite und Fehlinformationen in bezug auf ADD.

10. Üben Sie mit dem Kind, wie es Fragen beantworten kann, die ihm andere, vor allem Altersgenossen, vielleicht stellen. Auch hier ist das Leitprinzip: Sagen Sie die Wahrheit. Sie könnten in einem Rollenspiel eine Szene ausprobieren, wo das Kind von einem Altersgenossen gehänselt wird, um ein solches Problem vorwegzunehmen und durchzuspielen.

Struktur

Das neue Selbstverständnis, das Diagnose und Information mit sich bringen, führt naturgemäß dazu, daß man sein Leben äußerlich und innerlich neu gestaltet und strukturiert. Indem man sich der Tatsache der ADD stellt und versucht, liebgewordene negative Selbstbewertungen abzulegen, findet man zu einem neuen Selbstbild; das ist die innerliche Neustrukturierung. Und man gestaltet den Kleinkram des alltäglichen Lebens neu, indem man bessere Organisations- und Kontrollmöglichkeiten schafft; das ist die äußerliche Neustrukturierung.

Struktur ist wichtig bei der Behandlung der ADD. Das Wort «Struktur» wirkt abschreckend, denn es beschwört vielleicht öde Vorstellungen von Blaupausen und Kristallgittern herauf. Struktur kann aber Verblüffendes leisten. Struktur ermöglicht die Umsetzung von Talenten. Ganz gleich, wieviel Talent vorhanden sein mag, ohne Struktur gibt es nur Chaos. Denken Sie daran, in welch rigide strukturiertem Umfeld Mozart arbeiten mußte. Und doch hat gerade diese strukturelle Rigidität Mozarts Genie zu seiner Ausdrucksintensität verholfen. Ob man nun die jambischen Pentameter Shakespeares nimmt oder die «heroischen Zweizeiler» Popes, den Rhythmus eines Langstreckenläufers oder das Tempo eines Schnellkochs, jede Umsetzung von Kreativität erfordert Struktur. Viele Erwachsene mit ADD haben ihr kreatives Potential nicht ausgeschöpft, weil sie ihren kreativen Energien nicht Gestalt und Richtung geben konnten.

Denken Sie an ein Thermometer und an das Quecksilber, das es enthält. Wenn Sie schon einmal ein Thermometer zerbrochen haben, wissen Sie, was mit dem Quecksilber passiert. Der ADD-Geist ist wie verschüttetes Quecksilber, das Perlen bildend hierhin und dorthin läuft. Struktur ist das Gefäß, das vonnöten ist, um das Quecksilber des ADD-Geists einzuschließen, um es davor zu bewahren, gleichzeitig hier und dort und überall zu sein. Struktur ist das, was die Leistung des ADD-Geists optimiert und verhindert, daß er sich zerstreut wie so viele winzige Quecksilberperlen auf dem Fußboden.

Struktur meint wichtige Hilfsmittel wie Listen, Gedächtnisstützen, Notizblöcke, Terminkalender, Aktenschränke, Adreßkarteien, Pinnwände, Terminpläne, Empfangsbestätigungen, Ein- und Ausgangskästen, Anrufbeantworter, Computer und Wecker. Struktur meint die äußeren Kontrollmechanismen, die man sich schafft, um dadurch nicht ausreichende innere Kontrollmechanismen zu kompensieren. Die meisten Menschen mit ADD können sich nicht darauf verlassen, daß innere Kontrollmechanismen sie dauerhaft auf Ordnung verpflichten und bei der Stange halten. Was ihnen an inneren Kontrollmechanismen fehlt, müssen äußere Kontrollmechanismen ersetzen. Ein solches System zu schaffen, muß ganz und gar nicht langweilig sein; man kann sogar recht kreativ sein bei der Suche nach einer brauchbaren Struktur. Und ist es erst einmal vorhanden, wird das System eine beruhigende und vertrauensbildende Wirkung haben.

Zur Neuorganisierung der Lebensführung empfehlen wir vor allem ein Programm, das wir Rasterplanung nennen. Dieses System des Zeitmanagements funktioniert wie Daueraufträge bei der Bank: Indem Sie die Abbuchungen (von Geld oder Zeit) von Ihrem Konto automatisieren, brauchen Sie es sich nicht in jedem Einzelfall neu vorzunehmen; sie erledigen sich einfach von selbst. Sie weisen bestimmte regelmäßige Termine und Verpflichtungen Ihrem Wochenplan zu, so daß Sie ihnen automatisch nachkommen. Dadurch setzen Sie Zeit, die Sie sonst für Ihre Planungen aufwenden müssen, für andere Aktivitäten frei. Die Rasterplanung ist einfach angelegt und kann die Last der Alltagsplanung beträchtlich verringern.

Sie läßt sich ganz einfach bewerkstelligen. Sie fangen damit an, daß Sie eine Liste von all Ihren wöchentlich wiederkehrenden Aufgaben, Terminen und Verpflichtungen machen – sozusagen von Ihrem feststehenden Zeitaufwand. Dann zeichnen Sie sich in Ihren Terminkalender in Form eines Gitternetzes einen Stundenplan Ihrer Woche ein und tragen jede feste Verpflichtung in ein bestimmtes Kästchen ein. Zum Beispiel beschließen Sie möglicherweise, daß Sie jeden Donnerstag nachmittags um halb fünf in die Reinigung, mittwochs und freitags um sieben Uhr früh zur Gymnastik, montags und donnerstags mittags um zwölf zur Bank und jeden zweiten Dienstag zu Ihrem Fortbildungskurs gehen.

Ehe Sie es bemerken, sind diese regelmäßigen Verpflichtungen in Ihrem Unterbewußtsein verankert. Donnerstag nachmittag ist die Zeit für den Gang in die Reinigung, und nach einer Weile fahren Sie zur Reinigung, ohne vorher lange zu überlegen. Mittwochs und freitags ist die Zeit für Ihre Gymnastik, und sie ist nicht nur automatisch für Sie reserviert, sondern Sie brauchen sich auch keine Gedanken mehr darüber zu machen, wann Sie Zeit für Ihre Gymnastik finden. Sie haben im voraus und nicht impulsiv entschieden, welche Dinge Ihnen wichtig genug sind, vorausgeplant zu werden, und wo Sie diese Aktivitäten oder Verpflichtungen einschieben. Sie wissen, daß Sie diese Dinge tun werden, und Sie wissen, wann Sie diese Dinge tun werden. Das bedeutet, Sie müssen sich nicht jeden Tag fragen, *wann* Sie in die Reinigung oder *ob* Sie zur Bank kommen, *wie* Sie die Zeit für Ihre Gymnastik finden sollen oder *ob* Sie es jemals schaffen, wieder zu Ihrem Fortbildungskurs zu gehen.

Durch Rasterplanung können Sie Ihr Leben wesentlich reibungsloser gestalten. Es ist bemerkenswert, wieviel geistige Energie die Planung der immer gleichen alltäglichen Aufgaben verschlingt und wie einfach die Rasterplanung sie machen kann.

Menschen mit ADD können ein ganzes Leben damit verbringen, der Notwendigkeit auszuweichen, sich zu organisieren. Sie drücken sich darum, wie andere Menschen sich darum drücken, zum Zahnarzt zu gehen. Sie verschieben es immer wieder, während das Problem schlimmer und schlimmer wird. Ein Mann hatte seit acht Jahren seine Steuern nicht bezahlt, nicht aus Protest oder Geldmangel, sondern weil er der damit verbundenen Aufgabe der Selbstorganisation nicht gewachsen war. Eine Frau stand kurz vor der Scheidung, weil ihre Unfähigkeit, irgend etwas wegzuwerfen, dazu geführt hatte, daß ihr Haus ein einziger Müllcontainer war. Einen anderen Mann kostete es sage und schreibe Zehntausende Dollar Steuern im Jahr, daß er von Natur aus nicht in der Lage war, Belege zu sammeln. Die Aufgabe, sich zu organisieren, eine Aufgabe, die uns alle drückt, irritiert den ADD-Geist besonders.

«Irritiert» ist bei Kindern mit ADD eine Untertreibung. Das Unvermögen, sich zu organisieren, kann nicht nur das ADD-Kind, sondern die ganze Familie zugrunde richten. Desorganisiertheit ist eine altehrwürdige Komponente einer jeden normalen, gewöhnlichen Kindheit, oder zumindest hofft man das. Das «zu ordentliche» Kind hat seine eigenen Probleme. Aber das ADD-Kind kann ins andere Extrem gehen.

Zum Beispiel habe ich einmal einen elfjährigen Jungen behandelt. Charlie war eine Neuauflage von Tom Sawyer und trieb seine Familie, ohne es zu wollen, durch seine völlig chaotische Art zum Wahnsinn. Zusammen, als Familie, nahmen wir Schlüsselproblembereiche ins Visier. Einer von ihnen brachte vor allem Molly, Charlies fünfzehnjährige Schwester, zur Weißglut: Charlie ließ jeden Morgen das Badezimmer als Saustall zurück, kurz bevor Molly hineinging. Er ließ seine Unterwäsche auf dem Fußboden und ein schmutziges Handtuch in der Badewanne liegen, Zahnpastaspritzer klebten im Waschbecken, schmierige Handabdrücke auf dem Spiegel, die Klobrille (nicht selten mit Spuren von Charlies mangelnder Zielgenauigkeit versehen) war hochgeklappt, der Wasserhahn tröpfelte, und die Entlüftung war abgestellt, so daß der Raum voller Dampf war. Molly hatte Charlie wegen dieser Dinge Hunderte von Malen zur Rede gestellt, und er hatte ihr immer wieder versprochen, daß er versuchen wolle, sich zu bessern, aber es änderte sich nichts. Sie hätte ihn am liebsten umgebracht oder wenigstens schwer verstümmelt.

Nach einigem Verhandeln hatten wir uns auf folgenden Plan geeinigt: Charlie und seine Schwester legten eine zehn Punkte umfassende Liste an, die Charlie jeden Morgen abhaken mußte, bevor er das Badezimmer verließ. Sie brachten die Liste auf der Innenseite der Badezimmertür an, wo Charlie sie nicht übersehen konnte. Jeden Morgen hakte Charlie die einzelnen Punkte der Liste ab, bevor er das Badezimmer verließ. Er fügte der Liste noch einen elften Punkt hinzu, den er voller Freude zuletzt abhakte. Er lautete: «Bin schon weg!!!» Dieser einfache Plan, dieses bißchen Struktur funktionierte sehr gut. Charlie und Molly schlossen Frieden, und Charlie blieb unverstümmelt.

Im folgenden einige Tips, wie man Kindern mit ADD helfen kann sich zu organisieren.

10 Tips, wie man das Leben des ADD-Kindes strukturieren und organisieren kann

1. Schreiben Sie auf, worin das Problem besteht. Setzen Sie sich mit dem Kind – oder der ganzen Familie – zusammen und schreiben Sie ganz genau auf, welches die Problembereiche sind – der Eßzimmertisch, das Schlafzimmer, das Badezimmer und so weiter. Es ist besser, das Problem einzugrenzen und es dadurch zu begrenzen, statt es im Bereich des Vagen zu lassen.

2. Erarbeiten Sie für jeden Problembereich eine spezifische Lösungsstrategie.

3. Machen Sie Gebrauch von konkreten Gedächtnisstützen wie Listen, Plänen, Weckern und dergleichen.

4. Nicht zu verachten sind Anreizpläne. Sie sollten dabei weniger an Bestechung als an Anreiz denken. ADD-Kinder sind geborene Unternehmer.

5. Sparen Sie nicht mit Feedback. Warten Sie nicht, bis das Haus völlig demoliert ist, bevor Sie eingreifen.

6. Lassen Sie das Kind möglichst Verantwortung übernehmen. Wenn das Kind zum Beispiel alt genug ist, morgens allein aufzustehen, lassen Sie es die Verantwortung dafür übernehmen. Falls es den Schulbus versäumt, soll es das Taxi vom Taschengeld oder anderen Einkünften bezahlen.

7. Spenden Sie reichlich Lob und positives Feedback. Menschen

mit ADD blühen mehr als die meisten Menschen unter den wärmenden Strahlen eines Lobes auf.

8. Was die Schularbeiten betrifft, überlegen Sie, ob Sie nicht besser einen Nachhilfelehrer engagieren. Sie werden auf Ihre Rolle als Elternteil nicht verzichten wollen zugunsten einer improvisierten Rolle als Kontrolleur-Tutor-Repetitor-Lehrer.

9. Versorgen Sie das Kind mit allen Gerätschaften, die ihm nachweislich helfen können. Fragen Sie das Kind, was ihm hilft. Experimentieren Sie mit verschiedenen Strategien und Geräten. Ein Kind organisierte seine Hausaufgaben, indem es seinen Wecker so stellte, daß er alle zwanzig Minuten klingelte; es unterteilte seine Hausaufgaben in Zwanzig-Minuten-Blöcke. Ein anderes Kind entdeckte, daß ihm ein Textsystem den schriftlichen Gedankenausdruck ungeheuer erleichterte. Wieder ein anderes fand, daß es sich besser konzentrieren konnte, wenn es beim Arbeiten Kopfhörer trug. Machen Sie sich folgendes zum Leitprinzip: Alles geht, was funktioniert (aber nicht illegal oder gefährlich ist).

10. Denken Sie immer daran: Verhandeln Sie, streiten Sie nicht.

Psychotherapie und Training

Der ADD-Kranke hat den besten Einstieg in die Behandlung der Störung, wenn er eine Beziehung zu einem Therapeuten aufbaut, der sowohl etwas von ADD wie von Psychotherapie versteht.

Ihr Therapeut muß auf mehrere Dinge achten. Er muß einerseits Ihr neurologisches Problem behandeln und Ihnen andererseits auch dabei helfen, sich mit Ihren emotionalen Problemen auseinanderzusetzen. Gleichzeitig muß er seine Antennen stets auf die allgegenwärtigen therapeutischen Probleme der versteckten Bedeutungen, verdeckten Signale, verborgenen Motive, unterdrückten

Erinnerungen und unausgesprochenen Wünsche richten. Ihr Therapeut muß alle etwaigen vorgefaßten Meinungen, die er aus der Diagnose abgeleitet hat, beiseite lassen und zunächst einmal versuchen, Sie so kennenzulernen, wie Sie wirklich sind. Sie müssen sich von ihm verstanden fühlen. Das hört sich vielleicht einfach an, es gibt aber wahrscheinlich keine Transaktion zwischen zwei Menschen, die ein größeres Fingerspitzengefühl verlangt.

Man muß das folgende dick mit Rotstift unterstreichen: Bei der Behandlung der ADD sollte nie übersehen werden, daß der Patient in erster Linie ein Mensch und erst in zweiter Linie ein Mensch mit ADD ist. Zwar beherrschen die ADD-Symptome möglicherweise das Bild, sie dürfen aber das Menschsein des Patienten nie verdrängen. Der Patient braucht, wie wir alle, die Chance, gehört und verstanden zu werden als Individuum mit einer eigenen Geschichte, einem charakteristischen Katalog von Gewohnheiten und Vorlieben, einem Besitztum von privaten Andenken und Erinnerungen und nicht nur als ADD-Patient unter anderen.

Der Therapeut mag eine Menge über ADD wissen, er weiß aber nichts über die Besonderheiten Ihres Lebens. Tatsächlich bleibt eine Therapie nicht durch das lebendig und aufregend, was der Therapeut weiß, sondern durch das, was er nicht weiß. Ihr Therapeut muß bereit und begierig sein, von Ihnen zu lernen.

Das innere Gefühl, verstanden worden zu sein, kann mehr Wunden heilen als irgendein Medikament, freundliche Worte oder Ratschläge. Und die einzige Möglichkeit, dieses Gefühl, verstanden worden zu sein, zu bekommen, besteht für Sie darin, daß Ihr Therapeut sich die Zeit nimmt, Ihnen zuzuhören – und das kostet Zeit – und die Disziplin aufbringt, bei der Stange zu bleiben – und das verlangt Disziplin. Mit der Zeit – und mit einiger Arbeit – können Ihr Therapeut und Sie Wort für Wort, Satz für Satz das Gefühl schaffen, daß Sie verstanden werden, und vielleicht zum ersten Mal richtig verstanden werden.

Sobald dieses Band von Mensch zu Mensch geknüpft ist, oder genauer gesagt, während es geknüpft wird, können irgendwelche äußeren Hilfen sehr nützlich bei der Umstrukturierung des Lebens sein. Mit etwas Unterstützung kommen Menschen mit ADD sehr gut voran. Wenn Sie ein Mensch mit ADD sind, können Sie sich vielleicht nicht aus eigener Kraft organisieren, wenn Sie aber das Gefühl haben, zu einem Team zu gehören, kommen Sie viel besser voran.

Wir sind vor allem von der Idee eines Trainers angetan. Der Betreffende kann auch Therapeut sein, es ist aber nicht unbedingt nötig. Es kann ein Freund oder Kollege oder irgend jemand sein, der etwas von ADD versteht und bereit ist, die Zeit für das Training (zehn bis fünfzehn Minuten täglich) aufzubringen.

Was ist ein ADD-Trainer? Er ist genau das, was der Name sagt: ein Mensch, der mit der Trillerpfeife um den Hals an der Seitenlinie steht und dem Spieler auf dem Spielfeld Aufmunterungen, Anweisungen und Ermahnungen zuruft. Der Trainer kann manchmal ein Plagegeist sein, wenn er den Spieler antreibt, im Spiel nicht nachzulassen, und der Trainer kann ein Trostspender sein, wenn der Spieler das Gefühl hat, daß er am liebsten aufgeben würde. Vor allem sorgt der Trainer dafür, daß der Spieler bei der Aufgabe, die er zu erledigen hat, konzentriert bleibt, und spornt ihn bei der Arbeit an.

Besonders in der Anfangsphase der Behandlung – in den ersten zwei Monaten – kann der Trainer einen Rückfall in die alten schlechten Angewohnheiten Trödelei, Konfusionismus und negatives Denken verhindern, von denen das negative Denken die gefährlichste und schädlichste Angewohnheit ist. Die Behandlung fängt mit der Hoffnung an, mit einem Durchstarten des Herzens. Ein Trainer, jemand am Spielfeldrand, kann den ADD-Geist anschreien, wenn er wieder in das alte negative Fahrwasser gerät, und ihn auf positiven Kurs zurückbringen.

Tips für den Trainer

Am Anfang der Behandlung sollte täglich kurz (zehn bis fünfzehn Minuten) mit dem Trainer persönlich oder telefonisch Bilanz gezogen werden. Das Gespräch sollte sich ebensosehr auf praktische und konkrete Dinge konzentrieren – Wie sehen Ihre Planungen aus? Was steht morgen an? Was tun Sie, um sich auf morgen vorzubereiten? – wie auf abstrakte – Wie fühlen Sie sich? In welcher Stimmung sind Sie? Diese Fragen lassen sich den Schwerpunkten Hilfe, Verpflichtungen, Pläne, Ermutigung zuordnen.

Hilfe: Fragen Sie die Person, die Sie trainieren, welcher Art Hilfe sie braucht. Informieren Sie sich als erstes über den neuesten Stand der Dinge und überlegen Sie dann, welche spezifischen Maßnahmen zu ergreifen sind.

Verpflichtungen: Fragen Sie ausdrücklich, welche Verpflichtungen als nächstes anstehen und wie sich der Betreffende darauf vorbereitet. Sie müssen danach fragen. Wenn Sie es nicht tun, vergißt der Betreffende möglicherweise, es Ihnen zu sagen.

Pläne: Fragen Sie nach laufenden Plänen. Es ist sehr hilfreich, Menschen mit ADD an ihre Ziele zu erinnern. Sie vergessen sie häufig buchstäblich und hören auf, darauf hinzuarbeiten. Wenn sie sagen, daß sie ihre Ziele nicht kennen, helfen Sie ihnen, sie zu bestimmen. Zielsetzungen fungieren als eine Art Schutz gegen Planlosigkeit, sie sorgen dafür, daß der Betreffende auf dem kürzesten Weg dahin kommt, wo er hin will.

Ermutigung: Der unterhaltsame Teil vom ganzen Training. Der Trainer sollte sich richtig hineinknien und sich nicht scheuen, Feuer und Flamme zu sein. Der Trainer nimmt an einer Schlacht gegen Chaos und negatives Denken teil; je mehr Bestätigung Sie Ihrem Schützling geben können, desto besser. Lassen Sie sich von seinem Zynismus nicht entmutigen. Es braucht eine Weile, das negative Denken eines ganzen Lebens abzulegen.

Psychotherapie im herkömmlichen Sinne kann bei Menschen mit ADD mitunter angezeigt sein wegen der Probleme mit dem Selbstwertgefühl, der Angstzustände und Depressionen, die durch die ADD hervorgerufen werden. Einerseits kann man die Primärprobleme der ADD am besten mit Ordnungsschemata, Medikamenten und Training behandeln, andererseits machen die psychologischen Sekundärprobleme häufig eine anhaltende Psychotherapie erforderlich. Es wäre falsch, die Primärprobleme (Aufmerksamkeitsschwäche, Dekonzentriertheit, Impulsivität und Rastlosigkeit) zu behandeln und dabei die beträchtlichen Sekundärprobleme mit dem Selbstwertgefühl, die Depressionen oder ehelichen beziehungsweise innerfamiliären Streitigkeiten außer acht zu lassen.

Bei der Psychotherapie mit ADD-Erwachsenen hilft der Therapeut, die Sitzungen zu strukturieren; er entfaltet eine ziemliche Aktivität. Die psychoanalytische Grundregel, daß ein Patient sagt, was auch immer ihm in den Kopf kommt, bringt den ADD-Patienten in große Verlegenheit. Es fallen ihm so viele Dinge ein, daß er gar nicht weiß, wo er anfangen soll. Oder er weiß gar nicht mehr, wo er aufhören soll, wenn er erst einmal angefangen hat. Der Therapeut wird förmlich überflutet, aber nicht von interessantem Material aus dem Unbewußten, sondern von Tonnen von Seelenmüll – nutzloses Zeug, das aus der Psychotherapie eine Art end- und zielosen Monolog zu machen droht, der beide, den Patienten und den Therapeuten, frustriert.

Wenn Ihnen Ihr Therapeut etwas Struktur und Orientierung geben kann, können Sie oft ins richtige Fahrwasser kommen. Wenn es Ihnen Probleme macht, mit dem Umsetzen der Therapie zu beginnen, stellt Ihnen der Therapeut vielleicht eine Frage, in der eine Direktive enthalten ist. Oder wenn Sie sich auf irgendwelche Nebenwege verirren, die allem Anschein nach zu keinem Ziel führen, hilft Ihnen Ihr Therapeut vielleicht, indem er sie wieder zum ursprünglichen Thema zurückbringt. Das ist das gerade Gegenteil von dem, was ein guter Therapeut in einer zeitlich nicht begrenzten, einsichtorientierten Therapie tut. Hier wünscht der Therapeut häufig geradezu, daß der Patient auf Nebenwege abschweift und die Bewußtseinskontrolle bis zu einem gewissen Grade aufgibt, damit Unterschwelliges hervortritt. Bei ADD-Patienten kann diese Vorgehensweise allerdings unerwünschte Resultate haben, indem sich beide, Patient und Therapeut, in einem sinnlosen Labyrinth aus Ablenkungen und halbfertigen Gedanken und Bildern verlieren.

Wenn Sie ADD haben, benötigen Sie den Therapeuten als Wegweiser durch Ihre Gedanken und Assoziationen, der Ihnen hilft, eine Rangordnung unter Ihren psychischen Produktionen zu schaffen und sich auf Wesenseigenes zu konzentrieren und Wesensfremdes zu übersehen. Wenn Sie dabei eine Perle übersehen, ist das schade; es ist aber besser, als die ganze Therapie damit zu verbringen, Austern ohne Perlen zu öffnen.

Lassen Sie mich Ihnen zur Illustration ein Beispiel dazu geben. Am Anfang einer Sitzung sagte einer meiner Patienten, ein zweiundvierzigjähriger Mann, der wegen ADD und Depressionen in Behandlung war: «Also, jetzt bin ich auf das Geld meiner Frau ganz sicher nie mehr angewiesen.» Seine Abhängigkeit von dem beträchtlichen ererbten Vermögen seiner Frau war ein Zentralthema in der Therapie, weil sie sein Bewußtsein von Unabhängigkeit und sein Selbstwertgefühl untergrub. In Wirklichkeit existierte diese Abhängigkeit nur in seiner Phantasie, denn das Ehepaar lebte vom Einkommen beider, das in etwa gleich hoch war.

Ich reagierte auf seine Bemerkung mit einem interessierten Gesicht und sagte: «Ach, wirklich? Wieso denn das?»

«Weil ich die Treppe heraufgefallen bin. Die Geschäftsleitung von unserem Kaufhaus hat mir mitgeteilt, daß sie mir eine Zusatzausbildung bezahlen, mit der ich dann in etwa einem Jahr die Leitung der Abteilung übernehmen kann.»

«Ach, wirklich?» sagte ich in der Hoffnung, mehr zu erfahren.

«Ja, aber ich möchte mit Ihnen auch mal über den Fahrstuhl hier im Haus sprechen. Warum kann man den nicht reparieren lassen? Es ist wirklich mühselig, vier Treppen hochzulaufen.»

An dieser Stelle mußte ich mich entscheiden. In einer Psychotherapie mit einem Patienten ohne ADD hätte ich wahrscheinlich geschwiegen oder noch etwas im Hinblick auf den Fahrstuhl gefragt mit dem Hintergedanken, daß der Patient sich über seine Gefühle in bezug auf den Fahrstuhl an bestimmte übertragene Gefühle – Gefühle, die mich, seinen Therapeuten betrafen – herantastete und an die Mühsal, die es ihm bereitete, zu mir, zu unseren Sitzungen zu kommen. Warum machte ich es ihm nicht leichter? könnte er mich fragen. Warum kümmerte ich mich nicht besser um mein Haus, meinen Fahrstuhl, meine Patienten, um ihn? War denn das nicht das mindeste, was man von mir erwarten konnte? Oder ich konnte meinen Patienten fragen, welche Assoziationen er mit Fahrstühlen verband, um auf diese Weise hinter seine frühen Erinnerungen oder unbewußten Phantasien zu kommen. Manchmal setzt eine solche Frage eine frühe Erinnerung frei und führt unverhofft zu einer ganz neuen Materialschicht. Andererseits könnte mich die Tatsache, daß mein Patient, unmittelbar nachdem er mir von seiner massiven Beförderung berichtet hatte, auf den kaputten Fahrstuhl zu sprechen gekommen war, sicherlich vor die Frage stellen, ob die Beförderung ihn nicht in einen Konflikt stürzte. Ließ die Beförderung ihn an Dinge denken, die instand gesetzt werden mußten wie der Fahrstuhl, wie er selbst? Fragte er sich in der assoziativen Manier, die beim Unbewußten so häufig vorkommt, ob er «auf der Höhe» seines Jobs war, ob er ein Anrecht auf den «Aufstieg» hatte oder ob er – vielleicht von mir – «Wind unter die Flügel» brauchte? Bei einem anderen Patienten wäre ich einem einzelnen dieser Gedanken oder auch allen nachgegangen.

Bei diesem Patienten sagte ich aber nur: «Ich weiß, daß die Sache mit dem kaputten Fahrstuhl lästig ist. Man hat mir zugesichert, daß er diese Woche repariert wird. Mich interessiert aber, noch mehr über Ihre Empfindungen in bezug auf die neue Entwicklung bei Ihrer Arbeit zu hören.» Man könnte behaupten, daß ich dadurch – indem ich den Patienten im wesentlichen wieder auf das hinlenkte, was ich für das Wichtigste hielt, eine Chance vergab. Ich wollte aber die Chance nicht vergeben, die der Patient am Anfang der Sitzung geboten hatte, indem er von einer möglichen Beförderung gesprochen hatte. Beim Abwägen beider Möglichkeiten entschloß ich mich, das Ruder in die Hand zu nehmen und die Beförderung zum Thema zu machen.

Wenn der Mann mir jetzt geantwortet hätte: «Nein, ich möchte wirklich über den Fahrstuhl sprechen», hätte ich ihn natürlich gelassen. Das tat er aber nicht. Statt dessen kam er ohne weiteres wieder auf die Beförderung zu sprechen, als ob er von allem Anfang an über sie und nichts anderes hätte sprechen wollen.

Ich mußte entscheiden, ob er aus irgendwelchen verborgenen Motiven heraus, die wir uns besser ansehen sollten, das Thema Fahrstuhl zur Sprache gebracht hatte, oder ob es ihm einfach so in den Kopf gekommen war aus irgendeinem unbedeutenden Grund, zum Beispiel weil er abgelenkt war, weil draußen ein Zug gepfiffen oder im Büro nebenan das Telefon geklingelt hatte. Mit der Entscheidung, die ich traf, begab ich mich in die Rolle eines Ablenkungsunterdrückers, eine Rolle, die ich bei meinen ADD-Patienten häufig spiele. Das Risiko, das in einer solchen Entscheidung liegt, besteht für meinen Patienten darin, daß ich ungewollt wichtiges Material verfehle.

Ihr Therapeut muß diese Art Entscheidung in einer Psychotherapie mit Ihnen dauernd treffen, wenn Sie ADD haben. Selbst bei Menschen, die nicht ADD haben, muß der Therapeut das Gehörte ständig abwägen und überlegen, worauf man sich konzentrieren muß und was man außer acht lassen kann. Bei Menschen, die ADD haben, muß der Therapeut in dieser Richtung allerdings noch mehr tun als bei anderen Menschen.

Außerdem sollte Ihr Therapeut Ihre Wahrnehmungsprobleme berücksichtigen, die Ihnen das Sich-Einfühlen in soziale Situationen erschweren. Menschen mit ADD reagieren nicht selten in unangemessener oder unangenehmer Weise auf andere Menschen. Sie wirken manchmal egozentrisch und erstaunlich blind gegenüber den Bedürfnissen anderer. Betrachten Sie die folgende Szene als Beispiel.

Dave, ein fünfunddreißigjähriger Mann mit ADD, blieb im Büro am Wasserkühler stehen, um etwas zu trinken. Während er am Wasserkühler von seinem Wasser trank, kam ein Freund dazu. «Hallo, Dave», sagte der Freund und füllte sich auch einen Becher. Dave gab keine Antwort. «Muß doch 'n tolles Gefühl sein, daß du die Kostenvoranschläge wenigstens einmal rechtzeitig abgeschickt hast. Das hast du wirklich prima gemacht.» Dave reagierte immer noch nicht. «Du mußt ja gestern abend noch lange hier gewesen sein.»

Dave, der darüber nachgedacht hatte, wie er ein dreidimensionales Oval, wie ein Ei, konstruieren konnte – eine Hausaufgabe seiner Tochter für den Naturkundeunterricht –, warf seinen Becher in den Mülleimer, bemerkte seinen Freund, grunzte und machte sich auf den Weg zurück in sein Büro. Sein Freund rief ihm nach: «Hab mich gefreut, mit dir zu sprechen, Dave.» Dave reagierte nicht. Sein Freund registrierte diese Begegnung nur als ein weiteres Beispiel dafür, daß der Spinner Dave nun mal der Spinner Dave war.

Nicht, daß Dave zu ichbezogen war, um den Gruß seines Freundes zu erwidern oder ihm zuzuhören. Er war vielmehr im Geist ganz woanders. Es wäre wichtig, daß sein Therapeut von diesem Hang erfährt, und ihm ein paar praktische Ratschläge für den Umgang mit sozialen Situationen gibt. Mit praktischen Ratschlägen meine ich konkrete Tips wie zum Beispiel: «Wenn Sie beim Wasserkühler sind, einem der meistfrequentierten Orte im Betrieb, denken Sie daran, daß auch andere Leute dazukommen können», oder: «Wenn Sie einen Freund treffen, grunzen Sie nicht einfach nur, sondern sagen Sie etwas, geben Sie ihm eine richtige Antwort», oder: «Suchen Sie in einem Gespräch den Blickkontakt und hören Sie zu, ehe Sie anfangen zu reden.» Diese Art Ratschlag – konkret, banal, vielleicht langweilig – kann einem Menschen mit ADD ungeheuer helfen. Menschen mit ADD finden vielleicht deshalb keine Freunde und tun sich schwer im geselligen Umgang, *weil sie nicht wissen, wie man das macht.* Sie kennen die Regeln nicht. Sie können die Tanzschritte nicht. Man hat ihnen nie beigebracht, was nach allgemeiner Überzeugung jeder als zweite Natur erwirbt. Menschen mit ADD fehlt vielleicht diese zweite Natur. Sie brauchen möglicherweise Unterricht im Umgang mit Menschen. Das Lesen «sozialer Signale» kann für diese Menschen genauso schwierig sein wie das Lesen von Wörtern. Den Routiniers auf dem gesellschaftlichen Parkett wird der Lehrstoff dieses Unterrichts schrecklich banal vorkommen, für Menschen mit ADD, die sich in einer Unterhaltung genauso verloren fühlen können wie auf einer gedruckten Seite, bedeutet dieser Unterricht unter Umständen nicht weniger als die Fähigkeit, überhaupt mit anderen Menschen in Kontakt zu kommen.

Nachdem wir betont haben, wie wichtig das «Training» ist und wie wichtig eine gezielte und gelenkte Psychotherapie bei der Arbeit mit ADD-Patienten ist, wollen wir auch klarstellen, daß die Arbeit, die Sie und Ihr Therapeut machen, kein Kinderspiel ist. Zwar hört sich das Training vielleicht wie eine einfache Sache an – und wenn es gut gemacht wird, ist es tatsächlich einfach – zwar hört sich die gelenkte Psychotherapie vielleicht wie eine Art Verkehrsregelung an – indem das Gespräch hier angehalten und sozusagen mit der Trillerpfeife in eine andere Richtung gelenkt wird – doch kann die Arbeit mit dem Patienten genauso subtil, überraschend und phantasievoll sein wie bei jeder Art Psychotherapie.

Einerseits ist die Einzeltherapie der Ausgangspunkt für die meisten Menschen mit ADD, andererseits können zusätzliche Formen von Psychotherapie, vor allem die Familientherapie, die Paartherapie und die Gruppentherapie äußerst hilfreich sein. Die Hauptpunkte, die bei Paaren und Familien zur Sprache kommen, sind in früheren Kapiteln bereits erläutert worden, deshalb soll an dieser Stelle nur noch etwas zur Gruppentherapie gesagt werden.

Therapiegruppen – nicht nur ADD-Gruppen, sondern Gruppen jeglicher Art – können in einer Weise positive Energien mobilisieren, die tatsächlich bemerkenswert ist. Wenn die Gruppe richtig geleitet wird, ist es eine zuverlässige, kostengünstige und höchst erfolgreiche Art Therapie für ADD. Das gilt sowohl für Kinder wie für Erwachsene. Tatsächlich kommt man bei Kindern in einer Einzeltherapie unter Umständen gar nicht an die wirklichen Probleme heran, weil sich die Probleme nur in der Gruppe zeigen. In der Einzeltherapie sitzt das Kind möglicherweise mit seinem Therapeuten zusammen, spielt zufrieden irgendwelche Spiele und läßt dabei keines der Probleme erkennen, die im alltäglichen Leben zu Hause und in der Schule die großen Probleme verursachen. Kindergruppentherapie kann aber die Probleme schnurstracks aufgreifen, wann und wo sie sich stellen, sozusagen *in situ* in der Gruppe. Ein Kind zum Beispiel, das Schwierigkeiten hat, in Gegenwart anderer Kinder aufzupassen, läßt das in einer Einzeltherapie nicht erkennen. Oder ein Kind, das ungebärdig wird, wenn man von ihm verlangt, mit anderen Kindern zu teilen, zeigt dieses Symptom in der Einzeltherapie nicht. Jedoch in der Gruppe treten diese Verhaltensweisen deutlich zutage.

Für ADD-Erwachsene hat die Gruppentherapie mehrere Vorteile. Sie bietet Menschen erstens die Gelegenheit, mit anderen Menschen zusammenzukommen und umzugehen, die so sind wie sie, Menschen, die sich in ihrem Leben mit vielen gleichgearteten Problemen und Frustrationen herumschlagen mußten.

Die Teilnehmer einer Gruppe können zweitens eine Menge voneinander lernen. Sie können über ihre Erfahrungen sprechen und Tips und Ratschläge weitergeben, die sie in ihrem Leben als hilfreich empfunden haben, und gleichzeitig ähnliche Informationen von anderen Gruppenteilnehmern bekommen. In gewisser Hinsicht ist der beste Therapeut für einen Menschen mit ADD ein anderer Mensch mit ADD, jemand, der sich mit der Sache auskennt.

Drittens bestätigt die Gruppe die Erfahrungen ihrer Teilnehmer in einer Weise, wie der Therapeut in der Einzeltherapie das nie kann. Die Gruppe versteht ihre Teilnehmer und unterstützt sie kräftig. Die Anerkennung, die man in einer Gruppe findet, kann einem Wind unter die Flügel geben.

Viertens ist in einer Gruppe eine Unmenge Energie vorhanden. Gruppen sind unter Umständen wie Tankstellen, wo die Teilnehmer jede Woche auftanken können.

Fünftens können in der Gruppe für ADD-Kinder ebenso wie in der Gruppe für ADD-Erwachsene genau die Situationen nachgestellt werden, deren Bewältigung Menschen mit ADD zu lernen sich bemühen. In einer Gruppe kann man Situationen wie zum Beispiel die mit Dave am Wasserkühler nachstellen. Gruppen schaffen Situationen, wo die Teilnehmer einander zuhören und warten müssen, bis sie an der Reihe sind, wo sie eine Weile den Mund halten und ruhig sitzenbleiben müssen, wo sie die Verantwortung für das, was sie sagen, und für das, was sie nicht sagen, übernehmen müssen und wo sie Feedback darüber bekommen können, wie sie auf andere wirken. Nachdem man gelernt hat, die mit diesen Gefühlen verbundenen Spannungen in der Gruppe auszuhalten, kann man diese Fähigkeit in die Außenwelt mitnehmen.

Sechstens kann in der Gruppe das Problem der Beziehungslosigkeit zur Sprache kommen. Viele Menschen mit ADD haben Schwierigkeiten, einen Ort zu finden, wo sie sich eingebunden fühlen, Teil eines großen Ganzen zu sein. Einerseits tendieren Menschen mit ADD zu Extravertiertheit und Geselligkeit, andererseits können sie von heftigen Gefühlen der Isolation, Einsamkeit und Beziehungslosigkeit befallen werden. Oft gehen sie mit ausgestreckten Händen durch das Leben, schaffen es dann aber doch nicht, den anderen zu berühren. Sie gleichen einem Menschen, der neben dem anfahrenden Zug herläuft und vergebens die ausgestreckte Hand zu fassen sucht, die ihm in den Wagen helfen will. Gruppen können solchen Menschen «in den Wagen helfen». Gruppen können ein Gefühl der Zugehörigkeit, ein Gefühl des Eingebundenseins schaffen. Sobald er im Zug sitzt, kann sich der Betreffende auch in anderen Lebensbereichen zu Hause fühlen.

Um Ihnen die Wirksamkeit der Gruppentherapie zu illustrieren, möchte ich Ihnen eine Geschichte von einer meiner Gruppen erzählen. Vor einiger Zeit fing ich an, Gruppen für ADD-Erwachsene zusammenzustellen. Ich hatte es vorher noch nie gemacht, hatte auch nirgendwo etwas gelesen, daß sonst irgend jemand es gemacht hatte, hielt es aber – aus den oben erwähnten Gründen – für eine gute Idee. Bei einem Vortrag, den ich hielt, gab ich mein Vorhaben bekannt und legte eine Interessentenliste aus. Unter den Leuten, die sich eintrugen, wählte ich eine gemischte Gruppe von zehn Teilnehmern aus, mit denen ich einmal in der Woche eine Sitzung abhielt.

Ich hatte keine Ahnung, was auf mich zukam. Kollegen, denen ich von meinem Vorhaben erzählte, rollten die Augen und sagten: «Zehn Leute mit ADD? Wie wollen Sie die bei der Stange halten?» Ein anderer Kollege fragte: «Werden die jemals pünktlich erscheinen?»

Ohne zu wissen, was passieren würde, saß ich an dem Abend, an dem das erste Treffen der Gruppe stattfinden sollte, in meinem Sprechzimmer. Die Sitzung sollte von 19 Uhr bis 20.15 Uhr dauern. Um 19.15 Uhr war noch keiner der zehn Teilnehmer aufgetaucht. Ich begann mich zu fragen, ob meine eigene ADD mich verleitet hatte, den falschen Tag aufzuschreiben. Um 19.20 Uhr erschien der erste Teilnehmer. Er kam mit einer Entschuldigung auf den Lippen in mein Sprechzimmer gestürmt, als er aber sah, daß er der erste war, brach er in Lachen aus und sagte: «Naja, was kann man anderes erwarten?» Sieben Teilnehmer trudelten schließlich zu dieser ersten Sitzung ein. Die anderen hinterließen mir eine Nachricht, daß sie den Weg zu mir nicht gefunden hatten.

Die anderen, die den Weg gefunden hatten, starteten in die bemerkenswerteste Gruppe, an der ich jemals teilgenommen habe. In dem gemeinsamen Wunsch, füreinander Verständnis aufzubringen, ihre jeweilige Geschichte zu erzählen und füreinander «dazusein», fanden sie im Nu zu einer gemeinsamen Wellenlänge.

Ich nannte der Gruppe einige Grundregeln: Versuchen Sie, pünktlich zu sein. Nehmen Sie außerhalb der Gruppe keinen Kontakt zueinander auf. Wenn Sie an einer Sitzung nicht teilnehmen können, bemühen Sie sich, es den anderen vorher zu sagen. Wir legten uns darauf fest, zwanzig Sitzungen abzuhalten, die einmal wöchentlich stattfinden sollten, und konnten danach noch zehn weitere Sitzungen anhängen, falls die Gruppenteilnehmer dies wünschten. Ich rief auch die Teilnehmer an, die den Weg nicht gefunden hatten, und beschrieb ihn ihnen für die folgende Woche noch einmal.

Zur nächsten Sitzung erschienen alle zehn Mitglieder, und zwar pünktlich. Sie lachten über die Schwierigkeiten, die sie in der vorangegangenen Woche gehabt hatten, den Weg zu finden, und begannen sich gegenseitig gutmütig zu frotzeln, was dann innerhalb der Gruppe zur dauerhaften Praxis wurde, sich mit den Problemen der ADD auseinanderzusetzen. «Es grenzt an ein Wunder», lachten sie, «daß wir diese Woche alle hergefunden haben und das auch noch pünktlich.» Der Raum war von Ausgelassenheit erfüllt, noch ehe sie einander kannten. Es war, als ob sie irgendwo ahnten, daß sie einander schon kannten und welche Bedeutung die Gruppe erlangen würde. Sie waren von Anfang an füreinander bereit.

Sie fingen an, ihre Geschichte zu erzählen. Einer nach dem anderen, nicht auf Aufforderung, sondern spontan, lustige Geschichten und schmerzliche Geschichten. Sie sahen einander an, nickten zustimmend und zeigten Verständnis, wenn von dem einen oder anderen Detail berichtet wurde, das ihnen bekannt war. Mit ihnen zusammenzusein hieß mit Menschen zusammenzusein, die ihr ganzes Leben mit dem Gefühl verbracht hatten, «anders» zu sein, jetzt aber entdeckten, daß sie nicht die einzigen waren, denen es so erging. Sie lachten unter Tränen und betrachteten die Schmerzen der anderen mit dem Verständnis dessen, der sie am eigenen Leib erfahren hat, während sie über Mißverständnisse, Frustrationen und verpaßte Chancen, aber auch über Tips und Ratschläge aus der Trickkiste der ADD-Veteranen sprachen.

Ich brauchte nichts zu tun. Wenn ein Gruppenteilnehmer einen anderen unterbrach, sagten andere etwas wie: «Jetzt unterbrich doch nicht! Da wir alle ADD haben, müssen wir wirklich darauf achten, daß wir einander zuhören.» So paßten sie in jeder Sitzung aufeinander auf. Ich lehnte mich in meinem Stuhl zurück und beantwortete hin und wieder konkrete Fragen zu ADD, aber im großen und ganzen besorgten die Gruppenteilnehmer die ganze Arbeit. Wenn ich hin und wieder wegen anderweitiger Verpflichtungen an einer Sitzung nicht teilnehmen konnte, traf sich die Gruppe einfach ohne mich in meinem Sprechzimmer. Sie fragte nur, ob ich die Sitzungen, an denen ich nicht teilnahm, berechnen würde. Und ich sagte: Natürlich nicht.

Innerhalb weniger Wochen hatte die Gruppe ein starkes Zusammengehörigkeitsgefühl entwickelt. Ein Gruppenmitglied, eine ehrgeizige Schauspielerin, gab eine Rolle zurück, weil sich die Proben mit den Sitzungen überschnitten. Ein anderes Mitglied, das im Urlaub war, schickte uns eine Ansichtskarte. Wieder andere Mitglieder erlaubten einander, im Falle einer Gemütskrise sich gegenseitig anzurufen. Ich war besorgt, daß sich Grüppchen bilden würden und das Vertrauensklima gestört würde. Doch das geschah nicht.

Als sich die Frage stellte, ob die Gruppe noch um weitere zehn Stunden verlängert werden sollte, wollten alle weitermachen. Eine Teilnehmerin sagte allerdings, daß sie sich die Sitzungen finanziell nicht länger leisten könne. In der zweiten Wochenhälfte bekam ich einen Brief ohne Unterschrift oder irgendwelche Hinweise auf die Identität des Absenders. Er enthielt in bar den Betrag für weitere zehn Gruppensitzungen. Der Briefschreiber wies sich lediglich als «Mitglied der ADD-Erwachsenengruppe» aus.

Ich, der ich meine Ausbildung im psychoanalytischen Boston erhalten hatte, steckte jetzt in einer Zwickmühle. Was sollte ich tun? Das Geld zur nächsten Sitzung mitnehmen und zurückgeben? Aber wem? Was war, wenn die Betreffende, die gesagt hatte, daß sie sich die Sitzungen nicht länger leisten könne, das getan hatte, um so auf elegante Weise aus der Gruppe auszusteigen? Wurde sie jetzt nicht unnötig unter Druck gesetzt weiterzumachen? Was war, wenn sich andere Gruppenteilnehmer zurückgesetzt fühlten, weil sie nicht auch so ein «Stipendium» bekommen konnten? Würden nicht alle

Mitglieder der Gruppe neugierig sein, wer der unbekannte Spender war? Würde ich nicht selber neugierig sein? Mit all diesen Fragen im Kopf rief ich einen in Gruppenarbeit erfahrenen Kollegen an, um ihn um Rat zu fragen. Er war auch ein bißchen verdutzt, riet mir aber, die Sache in der Gruppe zur Sprache zu bringen und zu sehen, wie sie damit umging.

Bei der nächsten Sitzung beschlossen wir, mit der Gruppe noch zehn Wochen weiterzumachen und dann aufzuhören. Ich informierte nun die Gruppe, daß mir das Honorar für die Teilnehmerin, die sich das Weitermachen nicht leisten konnte, von einem unbekannten Spender zugeschickt worden war.

Na, Gott sei Dank hatten die Gruppenteilnehmer keine psychoanalytische Ausbildung. Sie sagten nur, wie großzügig sie es fanden, daß jemand das Geld gespendet hatte, und gingen dann zu anderen Themen über. Ich saß da, biß mir auf die Zunge und dachte: Ja, aber wollt ihr denn nicht *mehr* wissen? Seht ihr denn nicht, was für komplizierte psychodynamische Fragen hier im Spiel sind? Sollten wir uns denn nicht gemeinsam nach dem tieferen Sinn dieses Geschenks fragen? und so weiter, und so weiter. Ich bohrte aber meinerseits nicht weiter nach als die Gruppe, und so ging die Sache folgendermaßen in die Geschichte der Gruppe ein: Die Gruppe erhielt eine großzügige Spende, die es ihr ermöglichte, für weitere zehn Wochen intakt zu bleiben. Rückblickend habe ich noch immer all die Fragen, die ich ursprünglich gehabt habe. Vor allen Dingen sehe ich die Spende aber als einen Beweis dafür, wie wichtig es den Gruppenteilnehmern war, einfach nur zusammenzusein und endlich verstanden zu werden.

Medikamentöse Behandlung

Die verschiedenen Medikationen, die wir heute bei der Behandlung der ADD anwenden, können die Lebensqualität des Betreffenden in geradezu dramatischer Weise verbessern. Wie eine Brille einem

Kurzsichtigen fokussieren hilft, so hilft das Medikament dem ADD-Kranken, die Welt deutlicher zu sehen. Wenn das Medikament wirkt, sind die Resultate unter Umständen wirklich erstaunlich. Es ist allerdings kein Wundermittel. Es hilft nicht bei jedem Menschen mit ADD; und bei den Menschen, bei denen es hilft, lindert das Medikament die Symptome des Syndroms, heilt es aber nicht. Die medikamentöse Behandlung sollte nur unter ärztlicher Aufsicht angewandt werden und nur als Teil eines umfassenden Therapieprogramms, zu dem außerdem gehören: eine sorgfältige diagnostische Beurteilung; Information über ADD und damit verbundene Lernschwierigkeiten; praktische Hinweise, zum Beispiel wie man sein Leben umstrukturieren oder mit seinen Stimmungen umgehen kann; Beratung, Training oder Psychotherapie; nach Bedarf Familien- oder Paartherapie.

Die folgende Information über die medikamentöse Behandlung ist als Ergänzung zu Gesprächen mit einem Arzt oder einem anderen Berater gedacht. Sie sollten erst dann ein Medikament einnehmen, wenn Sie sich ausreichend darüber informiert haben und sich bei diesem Behandlungsweg wohl fühlen.

Bevor Sie sich auf eine medikamentöse Behandlung einlassen, werden Sie natürlich die Sicherheit haben wollen, daß die Diagnose stimmt. Dann müssen Sie entscheiden, welches die Zielsymptome sind, so daß Sie eine objektive Möglichkeit haben, die Wirksamkeit des Medikaments zu überprüfen. Zu den typischen Zielsymptomen der ADD gehören: leichte Ablenkbarkeit; die Unfähigkeit, bei einer Aufgabe am Arbeitsplatz, beim Lesen eines Buchs, bei den Hausaufgaben oder im Unterricht konzentriert zu bleiben; impulsives Reden und Handeln; Schwierigkeiten, bei einer Unterhaltung aufmerksam zu bleiben; eine niedrige Frustrationstoleranz; Wutausbrüche; Stimmungsschwankungen; Schwierigkeiten, sich zu organisieren; ständiges Trödeln; Schwierigkeiten, Prioritäten zu setzen; ein Hang, sich Sorgen zu machen, statt etwas zu tun; ein subjektives inneres Gefühl von Lärm oder Chaos; ein Hang, von einem Thema zum nächsten und von einem Projekt zum nächsten zu springen.

In der Anfangsphase der Therapie gibt es sehr häufig einen heftigen Widerstand dagegen, es mit einem Medikament zu versuchen. Eltern wollen ihre Kinder nicht mit «Chemie vollpumpen», und ADD-Erwachsene wollen es aus eigener Kraft schaffen, ohne die Hilfe irgendeines ihnen unbekannten Medikaments. Diese Bedenken können tief empfunden sein, und man muß vorsichtig damit umgehen.

Für Kinder, vor allem für Jungen, ist die Einnahme einer Medizin oft gleichbedeutend mit dem Eingeständnis, daß irgend etwas Schreckliches mit ihnen los ist, dem Eingeständnis, daß sie «zurückgeblieben», «verrückt» oder «dumm» sind, lauter Etikettierungen, gegen die sie sich mit Händen und Füßen wehren. Sie haben auch oft das Gefühl, daß das Medikament eine Art Prothese ist, die sie nicht nötig haben sollten. Sie empfinden es häufig als peinlich oder demütigend, wenn sie das Medikament einnehmen sollen. Es ist wichtig, daß diese Gefühle untersucht werden und daß man behutsam und respektvoll mit ihnen umgeht. Es kann Monate, ja sogar Jahre dauern, bis ein Kind – oder ein Erwachsener – bereit ist, es mit einem Medikament zu versuchen. Das ist ganz in Ordnung so. Man sollte dem Betreffenden erst dann ein Medikament geben, wenn er bereit ist, es einzunehmen. Die Entscheidung über die Einnahme eines Medikaments sollte nicht einseitig getroffen werden, und sie sollte nicht erstritten werden; sie sollte dem beiderseitigen Wunsch und Willen entsprechen und sollte am Ende eines Dialogs stehen, der so lange dauert wie nötig.

Natürlich ist niemand verpflichtet, es überhaupt mit einem Medikament zu versuchen. Und niemand sollte es gegen seinen Willen tun und ohne genaue Kenntnis der Vor- und Nachteile, die damit verbunden sind. Es geschieht aber nur allzu häufig, daß Leute sich aufgrund von Gerüchten, abergläubischen Vorstellungen und nicht aus wissenschaftlichen Erkenntnissen gegen die medikamentöse Behandlung entscheiden. Es werden eine Menge Fehlinformationen über die verschiedenen Medikamente verbreitet, die bei der ADD-Behandlung eingesetzt werden. Es ist zum Beispiel erstaunlich, welche unsinnigen Gerüchte in bezug auf Ritalin, eines der Standardmedikamente bei der ADD-Behandlung, umherschwirren. «Davon wird man geisteskrank», flüstern die Leute einander zu. «Ich habe in der Zeitung von einem Fall gelesen, wo Ritalin aus einem Mann einen menschenmörderischen Verrückten gemacht hat.» «Ritalin ist nichts anderes als die Methode der Schule, an Kindern eine Lobotomie vorzunehmen.» «Ritalin macht dich zum Krüppel.» Diese Bemerkungen im Stil von Boulevardzeitungsschlagzeilen werden häufig gemacht. Sie entbehren jeglicher Grundlage.

Tatsache ist, daß Ritalin und die anderen Medikamente, die bei der ADD eingesetzt werden, bei ordnungsgemäßer Anwendung völlig unschädlich sind und in so dramatischer Weise helfen können wie eine Brille bei einem Kurzsichtigen.

Zwar wirkt die medikamentöse Behandlung nicht immer, wenn sie aber wirkt, wirkt sie wahre Wunder. Entscheidet man sich gegen die medikamentöse Behandlung, nachdem man sich darüber informiert hat, ist nichts dagegen einzuwenden, entscheidet man sich aber aus irrationalen Gründen dagegen, so ist das ein Fehler. Die folgenden Informationen werden in der Hoffnung gegeben, daß die Entscheidung ausschließlich auf rationaler Grundlage getroffen wird.

Es gibt zwei Hauptgruppen von Medikamenten, die bei der ADD eingesetzt werden: die Stimulanzien und die Antidepressiva. Bei Kindern und bei Erwachsenen werden dieselben Medikamente angewandt. Sowohl Kindern wie Erwachsenen mit einer korrekt diagnostizierten ADD kann dieses oder jenes Medikament während achtzig Prozent ihrer Zeit effektiv Erleichterung bringen. Es kostet unter Umständen mehrmonatige Versuche und Fehlschläge, das richtige Medikament und die richtige Dosierung herauszufinden, da wir noch nicht voraussagen können, welches Medikament in welcher Dosierung einem Menschen hilft. Es steht dafür, geduldig zu sein und nicht zu schnell aufzugeben, da eine Erhöhung der Dosis oder ein Medikamentenwechsel häufig eine dramatische Veränderung bewirkt.

Wenn das Medikament wirkt, kann es dem Betreffenden helfen, sich besser zu konzentrieren, seine Anstrengungen über einen längeren Zeitraum aufrechtzuerhalten, Ängste und Frustrationen abzubauen, Reizbarkeit und Stimmungsschwankungen abzubauen, dank erhöhter Konzentrationsfähigkeit wie Verminderung des Zeitverlusts durch Abgelenktheit effizienter zu werden und die Impulskontrolle zu verbessern. Diese Primärwirkungen können zu den Sekundärwirkungen eines verbesserten Selbstvertrauens, eines Gefühls des Wohlbefindens und eines größeren Selbstwertgefühls führen.

Das Medikament wirkt nicht immer, und selbst wenn es wirkt, muß es manchmal wegen unerträglicher Nebenwirkungen abgesetzt werden. In diesen Fällen kann man mit den nichtmedikamentösen Behandlungsformen immer noch bedeutende therapeutische Ziele erreichen.

Wenden wir uns zuerst den Stimulanzien zu. Das bekannteste Stimulans ist Ritalin (Wirkstoff: Methylphenidat). Weitere Stimulanzien sind unter anderem Dexedrin (Dextroamphetamin) und Cylert (Pemolin; in Deutschland unter dem Markennamen Tradon im Handel). Wie ihr Name sagt, veranlassen die Stimulanzien die Neurotransmitter, das Zentralnervensystem zu aktivieren oder zu stimulieren. Bei ADD besteht die Wirkung darin, daß sich der Betreffende mit Hilfe des Stimulans besser konzentrieren kann beziehungsweise mehr bei der Sache ist als vorher.

Ein paar Dinge, die Stimulanzien *nicht* machen, sollten hier erwähnt werden, um mit dem allgemeinen Irrglauben aufzuräumen. Sie «narkotisieren» und benebeln nicht das Bewußtsein desjenigen, der sie einnimmt. Sie machen in den für ADD vorgeschriebenen Dosen nicht süchtig. Sie zerstören nicht die Kreativität und «das gewisse Etwas», das so viele Menschen mit ADD haben.

Es kann aber zu Nebenwirkungen kommen. Bei der Einnahme von Ritalin zum Beispiel sind Appetitlosigkeit und Schlaflosigkeit die verbreitetsten Nebenwirkungen. Blutdruck und Puls können auch erhöht sein. Diese Nebenwirkungen hängen von der Dosierung ab und können durch eine Verringerung der Dosis vermieden werden. Es können am Behandlungsbeginn Kopfschmerzen und leichter Brechreiz auftreten; diese Symptome verschwinden jedoch in der Regel innerhalb weniger Tage. Außerdem kann es, wenn die Wirkung des Medikaments nachläßt, beim Patienten zu einem Stimmungsabfall und einem Gefühl von Verstimmtheit kommen. Man kann dem in der Regel dadurch abhelfen, daß man die Höhe der Dosis und den Zeitpunkt der Einnahme ändert. Man kann unter Ritalin auch zappelig oder nervös sein und trotzdem einen therapeutischen Gewinn haben. Manchmal kann die Beigabe eines sogenannten Betablockers wie zum Beispiel Corgard (Wirkstoff: Nadolol; in Deutschland unter dem Markennamen Solgol im Handel) in niedriger Dosierung diese Zappeligkeit beheben.

Weitere sehr viel seltener auftretende Nebenwirkungen von Ritalin sind unter anderem: ein Tic beziehungsweise das sogenannte Tourette-Syndrom, Wachstumshemmungen bei Kindern, die aber bei Absetzung des Medikaments durch einen Wachstumssprung kompensiert werden, und Veränderungen im Blutbild oder anderweitige Veränderungen im Chemismus des Bluts, die sich nach Absetzung des Medikaments normalisieren. Diese Nebenwirkungen sind aber sehr selten.

Die Wirkung einer Dosis Ritalin hält ungefähr vier Stunden an (es kann da aber von Patient zu Patient geringe Unterschiede geben). Deshalb gibt man Ritalin in kleineren Dosen über den Tag verteilt. Der übliche Behandlungsplan sieht folgendermaßen aus: Die erste Gabe nimmt man beim Frühstück ein, die zweite vier Stunden später oder beim Mittagessen, die dritte am Nachmittag um vier oder fünf. Von dieser Praxis kann man entsprechend seinem individuellen Therapieplan abweichen. Die Hauptsache ist, das Medikament intus zu haben, wenn man konzentriert sein muß, und es tagsüber im Abstand von etwa vier Stunden einzunehmen.

Es gibt ein Depot-Ritalin, das eine Wirkungsdauer von acht Stunden hat und das dem Patienten dadurch ermöglicht, die Mittagsgabe auszulassen. Das ist besonders hilfreich bei Kindern, die häufig vergessen, ihre Mittagsgabe einzunehmen, oder die nicht wollen, daß man sieht, wie sie zur Schulschwester gehen, um sich ihr Medikament geben zu lassen. Aber in vielen Fällen wirkt das Depot-Ritalin nicht so gut wie das normale Ritalin.

Man kann sowohl markenfreies Methylphenidat verwenden wie das Markenpräparat Ritalin. Das Markenpräparat Ritalin ist etwas, aber nur geringfügig teurer als das markenfreie Methylphenidat; nach unserer Erfahrung wirkt es aber besser als das markenfreie Präparat.

Die heilwirksame Dosis schwankt von Patient zu Patient. Eine gebräuchliche Dosierung von Ritalin wäre 3mal täglich 10 mg. Man beginnt in der Regel mit 2mal täglich 5 mg, um zu sehen, ob das Medikament gut vertragen wird. Nach ein paar Tagen kann die Dosis auf 10 mg 2mal täglich, dann 3mal täglich erhöht werden. Man kann die Dosis so lange weiter erhöhen, bis Nebenwirkungen wie Appetitlosigkeit oder Schlaflosigkeit auftreten oder der therapeutische Nutzen erreicht ist und die Zielsymptome zurückgegangen sind.

Manchmal wirkt das Medikament einfach nicht, ganz gleich, wie hoch die Dosis ist. In anderen Fällen gibt man auf, bevor man eine hinreichende Heilwirkung erzielt hat. Man kann die Dosis so lange erhöhen, bis Nebenwirkungen auftreten, wenn sie aber auftreten, sollte die Dosis verringert beziehungsweise das Medikament ganz abgesetzt werden. Nach Absetzen des Medikaments kann man es mit einem anderen Stimulans oder einer anderen Medikamentengruppe wie zum Beispiel den Antidepressiva oder mit Catapres versuchen (Wirkstoff: Clonidin; in Deutschland unter dem Markennamen Catapresan u. a. im Handel), einem blutdrucksenkenden Medikament, das sich bei der Behandlung der ADD als gut anwendbar erwiesen hat. Man sollte auch bedenken, daß an Stelle eines wirkungslosen Stimulans ein anderes unter Umständen helfen kann. Der Hauptgrund dafür, daß wir die Behandlung in der Regel mit Ritalin beginnen im Gegensatz zu anderen Stimulanzien wie zum Beispiel Dexedrin, besteht darin, daß vor Jahrzehnten viele

Leute Dexedrin für eine Schwarzmarktdroge hielten, die als Rauschmittel mißbraucht wurde. Wenngleich Dexedrin bei ordnungsgemäßem Gebrauch alles andere als eine Rauschdroge ist, stand es dennoch in der Öffentlichkeit in schlechtem Ruf. Deshalb verschrieben die meisten Ärzte Ritalin, das nicht so eine schlechte Presse hatte. Dieser Trend hält bis zum heutigen Tag an.

Man sollte darauf achten, nicht zu voreilig zu dem Schluß zu kommen, daß das Medikament «nicht wirkt». Es dauert häufig Wochen, ja sogar Monate, die richtige Dosis und den richtigen Einnahmerhythmus herauszufinden. Manchmal wirkt eine niedrige Dosis, aber nur, wenn sie zum richtigen Zeitpunkt gegeben wird. Manchmal bewirkt eine leichte Erhöhung der Dosis eine große Veränderung. Und manchmal verhilft die zusätzliche Gabe eines anderen Medikaments dem ersten Medikament zu einer besseren Wirkung wie zum Beispiel die Kombination von einem Stimulans mit einem Antidepressivum oder von einem Betablocker mit einem Stimulans. Das ist unter Umständen eine lästige Prozedur wie das Anprobieren vieler Paar Schuhe, bis das richtige Paar gefunden ist. Aber die Mühe lohnt sich.

Derjenige, der das Medikament einnimmt, bemerkt seine Wirkung häufig nicht. Den Lehrern und Freunden, dem Lebenspartner oder dem Chef fällt unter Umständen eine geradezu dramatische Steigerung seiner Konzentrations- und Leistungsfähigkeit auf. Zur Bewertung der Wirksamkeit des Medikaments gehört außer dem Bericht dessen, der es einnimmt, noch der Bericht von mindestens einer anderen Person. Bei Kindern kann ein vom Lehrer ausgefüllter Fragebogen besonders nützlich sein. Bei Erwachsenen ist die Bewertung etwas weniger formell, sie sollte aber genauso objektiv sein.

Ritalin und die anderen Stimulanzien sollten alle vier bis sechs Monate ausgesetzt werden. In dieser regelmäßig wiederkehrenden «chemiefreien» Zeit wird man sich jedesmal über den Wirkungsgrad des Medikaments klar und vermag danach zu beurteilen, ob man es weiter braucht.

Von den Antidepressiva, die zur Behandlung der ADD eingesetzt werden, ist Norpramin (Wirkstoff: Desipramin) das gebräuchlichste, weil mit diesem Medikament über die Wirkung der Antidepressiva bei ADD am meisten geforscht worden ist. Es gehört zur Gruppe der sogenannten trizyklischen Antidepressiva. Obwohl sich die chemische Zusammensetzung von Norpramin völlig von der der Stimulanzien unterscheidet, wirkt es ähnlich auf die Zielsymptome der ADD. Manchmal, wenn ein Stimulans nicht wirkt, hilft Norpramin und umgekehrt.

Norpramin hat mehrere Vorteile gegenüber Ritalin und den anderen Stimulanzien. Erstens braucht man es nur einmal täglich einzunehmen und muß nicht mehrmals am Tag daran denken, eine Tablette einzunehmen. Im Gedächtnis behalten zu wollen, daß man sein ADD-Mittel einnehmen soll, läuft auf eine Paradoxie hinaus: Wie soll man daran denken, ein Medikament einzunehmen, das einem helfen soll, die Medikamenteneinnahme nicht zu vergessen? Zweitens führt es nicht zu den extremen Höhen und Tiefen, die manche Menschen unter Ritalin erleben. Norpramin wirkt sanfter und gleichmäßiger. Drittens gehört es nicht zu den Stoffen, die der Betäubungsmittel-Verschreibungsverordnung (BtMVV) unterliegen, und deshalb kann man die Verschreibung flexibler handhaben; Stoffe, die der BtMVV unterliegen, dürfen nicht zur Wiederholung und jeweils nur in einer bestimmten Menge verschrieben werden. Außerdem dürfen sie in manchen amerikanischen Bundesstaaten nur abgegeben werden, wenn zusammen mit dem Rezept ein gültiger Personalausweis vorgelegt wird.

Zu den gewöhnlichen Nebenwirkungen von Norpramin zählen: Mundtrockenheit, eine leichte Harnverhaltung und ein vorübergehender Blutdruckabfall beim Aufstehen, der einen Schwindelanfall zur Folge hat. Bei manchen Menschen treten unter Norpramin Herzarrhythmien auf. Es kam vor, daß dies Arrhythmien zum plötzlichen Tod führten – ein äußerst seltener Fall, dem mit Hilfe regelmäßiger EKGs und Blutsenkungen vorgebeugt werden kann. Man sollte allerdings die Norpramin-Therapie sorgfältig überwachen.

Für die ADD-Behandlung mittels Norpramin kommen zwei Dosierungsmöglichkeiten in Frage, die eine niedrig, die andere hoch.

Mit der Niedrigdosierung als erstem Schritt, für die Hans Huessy und andere vor einigen Jahren plädierten, haben wir gewisse Erfolge gehabt. Die Tagesdosis liegt zwischen 10 und 30 mg. Bei dieser Dosierung sind Nebenwirkungen äußerst selten, und das Risiko kardialer Nebenwirkungen ist auf ein Minimum reduziert. Bei manchen Patienten erzielt man damit einen ebenso großen therapeutischen Effekt wie mit höheren Dosen von Norpramin oder Ritalin oder anderen Stimulanzien, ja mitunter noch einen größeren. Deshalb versuchen wir es bei unseren Patienten mit einer niedrigeren Dosis, bevor wir zu einer höheren Dosis übergehen. Die Kombination von Norpramin in niedriger Dosierung mit Ritalin hat unter Umständen eine gute Wirkung und ist einen Versuch wert, bevor man zu einer höheren Dosis Norpramin übergeht.

Die hohe Dosis liegt zwischen 75 und 300 mg pro Tag. Bei dieser Dosierung, der man sich schrittweise annähert, muß man die Blutwerte und die Nebenwirkungen sorgfältig überwachen.

Es gibt noch mehrere andere Medikamente, die sich bei ADD in der Kindheit wie bei ADD im Erwachsenenalter als hilfreich erwiesen haben. Dazu zählen neben Norpramin die anderen Trizyklika, zum Beispiel Pamelor (Wirkstoff: Nortriptylin; in Deutschland unter dem Markennamen Nortrilen im Handel) und Tofranil (Wirkstoff: Imipramin; in Deutschland unter den Markennamen Imipramin-neuraxpharm und Tofranil im Handel) wie einige neuere Medikamente, zum Beispiel Wellbutrin (Bupropion), Ludiomil (Maprotilin), Prozac (Fluoxetinhydrochlorid; in Deutschland unter dem Markennamen Fluctin im Handel) – alle drei sind nicht trizyklische Antidepressiva – und das bereits erwähnte Catapres (Clonidin; in Deutschland unter dem Markennamen Catapresan u. a. im Handel). Prozac hat eigentlich nur eine geringe Wirkung auf die Aufmerksamkeit, es ist aber äußerst hilfreich, wenn zur ADD noch eine depressive Komponente hinzukommt. Wie man sieht, gibt es noch andere Medikamente, die man ausprobieren kann, wenn die Stimulanzien oder Norpramin nicht wirken.

Außerdem gibt es verschiedene Medikamente, die entweder zur Behandlung der Nebenwirkungen oder zur Verbesserung der Wirkung des Primärmedikaments als zusätzliche Gabe nützlich sind. Wir haben bereits darauf hingewiesen, wie hilfreich Betablocker – vor allem Corgard in einer Dosis von 20 mg pro Tag – zur Behandlung der Zappeligkeit oder der Angstzustände sind, die manchmal in Verbindung mit den Stimulanzien, vor allem mit Ritalin, auftreten.

Es gibt noch mehrere andere Medikamente, die eine Erwähnung verdienen. Viele Frauen mit ADD stellen fest, daß sich ihre Symptome im Prämenstrum verschlechtern. Wie eine unserer Patientinnen berichtete: «Mit dem Medikament läuft's bei mir die meiste Zeit des Monats prima... aber wenn ich, kurz bevor ich meine Tage kriege, am Rotieren bin, um noch irgendwas fertig zu kriegen, dann baue ich einfach ab.»

Bis jetzt ist noch kein wissenschaftlicher Beweis für einen Zusammenhang zwischen prämenstruellen Beschwerden und ADD erbracht. Aber viele von unseren Patientinnen berichten von ungewöhnlich stark ausgeprägten prämenstruellen Symptomen. Das könnte eine verbreitet auftretende Begleiterscheinung der ADD sein. Dadurch läßt eine Frau unter Umständen in ihren Bemühungen nach, mit ihrer ADD fertigzuwerden, und bereits vorhandene Ängste, Depressionen und Stimmungsschwankungen können sich verschlimmern. Die zusätzliche Aufnahme eines den Serotoninspiegel anhebenden Arzneimittels (Buspiron/BuSpar, Fluoxetinhydrochlorid/Prozac oder Sertralin/Zoloft) in den Behandlungsplan kann bei einer Frau mit ADD eine große Veränderung bewirken. Diese Medikamente können die typischen prämenstruellen Beschwerden lindern und das neuroendokrine Ungleichgewicht regulieren, das einen schon aus dem Gleichgewicht geratenen Organismus andernfalls total ins Chaos stürzt.

Wenn eine Depression als Begleiterscheinung einer ADD auftritt, was nicht selten der Fall ist, kann die zusätzliche Gabe eines Antidepressivums zu einem der Stimulanzien recht hilfreich sein. Ritalin für sich genommen hat eine leicht antidepressive Wirkung. Die zusätzliche Gabe von Norpramin oder einem der Medikamente, die den Serotoninspiegel anheben wie Prozac oder Zoloft, bekämpfen die Depressionssymptome, während das Stimulans gegen die ADD-Symptome wirkt. Man sollte am Behandlungsbeginn nicht automatisch zusätzlich zum Stimulans ein Antidepressivum verordnen, denn mit dem Abklingen der ADD-Symptome verschwindet häufig auch die Depression. Dauert die Depression jedoch an, hilft unter Umständen ein Antidepressivum.

Wutausbrüche, schlechte Laune, ja sogar Gewalttätigkeit treten mitunter als Begleiterscheinung der ADD auf. Es gibt eine Reihe von Medikamenten, die diese Symptome bekämpfen können. Die stimmungsstabilisierenden Medikamente Lithium, Valproic acid (Depakote) und Carbamazepin (Tegretol; in Deutschland unter dem Markennamen Tegretal u. a. im Handel) können alle helfen, solche Gefühlsausbrüche zu kontrollieren. Die Betablocker Nadolol (Corgard; in Deutschland unter dem Markennamen Solgol im Handel) und Propranolol (Inderal; in Deutschland unter dem Markennamen Beta-Tablinen u. a. im Handel) bewirken ebenfalls ein Nachlassen der Reizbarkeit.

Wenn zusammen mit der ADD eine obsessiv-kompulsive Störung auftritt, können deren Symptome eventuell mit der zusätzlichen Verordnung von Clomipramin (Anafranil; in Deutschland ebenfalls unter dem Markennamen Anafranil im Handel) therapiert werden.

Die Medikamenteneinnahme schafft Probleme auf der emotionalen Ebene vor allem bei Kindern, aber in gewissem Ausmaß auch bei Erwachsenen. Viele Menschen schrecken davor zurück, wenn sie selbst oder ihr Kind ein Medikament «für die Nerven» einnehmen sollen. Das beschwört Vorstellungen von einer Gedankenkontrolle beziehungsweise einer ernsten Geisteskrankheit herauf. Es ist wichtig, über diese Angst oder Voreingenommenheit so offen wie möglich zu sprechen.

Die Einnahme eines Medikaments gegen ADD sollte kein Akt des Glaubens sein, sondern ein Akt der Erkenntnis. Manchmal fragen die Leute: «Glauben Sie an die medikamentöse Behandlung als Teil der ADD-Therapie?» Weder glauben wir durch die Bank daran, noch glauben wir durch die Bank nicht daran. Vielmehr gehen wir rational an die Sache heran. Bei den meisten Menschen mit ADD hat sich die medikamentöse Behandlung als äußerst nützlich erwiesen. Bei einigen hat sich gezeigt, daß sie nicht wirkt. Und bei ganz wenigen hat sie sich als schädlich erwiesen. Bei sorgfältig getroffener Diagnose ist nach derzeit gesichertstem Forschungsstand der Versuch einer medikamentösen Behandlung der ADD angezeigt.

Es ist eine gute Sache, sich vor Beginn der Medikamenteneinnahme alle erreichbare wissenschaftliche Information über die Sache zu beschaffen und darüber hinaus sich selbst genauestens Rechenschaft über die eigene Einstellung dazu zu geben. Wie wir an anderer Stelle bereits ausgeführt haben, gibt es viele Mißverständnisse und viele Fehlinformationen über die Medikamente zur ADD-Behandlung.

Wir wollen diesen Abschnitt nicht schließen, ohne einige Punkte zur medikamentösen Behandlung besonders zu betonen. Die medikamentöse Therapie ist nur ein Teil der ADD-Behandlung. Sie ist eine nützliche und wirksame Ergänzung, man sollte sie aber nicht als die ganze Behandlung betrachten. Die Medikamenteneinnahme sollte immer von einem Arzt überwacht werden. Man sollte nie ein Medikament einnehmen, wenn man sich dabei unwohl fühlt. Nehmen Sie sich Zeit, sich auf die Einnahme des Medikaments vorzubereiten – sprechen Sie darüber, lassen Sie sich Fragen beantworten, bevor Sie damit anfangen, und Ihre Erfolgsaussichten werden sich außerordentlich verbessern.

Praktische Tips für den Umgang mit ADD und die ADD-Behandlung

Dieser Abschnitt bietet kurzgefaßte Ratschläge für den Umgang mit der ADD, praktische Tips, die das Alltagsleben mit ADD erleichtern sollen. Diese Tips sind die Früchte unserer jahrelangen Arbeit mit unseren ADD-Patienten, bei der wir uns Probleme und Klagen anhörten und aus den Lösungen lernten, die die Betroffenen selbst fanden.

Wenn Sie sich die folgenden Vorschläge durchlesen, werden Sie wahrscheinlich feststellen, daß Sie viele davon bereits anwenden, daß einige banal sind beziehungsweise für jeden gelten, ob er ADD hat oder nicht, daß einige für Ihre Situation belanglos sind und daß einige, wie wir hoffen, für sie neu und ganz hilfreich sind.

Ein Wort der Warnung sei noch hinzugefügt. Wenn Menschen diese Tips zum ersten Mal lesen, können sie es häufig kaum erwarten, sie so schnell wie möglich praktisch anzuwenden. Nach einer anfänglichen Welle der Begeisterung und plötzlicher gesundheitlicher Besserung stellen sie aber fest, daß sich die alten Angewohnheiten, die Begleiterscheinungen ihrer ADD, wieder in ihr Leben einschleichen, und sie finden es schwierig, die Tips, auch wenn sie sie für «richtig» halten, konsequent zu befolgen. Wie ein Patient sagte: «Wenn ich die Tips befolgen könnte, brauchte ich sie nicht zu befolgen, dann hätte ich nämlich gar keine ADD.» Oder wie ein anderer Patient sagte: «An manchen Tagen kann ich die Tips befolgen und an anderen kann ich es wieder nicht. Das pendelt immer so hin und her.»

Deshalb ist es wichtig, nicht zu vergessen, daß die Tips nur ein Teil des Behandlungsprogramms sind. Nur wenige Menschen können sie allein konsequent umsetzen. Sie brauchen Hilfe entweder von dem, was wir einen Trainer nennen, oder von einer Gruppe, einem Therapeuten oder irgendeiner anderen externen Quelle. Seien Sie nicht bange oder verzagt, wenn Ihnen die praktische Anwendung all dieser Tips zu Anfang Mühe macht. Das braucht Zeit, verlangt harte Arbeit und bedarf der Ermutigung (und der Verzeihung) von den Menschen in Ihrer Umgebung. Wenn Sie all das jedoch im Auge behalten, können Ihnen die Tips zuverlässige praktische Hilfe geben.

50 Tips für den Umgang mit der Erwachsenen-ADD

Einsicht und Information

1. Vergewissern Sie sich, daß die Diagnose stimmt. Sorgen Sie dafür, daß Sie mit einem Experten arbeiten, der wirklich etwas von ADD versteht und verwandte oder ähnliche Krankheiten wie Angstzustände, agitierte Depression, Schilddrüsenüberfunktion, manisch-depressive Leiden oder eine obsessiv-kompulsive Störung ausgeschlossen hat.

2. Informieren Sie sich. Bei der ADD besteht der vielleicht wirksamste Behandlungsschritt darin, die ADD zu allererst einmal zu verstehen. Lesen Sie Bücher darüber. Sprechen Sie mit Experten. Sprechen Sie mit anderen Erwachsenen, die ADD haben. Sie können Sie über ADD-Selbsthilfegruppen oder regionale beziehungsweise überregionale ADD-Organisationen finden. So werden Sie in der Lage sein, sich Ihre Therapie paßgenau auf Ihre Variante der Krankheit zuzuschneiden.

3. Suchen Sie sich einen Trainer. Es ist gut für Sie, einen Trainer zu haben, jemand in Ihrer Nähe, der auf Sie aufpaßt, aber immer mit Humor. Ihr Trainer kann Ihnen helfen, sich zu organisieren und bei der Sache zu bleiben, er kann Sie ermutigen oder Sie daran erinnern, daß Sie wieder an Ihre Arbeit müssen. Ein Freund, ein Kollege oder ein Therapeut (es ist möglich, aber auch riskant, daß Ihr Lebensgefährte/Ihre Lebensgefährtin die Rolle des Trainers

übernimmt) – ein Trainer ist jemand, der Ihnen im Nacken sitzt, damit Sie die Dinge, die Sie zu tun haben, fertigmachen, der Sie anfeuert, wie Trainer das tun, der Sie kontrolliert und ganz allgemein gesprochen in Ihrer Ringecke steht. Ein Trainer kann bei der ADD-Therapie ungeheuer nützlich sein.

4. Seien Sie auf Ermutigung aus. ADD-Erwachsene brauchen viel Ermutigung. Das ist teilweise auf die vielen Selbstzweifel zurückzuführen, die sich im Laufe der Jahre angesammelt haben. Das ist aber nicht alles. ADD-Erwachsene blühen mehr als andere Menschen auf, wenn man ihnen Mut macht, und kümmern dahin, wenn das nicht geschieht. Sie arbeiten häufig für andere Menschen, wie sie es für sich selber nie tun würden. Man sollte das erkennen und sich zunutze machen.

5. Vergegenwärtigen Sie sich, was die ADD *nicht* ist – zum Beispiel Streit mit der Mutter, eine unbewußte Angst vor Erfolgen, eine passiv-aggressive Persönlichkeit. Menschen mit ADD können natürlich Streit mit ihrer Mutter, eine unbewußte Angst vor Erfolgen oder eine passiv-aggressive Persönlichkeit haben, es ist aber wichtig, die ADD von derartigen Problemen zu unterscheiden, weil sie ganz anders behandelt werden muß.

6. Informieren Sie andere und beziehen Sie sie ein. So zentral wichtig es für Sie ist, die ADD zu verstehen, so wichtig, wenn nicht noch wichtiger ist dieses Verständnis auch für die Menschen in Ihrer Umgebung – im Familien- und Freundeskreis, am Arbeitsplatz und in der Schule. Sobald man weiß, worum es geht, wird man Sie viel besser verstehen und Ihnen bei der Verwirklichung Ihrer Ziele helfen.

7. Hören Sie auf, wegen Ihrer Neigung, hochgradigen Stimulierungen nachzujagen, Schuldgefühle zu haben. Begreifen Sie, daß Sie von intensiven Reizen angezogen werden. Bemühen Sie sich, eine kluge Auswahl zu treffen, statt sich wegen der «schlechten» in Selbstvorwürfen zu ergehen.

8. Achten Sie auf das Feedback von vertrauenswürdigen Menschen. Erwachsene (und auch Kinder mit ADD) sind bekanntermaßen schlechte Selbstbeobachter. Sie arbeiten viel mit etwas, das wie Selbstverleugnung aussehen kann.

9. Sie sollten überlegen, einer Selbsthilfegruppe beizutreten oder selber eine zu gründen. Viele der nützlichsten Informationen über ADD haben noch nicht ihren Weg in Bücher gefunden, sondern stecken in den Köpfen der Menschen mit ADD. In Selbsthilfegruppen können diese Informationen ans Licht kommen. Außerdem bietet die Gruppe den Rückhalt, der so dringend gebraucht wird.

10. Bemühen Sie sich, den Negativismus abzulegen, der Sie vielleicht die ganze Zeit gequält hat, als Sie nicht wußten, daß das, was Sie haben, ADD ist.

11. Fühlen Sie sich nicht zu herkömmlichen Formen des Karrieremachens oder der Lebensplanung verpflichtet. Erlauben Sie sich, Sie selber zu sein. Geben Sie den Versuch auf, der zu werden, der Sie Ihrer Meinung nach schon immer sein sollten – zum Beispiel der Musterstudent oder der organisierte Manager –, und lassen Sie sich so sein, wie Sie sind.

12. Vergessen Sie nicht, daß das, was Sie haben, eine neurologische Krankheit ist. Sie ist biologisch bedingt durch die «Verdrahtung» Ihres Gehirns. Sie ist *keine* willensabhängige Krankheit, keine moralische Schwäche und auch keine Form von Neurose. Sie wird nicht durch Charakterschwäche oder mangelnde Reife hervorgerufen. Sie kann nicht durch Willenskraft, Strafen, Entsagung oder Leiden geheilt werden. Denken Sie immer daran. Auch wenn sie sich noch so sehr Mühe geben, fällt es vielen Menschen mit ADD

sehr schwer, das Syndrom als biologisch und nicht als Charakterschwäche zu begreifen.

13. Bemühen Sie sich, anderen Menschen mit ADD zu helfen. Sie werden dabei eine Menge über die Krankheit lernen und sich obendrein gut dabei fühlen.

Leistungsmanagement

14. Sorgen Sie für objektive Strukturen. Struktur ist das A und O bei der nichtmedikamentösen Behandlung von ADD-Kindern. Sie kann bei Erwachsenen ebenso wirksam sein. Ist sie erst einmal da, wirkt sie wie die Begrenzungswände einer Bobbahn, die das mit rasender Geschwindigkeit dahinschießende Gefährt in der Bahn halten. Machen Sie ausgiebig Gebrauch von Listen, persönlichen Notizzetteln, Textmarkierung mit Signalfarben, schematischen Abläufen, Gedächtnisstützen und Aktendeckeln. Bedienen Sie sich der Rasterplanung, wie wir sie an anderer Stelle beschrieben haben.

15. Geben Sie Ihrem Affen Zucker. Gestalten Sie Ihre Umgebung so flippig wie es Ihnen gefällt, ohne daß es zu schrill wird. Wenn Ihr Ordnungssystem Sie stimulieren kann (stellen Sie sich das vor!), statt Sie zu langweilen, werden Sie sich wahrscheinlich lieber daran halten. Arbeiten Sie zum Beispiel bei der schriftlichen Projektplanung mit Signalfarben. Wie schon erwähnt, sollte man die Wichtigkeit des Arbeitens mit Textmarkern nicht unterschätzen. Viele Menschen mit ADD sind visuell orientiert. Machen Sie sich das zunutze, indem Sie die Dinge mit Hilfe von Signalfarben einprägsam machen: Akten, Memos, Texte, Zeitpläne und so weiter. Praktisch alles in einem monoton schwarz-weißen Druckbild kann mit Hilfe von Farbe einprägsamer, auffälliger und infolgedessen die Aufmerksamkeit fesselnder gemacht werden.

16. Verfahren Sie bei schriftlichen Arbeiten nach dem Prinzip N.E.M: NUR EINMAL MACHEN (auf englisch: OHIO: Only handle it once). Wenn Sie ein Schreiben, eine Aktennotiz oder sonst irgendein Schriftstück bekommen, bemühen Sie sich, es nur einmal in die Hand zu nehmen. Beantworten Sie es entweder sofort oder werfen Sie es in den Papierkorb, oder lassen Sie es für alle Zeiten in der Ablage verschwinden. Legen Sie es *nicht* auf den Stapel «zu erledigen» oder in die Wiedervorlagemappe. Bei Menschen mit ADD könnte man die Stapel «zu erledigen» auch die Stapel «für immer unerledigt» nennen. Sie dienen, um den Schreibtisch herum und im Zimmer verstreut, als kleine Drohungen und rufen stumm Schuldgefühle, Angst und Wut hervor und nehmen obendrein eine Menge Platz weg. Gewöhnen Sie sich an, Ihre schriftlichen Arbeiten auf der Stelle in Angriff zu nehmen. Treffen Sie die unangenehme Entscheidung, etwas wegzuwerfen. Oder überwinden Sie Ihre Faulheit und beantworten Sie es *sofort*. Was immer Sie damit machen, nehmen Sie es möglichst nur einmal in die Hand.

17. Richten Sie Ihre Umgebung so ein, daß sie Sie ermutigt, statt Sie zu entmutigen. Um zu wissen, was eine Umgebung ist, die einen entmutigt, brauchen die meisten Erwachsenen mit ADD nur an die Schule zurückzudenken. Nachdem Sie nun die Freiheit des Erwachsenen haben, richten Sie alles so ein, daß Sie nicht dauernd an Ihre Grenzen erinnert werden.

18. Akzeptieren Sie und rechnen Sie damit, daß x Prozent aller angefangenen Projekte, angeknüpften Beziehungen, eingegangenen Verpflichtungen schiefgehen. Es ist besser, daß Sie mit diesen «Reinfällen» rechnen, als daß Sie davon überrascht werden und darüber nachgrübeln. Betrachten Sie sie als einen Teil der Investitionskosten.

19. Nehmen Sie Herausforderungen mit Freunden an. Je mehr Herausforderungen, desto mehr leben Menschen mit ADD auf.

Solange Sie sich dabei im klaren sind, daß nicht alles hinhauen kann und solange Sie nicht zu perfektionistisch und pedantisch sind, werden Sie viel erledigen und sich Probleme ersparen. Es ist viel besser, daß sie zuviel als daß sie zuwenig zu tun haben. Sie kennen ja das alte Sprichwort: Wenn Sie wollen, daß etwas schnell erledigt wird, fragen Sie jemand, der viel zu tun hat.

20. Setzen Sie sich Termine.

21. Zerlegen Sie große Aufgaben in mehrere kleine. Setzen Sie sich für jede der Teilaufgaben einen Termin. Dann wird die große Aufgabe – wie durch ein Wunder – fertig werden. Das ist einer der einfachsten und wirkungsvollsten Strukturierungstricks. Die große Aufgabe empfinden Menschen mit ADD häufig als Überforderung. Schon der Gedanke an den Versuch, diese Aufgabe zu bewältigen, läßt sie zurückschrecken. Wenn die große Aufgabe aber in kleine Aufgaben zerlegt wird, erscheint ihnen jede Teilaufgabe vielleicht ganz machbar. (Wir haben es zum Beispiel nur mit Hilfe dieses Tricks geschafft, dieses Buch zu schreiben.)

22. Setzen Sie Prioritäten, statt zu trödeln. Wenn Sie es nicht schaffen, Dinge nur einmal in die Hand zu nehmen (Tip 16), dann setzen Sie Prioritäten. Wenn es hektisch wird, verlieren Menschen mit ADD den Überblick: Es erscheint ihnen möglicherweise genauso wichtig, einen Strafzettel für falsches Parken zu bezahlen wie das Feuer zu löschen, das gerade im Papierkorb ausgebrochen ist. Sie sind manchmal wie gelähmt. Atmen Sie tief durch. Erledigen Sie zuerst das Wichtigste, dann das Zweitwichtigste und dann das Drittwichtigste. Unterbrechen Sie Ihre Arbeit nicht. Das Trödeln ist eines der Hauptmerkmale der Erwachsenen-ADD. Sie müssen sich wirklich disziplinieren, darauf zu achten und das Trödeln zu lassen.

23. Akzeptieren Sie, daß es Ihnen Angst macht, wenn alles zu gut funktioniert. Akzeptieren Sie Ihre Gereiztheit, wenn alles zu reibungslos läuft. Schaffen Sie keine Probleme, wo keine sind, nur damit die Sache interessanter wird.

24. Finden Sie heraus, wie und wo Sie am besten arbeiten: in einer lärmerfüllten Umgebung, in drei Wolldecken eingewickelt, mit Musik im Hintergrund oder was sonst immer Sie wollen. Kinder und Erwachsene mit ADD bringen ihre Bestleistungen manchmal unter recht seltsamen Bedingungen. Gönnen Sie sich die Arbeitsbedingungen, die für Sie am besten sind.

25. Machen Sie sich klar, daß es vollkommen legitim ist, zwei Sachen gleichzeitig zu tun: sich zu unterhalten und dabei zu stricken, zu duschen und dabei seine besten Einfälle zu haben, zu joggen und dabei eine Geschäftskonferenz zu planen. Menschen mit ADD müssen häufig mehrere Dinge gleichzeitig tun, um überhaupt etwas zustande zu bringen.

26. Tun Sie das, worin Sie gut sind. Um es nochmal zu wiederholen, es spricht nichts dagegen, wenn Ihnen das leicht vorkommt. Es gibt kein Gesetz, in dem geschrieben steht, daß Sie das tun müssen, worin Sie schlecht sind.

27. Nehmen Sie sich zwischen Ihren Verpflichtungen Zeit, sich zu sammeln. Übergänge von einer Sache zu einer anderen sind schwierig für Menschen mit ADD, und kleine Pausen können helfen, die Übergänge zu erleichtern.

28. Halten Sie in Ihrem Auto, an Ihrem Bett, in Ihrer Brieftasche oder Ihrem Jackett immer einen Notizblock griffbereit. Man kann nie voraussehen, wann man einen guten Einfall haben wird oder sich sonst irgend etwas merken will.

29. Lesen Sie mit einem Bleistift in der Hand, nicht um Randbemerkungen zu machen oder zu unterstreichen, sondern wegen der vielen «anderen» Gedanken, die Ihnen gleichzeitig kommen werden.

Stimmungsmanagement

30. Leisten Sie sich fest eingeplante «Abschalt»-Zeiten. Zweigen Sie jede Woche etwas Zeit dafür ab, Ihre Seele einfach baumeln zu lassen. Tun Sie, was Ihnen Spaß macht – dröhnen Sie sich mit lauter Musik voll, gehen Sie auf den Rennplatz, feiern Sie ein Fest –, unternehmen Sie von Zeit zu Zeit etwas, wobei Sie gefahrlos loslassen können.

31. Laden Sie Ihre Batterien auf. Ähnlich wie in Nr. 30 müssen die meisten Erwachsenen mit ADD jeden Tag ein bißchen Zeit verschwenden dürfen, ohne deswegen Schuldgefühle haben zu müssen. Eine Methode, der Sache eine Form zu geben, in der keine Schuldgefühle aufkommen, besteht darin, sie als Aufladen der Batterien zu bezeichnen. Machen Sie ein Nickerchen, sehen Sie fern, meditieren Sie. Irgend etwas Ruhiges, Erholsames, Gemütliches.

32. Suchen Sie sich «schöne», nützliche Süchte aus wie zum Beispiel körperliche Betätigung. Viele Menschen mit ADD neigen von der Persönlichkeitsstruktur zu Sucht- oder Zwangsverhalten, was so aussieht, daß sie ständig irgendeine modische Marotte kultivieren. Versuchen Sie das ins Positive zu wenden.

33. Verschaffen Sie sich ein Bild davon, was Stimmungsschwankungen sind und wie man mit ihnen umgeht. Machen Sie sich klar, daß Ihre Launen willkürlich wechseln, unabhängig davon, was in der Außenwelt vorgeht. Vergeuden Sie keine Zeit damit, nach jemandem zu suchen, dem Sie die Schuld dafür geben können. Konzentrieren Sie sich lieber darauf, schlechte Laune in dem Be-

wußtsein zu ertragen, daß sie vorbeigeht, und Strategien zu erlernen, durch die sie schneller vorbeigeht. Wechseln Sie die Szene, das heißt, wenden Sie sich einer neuen (vorzugsweise geselligen) Aktivität zu wie zum Beispiel einer Unterhaltung mit einem Freund oder einem Tennismatch; lesen Sie ein Buch.

34. Erkennen Sie, ähnlich wie in Nr. 33, die folgende starre Sequenz, die bei ADD-Erwachsenen gewöhnlich zu beobachten ist:

a) Irgend etwas schreckt das psychische System auf, irgendeine Veränderung oder ein Übergang, eine Enttäuschung oder sogar ein Erfolg. Der auslösende Faktor kann ganz trivial sein, nur ein alltäglicher Vorfall.

b) Auf diesen «Schreck» folgt eine kleine Panik, bei der man plötzlich den Überblick verliert, und die Welt gerät aus den Fugen.

c) Man versucht mit der Panik fertig zu werden, indem man in eine Form von Zwangsverhalten gerät und über diesen und jenen Aspekt der Situation nachgrübelt. Das kann sich über Stunden, Tage, ja sogar Monate hinziehen.

Um den schädlichen Zwang zu durchbrechen, halten Sie eine Liste mit Telefonnummern von Freunden griffbereit, die Sie anrufen können. Halten Sie ein paar von Ihren Lieblingsvideos griffbereit, um sich damit abzulenken. Sorgen Sie für jederzeit verfügbare Möglichkeiten zu sportlicher Betätigung. Sorgen Sie dafür, daß ein Sandsack oder ein Kissen in Ihrer Nähe ist für den Fall, daß Sie überschüssige Energie aus einer unverhofften Adrenalinausschüttung abzuführen haben. Üben Sie ein paar aufmunternde Worte ein, die Sie sich zusprechen können: «Das ist doch alles schon dagewesen. Das ist der ADD-Blues. Der geht gleich vorbei. Du bist o.k.»

35. Lernen Sie, Ihre Gefühle beim Namen zu nennen. Viele Menschen mit ADD, vor allem Männer, sind schließlich wütend und frustriert, weil sie ihre Gefühle nicht in Worte kleiden können. Das ist eine Fähigkeit, die man mit Hilfe von Übung und Training erlernen kann.

36. Rechnen Sie mit einer Depression nach einem Erfolg. Menschen mit ADD beklagen sich gewöhnlich, daß sie sich nach einem Erfolg paradoxerweise deprimiert fühlen. Das liegt daran, daß die hochgradige Stimulierung durch die Hetzjagd, die Herausforderung oder die Vorbereitung vorbei ist. Die Schlacht ist geschlagen. Egal, ob gewonnen oder verloren, der ADD-Erwachsene vermißt den Konflikt und fühlt sich deprimiert.

37. Legen Sie sich Formeln, Floskeln und Schlagwörter zurecht, mit denen Sie Fehlleistungen, Versehen oder Stimmungsschwankungen quasi im Telegrammstil als solche kennzeichnen und schnell relativieren können. Wenn Sie links abbiegen statt rechts und Ihrer Familie dadurch einen zwanzigminütigen Umweg zumuten, ist es besser, wenn Sie sagen können: «Aha, da haben wir sie ja wieder, meine gute alte ADD!», statt sich sechs Stunden lang über Ihren unbewußten Wunsch, den ganzen Ausflug zu torpedieren, herumzustreiten. Das ist keine Entschuldigung. Sie sind trotzdem für Ihre Handlungsweise verantwortlich. Es ist nur gut zu wissen, worauf sie zurückzuführen ist und worauf nicht.

38. Machen Sie Pausen. Wenn Sie aufgeregt oder überstimuliert sind, machen Sie eine Pause. Wechseln Sie die Szene. Beruhigen Sie sich.

39. Lernen Sie, Ihre Sache in der richtigen Weise zu vertreten. Erwachsene mit ADD sind so ans Kritisiertwerden gewöhnt, daß sie ihr Anliegen häufig unnötig defensiv vorbringen. Kommen Sie aus der Defensive heraus.

40. Vermeiden Sie es, ein Projekt, einen Konflikt, ein Geschäft oder eine Unterhaltung vorzeitig zu beenden. «Klappen Sie das Buch nicht zu früh zu», selbst wenn Sie nichts lieber täten.

41. Bemühen Sie sich, Augenblicke des Erfolgs in Ihrem Inneren nachklingen zu lassen, sie in Erinnerung zu behalten und auf Dauer festzuhalten. Sie müssen das bewußt und planvoll üben, weil Sie von Natur aus dazu neigen, Ihre Erfolge zu vergessen, während Sie über Ihre Unzulänglichkeit nachgrübeln oder in Ihrem Pessimismus das Schlimmste voraussehen.

42. Vergessen Sie nicht, daß zur ADD in der Regel eine Neigung gehört, manchmal zu überfokussieren oder hyperfokussieren. Von dieser Fähigkeit zu hyperfokussieren kann man auf konstruktive oder destruktive Weise Gebrauch machen. Hüten Sie sich vor dem destruktiven Gebrauch: dem obsessiven Nachgrübeln über irgendein eingebildetes Problem, von dem man nicht wieder loskommt.

43. Treiben Sie ausgiebig und regelmäßig Sport. Sie sollten körperliche Betätigung in Ihren Alltag einplanen und dabei bleiben. Das hilft Ihnen, auf positive Weise überschüssige Energie und Aggressionen abzubauen, gibt Ihnen die Möglichkeit, den Lärm in Ihrem Kopf zu verringern, es stimuliert auf äußerst heilsame Weise das hormonelle und neurochemische System und besänftigt und beruhigt den Körper. Wenn man das zu den allseits bekannten Vorteilen hinzuzählt, die eine körperliche Betätigung für die Gesundheit mit sich bringt, erkennt man, wie wichtig Sport ist. Machen Sie daraus für sich eine lustvolle Angelegenheit, damit Sie für den Rest Ihres Lebens dabei bleiben. Eine spezielle Form der körperlichen Betätigung, sexuelle Aktivität, ist sehr gut gegen ADD.

Miteinander

44. Treffen Sie eine gute Wahl bei dem Menschen, der Ihnen die Welt bedeutet. Keine Frage, das ist ein guter Rat, der für jeden gilt. Es ist jedoch frappant, in welchem Grade bei Menschen mit ADD gutes oder schlechtes Befinden vom Partner abhängen kann.

45. Spaßen Sie mit sich und anderen über Ihre verschiedenen Symptome, angefangen von Ihrer Vergeßlichkeit über Ihren Hang, sich andauernd zu verlaufen, bis hin zu Ihrer Taktlosigkeit beziehungsweise Impulsivität. Wenn Sie Ihre Fehler mit Humor nehmen können, werden andere Ihnen viel schneller verzeihen.

46. Verabreden Sie irgendwelche Aktivitäten mit Freunden. Halten Sie diese Verabredungen strikt ein. Es ist von entscheidender Bedeutung für Sie, die Verbindung zu anderen Menschen nicht abreißen zu lassen.

47. Suchen Sie sich Gruppen und nehmen Sie daran teil, wo man Sie mag, schätzt, versteht und gern mit Ihnen zusammen ist. Noch mehr als andere Menschen schöpfen Menschen mit ADD große Kraft aus dem Rückhalt in einer Gruppe.

48. Bleiben Sie nicht zu lange in Gruppen, wo man Sie nicht versteht oder schätzt. Soviel Menschen mit ADD durch Gruppen gewinnen, die ihnen Rückhalt bieten, so nachhaltig werden sie durch negative Gruppen geschwächt und demoralisiert, und leider neigen sie dazu, in solchen Gruppen zu lange zu bleiben und vergeblich zu versuchen, die Sache in den Griff zu bekommen, selbst wenn alle Anzeichen dagegen sprechen.

49. Machen Sie Komplimente. Beachten Sie andere Menschen. Allgemein gesprochen: Lassen Sie sich im Umgang mit Menschen schulen, wenn Sie damit Probleme haben.

50. Legen Sie sich für Ihr geselliges Leben einen Terminkalender an. Ohne Termine und feste Verabredungen verkümmert Ihr geselliges Leben unter Umständen. So wie es Ihnen hilft, Ihre Arbeitswoche zu strukturieren, wird es Ihnen auch nützen, wenn Sie den Terminkalender für Ihr geselliges Leben organisieren. Es wird Ihnen helfen, mit Ihren Freunden in Verbindung zu bleiben und Ihnen die Form von sozialem Rückhalt geben, die Sie brauchen.

Zwar gelten die eben genannten Tips der Behandlung Erwachsener, sie sind aber in vielen Fällen auch auf Kinder und Jugendliche übertragbar. Es gibt jedoch ein wichtiges Gebiet in der Behandlung von Kindern, auf das die Tips nicht anwendbar sind, nämlich den Umgang mit ADD in der Schule. Wenn ADD-Kinder vorankommen sollen, müssen ihre Lehrer unbedingt verstehen, was ADD ist und wie sie mit diesen Kindern im Unterricht arbeiten müssen. Das Schulerlebnis kann über das Selbstwertgefühl und die geistige Basis des Kindes mit ADD entscheiden.

Als Hilfe im Unterricht geben wir fünfzig Tips, die wir für den Umgang mit ADD-Kindern in der Schule schriftlich festgehalten haben. Da diese Tips speziell für Schullehrer geschrieben sind, werden Sie es vielleicht nützlich finden, sich mit der Schule Ihres Kindes darüber zu verständigen.

Lehrer erkennen etwas, was viele Experten übersehen: daß es nicht nur ein einziges ADD-Syndrom gibt, sondern viele; daß ADD selten in reiner Form auftritt, sondern in der Regel vielmehr mit mehreren anderen Problemen verwachsen ist wie zum Beispiel mit Lernschwächen oder Stimmungsproblemen; daß sich das Gesicht der ADD ändert wie das Wetter, daß sie unbeständig und unberechenbar ist; und daß die Behandlung der ADD, allem zum Trotz, was diverse Veröffentlichungen leichten Herzens darüber verbreiten, eine Aufgabe bleibt, die harte Arbeit und Hingabe verlangt. Ob irgendeine Behandlung in der Schule wirkt, hängt davon ab, wie informiert und wie beharrlich die Schule und der einzelne Lehrer ist.

Die folgenden Vorschläge sind für Lehrer von Kindern aller Altersstufen gedacht. Einige davon sind fraglos für kleinere Kinder geeignet, andere für größere, aber die Themen, Struktur, Information, Ermutigung, die sich wie ein roter Faden hindurchziehen, sind für alle Kinder zutreffend.

50 Tips für den Umgang mit ADD in der Schule

1. Zu allererst versichern Sie sich, ob das, womit Sie es zu tun haben, auch wirklich die ADD ist. Es ist sicher nicht Sache des Lehrers, die ADD zu diagnostizieren, Sie können und sollten aber Fragen stellen. Vergewissern Sie sich insbesondere, ob bei dem Kind in jüngerer Zeit ein Hör- und Sehtest vorgenommen worden ist, und vergewissern Sie sich, daß andere gesundheitliche Probleme ausgeschlossen worden sind. Vergewissern Sie sich, daß eine adäquate Begutachtung vorgenommen wurde. Stellen Sie so lange Fragen, bis Sie überzeugt sind. Die Verantwortung, sich um diese Dinge zu kümmern, liegt bei den Eltern, nicht beim Lehrer, der Lehrer kann ihnen aber dabei helfen.

2. Besorgen Sie sich Unterstützung. Wenn man in einer Klasse unterrichtet, in der zwei oder drei Kinder ADD haben, kann das extrem strapaziös werden. Verschaffen Sie sich die Rückendeckung der Schulleitung und der Eltern. Suchen Sie sich jemanden, der informiert ist, mit dem Sie sich beraten können, wenn Sie ein Problem haben. (Ein Lernspezialist, ein Kinderpsychiater, ein Sozialarbeiter, ein Kinderarzt – das Abschlußzeugnis des Betreffenden ist eigentlich belanglos; wichtig ist, daß er viel über ADD weiß, daß er schon mit vielen ADD-Kindern zu tun gehabt hat, daß er weiß, wie man mit Schülern umgeht, und sich einfach ausdrücken kann.) Halten Sie Verbindung zu den Eltern, um sich zu versichern, daß Sie auf dieselben Ziele hinarbeiten. Bitten Sie Ihre Kollegen um Hilfe.

3. Seien Sie sich Ihrer Grenzen bewußt. Scheuen Sie sich nicht, um Hilfe zu bitten. Von Ihnen als Lehrer kann man nicht erwarten, daß Sie ein Experte für ADD sind. Es sollte Ihnen nichts ausmachen, um Hilfe zu bitten, wenn Sie das Gefühl haben, Hilfe zu brauchen.

4. Fragen Sie das Kind, was ihm helfen kann. ADD-Kinder sind häufig sehr intuitiv. Sie können Ihnen sagen, auf welche Weise sie am besten lernen können, wenn Sie sie danach fragen. Sie genieren sich häufig, es von sich aus zu sagen, weil es sich dabei um recht exzentrische Sachen handelt. Sie sollten sich jedoch unter vier Augen mit dem Kind zusammensetzen und versuchen, von ihm in Erfahrung zu bringen, auf welche Weise es am besten arbeiten kann. Der klarsichtigste «Experte» zum Thema «Auf welche Weise lernt das Kind am besten?» ist nicht selten das Kind selbst. Es ist erstaunlich, wie oft seine Meinung nicht beachtet oder gar nicht erst angehört wird. Im übrigen sorgen Sie vor allem bei älteren Kindern dafür, daß sie verstehen, was ADD ist. Das wird beiden Seiten helfen.

5. Vergessen Sie die emotionale Komponente des Lernens nicht. ADD-Kinder brauchen besondere Hilfen, damit sie am Unterricht Spaß haben, Erfolge statt Versagen und Frustration, Faszination statt Langeweile oder Angst erleben.

6. Vergessen Sie nicht, daß ADD-Kinder Struktur brauchen. Sie müssen von ihrer Umgebung von außen die Struktur bekommen, die sie selber innerlich nicht schaffen können. Legen Sie Listen an. Es ist für Kinder mit ADD von großem Nutzen, Tabellen oder Listen zur Hand zu haben, auf die sie zurückgreifen können, wenn sie sich bei dem, was sie tun, nicht mehr zurechtfinden.

ADD-Kinder brauchen Gedächtnisstützen. Sie brauchen Zielvorstellungen. Sie brauchen Wiederholung. Sie brauchen Anleitung. Sie brauchen Grenzen. Sie brauchen Struktur.

7. Hängen Sie Regeln aus. Lassen Sie sie aufschreiben und hängen Sie sie so auf, daß sie jederzeit gesehen werden können. Es ermutigt Kinder, wenn sie wissen, was von ihnen erwartet wird.

8. Wiederholen Sie Anweisungen. Schreiben Sie Anweisungen auf. Sprechen Sie Anweisungen aus. Wiederholen Sie Anweisungen. Menschen mit ADD müssen Dinge mehr als einmal hören.

9. Suchen Sie häufig Blickkontakt. Sie können ein ADD-Kind durch Blickkontakt «zurückholen». Tun Sie das oft. Ein Blick kann ein Kind aus einem Tagtraum herausholen oder ihm die Erlaubnis geben, eine Frage zu stellen, oder ihm stumme Ermutigung geben.

10. Setzen Sie das ADD-Kind neben Ihr Pult oder wo sonst Sie sich die meiste Zeit aufhalten. Das verhindert das Abdriften der Gedanken, das diese Kinder so durcheinanderbringt.

11. Setzen Sie Grenzen. Das ist Befrieden und Beruhigen, nicht Strafen. Tun Sie das konsequent, berechenbar, prompt und unmißverständlich. Lassen Sie sich nicht in verwickelte, spitzfindige Diskussionen über fair oder unfair ein. Solche langen Diskussionen sind nur Ausweichmanöver. Behalten Sie das Heft in der Hand.

12. Stellen Sie einen möglichst verläßlichen Zeitplan auf, kleben Sie ihn an die Tafel oder auf das Pult des Kindes. Machen Sie häufig darauf aufmerksam. Wenn Sie davon abweichen wollen, wie das die interessantesten Lehrer tun, verkünden Sie das wiederholt im voraus und bereiten die ADD-Kinder gründlich darauf vor. Übergänge und überraschende Veränderungen bereiten diesen Kindern große Schwierigkeiten. Sie geraten dadurch in Verwirrung. Achten Sie besonders darauf, im voraus auf Übergänge aufmerksam zu machen. Kündigen Sie an, was geschehen wird, weisen Sie dann wiederholt darauf hin, wenn der Zeitpunkt näherrückt.

13. Helfen Sie den Kindern nach Kräften, ihren eigenen Stundenplan für die Zeit nach der Schule aufzustellen, um eines der Hauptmerkmale der ADD zu verhindern: das Trödeln.

14. Streichen oder reduzieren Sie Tests mit vorgegebener Lösungsfrist. Sie haben keinen besonderen erzieherischen Wert und machen es vielen ADD-Kindern ganz und gar unmöglich zu zeigen, was sie wissen.

15. Schaffen Sie «Sicherheitsventile» für den Abbau von «Überdruck», zum Beispiel die Freiheit, das Klassenzimmer für kurze Zeit zu verlassen. Wenn sich dergleichen in die Unterrichtsordnung integrieren läßt, wird dem Kind dadurch Gelegenheit gegeben, das Klassenzimmer zu verlassen, statt «den Kopf zu verlieren», und so nach und nach die wichtigen Hilfsmittel der Selbstbeurteilung und Selbstregulierung zu erlernen.

16. Sehen Sie auf die Qualität statt auf die Quantität der Hausaufgaben. Bei Kindern mit ADD ist es oft angezeigt, das Pensum zu vermindern. Solange sie den Stoff beherrschen lernen, sollte man ihnen das konzedieren. Die Arbeit kostet sie denselben Zeitaufwand, und sie werden nicht von einer Last erdrückt, die zu groß für sie ist.

17. Überprüfen Sie regelmäßig die Fortschritte. Kinder mit ADD profitieren sehr von häufigem Feedback. Das hilft ihnen, bei der Sache zu bleiben, gibt ihnen zu verstehen, was von ihnen erwartet wird und ob sie schon dabei sind, ihre Ziele zu verwirklichen, und es kann eine große Ermutigung sein.

18. Zerlegen Sie große Aufgaben in mehrere kleine. Das ist einer der entscheidendsten pädagogischen Kunstgriffe im Umgang mit ADD-Kindern. Von großen Aufgaben fühlt sich das Kind schnell überfordert und schreckt mit einer gefühlsmäßigen Reaktion von der Art «Das schaff ich sowieso *nie im Leben*» davor zurück. Wenn man die Aufgabe in einfacher zu bewältigende Schritte zerlegt und jede Teilaufgabe einfach genug aussieht, um machbar zu erscheinen, kann dem Kind das Gefühl erspart bleiben, überfordert zu sein. Allgemein gesprochen, diese Kinder können viel mehr, als sie sich

selber zutrauen. Wenn der Lehrer die Aufgaben zerlegt, gibt er dem Kind die Möglichkeit, sich das zu beweisen. Bei kleineren Kindern ist das äußerst hilfreich, um die Wutanfälle zu vermeiden, die von der vorweggenommenen Enttäuschung herrühren. Und bei größeren Kindern kann es helfen, den Defätismus abzuwenden, der ihnen so oft in die Quere kommt.

19. Erlauben Sie sich ruhig auch mal, verspielt zu sein, amüsieren Sie sich, seien Sie unkonventionell, lassen Sie den Entertainer aus sich raus. Menschen mit ADD lieben das Spiel. Sie reagieren mit Begeisterung darauf. Das hilft die Aufmerksamkeit erhöhen – die Aufmerksamkeit der Kinder genauso wie Ihre. Die «Behandlung» der Kinder besteht auf so weite Strecken aus langweiligem Zeug wie Struktur, Zeitplänen, Listen und Regeln, daß es bestimmt kein Fehler ist, daß diese Dinge nicht zwangsläufig einen langweiligen Menschen, einen langweiligen Lehrer oder einen langweiligen Unterricht bedeuten. Wenn Sie sich gelegentlich ein bißchen Albernheit gestatten, wird das sehr hilfreich sein.

20. Und noch einmal, achten Sie auf Überstimulierung. Die ADD kann überkochen wie ein Topf auf dem Herd. Sie müssen in der Lage sein, ganz schnell die Temperatur zu verringern.

21. Seien Sie auf Erfolge aus und machen Sie auf Erfolge aufmerksam, sooft es geht. ADD-Kinder leben mit so vielen Mißerfolgen, daß sie gar nicht genug positive Behandlung bekommen können. Dieser Punkt kann gar nicht genug hervorgehoben werden: ADD-Kinder brauchen Lob und profitieren davon. Sie sind begeistert über Ermutigung. Sie saugen sie auf und ziehen Kraft daraus. Und ohne Ermutigung ziehen sie sich in sich selbst zurück und kümmern dahin. Das Verheerendste an der ADD ist häufig nicht die ADD selber, sondern der sekundäre Schaden, der dem Selbstwertgefühl zugefügt wird. Tränken Sie deshalb diese Kinder ausgiebig mit Lob und Ermutigung.

22. ADD-Kinder haben häufig Schwierigkeiten, sich etwas zu merken. Bringen Sie ihnen kleine Tricks bei wie Gedächtnishilfen, die Verwendung von Lernkarten und so weiter. Sie haben oft Probleme mit dem, was Dr. Mel Levine, Entwicklungspsychologe und Kinderarzt und eine der großen Autoritäten auf dem Gebiet der Lernstörungen, den «verfügbaren Arbeitsspeicher» nennt, das ist sozusagen der freie Platz auf dem Notizblock in ihrem Kopf. Irgendwelche kleinen Tricks, die Sie sich ausdenken können – Eselsbrücken, Reime, Merksprüche und dergleichen – helfen den Kindern unter Umständen sehr, ihre Gedächtnisleistung zu verbessern.

23. Machen Sie Gebrauch von Stoffgliederungen. Lehren Sie, wie man einen Stoff gliedert. Lehren Sie, wie man Schwerpunkte setzt. Diese Praktiken fallen Kindern mit ADD nicht leicht, sobald sie sie aber beherrschen, sind sie von großem Nutzen für sie, insofern sie nämlich den Lernstoff strukturieren und formen. Das gibt dem Kind *während des Lernprozesses*, also genau zu dem Zeitpunkt, wo es das am nötigsten braucht, ein Gefühl von Souveränität an Stelle des trüben Gefühls der Aussichtslosigkeit, das so oft die bestimmende Emotion beim Lernprozeß dieser Kinder ist.

24. Kündigen Sie an, was Sie sagen werden, bevor Sie es sagen. Sagen Sie es. Sagen Sie dann, was Sie gesagt haben. Da viele ADD-Kinder auf visuellem Wege besser lernen als auf akustischem, kann es äußerst hilfreich sein, wenn Sie das, was Sie sagen wollen, aufschreiben, statt es zu sagen. Diese Form des Strukturierens sorgt dafür, daß die Ideen da bleiben, wo sie hingehören.

25. Bringen Sie Ihren Stoff in eine einfache Form. Bieten Sie Wahl- und Entscheidungsmöglichkeiten in möglichst einfacher Form an. Finden Sie für alle Vorausplanungen die einfachste Form. Und bedienen Sie sich einer farbigen Ausdrucksweise. Ähnlich wie Signalfarben fesselt eine farbige Ausdrucksweise die Aufmerksamkeit.

26. Machen Sie Gebrauch von Feedback, das dem Kind hilft, sich selbst zu beobachten. ADD-Kinder sind in der Regel schlechte Selbstbeobachter. Sie haben oft keine Ahnung, wie sie ankommen und wie sie sich benommen haben. Bemühen Sie sich, das Kind auf konstruktive Weise darauf aufmerksam zu machen. Stellen Sie ihm Fragen wie: «Weißt du, was du gerade gemacht hast?» oder: «Wie hättest du das deiner Meinung nach anders sagen können?» oder: «Was glaubst du, warum deine Klassenkameradin ein trauriges Gesicht gemacht hat, als du das zu ihr gesagt hast, was du gesagt hast?» Stellen Sie Fragen, die die Selbstbeurteilungsgabe fördern.

27. Sprechen Sie aus, was Sie erwarten.

28. Im Zusammenhang mit Maßnahmen zur Verhaltensmodifikation oder mit einem Belohnungssystem für kleinere Kinder wäre auch an ein Punktesystem zu denken. ADD-Kinder sprechen sehr gut auf Belohnungen und andere Anreize an. Sie sind richtige kleine Unternehmer.

29. Wenn das Kind Probleme hat, nichtverbale Kommunikation zu erkennen – Körpersprache, Tonfall, Timing und dergleichen –, versuchen Sie, ihm unauffällig spezifische und klare Hilfen in Form von sozialem Training zu geben. Sagen Sie zum Beispiel: «Bevor du deine Geschichte erzählst, laß zuerst deinen Klassenkameraden seine Geschichte erzählen.» Oder: «Sieh deinen Klassenkameraden an, wenn er spricht.» Viele Kinder mit ADD gelten als indifferent oder egozentrisch, während sie in Wirklichkeit nur den Umgang mit Menschen nicht gelernt haben. Nicht alle Kinder besitzen diese Fähigkeit von Natur aus, man kann sie ihnen aber beibringen oder antrainieren.

30. Lehren Sie die Kinder die Fähigkeit, sich ohne Nervosität einem Test zu unterziehen.

31. Machen Sie die Dinge zum Spiel. Motivation hilft bei der ADD.

32. Trennen Sie Pärchen, Dreiergruppen, sogar ganze Grüppchen, die zusammen nicht guttun. Sie müssen möglicherweise viele Gruppierungen ausprobieren.

33. Achten Sie darauf, daß Sie einen Rapport zu den Kindern herstellen. Sie müssen sich angesprochen, müssen einen Rapport fühlen. Solange sie sich angesprochen fühlen, sind sie motiviert und schalten nicht so leicht ab.

34. Überlassen Sie dem Kind, wenn es irgend geht, Eigenverantwortung. Erlauben Sie ihm, sich seine eigene Methode auszudenken, wie es behalten kann, was es in seine Schultasche packen muß, oder erlauben Sie ihm, Sie um Hilfe zu bitten, statt ihm ständig klarzumachen, daß es Ihre Hilfe braucht.

35. Versuchen Sie es mit einem Schule-Eltern/Eltern-Schule-Journal. Das kann wirklich nützlich für die tägliche Eltern-Lehrer-Kommunikation sein und hilft Krisenkonferenzen zu vermeiden. Es fördert außerdem das häufige Feedback, das ADD-Kinder brauchen.

36. Probieren Sie aus, welchen Erfolg es bringt, Tag für Tag die Fortschritte des Kindes zu protokollieren. Sie können dem Kind die Protokolle nach Hause mitgeben, damit es sie den Eltern zeigt; einem älteren Kind können sie auch direkt vorgelesen werden. Das Ganze soll keine disziplinarische Maßnahme sein, sondern Überblick schaffen und anspornen.

37. Technische Hilfsmittel wie Wecker und/oder Kurzzeitwecker können dem Kind bei der Selbstüberwachung helfen. Wenn ein Kind zum Beispiel nicht behalten kann, wann es sein Medikament einnehmen muß, hilft unter Umständen eine Armbanduhr mit Wecker, statt daß der Lehrer die Verantwortung dafür übertragen bekommt. Oder während der Hausarbeit kann ein Wecker, den man ihm auf den Tisch stellt, dem Kind helfen, genau zu verfolgen, wo seine Zeit bleibt.

38. Bereiten Sie das Kind auf unverplante Zeit vor. ADD-Kinder müssen im voraus wissen, was geschehen wird, damit sie sich innerlich darauf einstellen können. Wenn sie überraschend freie Zeit bekommen, können sie dadurch überstimuliert werden.

39. Loben Sie, geben Sie Streicheleinheiten, stimmen Sie zu, ermutigen und unterstützen Sie.

40. Schlagen Sie älteren Kindern vor, daß sie sich auf Zetteln notieren, was ihnen im Unterricht nicht ganz klargeworden ist. Das heißt natürlich, daß sie nicht nur aufschreiben können, was ihnen vorgetragen wurde, sondern auch, was ihnen dazu eingefallen ist. Das wird ihnen helfen, aufmerksamer zuzuhören.

41. Vielen ADD-Kindern fällt es schwer, mit der Hand zu schreiben. Überlegen Sie sich Alternativen. Schlagen Sie den Kindern vor, Schreibmaschine schreiben zu lernen. Überlegen Sie, manche Tests mündlich durchzuführen.

42. Verhalten Sie sich wie der Dirigent von einem Symphonieorchester. Verschaffen Sie sich die Aufmerksamkeit der Musiker, bevor Sie anfangen. (Sie erreichen das, indem Sie schweigen oder mit dem Taktstock klopfen.) Halten Sie die Klasse «im Takt», indem Sie, wenn nötig, hier und da auf die einzelnen Tische deuten.

43. Sorgen Sie bei den Schülern für jedes Fach für einen Mitschüler als «Tandempiloten» für die Hausaufgaben (mit Telefonnummer). Das ist ein Gedanke, den ich von Gary Smith übernommen habe, der eine Reihe exzellenter Vorschläge zum Unterrichtsmanagement schriftlich festgehalten hat.

44. Um das Kind nicht zu stigmatisieren, erklären Sie dem Rest der Klasse die Behandlung, die es bekommt, und stellen Sie sie als etwas ganz Normales dar.

45. Kommen Sie häufig mit den Eltern zusammen. Vermeiden Sie das Bild, als ob Sie nur bei Problemen oder Krisen zusammenkämen.

46. Ermuntern Sie zu lautem Lesen zu Hause. Lassen Sie im Unterricht soviel wie möglich laut lesen. Machen Sie Gebrauch vom Geschichtenerzählen. Helfen Sie dem Kind, die Fähigkeit zu erwerben, bei einem Thema zu bleiben.

47. Wiederholen Sie, wiederholen Sie, wiederholen Sie.

48. Ermuntern Sie zu körperlicher Betätigung. Einer der besten Behandlungswege bei der ADD sowohl für Erwachsene wie für Kinder ist körperliche Betätigung in vorzugsweise dynamischen Sportarten. Das hilft überschüssige Energie abbauen, die Konzentrationsfähigkeit erhöhen und wirkt sich vorteilhaft auf das endokrine System aus. Schlagen Sie Sportarten vor, die Spaß machen, entweder Mannschaftssportarten wie Volleyball und Fußball oder Sportarten, die das Kind allein treiben kann wie Schwimmen, Seilspringen oder Joggen.

49. Sehen Sie bei älteren Kindern darauf, daß sie vorbereitet in den Unterricht kommen. Je besser das Kind darüber Bescheid weiß, was an einem bestimmten Tag besprochen wird, desto eher wird der Stoff im Unterricht bewältigt.

50. Halten Sie immerzu Ausschau nach Glanzlichtern. ADD-Kinder sind viel begabter und haben mehr Talente, als es den Anschein hat. Sie stecken voller Kreativität, Spielfreude, Spontanität und guter Laune. Sie sind in der Regel richtige Stehaufmännchen, kommen immer wieder auf die Beine. Sie sind großzügig und hilfsbereit. Sie haben gewöhnlich «das gewisse Etwas» und sind für die Menschen in ihrer Umgebung eine Bereicherung. Vergessen Sie nicht, daß sich in dieser Kakophonie eine Melodie verbirgt, eine Symphonie, die noch geschrieben werden will.

Verbreitete Probleme bei der ADD-Behandlung

Die Behandlung der ADD unterscheidet sich von Patient zu Patient beträchtlich. Je nachdem wie ernst und kompliziert die Lage ist, schwankt die Behandlungsdauer zwischen ein paar Sitzungen und mehreren Jahren. Manchmal besteht sie nur aus dem Erstellen der Diagnose und der Übermittlung einiger Informationen. Manchmal wird die Behandlung sehr verwickelt, verlangt jahrelange Einzel- und Familientherapie, verschiedene Medikamente und viel Geduld und Beharrlichkeit. Manchmal tritt eine spektakuläre Besserung ein, und manchmal geht die Veränderung so langsam vonstatten, daß man sie kaum erkennen kann. Es gibt nicht ein Rezept für die Behandlung der ADD. Jeder Fall bringt seine eigenen Probleme mit sich, und die verlangen ihre eigene Lösung. Es gibt aber allgemeine Richtlinien, an die man sich halten kann, und die haben wir in diesem Kapitel skizziert.

Außerdem gibt es spezielle Hindernisse, auf die man bei der ADD-Behandlung nicht selten stößt. Es folgt eine Aufzählung von zehn Hindernissen, mit denen man sich am häufigsten konfrontiert sieht.

1. Bestimmte Schlüsselfiguren im Leben des betreffenden Menschen – Lehrer, Vater oder Mutter, Lebensgefährte, Arbeitgeber, Freund – akzeptieren die Diagnose ADD nicht.

Sie «glauben» nicht an ADD, und sie wollen nicht darüber sprechen. Es macht fast den Eindruck, als betrachteten sie die ADD als einen Angriff auf ihre Religion oder zentrale Punkte ihrer Ethik. Sie geben dem ADD-Kranken das Gefühl, ein Schwindler oder Betrüger zu sein. Ein solcher Zweifel unterminiert nicht nur die Hoffnung, die mit der Diagnose aufkeimt, sondern auch die Behandlung. Man kann oft Variationen zu dem Thema hören von der Art: «So etwas wie ADD gibt es nicht. Damit entschuldigt man seine Faulheit. Verwende deine Energie lieber darauf, dich auf den Hosenboden zu setzen und intensiver zu arbeiten, statt irgendwelchen Mondscheindiagnosen nachzujagen.»

Diese Reaktion aus der Welt zu schaffen, kann eine knifflige Aufgabe sein. Es ist das beste, wenn sich der ADD-Kranke selbst nicht die Hauptlast dieser Aufgabe aufbürdet, weil das in der Regel zu endlosen Reibereien führt. Es ist gescheiter, wenn der Experte, der die Diagnose gestellt hat, es zu seiner Angelegenheit macht, die im sozialen Umfeld des Patienten – sei es die erweiterte Familie, der Lebensgefährte, der Lehrer, der Arbeitgeber, der Freund – etwa auftauchenden Zweifel und Bedenken zu zerstreuen.

Aufklärung ist das Gebot der Stunde. Präsentieren Sie den Leuten Tatsachen und setzen Sie sich mit Tatsachen gegen Aberglauben, Gerüchte, Gerede, Vorurteile und Fehlinformationen zur Wehr. Bemühen Sie sich, hitzige Debatten zu vermeiden. Menschen, die gegen die Diagnose Einwände erheben, benutzen diese Einwände in vielen Fällen, um emotionale Interessen zu verbergen. Sie sind vielleicht böse auf den Menschen, bei dem die Diagnose ADD gestellt wurde. Sie nehmen ihm seine früheren Sünden vielleicht übel und wollen nicht mit ansehen, daß er nur mit einer Diagnose davonkommt. Sie wollen, daß er bestraft wird. Deshalb ist das ganze Konzept von der ADD für sie ein Ärgernis, und sie versuchen es abzuwerten. In solchen Momenten ist es am besten, sich an die wissenschaftlichen Erkenntnisse, an die Fakten, die wir über die ADD haben, zu halten. Man muß die zornigen Gefühle ansprechen und zwar als das, was sie sind: zornige Gefühle. Sie rühren von früherem ärgerlichen Verhalten des ADD-Kranken her. Diese zornigen Gefühle sind vollkommen verständlich und begründet; sie sollten aber nicht dazu benutzt werden, eine korrekte Diagnose ADD zu entkräften.

2. Nach anfänglicher schlagartiger Besserung verlangsamt sich der Prozeß.
Nachdem die Diagnose ausgesprochen ist, kommt es in vielen Fällen – vor allem bei Erwachsenen – zu einer euphorischen Phase: Endlich gibt es einen Namen für all das Leid, das sie im Laufe der Jahre erduldet haben. Und in der Regel ergibt sich am Anfang der Behandlung ein eruptives emotionales Wachstum. Nach einigen Monaten wird diese Wachstumskurve aber allmählich flacher, und der ADD-Patient läßt möglicherweise den Mut sinken. Das ist normal und verständlich. Der Beginn der Behandlung ist aufregend, und die Enttäuschung ist groß, wenn man sich der Tatsache stellen muß, daß die Behandlung nicht alle Probleme des Lebens beseitigen kann. Tritt dieses durch Verzagtheit gekennzeichnete Stadium ein, tut Hilfe not – Hilfe von einem Therapeuten, von einer Gruppe, von Freunden, von der Familie, Hilfe aus Büchern. Der ADD-Kranke braucht Hilfe, damit er Kurs hält und nicht in die alten Gewohnheiten des negativen Denkens und der Selbstsabotage zurückfällt.

3. Der Patient mit einer frisch diagnostizierten ADD möchte die medikamentöse Behandlung nicht ausprobieren. Seine Gründe sind nicht ganz ersichtlich, aber er reagiert mit einer heftigen Abneigung auf den Gedanken an eine medikamentöse Behandlung. Das erlebt man sehr häufig bei ADD-Erwachsenen, ADD-Kindern und Eltern von ADD-Kindern. Verständlicherweise will niemand ein Medikament einnehmen, wenn es nicht unbedingt nötig ist. Jedes Medikament, vor allem aber Medikamente, die sich auf die Hirntätigkeit auswirken, verlangen eine spezielle Überwachung. Niemand sollte, außer im Fall von Geistesgestörtheit, gegen seinen

Wunsch und Willen ein Medikament einnehmen, und niemand sollte mit Gewalt zur Medikamenteneinnahme gezwungen werden.

Wenn ein Patient heftige Bedenken dagegen hat, ein Medikament einzunehmen, sollte er es nicht tun. Bevor es dazu kommt, ist es aber das beste, alle Fakten zusammenzutragen und eine wissenschaftlich fundierte statt eine vom Aberglauben diktierte Entscheidung zu treffen. Manchmal dauert es Monate, ja sogar Jahre, bis ein Patient sich dafür entscheidet, es mit einem Medikament zu probieren. Jeder Mensch hat seinen eigenen inneren Zeitplan. Das Medikament hat aber eine viel bessere Möglichkeit zu wirken, wenn es im vollen Bewußtsein seiner begrenzten Vorteile und Risiken eingenommen wird.

4. Kein Medikament scheint zu wirken.

Das Wichtigste hier ist das Bemühen, nicht aufzugeben. Da das Gebiet der ADD-Behandlung, vor allem der Behandlung Erwachsener noch jung ist, und da laufend neue Medikamente entwickelt und herkömmliche Medikamente in neuen Zusammenhängen erprobt werden, arbeiten wir weitgehend auf der Basis von Versuch und Irrtum. Wir haben noch keine Möglichkeit, mit Sicherheit vorauszusagen, wer bei der ADD-Behandlung auf welches Medikament ansprechen wird. Wenn ein Medikament nicht wirkt, wirkt vielleicht ein anderes. Wenn das zweite nicht wirkt, wirkt vielleicht ein drittes. Und Veränderungen der Dosierung und des Zeitpunkts der Medikamenteneinnahme bewirken unter Umständen einen großen Unterschied. Es kann viele Monate dauern, einfach nur das richtige Medikament, die richtige Dosierung und den richtigen Dosierungsplan herauszufinden.

Manche Menschen reagieren ungemein empfindlich auf Medikamente. Das ist nicht schlimm, solange es erkannt wird. Manche Menschen vertragen nur die allerniedrigste Dosis eines Medikaments. Wenn sie Kopfschmerzen haben, nehmen sie eine Vierteltablette Aspirin ein. Nur ein Schluck Kaffee läßt sie die ganze Nacht nicht schlafen. So kann es sich auch mit den Medikamenten verhalten, die bei der ADD verwendet werden. 10 mg Norpramin, eine sehr niedrige Dosis, kann zuviel sein und manchen Menschen das Gefühl geben, überaktiviert zu sein. Sie müssen vielleicht nur jeden zweiten Tag 10 mg einnehmen oder, wie es einer meiner Patienten macht, die Tablette vierteln und jeden Tag 2,5 mg einnehmen. Es ist wichtig, die unterschiedliche Reaktionsbereitschaft auf ein Medikament zu beachten, weil manche Menschen, die von einer sehr niedrigen Dosis eines Medikaments profitieren können, zu schnell aufgeben in dem Glauben, sie könnten das Medikament überhaupt nicht vertragen.

Es kann eine sehr frustrierende Angelegenheit sein – für den Patienten und für den Arzt –, wenn sie nur versuchen, das richtige Medikament beziehungsweise die richtige Medikamentenkombination und die richtige Dosierung herauszufinden, es ist aber wichtig, diesen Versuch nicht aufzugeben.

5. Beim Aushändigen gewisser Medikamente gehen manche Apotheker in ihrem Eifer, den Bundesdrogenverordnungen zu genügen, so weit, daß sie dem Kunden das Gefühl vermitteln, er wolle sich irgendwelche illegalen Drogen verschaffen.

Wenn der Apotheker hinter seinem Ladentisch aufschaut, scheint sein Blick zu sagen: «Sie verlangen Ritalin? Was sind Sie, irgendeine Art Drogenhändler?» Das rührt daher, daß in den Köpfen mancher Menschen ein Zusammenhang von Ritalin und «Speed» herumspukt. Solange nicht allgemein bekannt ist, daß Ritalin ein ungefährliches, wirksames, nicht suchtbildendes Mittel zur Behandlung der Erwachsenen-ADD ist, wird diese unglückliche Situation wahrscheinlich weiter bestehen.

6. Sie können keinen Menschen finden, der versteht, was es bedeutet, ADD zu haben.

Mit am schlimmsten daran, ADD-krank zu sein, ist häufig das Gefühl, allein zu sein, «anders» zu sein, mißverstanden zu werden. Eine ausgezeichnete Möglichkeit, mit diesem Problem fertigzuwerden, besteht darin, sich einer Selbsthilfegruppe anzuschließen. Diese Gruppen bringen Menschen zusammen, liefern Informationen, schaffen Vertrauen und Kameradschaft und lindern mit der Zeit das Gefühl der Einsamkeit und Isolation.

7. Es ist schwer zu entscheiden, wem man von der ADD erzählen soll, und es ist schwer zu entscheiden, wie man darüber reden soll.

Es sollte möglich sein, darüber zu sprechen, daß man ADD hat, ohne daß man auf Argwohn oder Mißtrauen stößt. Das ist aber selten der Fall. Menschen, die nichts von der ADD wissen – und das sind die meisten –, können eine Beschreibung der ADD leicht mißverstehen. Sie halten sie möglicherweise für eine Entschuldigung dafür, daß der Betreffende faul oder geistesgestört ist, oder halten sie für einen vornehmen Ausdruck für «dumm». Wenn man anderen Menschen von der ADD erzählt, sollte man auf diese Mißverständnisse vorbereitet sein und sich nicht davon überrumpeln lassen. Seien Sie um Informationen nicht verlegen, mit denen Sie die Fehlinformationen korrigieren können. Bemühen Sie sich, keine Abwehrhaltung einzunehmen, sondern vielmehr Verständnis für den Standpunkt anderer Menschen aufzubringen. Sie haben nie etwas von der ADD gehört, und zuerst hört sich das alles ziemlich unwahrscheinlich an. «Du meinst, eine neurologische Krankheit ist der Grund für deine Unpünktlichkeit, Vergeßlichkeit, Impulsivität und Desorganisiertheit? Jetzt mach aber mal halblang.» Haben Sie Geduld. Mit der Zeit werden Sie es ihnen erklären können, und Sie werden vielleicht feststellen, daß sie anfangen, über andere Menschen, die ADD haben, nachzudenken, vielleicht sogar über sich selbst.

ADD am Arbeitsplatz zur Sprache zu bringen, kann besonders schwierig sein. Es gibt jetzt ein Gesetz zum Schutz gegen Benachteiligung bei Behinderungen, und dazu zählt ADD. Der Americans with Disabilities Act von 1990 (ADA; Behindertengesetz) erklärt es für ungesetzlich, arbeitsfähige Behinderte in der Arbeitswelt zu benachteiligen. ADD gilt als eine Behinderung, die unter die Schutzgarantien dieses Gesetzes fällt.

Allerdings hat man vielleicht immer noch Anlaß, jene Art Diskriminierung zu fürchten, die schwer dingfest zu machen ist, Diskriminierungen, die im verborgenen unsere Karriere untergraben können, ohne je so handgreiflich in Erscheinung zu treten, daß man gezielt gegen sie einschreiten könnte.

In dieser Situation ist es das beste, langsam und mit Geduld vorzugehen. Sichern Sie sich Terraingewinn, bringen Sie andere auf Ihre Seite, und wenn Sie das Gefühl haben, Sie haben sich eine Vertrauensbasis geschaffen, dann bringen Sie – zunächst einmal ganz allgemein – das Thema ADD aufs Tapet. Geben Sie den anderen zunächst ein paar Informationen, ehe Sie mit der Tatsache herausrücken, daß Sie selbst ADD haben. Es lohnt sich sehr, so vorzugehen, denn wenn Ihr Chef verstehen kann, was ADD ist, wird Ihr Arbeitsleben dadurch unter Umständen viel befriedigender und produktiver werden. Es ist kein Problem, sich ein ADD-Programm für den Arbeitsplatz auszudenken, wenn man am Arbeitsplatz dafür aufgeschlossen ist – und vergessen Sie nicht, der Arbeitgeber ist zu sogenanntem «zumutbarem Entgegenkommen» am Arbeitsplatz gesetzlich verpflichtet. Dieselbe Art Strategien, die im Unterricht funktionieren – Struktur, Listen, Gedächtnisstützen, das Zerlegen großer Aufgaben in kleine, der Verzicht auf Fristsetzung, die Verringerung ablenkender Reize, Ermutigung und Unterstützung –, ist, die Aufgeschlossenheit der Umgebung vorausgesetzt, unter Umständen eine große Hilfe am Arbeitsplatz. Das Gesetz schreibt dem Arbeitgeber eine solche Aufgeschlossenheit nicht nur vor, sie liegt auch in seinem ureigensten Interesse: Menschen mit ADD sind Schwerarbeiter und Dynamiker. Wenn man es versteht, ihr wahres Potential zu entbinden, dann ist das, als würde man mit einem reißenden Fluß ein Wasserkraftwerk betreiben.

8. Strukturierungsversuche gehen immer wieder in die Binsen.

Sobald der ADD-Patient begreift, wie wichtig Struktur für ihn ist, und sich die Mühe macht, ein zuverlässiges Organisationssystem für sich zu entwickeln, stellt er häufig fest, daß das System immer wieder versagt oder daß seine Versuche, sich daran zu halten, wiederholt fehlschlagen. Statt zuzusehen, wie das System versagt oder ihm abhanden kommt, kann der Betreffende mit Hilfe eines Trainers das System revidieren oder, vom Trainer zur Disziplin angehalten, bei der Stange bleiben. Es ist schließlich nicht verwunderlich, daß das neue System eine Weile braucht, bis es anfängt zu funktionieren; es tritt an die Stelle lebenslanger Unsystematik. Der ADD-Patient ist aber unter Umständen sehr schnell entmutigt, möchte nicht noch einen Fehlschlag erleben und scheut deshalb zurück. An diesem Punkt kann der Trainer beruhigend, helfend und aufmunternd eingreifen.

9. Anhaltende Scham und Verlegenheit darüber, daß man ADD hat, stellen sich ein.

Das ist eine sehr verbreitete Reaktion, vor allem, wenn das Syndrom nicht richtig erklärt wird. Wir neigen dazu, alle Krankheiten zu stigmatisieren, die in irgendeiner Form mit dem Gehirn zusammenhängen. Mit Hilfe von Unterstützung und Information sollte der ADD-Kranke aber zu der Einsicht gelangen, daß die ADD ebenso viele Vorteile wie Nachteile hat, daß es viele außerordentlich erfolgreiche Menschen auf der Welt gibt, die ADD haben, daß man sich zusammen mit Mozart, Edison, Einstein und Dustin Hoffman nicht in schlechter Gesellschaft befindet und daß das gefährlichste Stigma ein inneres Stigma ist. Menschen mit ADD sollten den Kopf hoch tragen und stolz sein. Mag ihr Leben auch voller Mühen und Kämpfe sein, aber was sie dazu beitragen, diese Welt sowohl vergnüglicher und humorvoller als auch produktiver zu machen, ist beträchtlich.

9 Ein Sitz und ein Name
Die Biologie der ADD

Daseinselement der ADD ist die Biologie des Gehirns und des Zentralnervensystems. Wenngleich nicht zu leugnen ist, daß Umweltfaktoren das wechselnde Bild beeinflussen, das die ADD im Lauf eines Menschenlebens bietet, sind sich die meisten Praktiker auf diesem Gebiet jetzt einig, daß die charakteristischen Probleme, die Menschen mit einer ADD haben, von einer neurobiologischen Funktionsstörung herrühren. Es ist die Einsicht in die biologische Komponente des Syndroms, die unser Wissen über die ADD in den vergangenen zehn Jahren revolutioniert und uns in die Lage versetzt hat, die Störung so wirksam zu bekämpfen, wie uns das heute möglich ist.

Wir müssen trotzdem noch eine Menge lernen. Der exakte Mechanismus der ADD ist nach wie vor unbekannt. Wir konnten keine Läsion des Gehirns, keine Neurotransmitterfunktion, kein Gen als Auslöser der ADD identifizieren. Welche Gehirnprozesse genau der ADD zugrunde liegen, entzieht sich bis jetzt unserer Kenntnis, nicht zuletzt infolge der außerordentlichen Komplexität der Aufmerksamkeitsfunktion.

Die Aufmerksamkeitsfunktion ist auf die eine oder andere Weise mit fast allen anderen Gehirnfunktionen verquickt. Sie steuert unser Bewußtsein, unser Wacherleben, unsere Aktionen und Reaktionen. Sie ist das Medium, in dem wir mit unserer Umgebung interagieren, ob diese Umgebung nun aus mathematischen Problemen, anderen Menschen oder den Bergen besteht, in denen wir Ski laufen.

Trotzdem sind uns bereits einige Schritte in Richtung auf das Ziel gelungen, die Fundierung der ADD in der Anatomie und Chemie des Gehirns zu bestimmen. Je weiter wir dabei kommen, desto deutlicher stellt sich heraus, was die Störung nicht ist: Sie ist kein vorsätzliches schlechtes Benehmen, sie ist kein moralisches Versagen, sie ist nicht Unfähigkeit oder mangelndes Bemühen, Interesse für die Umwelt aufzubringen. Neurologische Befunde zeigen mittlerweile, daß das Syndrom seine Wurzeln im Zentralnervensystem hat.

Wie Psychologen und Forschungsmediziner in einem seit hundert Jahren währenden Dialog die Bestimmung von Wesen und Ursachen der ADD bis zu diesem Punkt vorantrieben, ist eine faszinierende Geschichte geduldigen Kombinierens und Deduzierens, ein Hoheslied der Beharrlichkeit.

Unmöglich zu sagen, wo genau die Geschichte anfängt. Zwar sind die Symptome der ADD bekannt, seit es eine historische Überlieferung gibt. Doch die moderne Geschichte der ADD, die davon handelt, wie die Symptome aus dem Zuständigkeitsbereich von Moral und Strafe in den Bereich von Wissenschaft und Therapie überwechseln – diese Geschichte beginnt irgendwann um die letzte Jahrhundertwende.

Im Jahr 1904 veröffentlichte eine der renommiertesten medizinischen Fachzeitschriften, das englische Journal *Lancet*, ein kleines Gedicht in holprigen Versen, das vielleicht die erste Beschreibung der ADD in der medizinischen Fachliteratur darstellt. Es handelt sich um einen Auszug aus dem wohl berühmtesten und verbreitetsten Kinderbuch (bis heute über 25 Millionen Exemplare), dem *Struwwelpeter* des Frankfurter Arztes Heinrich Hoffmann, unter dem Titel *Lustige Geschichten und drollige Bilder für Kinder von 3–6 Jahre* erstmals im Jahr 1845 erschienen.

Die Geschichte vom Zappel-Philipp

«Ob der Philipp heute still
wohl bei Tische sitzen will?»
Also sprach in ernstem Ton
der Papa zu seinem Sohn,

und die Mutter blickte stumm
auf dem ganzen Tisch herum.
Doch der Philipp hörte nicht,
was zu ihm der Vater spricht.
Er gaukelt
und schaukelt,
er trappelt
und zappelt
auf dem Stuhle hin und her.
«Philipp, das mißfällt mir sehr!»
Seht, ihr lieben Kinder seht,
wie's dem Philipp weiter geht!
Oben steht es auf dem Bild.
Seht! er schaukelt gar zu wild,
bis der Stuhl nach hinten fällt.
Da ist nichts mehr, was ihn hält.
Nach dem Tischtuch greift er, schreit.
Doch was hilft's? Zu gleicher Zeit
fallen Teller, Flasch und Brot.
Vater ist in großer Not,
und die Mutter blicket stumm
auf dem ganzen Tisch herum.
Nun ist Philipp ganz versteckt,
und der Tisch ist abgedeckt.
Was der Vater essen wollt,
unten auf der Erde rollt.
Suppe, Brot und alle Bissen,
alles ist herabgerissen.
Suppenschüssel ist entzwei,
und die Eltern stehn dabei.
Beide sind gar zornig sehr,
haben nichts zu essen mehr.

Die Volkskultur kennt viele Reinkarnationen des Zappel-Philipp bis hin zu den Comic- und TV-Serienhelden Dennis *(Dennis the Menace)* und Calvin *(Calvin und Hobbes)*. Fast jeder kennt einen kleinen Jungen, der dauernd gegen irgend etwas anrennt, der in Baumkronen klettert, auf den Möbeln herumturnt, seine Geschwister verhaut, Widerworte gibt und alle Anzeichen von Unkontrolliertheit, vielleicht sogar von ein bißchen Verkommenheit erkennen läßt trotz der Großzügigkeit und der redlichen Bemühungen seiner Eltern. Wie läßt sich das erklären? Und wie kommt es, daß dieser Typus schon seit Jahrhunderten überdauert?

Die Geschichte könnte mit dem Arzt George Frederic Still anfangen, der im Jahr 1902 eine Gruppe von zwanzig Kindern beschrieb, die trotzig, übermäßig leicht erregbar, jähzornig, boshaft, ohne moralische Bindungen und ohne inhibitorisches Wollen waren. Das Zahlenverhältnis zwischen Jungen und Mädchen war in dieser Gruppe 3:1, und das störende Verhalten war bei allen Kindern vor dem achten Lebensjahr aufgetreten. Was Still aber am meisten überraschte, war die Tatsache, daß diese Gruppe von Kindern in einer freundlichen Atmosphäre unter «recht guter» elterlicher Fürsorge aufgewachsen waren. Tatsächlich blieben Kinder, die unter mangelhafter elterlicher Fürsorge aufgewachsen waren, aus der Experimentalgruppe ausgeschlossen. In Anbetracht der Fürsorge, die diesen Kindern zuteil geworden ist, mutmaßte Still, daß es eine biologische Basis für ihr unkontrolliertes Verhalten geben könnte, eine ererbte Bereitschaft für moralische Verderbtheit. Diese Theorie gewann für ihn an Überzeugungskraft, als er entdeckte, daß einige Familienangehörige der Kinder psychische Probleme hatten wie zum Beispiel Depressionen, Alkoholprobleme und Verhaltensstörungen.

Wenngleich die Möglichkeit, daß diese pathologischen Erscheinungen rein psychologisch bedingt waren und als eine Art Familienneurose von einer Generation an die nächste weitergegeben wurden, durchaus nicht ausgeschlossen werden konnte, plädierte Still dafür, bei der Analyse der Probleme dieser Kinder genetische und biologische Faktoren mindestens ebenso ernsthaft als Ursachen in Erwägung zu ziehen wie den freien Willen. Das war eine vollkommen neue Denkweise.

Wenngleich es noch Jahrzehnte dauern sollte, bis schlüssige Beweise Stills Theorie erhärteten, bedeutete seine neue Denkweise eine Wende. Im 19. Jahrhundert – und vorher – wurde «schlechtes» oder unkontrolliertes Verhalten bei Kindern als moralisches Versagen angesehen. Entweder die Eltern oder die Kinder oder beide wurden dafür verantwortlich gemacht. Die übliche «Behandlung» dieser Kinder bestand in körperlichen Strafen. Die Literatur über Kinderpflege aus dieser Zeit ist voller Beschreibungen, wie man Kinder züchtigen soll, und voller mahnender Hinweise, wie nötig Züchtigungen sind. Sobald man jedoch unter medizinischen Praktikern zu mutmaßen begann, daß nicht der Teufel, sondern neurologische Gegebenheiten für das Verhalten der Kinder verantwortlich waren, kam in der Kinderaufzucht ein menschenfreundlicherer und effektiverer Ansatz auf die Tagesordnung.

Der rätselhafte Widerspruch zwischen Aufzucht und Verhalten, der sich in dieser Gruppe von Kindern zeigte, beschäftigte um die Jahrhundertwende die Phantasie einer Reihe von Psychologen. Stills Beobachtungen stützten die Theorie von William James, dem Vater der amerikanischen Psychologie. James hatte erkannt, daß die Defizite an inhibitorischem Wollen, wie er es nannte, moralischer Kontrolle und prolongierter Aufmerksamkeit durch einen zugrundeliegenden neurologischen Defekt kausal miteinander zusammenhingen. Seine vorsichtige Vermutung zielte auf die Möglichkeit entweder einer gesenkten Hemmschwelle für Reaktionen auf diverse Reize oder eines kortikalen Entkoppelungssyndroms, das die Dissoziation von Intellekt und «Willen» beziehungsweise Sozialverhalten zur Folge hatte.

Der Ansatz von Still und James führten Eugene Kahn und Louis H. Cohen in einem Artikel mit dem Titel *Organic Driveness* (Organische Getriebenheit) weiter, der 1934 im *New England Journal of Medicine* erschien. Laut Kahn und Cohen war das hyperaktive, impulsgetriebene, moralisch unreife Verhalten der von ihnen behandelten Opfer der Enzephalitis-Epidemie 1917/1918 biologisch bedingt. Einige der Enzephalitiskranken von damals behielten eine chronische Bewegungsunfähigkeit zurück (so die von Oliver Sacks in seinem Buch *Awakenings – Zeit des Erwachens* beschriebenen Patienten), andere eine chronische Schlafstörung, begleitet von einer Beeinträchtigung der Aufmerksamkeit und der Aktivitätsregulierung sowie von einer Schwächung der Impulskontrolle. Mit anderen Worten: Die Symptome, an denen die letztgenannte Gruppe litt, waren nichts anderes als die nach heutiger Kenntnis für die ADD charakteristische Symptomtrias: Ablenkbarkeit, Impulsivität und Ruhelosigkeit. Kahn und Cohen lieferten somit als erste eine elegante Beschreibung der Beziehung zwischen organischer Erkrankung und Symptomatik der ADD.

Ungefähr um dieselbe Zeit stieß Charles Bradley auf ein anderes Indiz, das für die biologische Verwurzelung ADD-ähnlicher Symptome sprach. 1937 berichtete Bradley von Erfolgen beim Einsatz von Benzedrin, einem Stimulans, zur Behandlung verhaltensgestörter Kinder. Dies war ein ganz und gar kontraintuitiver Glücksfund: Wieso half ein Stimulans hyperaktiven Kindern, Überstimulierung abzubauen? Wie viele medizinische Pioniere, die eine wichtige Entdeckung machten, konnte Bradley deren Warum nicht erklären, sondern nur ihr Daß bekräftigen.

Bald sollte für die Störung, an der die Kinder litten, der Name *minimal brain dysfunction* (MBD; minimale zerebrale Dysfunktion) und als Behandlungsweg die Verabreichung von Ritalin oder Cylert gefunden sein, zweier anderer Stimulanzien, die erkennbar dramatische Auswirkungen auf die Auffälligkeiten im Verhalten und insbesondere im Sozialverhalten der Patienten hatten. Um 1957 wurde dann ein Versuch gemacht, die Symptome des «hyperkinetischen Syndroms», wie es inzwischen genannt wurde, einer spezifischen anatomischen Struktur im Gehirn zuzuordnen. In der Zeitschrift *Psychosomatic Medicine* lokalisierte Maurice Laufer den Sitz der Dysfunktion im Thalamus, einem Teil des Mittelhirns. In der Hyperkinese sah Laufer einen Beweis dafür, daß die Funktion des Thalamus, die darin besteht, Informationen aus der Außenwelt ersten Klassifizierungen zu unterziehen, beeinträchtigt war. Wenngleich die Hypothese nie erhärtet wurde, leistete sie doch der Idee Vorschub, daß die Störung durch Überaktivität einer Hirnregion hervorgerufen wurde.

In den sechziger Jahren nahm das Geschick der medizinischen Praktiker im Umfang mit Hyperkinetikern stetig zu, und ihr Sinn für die Nuancen kindlichen Verhaltens schärfte sich. Für den Kliniker war jetzt deutlicher zu erkennen, daß das Syndrom nicht auf schlechte elterliche Fürsorge oder schlechtes Benehmen zurückzuführen war, sondern daß es irgendwie mit einer erblichen Fehlfunktion im Organismus zusammenhing. Eine fortschreitend präzisere Definition hat das Syndrom seither durch Familienstudien und die Auswertung epidemiologischer Daten gefunden: Beides spricht Eltern wie Kinder von Schuld frei (wenngleich die ungute und ungerechte Tendenz, Eltern und Kindern Schuldvorwürfe zu machen, bei schlecht informierten Menschen weiter besteht).

Anfang der siebziger Jahre erfaßte die Definition des Syndroms als wesentliche Merkmale nicht nur die im Verhalten augenfällige Hyperaktivität, sondern auch die weniger krassen Symptome Ablenkbarkeit und Impulsivität. Inzwischen wußten wir, daß ADD in Familien gehäuft auftritt und nicht durch schlechte elterliche Fürsorge hervorgerufen wird. Wir wußten, daß sich die Symptome in vielen Fällen durch die Anwendung eines Stimulans bessert. Wir glaubten zu wissen, daß die ADD eine biologische Basis hat und vererbt wird, konnten es aber nicht beweisen. Diese genauere und umfassendere Sicht ging aber nicht mit irgendwelchen bedeutsamen neuen Entdeckungen in bezug auf die biologischen Ursachen des Syndroms einher.

Das Fehlen weiteren biologischen Beweismaterials war für manche Anlaß zu behaupten, die ADD sei eine fiktive Störung, ein konstruiertes Alibi für mißratene Kinder und ihre Eltern. Wie in der Psychiatrie üblich, war die Hitze der Debatte umgekehrt proportional zum Umfang des verfügbaren Faktenwissens.

Wie in jedem guten Krimi war der Weg vom Verdacht zum Beweis, von der Mutmaßung zur Untermauerung mit empirischen Fakten, von Kahn und Cohen zu Paul Wender, Alan Zametkin, Rachel Gittleman-Klein und den anderen Forschern unserer Tage mit Schlaglöchern und Hindernissen übersät: falschen Fährten, Mehrdeutigkeiten, widersprüchlichen Befunden und allen möglichen emotionalen Reaktionen und Stellungnahmen.

Einen der ersten Versuche, die Wirkung der Stimulanzien mit unserem Wissen vom Gehirn zu koordinieren, unternahm C. Kornetsky 1970 mit der Formulierung der Katecholaminhypothese der Hyperaktivität. Die Katecholamine sind eine Gruppe von niedermolekularen Transmittersubstanzen, bestehend aus den biogenen Aminen Dopamin, Noradrenalin und Adrenalin (letztere früher vornehmlich in ihrer Hormonfunktion bekannt). Da die Stimulanzien die Ausschüttung von Dopamin und Noradrenalin erhöhen und so auf das System der Signalübertragung zwischen Nervenzellen einwirken, folgerte Kornetsky, daß die ADD durch eine Unterproduktion oder Unterverwertung jener Neurotransmitter verursacht sein könnte. Diese Hypothese ist zwar nach wie vor diskutabel, doch haben im Laufe der letzten zwei Jahrzehnte durchgeführte biochemische Untersuchungen und klinische Tests von Neurotransmitterstoffwechselprodukten im Urin die spezifische Rolle der Katecholamine bei der Verursachung der ADD nicht zu dokumentieren vermocht.

Möglicherweise ist es nicht so, daß ein bestimmter Transmitter mit seiner spezifischen Signalübertragungsfunktion als alleiniger chemischer Regulator der ADD wirkt. Die Nervenzellen sind in der Lage, Dopamin und Noradrenalin umzuwandeln. Viele Arzneimittel, die den Katecholaminhaushalt beeinflussen, beeinflussen auch den Serotoninhaushalt. Arzneimittel, die auf den Serotoninhaushalt wirken, wirken in einigen Fällen auch auf den Dopamin- und Noradrenalinhaushalt. Wir können zudem nicht ausschließen, daß auch andere Neurotransmitter wie zum Beispiel die γ-Aminobuttersäure (GABA), die bei einigen biochemischen Untersuchungen in Erscheinung getreten sind, eine ursächliche Rolle spielen. Die höchste Wahrscheinlichkeit spricht dafür, daß die Wirkung von Dopamin, Noradrenalin und Serotonin ein kausativer Schlüsselfaktor ist und daß Pharmaka, die die Wirkungsweise dieser Neurotransmitter beeinflussen, den durchschlagendsten Effekt auf die Symptomatik der ADD haben.

Können wir also sagen, daß die ADD ein chemisches Ungleichgewicht ist? Wie bei den meisten Zweifelsfragen der Psychiatrie lautet auch hier die Antwort: ja und nein. Nein, wir haben noch kein taugliches Verfahren zur Messung jener spezifischen Unausgewogenheiten im Signalübertragungssystem zwischen den Nervenzellen gefunden, die für die ADD verantwortlich sein könnten. Andererseits jedoch: Ja, wir haben genügend Anhaltspunkte dafür, daß bei Menschen mit ADD neurochemische Funktionskreise beeinträchtigt sind, um getrost behaupten zu können, daß das Leiden im Chemismus des Gehirns wurzelt. Mit höchster Wahrscheinlichkeit ist es eine Fehlsteuerung längs der Katecholamin-Serotonin-Achse – in einem Tanz, bei dem ein falscher Schritt des einen Partners einen falschen Schritt des anderen Partners nach sich zieht, woraufhin erneut der erste Partner aus dem Tritt gerät. Ehe sie sich's versehen, sind diese beiden Tänzer nicht nur miteinander, sondern auch mit der Musik aus dem Takt – und wer vermag zu sagen, wie es geschehen konnte?

Mögen Alan Zametkin und seine Mitarbeiter an den National Institutes of Mental Health auch nicht erklärt haben, *wie* es geschehen konnte – sie haben auf jeden Fall zweifelsfrei nachgewiesen, *daß* es geschieht: daß der biochemische Tanz im Gehirn von Menschen mit ADD anders abläuft als im Gehirn von Menschen ohne ADD. Zametkin baute eine Brücke über eine Kluft, über die vorher nur der Sprung in den Glauben hinweghalf. Seine Arbeit ist eine so bedeutende Leistung, daß es sich lohnt, sie näher zu betrachten.

In seiner Studie von 1990 untersuchte Zametkin Gehirnaktivitäten bei Erwachsenen mit und ohne ADD. Beobachtet wurde der Glukoseumsatz des Gehirns während der Erfüllung einer Dauerleistungsaufgabe (Glukose ist der Energiespeicherstoff des Zentralorgans). Der Glukoseumsatz ist ein vorzüglicher Indikator der Stoffwechseltätigkeit. Dauerleistungsaufgaben *(continuous performance tasks)* sind speziell für die Messung der Aufmerksamkeit und der Vigilanz entwickelte Tests. Bei Zametkins Untersuchung hatten die Probanden per Knopfdruck an einem Gerät, das mit einem Computer verbunden war, anzuzeigen, in welchem Moment sie bestimmte Töne wahrnahmen. Diesem Test wurden 25 Erwachsene unterzogen, die früher in ihrem Leben hyperaktive Kinder gewesen und später auf der Grundlage von Wenders Utah-Kriterien als ADD-Kranke diagnostiziert worden waren. Sämtliche der 18 männlichen und 7 weiblichen Probanden waren biologische Eltern von ADD-Kindern. Parallel zu dieser Experimentalgruppe wurde eine Kontrollgruppe von 50 Personen beobachtet, die keine ADD hatten, aber die gleichen demographischen Merkmale aufwiesen wie die Probanden in der Experimentalgruppe.

Zur Messung des Glukosestoffwechsels bediente sich Zametkins Team der sogenannten PET-Technik (PET=Positronen-Emissions-Tomographie). Der Positronen-Emissions-Tomograph läßt sich in vereinfachter Form als eine sehr leistungsfähige Kamera beschreiben, mit deren Hilfe die Strahlung aufgezeichnet wird, die das Gehirn aussendet, nachdem es bei einer bestimmten Aufgabe mit einem positronenemittierenden Isotop markierte Glukose verwertet hat. Bei der Nachbearbeitung im Computer wird eine Masse von Datenpunkten zu einem Bild entzerrt, das wir betrachten und zu Vergleichszwecken heranziehen können. Mit Hilfe der PET-Technik entdeckte Zametkin im Gehirn der ADD-Probanden eine im Vergleich zu den Verhältnissen bei den Kontrollpersonen verringerte Glukose- und folglich Energieaufnahme. Aufs Ganze gesehen lag die Umsatzrate des Glukosestoffwechsels in der ADD-Gruppe acht Prozent niedriger als in der Kontrollgruppe.

Die Reduktion der Glukoseaufnahme war über die verschiedensten Gehirnregionen verbreitet. Die aufschlußreichste Einzelheit ist, daß der Rückgang der Stoffwechseltätigkeit im präfrontalen und prämotorischen Cortex am stärksten ausgeprägt war. Das Stirnhirn ist das bedeutendste Zentrum der Verhaltensregulierung. Es dämpft Impulse, ermöglicht Planen und Vorausdenken und ist der Ort, von dem neues Verhalten seinen Ausgang nimmt. Es empfängt Input aus dem Hirnstamm, der den Wachheitsgrad reguliert, belanglose Reize ausfiltert und als Sitz der Kampf-oder-Flucht-*(fight-or-flight-)* Reaktion fungiert. Es empfängt Input aus dem limbischen System, dem Sitz der Emotion, von Hunger und Durst, der Sexualität und anderer physiologischer Impulse. Und im Stirnhirn ist wahrscheinlich auch das Arbeitsgedächtnis, die Kombination von aktuellem Erleben und Langzeitgedächtnis, lokalisiert. All das zusammen heißt: Die Stirnlappen synthetisieren sensorische und kognitive Information, dirigieren die Aufmerksamkeit und stellen die Brücke zum Handeln dar.

Wie Zametkin darlegte, ist die auf PET-Bildern festgestellte Verminderung der Stirnlappenaktivität konform mit der von anderen Forschern postulierten funktionalen Neuroanatomie der ADD. Sowohl J. A. Mattes als auch C. T. Gualtieri kamen aufgrund der Ähnlichkeit zwischen ADD-Symptomen und – durch Läsionen im frontalen Cortex verursachten – Stirnlappensyndromen zu der Annahme, daß die Stirnregion der Großhirnrinde eine Rolle in der Ätiologie der ADD spielen muß. Dieser Befund erhielt 1986 in der Arbeit von G. J. Chelune die offizielle Weihe zur «Stirnlappen-Hypothese», derzufolge Hyperaktivität und Impulsivität im wesentlichen eine Form von physiologischer Enthemmung sind; ein Großteil der ADD-Symptome rührt nach dieser Hypothese daher, daß dem Gehirn die Fähigkeit abhanden gekommen ist, kraftvoll genug auf die Bremse zu treten. Schuld daran ist der Ausfall des hemmenden Einflusses der Großhirnrinde. Ohne die kortikale Hemmung ist das Gehirn nicht in der Lage, durch Aussenden entsprechender Anweisungen unangemessene Reaktionen zu unterbinden. Nach Chelunes Stirnlappenhypothese ist es die Stirnregion der Großhirnrinde, wo bei der ADD, salopp gesagt, «die Musik spielt». Die kortikale Hemmung schwindet, und damit steigern sich Impulsivität und Hyperaktivität.

Zametkins Befunde stützen nicht nur die Hypothese Chelunes, sondern bestätigen auch das Ergebnis der 1984 von H. C. Lou und Mitarbeitern durchgeführten Untersuchung, bei der im frontalen Cortex von Menschen mit ADD eine verminderte Durchblutung festgestellt wurde. Im Zuge der Untersuchung ergaben sich auch Hinweise auf eine geringere Durchblutung der rechten im Vergleich mit der linken Hirnhemisphäre. Das ist hochinteressant, weil manche Forscher der Ansicht sind, daß die ADD mit einer Dysfunktion der rechten Hemisphäre zusammenhängt. Die rechte Großhirnhälfte kontrolliert, allgemein gesprochen, unsere sogenannten Exekutiv- oder Entscheidungsfindungsfähigkeiten, unsere Fähigkeit zur räumlichen Wahrnehmung und unsere Fähigkeit zum simultanen Verarbeiten von Stimuli aus mehreren Quellen. Zu den mit einer rechtshemisphärischen Dysfunktion einhergehenden spezifischen Ausfallerscheinungen zählen Topagnosie (vereinfacht ausgedrückt: die Neigung, sich zu verirren) und Minderleistung auf dem Gebiet des sozialen und emotionalen Lernens. Martha Denckla, eine Expertin in der Neuropsychiatrie der Lernschwächen, führt aus, daß Probleme in der rechten Großhirnhälfte den Betroffenen daran hindern können, detailreiche Konfigurationen zu erfassen oder, wie man auch sagen könnte, «sich den Überblick zu verschaffen». Kein Zweifel, die Beschreibung der rechtshemisphärisch bedingten Schwächen klingt genauso wie die Klagen, die wir von unseren ADD-Patienten zu hören bekommen: daß sie in einem fort ihre Schlüssel verlegen, sich unentwegt verlaufen, nie den richtigen Überblick gewinnen und nie ganz verstehen, was in anderen Menschen vorgeht.

Besteht Übereinstimmung zwischen der hypothetischen funktionalen Neuroanatomie der ADD und der Rolle spezifischer Neurotransmittersysteme? Die besteht in der Tat. Bei Primaten und verschiedenen anderen Tieren ist die präfrontale Hirnregion reich an katecholaminergen Nervenendigungen; bei Untersuchungen hat sich herausgestellt, daß gealterte Affen mit gesunkenem Dopamin- und Noradrenalinspiegel im präfrontalen Cortex bei Testaufgaben, die eine verzögerte Antwort *(delayed response)* einbeziehen, eine schlechte Leistung erbringen. Tests, die eine verzögerte Antwort verlangen, messen genau wie die bereits erwähnten Dauerleistungsaufgaben Aufmerksamkeit und Vigilanz, aber auch das Funktionieren des Arbeitsgedächtnisses. Dopamin schafft zudem die Verbindung zum einen zwischen dem motorischen Zentrum und der Stirnregion des Gehirns, zum anderen zwischen dem limbischen System und der Stirnregion. Dopaminerge Nervenfasern aus diesen unteren Regionen durchziehen den zentralen Stirnlappen bis hin zum präfrontalen Cortex. Das ist zwar noch kein Beweis, rechtfertigt jedoch – da dopaminerge Nervenfasern alle für die Regulierung von motorischer Aktivität, Emotion, Aufmerksamkeit und Impulskontrolle zuständigen Hirnregionen durchziehen – die Annahme, daß Dopamin bei der Koppelung und Verzahnung dieser Funktionen eine Rolle spielt.

Neuerdings wird in der Forschung sogar die Möglichkeit in Betracht gezogen, daß Dopamin den Gesamtoutput des Cortex reguliert. Wenn dem so ist, könnte die Ursache für mangelnde Impulskontrolle, Aufmerksamkeits- und Lernschwäche sehr wohl ein Problem bei der Verwertung von Katecholaminen in der Stirnregion sein. Und obschon es mehr als wahrscheinlich ist, daß andere Neurotransmitter und andere Hirnstrukturen das Gepräge der ADD beeinflussen, spiegeln sich in der Katecholamin-Stirnhirn-Beziehung zu deutlich die Erkennungsmerkmale der ADD, als daß man über diese Korrespondenz einfach hinweggehen könnte.

Interessant ist, daß auch das Funktionieren des Arbeitsgedächtnisses für das ADD-Syndrom von Bedeutung sein könnte. So wie es von Patricia Goldman-Rakic untersucht und bestimmt wurde, könnte das Arbeitsgedächtnis der kausative Faktor hinter zahlreichen Einzelzügen im klinischen Bild des Syndroms sein, da es für die Fähigkeit zur Rekapitulation vergangenen und zur Bewertung des aktuellen Erlebens sowie zur Zukunftsplanung verantwortlich ist. Goldman-Rakic schildert plastisch, was die Folge wäre, wenn das Arbeitsgedächtnis ausfiele: Die Welt würde sich dem Gehirn als eine Reihe von zusammenhanglosen Ereignissen präsentieren – nicht als fortlaufende Bilder- und Szenenfolge ähnlich einem Spielfilm, sondern als Nacheinander von Diaprojektionen, zwischen denen sich kein Bezug zeigt. Nicht minder ergreifend schildern unsere ADD-Patienten ihre Welt – manchmal sogar mit denselben Worten. Das Leben scheint keinen Zusammenhang zu haben. Es kommt kein Bewußtsein von Geschichte auf. Jedem neuen Erlebnis begegnet man vollkommen unvorbereitet.

Praktizierende Mediziner, die ADD-Patienten behandeln, Eltern von ADD-Kindern und Erwachsene mit ADD – sie alle wissen, daß zum Frustrierendsten an der ADD die Unfähigkeit gehört, aus den eigenen Erfahrungen zu lernen, die Folgen seines Tuns vorauszusehen, sich in Aufgaben oder sozialen Situationen oder der Welt im ganzen mit Hilfe von früher erworbenem Wissen zurechtzufinden. Wenn das Arbeitsgedächtnis im präfrontalen Cortex ausgeprägt ist, und wenn im Stirnhirn von Menschen mit ADD die Aktivität vermindert ist, dürfen wir daraus schließen, daß bei Menschen mit ADD das Arbeitsgedächtnis beeinträchtigt ist? Wohl nicht mit zwingender Logik. Indes könnte es mit der Weiterentwicklung und zunehmenden Verfeinerung der Untersuchungs- und Meßverfahren zukünftigen Forschungen durchaus gelingen, den schlüssigen Beweis dafür zu erbringen.

Alles bisher Gesagte vermag freilich nicht zu erklären, warum die ADD, wie es scheint, in der Familie liegt und von einer Generation an die nächste vererbt wird. Die vorliegenden Studien zum ADD-Risiko innerhalb der Familie sind zumeist epidemiologisch orientiert und erfassen die Vorkommenshäufigkeit der ADD bei Eltern, Nachkommen und Geschwistern von ADD-Kranken oder die Häufigkeit des parallelen Auftretens von ADD bei zweieiigen (dissimilären) und eineiigen (identischen) Zwillingen. Joseph Biederman und Mitarbeiter wiesen nach, daß 30 Prozent aller Eltern von ADD-Kindern selbst eine ADD haben. Auch andere Forscher stellten bei Eltern von ADD-Kindern diese ADD-Rate fest. Bei den einschlägigen Forschungen ergaben sich auch Anhaltspunkte dafür, daß die Angehörigen von ADD-Kindern einem höheren ADD-Risiko unterliegen als die Angehörigen einer Kontrollgruppe. Bislang konnte noch keine Untersuchung Auskunft über die statistische Wahrscheinlichkeit geben, daß die Nachkommen von Erwachsenen mit ADD ihrerseits wieder ADD haben werden, wenngleich die vorliegenden Forschungen und die wissenschaftliche Intuition dafür sprechen, daß für die Kinder eines Menschen mit ADD die Wahrscheinlichkeit, ihrerseits wieder ADD zu haben, fraglos erhöht ist. Bislang ist es uns lediglich noch nicht gelungen, das Maß dieser erhöhten Wahrscheinlichkeit zu beziffern.

Bei Zwillingsstudien ergab sich wiederholt für eineiige Zwillinge eine höhere ADD-Rate als für zweieiige Zwillinge. Was bedeutet das genau besehen? Zweieiige Zwillinge stehen einander genetisch nicht näher als normale Geschwister – ihr Verhältnis zueinander unterscheidet sich vom regulären Geschwisterverhältnis lediglich darin, daß sie die ersten neun Monate ihrer biologischen Entwicklung gleichzeitig in derselben Umgebung verbringen. Eineiige Zwillinge dagegen entwickeln sich nicht nur zeitgleich in derselben pränatalen und postnatalen Umgebung, sondern besitzen auch dieselbe Erbinformation. Eine höhere Vorkommenshäufigkeit von ADD bei Menschen mit identischer Erbinformation – höher im Vergleich mit Menschen, bei denen alles identisch ist außer der Erbinformation – bedeutet, daß die genetische Ausstattung des einzelnen bei der Ausprägung der Störung mitspielen muß. Bei einer großangelegten Untersuchung (an 127 eineiigen und 111 zweieiigen Zwillingspaaren) ergab sich vor kurzem, daß bei 51 Prozent der identischen Paare, von denen mindestens ein Glied ADD hatte, auch das zweite Glied an der Störung litt, während in der Gruppe der zweieiigen Zwillingspaare der entsprechende Wert nur 33 Prozent betrug.

Die Frage liegt nahe, warum die Übereinstimmung («Konkordanz», wie der Fachbegriff der Zwillingsforschung lautet) in der Gruppe der eineiigen Zwillingspaare keine hundertprozentige ist.

Anscheinend hat noch niemand die Antwort darauf gefunden. Die Zwillingsforschung hat für die meisten erbbedingten Störungen einschließlich der Schizophrenie bei eineiigen Zwillingen eine ungefähr fünfzigprozentige Konkordanz nachgewiesen. In der Zwillingsforschung zur ADD zeigt sich das gleiche Bild: ein stichhaltiges Indiz für die Existenz einer Erbanlage für die Störung.

Der stärkste Beweis für die genetische Grundlage der ADD ist möglicherweise gerade erst in statu nascendi. Wie wir bei der Betrachtung der Forschungsfortschritte auf dem Gebiet der Neurobiologie der ADD sahen, beginnt solide wissenschaftliche Forschungstätigkeit üblicherweise mit Spekulationen, schreitet dann zu testbaren Hypothesen und reproduzierbaren Befunden fort, um schließlich im empirischen Beweis zu gipfeln. Die Arbeit von Biederman et al. belegt, daß bei dieser Störung irgend etwas auf genetischer Ebene passiert. Aber was? Einen ersten Fingerzeig, in welcher Richtung die Antwort zu finden sein könnte, enthält möglicherweise die 1991 im *Journal of the American Medical Association* publizierte und kontrovers diskutierte Studie eines von David Comings und Benda Comings geleiteten Teams von Forschern aus dem ganzen Land. Gegenstand der Studie war die Rolle eines bestimmten Dopaminrezeptors bei neuropsychiatrischen Störungen. Der sogenannte D2-Rezeptor wird von einem bestimmten Gen produziert, das mit erblichem Frühalkoholismus in Verbindung gebracht wird. Nach Ansicht mancher Wissenschaftler könnte es mit einer Anzahl weiterer psychiatrischer Störungen im Zusammenhang stehen.

Das Comings-Team arbeitete mit einem Sample von über dreihundert Menschen. Der Befund lautete, daß das Gen bei Patienten mit Tourette-Syndrom, ADD, Autismus oder Alkoholismus häufiger nachzuweisen ist als bei Menschen ohne die genannten Störungen. Die Forscher behaupten in ihrem Bericht nicht, daß das Gen die Primärursache der jeweiligen Störung sei. Sie schreiben ihm jedoch mit Bestimmtheit die Rolle eines Modifikatorgens zu: Das Gen verstärkt einige neuropsychiatrische Störungen, falls diese –

als Produkte eines noch unbekannten Primärgens – bereits vorhanden sind. Das Comings-Team kommt zu dem Schluß, daß das Untersuchungsergebnis für die Existenz einer genetischen Basis der ADD spricht. Obzwar einige Forscher aus mancherlei technischen Gründen mit diesem Fazit nicht konform gehen, könnte die Studie der Auftakt zu einer neuen Welle von Fortschritten bei der Bestimmung der genetischen Basis der ADD sein, Fortschritten, die sich aus der Erkundung von Parallelen zwischen der ADD und anderen Formen psychiatrischer Störung ergeben. So könnte es beispielsweise sein, daß, wenn ein Basisgen eine bestimmte Struktureigenheit im Gehirn determiniert, Modifikatorgene daraus eine Vielfalt von Syndromen machen, indem sie sozusagen Variationen über die von jenem Basisgen determinierte Struktureigenheit spielen.

Zum mindesten rechtfertigen die vorliegenden Erkenntnisse die Behauptung, daß die ADD ein vom Erbgut ausgehendes Syndrom ist, bei dem das biologische System – sei's auf chemischer oder neuroanatomischer Ebene oder im Zuge der Reifung – eine Abweichung von der Normalität erlitten hat und aus dem Gleichgewicht gebracht wurde. Es ist diese gestörte Balance, diese Fehleinstellung im neurobiologischen System des Körpers, was die Fähigkeit, mit selektiver Aufmerksamkeit auf die Umwelt einzugehen, beeinträchtigt. Die Welt wird für den Betroffenen zu einem Land ohne Verkehrsschilder und Wegweiser, durch das er sich in einem Auto bewegt, das dringend eine Inspektion nötig hat. Die enorme Bandbreite der Aufmerksamkeitsfunktion ist mit ein Grund für den Variantenreichtum an ADD-«Typen». Der eine benötigt einen Ölwechsel, der andere neue Zündkerzen. Der eine ist introvertiert und allergisch gegen Stimulierung, der andere ist hyperaktiv und kann gar nicht genug Stimulierung bekommen. Der eine wird häufig von Ängsten geplagt, der andere ist depressiv. Jeder bildet eine eigene Bewältigungsstrategie aus, unter deren Einfluß die verschiedenen Subsysteme des Gehirns im Zuge ihrer Entwicklung um einiges hypertrophieren oder atrophieren. So wird beispielsweise Herr A zum witzereißenden Unterhaltungskünstler und Maniker und Frau

B zur glänzenden Architektin mit obsessiv-kompulsiven Zügen. Ihrer beider Kinder werden Bildhauerin und Kunstflieger. Keiner von ihnen allen kann mit seinem Geld haushalten. Und alle wünschen sie sich, der Tag hätte mehr als vierundzwanzig Stunden.

Ist es bei so vielgestaltiger Ausprägung möglich, die ADD in einer Weise einzukreisen und zu beschreiben, die im Einklang steht mit Forschung und klinischer Erfahrung und uns eine Handhabe bietet, die zahlreichen Symptome und Testergebnisse, die im Zusammenhang mit der ADD registriert werden, zu erklären und zu systematisieren? Es gibt eine Reihe von Theorieansätzen, die auf dem besten Wege sind, das eigentlich «Defizitäre» an der Aufmerksamkeits-*Defizit*-Disposition auf den Begriff zu bringen. Jeder dieser Ansätze hat seinen besonderen Vorzug und kann als metaphorische Repräsentation des Syndroms aufgefaßt werden. So formulierte zum Beispiel Paul Wender Anfang der siebziger Jahre die Hypothese, daß die ADD von einem niedrigen Aktivierungsniveau im Belohnungssystem des Gehirns und dessen Verbindungsbahnen herrührt. Seiner Meinung nach ist der mangelnde Sinn des ADD-Kranken für die Folgen seines Tuns darauf zurückzuführen, daß ihm infolge verminderter Aktivität in den Nervensystemen, die Belohnungs- und Strafreaktionen zumessen, die Fähigkeit abgeht, durch Lob und Strafe «konditioniert» zu werden. Das ist ein hochinteressanter Gedanke, der viele im Zusammenhang mit der ADD feststellbare Verhaltensprobleme erklärt und völlig übereinstimmt mit den neuroanatomischen und neurochemischen Befunden.

In ähnlicher Weise bestimmt Russell Barkley das Grundproblem bei der ADD als ein Defizit im Motivationssystem, das es dem Betroffenen unmöglich macht, ohne ständiges Feedback, ständige Belohnung bei einer Aufgabe zu verweilen. Barkleys Arbeit wird oft fälschlich so verstanden, als hätte der Autor sagen wollen, das Kind oder der Erwachsene sei unmotiviert und daher faul. Es ist jedoch ein Unterschied, ob ich von jemandem sage, er sei unmotiviert, oder ob ich sage, daß ihm die biologischen Voraussetzungen dafür fehlen, bei einer Aufgabe zu bleiben, wenn er nicht ständig daran erinnert wird: Ersteres ist ein Werturteil, letzteres ist die Beschreibung einer neurologischen Störung. «Beim Nintendo-Spielen gibt es keine ADD», sagt Dr. Barkley gern, und das soll natürlich nicht heißen, das Kind sei nur in erfreulichen Situationen motiviert; es heißt vielmehr, daß das temporeiche, unablässig neue Spannung erzeugende, visuell komplexe Szenario des Videospiels mit seinen ständigen Belohnungen das Kind hinreichend gefangennimmt, um seine Aufmerksamkeit wachzuhalten.

Niedrige Aktivität im frontalen Cortex könnte die von Barkley beschriebenen Ausfälle im zielgerichteten Verhalten und in der Selbststeuerung erklären. Wenn in den Stirnlappen und den ihnen Informationen zuleitenden Systemen im Laufe der Reifung oder bei der Funktionsregulation ein Problem auftritt, ist die Folge, daß die inneren Anstöße, die dafür sorgen, daß wir an einer Aufgabe bleiben und unser Ziel im Auge behalten, nicht laut genug oder nicht kräftig genug oder nicht deutlich genug sind. Es gibt noch eine weitere Gruppe von Forschern, die das Aufmerksamkeitsdefizit als ein Problem des inneren Erregungszustands des Gehirnsystems identifizieren. In dieser Gruppe ist man ebenso der Ansicht, daß bei Menschen mit ADD bestimmte Informationen nicht laut oder deutlich genug ankommen, indes denkt man hierbei nicht an innere Anstöße, sondern an äußere Hinweisreize.

Für Larry Silver, der seit vielen Jahren eine herausragende Rolle auf dem Gebiet der ADD-Forschung spielt, ist das Syndrom auf ein fehlerhaftes Filtersystem in dem als Formatio reticularis (Retikulärformation) oder retikuläres Aktivierungssystem bekannten Neuronennetz im Hirnstamm zurückzuführen. Nach Silvers Theorie siebt dieses – von den Katecholaminen regulierte – schadhafte Filtersystem belanglose Informationen und sensorische Reize nicht so wirksam aus, wie es eigentlich müßte, mit dem Ergebnis, daß alles, was an der Pforte der Formatio reticularis vorspricht, auch in ein Zimmer des frontalen Cortex eingewiesen wird. Der Betroffene muß sich mit einem nicht endenden Ansturm von Neuankömmlingen auseinandersetzen, muß sich in einem Hotel, das für tausend

Gäste gebaut wurde, um zehntausend Gäste kümmern, ist ständig überlastet, weil er Informationen über jede noch so winzige Einzelheit seines Erlebens verarbeiten muß. Kein Wunder also, daß er leicht ablenkbar ist oder, wie Silver ausführt, dazu tendiert, sich aus dem ganzen Schlamassel zurückzuziehen und das verdammte Hotel dichtzumachen.

Ein anderer Weg zur begrifflichen Durchdringung des Phänomens ADD nimmt seinen Ausgang von dem Konzept des schwachen inneren Erregungszustands im Hirnsystem. Er führt zu der Ansicht, daß bei Menschen mit ADD der frontale Cortex nicht genügend Input aus dem Hirnstamm erhält. Ihr fahriges, hyperaktives, risikofreudiges Verhalten entspringt in dieser Sicht dem Bemühen, den inneren Erregungszustand im frontalen Cortex zu steigern. Die Theorie des optimalen inneren Erregungszustands, wie sie manchmal genannt wird, ist das Fundament, auf dem einige höchst effektive innovative Lernstrategien aufbauen. Nach Meinung von Sydney Zentall ermöglicht die Verstärkung bedeutungsvoller Reize dem Kind ein effektiveres Lernen. Da Kinder mit ADD ungewöhnliche Reize registrieren und gewöhnlich auch aufmerksam verfolgen, liegt ein Schlüssel zur erfolgreichen schulischen Ausbildung dieser Kinder darin, den Unterricht und die pädagogischen Requisiten mittels Farben, Verlebendigung und Abwechslungsreichtum «aufzupeppen» und gleichzeitig alle Außenreize und Ablenkungen zu beschneiden. Auch bei Erwachsenen mit ADD haben wir diese Strategie schon Früchte tragen sehen. So hilft zum Beispiel die Verwendung verschiedenfarbiger Notizzettel, Aktenordner, Bedienungsknöpfe oder -griffe und so weiter einem Erwachsenen häufig, sich besser zu organisieren. Ihren Umgang mit der eigenen ADD schildernd, erwähnt Dr. Zentall, daß sie in ihrer Handtasche kleine Spielsachen mit sich herumträgt, mit denen sie sich auf langweiligen Konferenzen oder in Phasen schwacher Stimulierung vergnügt. Frau Zentall, eine der fesselndsten und lebendigsten Persönlichkeiten auf dem Gebiet der ADD-Forschung, hat sich viele praktische Tricks zur Steigerung von Ungewöhnlichkeit und Stimulierung im Alltag ausgedacht, die zum Beispiel darin bestehen, zu notieren, was einem einfällt, während man jemand anderem zuhört, so daß man während des Besuchs eines Vortrags mindestens zwei Dinge gleichzeitig tut, oder darin, mit Farbe und visuellen Gags soviel Schwung und Pfiff wie nur möglich in die eigene Umgebung zu bringen.

Das theoretische Modell der ADD jedoch, das aus unserer Sicht als das tauglichste erscheint, beruht auf einem Denkansatz, dessen Zentralkategorien nicht die der Motivation oder die des inneren Erregungszustands, sondern die von (physiologischer) Hemmung und Enthemmung sind. Chelune, Gualtieri, Lou und eine Reihe anderer Forschungsmediziner und Kliniker konzipieren die ADD eher als Unfähigkeit, den Zustrom von Informationen zu bremsen, denn als Unfähigkeit, die richtigen Informationen zu empfangen. Der ADD-Kranke spürt unentwegt den Drang zu Neuem und wieder Neuem und nochmals Neuem. Er ist ein Gefangener des Geschehens in der Außenwelt. Es mag zwar den Anschein haben, als ob der Unterschied zu anderen Definitionen der ADD nicht in der Sache, sondern lediglich in der Formulierung läge, doch verändert die andere Formulierung unser Bild von der ADD. Sie hebt hervor, daß die positiven Momente des Syndroms ein Gegengewicht zu den problematischen Seiten bilden. Statt das Syndrom als Unfähigkeit zur Beachtung von Hinweisreizen zu konzipieren, lenkt diese Definition das Augenmerk auf die dem Menschen mit ADD eigene Fähigkeit, auf sehr viel mehr Hinweisreize achten zu können als der durchschnittliche Mensch. Statt die ADD als Unfähigkeit zur Konzentration zu charakterisieren, stellt dieses Modell sie als die Fähigkeit dar, sich auf alles zu konzentrieren. Die Welt ist in jedem Moment ein überquellendes Füllhorn interessanter Dinge und Möglichkeiten. Diese Betrachtungsweise wird durch die wissenschaftlichen Befunde untermauert und besitzt darüber hinaus den Vorzug, daß sie die Menschen mit ADD von dem Brandmal der Faulheit und der Last der Schuld befreit, mit denen sie sich zeitlebens zu plagen hatten. Sie eröffnet den Betroffenen die Möglichkeit, sich ihrer Stärken bewußt zu werden, statt immer nur über ihren Schwächen zu brüten.

Das Enthemmungsmodell steht im Einklang mit unserem Wissen über die funktionale Neuroanatomie und die Neurochemie des Gehirns. Wie schon erwähnt, spielen der frontale Cortex und die mit ihm assoziierten Systeme und Neurotransmitter eine entscheidende Rolle bei dem Vorgang des Hemmens von Verhaltensformen, Gedanken, Handlungen, Emotionen – der Impulse, die uns alle durchs Leben begleiten, die jedoch einige von uns leichter zu regulieren vermögen als andere. Wenn mit der ADD ein Reifeproblem in den frontalen Systemen des Gehirns oder ein Funktionsregulationsproblem in dem diese frontalen Systeme mit Informationen versorgenden Dopaminsystem gekoppelt ist, könnte man die ADD sehr wohl als eine Störung der Fähigkeit zur Hemmung der Signalübertragung zwischen Neuronen charakterisieren.

Wenn die ADD in einem Problem bei der (physiologischen) Hemmung besteht, können wir auch verstehen, warum für Menschen mit ADD die zeitliche Dimension in sich zusammenstürzt: Sie können den niemals nachlassenden Strom der Ereignisse nicht zum Stehen bringen, um sich klar gegliederten Tätigkeiten zu widmen, die ihnen das Gefühl einzelner, gegeneinander abgegrenzter Zeitetappen geben könnten. Alles fließt ungebremst, ungehemmt ineinander. Wir kennen die schmerzliche Klage des Erwachsenen mit ADD über seine Logorrhö, sein Zungendelirium, seine Unfähigkeit, dem aus ihm herausbrechenden Strom der Worte Einhalt zu gebieten, und die nicht minder schmerzliche Klage über seine Sprachlähmung oder sein Stottern, bedingt durch die Unfähigkeit, die Ideenflucht in seinem Kopf lange genug zum Stillstand zu bringen, um nach Worten suchen zu können. Die für Menschen mit ADD so charakteristische Aufdringlichkeit ist die Unfähigkeit, an den Grenzen des anderen haltzumachen. Der vorprogrammierte Schiffbruch in intimen Beziehungen ist die Unfähigkeit, auch nur so lange zur Ruhe zu kommen, daß man dem anderen zuhört, ganz zu schweigen davon, daß man seine Bedürfnisse versteht und respektiert. Die Impulsivität, die Planlosigkeit und die Eruptivität sind die Unfähigkeit, den Strom des Handelns und Fühlens einzudämmen.

Wir beobachten auch, wie Menschen mit ADD auf eine bestimmte Aktivität – Steilwandklettern oder Autofahren oder die Berufstätigkeit – hyperfokussieren; der Grund dafür dürfte sein, daß ihnen das die Möglichkeit gibt, alle mit dem Faktor «Zeit» verbundenen Erwartungen, die sich an sie richten, zu ignorieren. Unsere Patienten berichten häufig, daß sie am ruhigsten sind, wenn sie von einer Sache ganz gepackt sind, was auch immer diese «Sache» sein mag – eine Vergnügung, eine Katastrophe, eine Krise auf Leben oder Tod. Derlei Situationen erlauben dem Menschen mit ADD nicht nur loszupreschen, sondern auch zu vergessen, zu ignorieren, daß er zuallererst einmal Bremsen braucht. In einem Notfall heißt es: Volle Kraft voraus! Welche Erleichterung!

Der klinische Mediziner ist aufgefordert, Mittel und Wege zu finden, wie dem ADD-Patienten die Möglichkeit, sich zu bremsen, verschafft werden kann. Unter dem biologischen Blickwinkel ist die medikamentöse Behandlung eine der erfolgreichen Vorgehensweisen. Die bei der ADD-Behandlung eingesetzten Medikamente wirken mit dem Katecholaminsystem so zusammen, daß die Fehleinstellung des Aufmerksamkeitsprozesses korrigiert und der Ansturm von Erlebnissen gestoppt wird. Wie in Kapitel 8 eingehend erläutert, sind die gemeinhin eingesetzten Medikamente Stimulanzien und trizyklische Antidepressiva. Die Stimulanzien – Ritalin, Cylert/Tradon, Dexedrin – wirken auf das Katecholaminsystem. Die Trizyklika – Medikamente auf der Basis von Desipramin und Imipramin – wirken auf das Katecholaminsystem und das Serotoninsystem, wobei die stärkste Wirkung auf das Noradrenalinsystem ausgeübt wird. Beide Arten von Pharmaka steigern die Ausschüttung der jeweiligen Neurotransmitter und stellen damit dem Gehirn eine größere Menge von Transmittern zur Verwertung zur Verfügung.

Da wir die genaue Ursache der ADD nicht kennen, können wir

nicht sagen, wo die Medikamente angreifen. Der Angriffspunkt könnte am Anfang oder am Ende der Strecke Hirnstamm – Hirnrinde liegen. Falls sie im Hirnstamm angreifen und den Intensitätsgrad des inneren Erregungszustands verändern, könnte es sein, daß sie das ganze System neu regulieren und dafür sorgen, daß nur bedeutungsvolle Reize bis zu den Stirnlappen gelangen. Falls sie direkt in der Stirnregion des Gehirns angreifen, könnte es sein, daß sie dort den Wachheitsgrad eines ansonsten schläfrigen Cortex erhöhen. Nach Wenders Vermutung greifen die pharmazeutischen Wirkstoffe auf halbem Weg zwischen Anfangs- und Endpunkt der Strecke an: im limbischen System. Dort ist, so Wenders, die Funktion des Noradrenalins beeinträchtigt, und da alle vom Stammhirn kommenden Signale auf dem Weg zu den Stirnlappen das limbische System durchqueren müssen, ist es möglich, daß ein Problem in der Funktionsregulation dieser Region die Enthemmung in den Regulationsprozessen des Stirnhirns verursacht.

Ob so oder so, die Wirkung der Arzneimittel macht sich in jedem Fall im Cortex, dem Wipfel unseres Gehirns, bemerkbar. Die Mittel erhöhen die Ausschüttung und Verwertung von Neurotransmittern im Stirnhirn und stabilisieren die Funktion der Regulations- und Aufmerksamkeitsmechanismen. Ihre Wirksamkeit ist durch zahlreiche Studien auf vielerei Art und Weise belegt. Die Verabreichung von Stimulanzien an Schulkinder verbessert im allgemeinen deren Abschneiden beim Vigilanz- und Aufmerksamkeitstest *(continuous performance test)* und die schulischen Leistungen sowie die Noten in Betragen und für das Führen des Berichtshefts.

Und diese Wirkung tritt in kürzester Zeit ein, ganz im Gegensatz zum Medikationserfolg bei fast allen anderen neurobiologischen Störungen. Dieser sofortige Erfolg deutet darauf hin, daß die Medikamente auf der synaptischen Ebene wirken, an den Kontaktstellen, wo die Nervenzelle Signale an die nächste Nervenzelle weitergibt. Auf der Stelle verbessern sie die Kommunikation zwischen den Gehirnzellen, so als ob sie einfach nur die Blockaden in den Synapsen wegfegten. Andere Medikamente, die auf das Gehirn einwirken – zum Beispiel Mittel gegen Depression, Schizophrenie, Panik- und Angstzustände –, stellen das Nervennetz neu ein. Sie verändern nach und nach die Empfindlichkeit der Rezeptoren für Neurotransmitter oder modifizieren in anderer Weise die Struktur des neuralen Kommunikationssystems. Sie fungieren nicht als Straßenreiniger, sondern als Verkehrsregler, indem sie den Informationsfluß über andere Kanäle umleiten.

Es könnte sein, daß die Stimulanzien einen Gleichgewichtszustand im Chemismus des Stirnhirns herbeiführen, ohne zu diesem Zweck das ganze System modifizieren zu müssen. Damit wird die Steuerung und Stärkung der Systeme des frontalen Cortex möglich, und das heißt: Die Arbeit der Stirnlappen wird leichter und weniger unterbrechungsanfällig. Es wird leichter, Gedanken und Gefühle und Handlungen zu hemmen. Anfang und Ende von Zeitabschnitten werden deutlich, und endlich wird es möglich, zu überlegen, zu planen und zu pausieren. Das Leben verliert seine Zerstückelung und gewinnt Zusammenhang.

In vieler Hinsicht ist unsere Einsicht in die Biologie der ADD noch im Anfangsstadium. Die kommenden Jahrzehnte haben da – dank unserer zunehmenden Fähigkeit, die an neurobiologischen Störungen beteiligten biologischen Prozesse zu testen, zu messen und in ihrer Bedeutung richtig einzuschätzen – noch Aufregenderes für uns in petto. Zwar ist zu bezweifeln, daß wir das Wundermittel finden, durch das die Betroffenen ihrer ADD los und ledig werden, doch dürften unsere Behandlungsmethoden eines Tages so weit perfektioniert sein, daß wir in der Lage sind, die mit dem Syndrom gepaarten Frustrationen und Irritationen zu lindern und ADD-Kranken die Gewißheit zu geben, daß sie sich auf ihr Denken verlassen können.

Dank

Zu den großen Freuden, die mit dem Schreiben dieses Buches verbunden waren, gehören die Hilfe und die Ermutigung, die uns von vielen Seiten zuteil wurden.

Zuerst und allen voran halfen uns unsere Patienten. Sie sind die Schöpfer dieses Buches. Indem sie uns über die ADD belehrten und uns ihre Geschichte zur Mitteilung an andere überließen, überließen sie uns ein höchst privates Stück ihrer selbst. Wir hoffen, daß dieses Buch ihrer Großzügigkeit würdig ist.

Viele andere halfen uns ebenfalls. Wir danken Sandra Freed Thomas, der früheren Präsidentin von CH.A.D.D., einer landesweiten Hilfsorganisation für ADD-Kranke, für ihren von Anfang an gespendeten Ansporn; Jill Kneerim, unserer Agentin, für ihre kundige Beratung; Susan Grace Galassi für das Durchlesen des Manuskripts in seinem ersten Stadium und Jonathan Galassi für Beistand auf allen Etappen der Arbeit; Priscilla Vail für all ihre Hilfe besonders in Sachen Legasthenie und sonstige Sprachstörungen; der verstorbenen Carol Rinzler für Hilfe sehr vielfältiger Art; den Mitarbeitern des Verlags Pantheon, allen voran unserer Lektorin Linda Healey für ihre stets hilfreichen Ratschläge und für ihre so skrupulöse wie einfallsreiche Lektoratsarbeit, die unser Manuskript enorm verbesserte, ferner ihrer Assistentin Jennifer Trone für ihre Kunst, uns auf ganz unaufdringliche Weise bei der Stange zu halten, sowie Fred Wiemer für seine vorzügliche Manuskriptredaktion.

Dankbar sind wir Lyn, Tom und Tim Bliss für viele hilfreiche Anregungen; James Hallowell für seine beharrliche Skepsis, die mithalf, uns vor Einseitigkeiten und allzu enger Sicht der Dinge zu bewahren; Ellen D'Ambrosia für warmherzige Unterstützung; Peter Metz für seine unschätzbare, ohne Rücksicht auf die eigene

Arbeitsbelastung großzügig gewährte Beratung; Kevin Murphy, Russell Barkley und den übrigen Mitarbeitern der University of Massachusetts Medical Center ADD Clinic für Rat und Hilfe in Sachen ADD bei Erwachsenen; Betsy Busch für stets brauchbare Ratschläge; Edward Khantzian für sehr wertvolle Ideen zu dem Thema ADD und Suchtverhalten; Paul Wender für Ansporn und Beratung; Catherine Leveroni, Andrea Miller und den übrigen Mitarbeitern John Rateys am Medfield State Hospital für ihr unermüdliches Wachen über zahlreiche Einzelheiten.

Dank schulden wir Elizabeth Leimkuhler für zahlreiche Bemerkungen zur ADD bei Erwachsenen; Leopold Bellak für ein frühes Gespräch, das mit dazu beitrug, uns zum Nachdenken zu bringen; John und Ben Hallowell für den Ansporn zum Schreiben, den sie ihrem kleinen Bruder zuteil werden ließen; und unseren Ehefrauen Sue George Hallowell und Nancy Blackmore für die Ideen und die Unterstützung, die Geduld und den Enthusiasmus, mit denen sie dieses Projekt von Anfang bis Ende begleiteten.

E. M. H.
J. J. R.

Anhang

«Das Allgemeinwissen über das Aufmerksamkeits-Defizit-Syndrom (ADS) ist in Deutschland – anders als in den USA – von Unkenntnis, Hilflosigkeit und Vorurteilen geprägt.» Dabei leiden «weit über eine Million Kinder in Deutschland an der Aufmerksamkeits-Defizit-Störung mit oder ohne Hyperaktivität».
Kernsätze aus dem Eingangsreferat des Berliner Kinderpsychiaters Dr. Wolfgang Droll, das er Anfang Mai 1997 vor etwa achthundertfünfzig Psychologen, Therapeuten und Eltern auf dem Symposium zur Erkennung und Behandlung hyperaktiver Kinder gehalten hat.

Kein Wunder also, daß die amerikanische Originalausgabe des vorliegenden Buches einen 16 Seiten umfassenden Anhang mit dem Titel «Where to Find Help» bieten kann, an dessen Stelle hier leider keine entsprechend reichhaltige Information aus Deutschland, Österreich und der Schweiz geboten werden kann.

Für die professionell interessierten Leser bringen wir zunächst in Auswahl die Anschriften von einschlägigen amerikanischen Organisationen, bei denen Informationen über ADD erhältlich sind:

Attention Deficit Disorder Association (ADDA)
P.O. Box 972
Mentor, OH 44061

Adult ADHD Clinic
University of Massachusetts Medical Center
Department of Psychiatry
55 Lake Avenue North
Worcester, MA 01665

Adult Attention Deficit Foundation
132 North Woodward Avenue
Birmingham, Ml 48009

In Florida hat eine nationale und internationale gemeinnützige Organisation zur Unterstützung von Kindern und Erwachsenen mit ADD ihren Sitz:

CH.A.D.D.
(Children and Adults with Attention Deficit Disorder)
499 NW 70th Avenue, Suite 308
Plantation, FL 33317

CH.A.D.D. veröffentlicht monatlich den Newsletter «CH.A.D.D.ER Box» sowie halbjährlich die Zeitschrift «CH.A.D.D.ER».

In Deutschland richtet man seine Fragen an den
Bundesverband der Elterninitiativen zur Förderung hyperaktiver Kinder e.V.
Geschäftsstelle, Informationsmaterial, Redaktion «Was nun?»:
Irene und Hans Gerhard Braun
Postfach 60
91291 Forchheim
Telefon/Telefax: 0 91 91/3 48 74

Aktuelle Informationen bietet dieser Bundesverband im Internet unter
http://osn.de/user/hunter/badd.htm

Literaturhinweise

«Aufmerksamkeitstraining mit impulsiven Kindern» von Ingeborg Wagner. Eschborn: Dietmar Klotz Verlag, 6. Aufl. 1994
«Entwicklung, Förderung und Behinderung der Konzentrationsfähigkeit im Kleinkind- und Vorschulalter» von Renate Roth. Eschborn: Dietmar Klotz Verlag 1996
«Konzentrationsspiele. Für Kinder im Vorschulalter» von Heike und Wolfgang Vater. Bonn: Reha-Verlag, 6. Aufl. 1994
«Das Konzentrationsprogramm. Konzentrationsschwäche überwinden – Denkvermögen steigern» von Ernst Ott. rororo Sachbuch Nr. 7099. Reinbek: Rowohlt Taschenbuch Verlag 1977
«Konzentrationstraining. Für Schüler vom 2. bis 10. Schuljahr» von Ursula Balk, Malte Hirschfeld und Karl J. Kluge. Bonn: Reha-Verlag, Teil I: 9. Aufl. 1995, Teil II: 7. Aufl. 1995
«Training mit aufmerksamkeitsgestörten Kindern» von Gerhard W. Lauth und Peter F. Schlottke. In der Reihe «Material für die psychosoziale Praxis». Weinheim: Psychologie Verlags Union, 3. Aufl. 1996
«Voll bei der Sache. Das Konzentrationsprogramm für Kinder. Ein Elternratgeber» von Wolfgang Endres und Elisabeth Bernard. München: Kösel 1994

«Das hyperaktive Kind. Tips, Anregungen und Rezepte von betroffenen Eltern», herausgegeben von der Arbeitsgemeinschaft «Das hyperaktive Kind» (Die weiße Reihe). Kinsau: Hermetika-Verlag 1994
«Leben mit hyperaktiven Kindern. Informationen und Ratschläge» von Johanna Krause. Serie Piper Nr. 2221. München: Piper 1995
«Mein hyperaktives Kind. Wie Eltern das hyperkinetische Syndrom erkennen können, welche Maßnahmen helfen, damit sich die Kinder positiv entwickeln» von Silvia Franz. Falken Elternbibliothek Nr. 1615. Niedernhausen: Falken 1996

«Mein wildes, liebes Teufelchen. Hinweise für den Umgang mit hyperaktiven Kindern. Erfahrungen einer Mutter und Ärztin» von Ursula Walter. Berlin: Sport und Gesundheit Verlag, 2. Aufl. 1993
«Unkonzentriert? Hilfen für hyperaktive Kinder und ihre Eltern» von Walter Eichsleder. Weinheim: Quadriga, 3. Aufl. 1995
«Unruhige Kinder. Ein Ratgeber für beunruhigte Eltern» von Jirina Prekop und Christel Schweizer. München: Kösel, 3. Aufl. 1994
«Zappelphilipp, Störenfried. Hyperaktive Kinder und ihre Therapie» von Jutta Hartmann. Beck'sche Reihe Nr. 333. München: C. H. Beck, 5. Aufl. 1994
«Keine Pillen für den Zappelphilipp. Alternativen im Umgang mit unruhigen Kindern» von Reinhard Voß und Roswitha Wirtz. rororo Sachbuch Nr. 8431 (Reihe «Mit Kindern leben»). Reinbek: Rowohlt Taschenbuch Verlag 1990 (zur Zeit nicht lieferbar!)
«Das unruhige Kind. Hilfen für Eltern und Erzieher» von Johannes Bockemühl. Bad Liebenzell: Verein für Anthroposophisches Heilwesen, 3. Aufl. 1994

«Helfen bei Legasthenie. Verstehen und üben» von Tilo Grüttner. rororo Sachbuch Nr. 8326 (Reihe «Mit Kindern leben»). Reinbek: Rowohlt Taschenbuch Verlag 1987
«Ist mein Kind Legastheniker? Ein Ratgeber zur Lese- und Rechtschreibschwäche» von Hermann Ehrmann. Beck'sche Reihe Nr. 1094. München: C. H. Beck 1995
«Jedes Kind kann schreiben lernen. Ein Ratgeber für Lese- und Rechtschreibschwäche» von Helga Breuninger und Dieter Betz. Beltz Grüne Reihe. Weinheim: Beltz, 6. Aufl. 1996
«Legasthenie bei Erwachsenen» von Manfred Rahn. Berlin: Wissenschaftsverlag Volker Spieß 1981
«Legasthenie muß kein Schicksal sein. Was Eltern tun können, um ihren Kindern zu helfen» von Edith M. Soremba. Herder Spektrum Nr. 4350. Freiburg: Herder, 2. Aufl. 1995
«Legasthenie – umschriebene Lese-Rechtschreib-Störung. Informationen und Ratschläge von Edith Klasen. Serie Piper Nr. 2201. München: Piper 1995
«Legasthenie und andere Wahrnehmungsstörungen. Wie Eltern und

Lehrer helfen können» von Mechthild Firnhaber. Fischer Ratgeber Nr. 13197. Frankfurt a. M.: Fischer Taschenbuch Verlag 1996

«Zwangskrankheiten. Ursachen, Symptome, Therapien» von Otto Beukert und Martina Lenzen-Schulte. Beck'sche Reihe Nr. 2066. München: C. H. Beck 1997

«Wenn Zwänge das Leben einengen. Zwangsgedanken und Zwangshandlungen. Ursachen, Behandlungsmethoden und Möglichkeiten der Selbsthilfe» von Nicolas Hoffmann. Mannheim: PAL Verlagsgesellschaft, 5. Aufl. 1996

«Alles unter Kontrolle. Wie ich meine Zwangsgedanken und Zwangshandlungen überwinde» von Lee Baer. Göttingen: Hans Huber Verlag 1993

«Beherrscht von Zwang und Panik. Hintergründe und Bewältigung einer Erkrankung» von Felix Sun. Zürich: Walter-Verlag 1995

«Seele im Korsett. Innere Zwänge verstehen und überwinden» von Nicolas Hoffmann. Herder Spektrum Nr. 4303. Freiburg: Herder 1994

«Der Junge, der sich immer waschen mußte» von Judith Rapoport. München: MMV Medizin Verlag 1993

Register

Erstellt von Dr. Barbara Gerber

Abenteuerjäger 275
Ablenkbarkeit 10, 21, 28, 40, 57, 73, 88, 101, 118, 121, 129, 139, 160, 167, 174, 176, 184, 187, 199, 203, 234, 239, 242, 257, 258, 263, 277, 278, 302, 304, 311, 322, 354, 357, 404, 405
«Abschalt»-Zeiten 374
Absencen und Trancezustände 316
Abwertung 243
ADD als Wurzel von Eheproblemen 169
ADD, Ätiologie der 409
ADD bei Adoptierten 297
ADD bei schöpferischen Menschen 232
ADD-Kind in der Familie 197, 198
ADD-Selbsthilfegruppen 367, 369, 395
ADD-Trainer 340, 367, 368
ADD- und Lernschwächentests 314
Adrenalin 276, 406
Affekt-Spektrum-Störung 240
Affektlabilität 305
Affektstörung 239
Agitiertheit 232, 257, 259
Aktivitäts- und Aufmerksamkeitsstörung 9, 164, 197, 203, 307
Aktivitätsüberschuß 73
Alarmreaktion bei ADD 238
Alkoholsucht/Alkoholismus 25, 88, 162, 165, 261, 262, 280, 297, 306, 307, 315, 402, 414
Alkoholsyndrom, embryofetales 306
Allergien 298, 322
Ambidexter 315
Americans with Disabilities Act ADA (Behindertengesetz) 395
Amine, biogene 406
Amphetamine 31
Anafranil 364
Anamnese 180, 187, 295, 296, 298, 305
Anfallstörungen (petit mal) 278
Angst 133, 135, 136, 137, 164, 166, 167, 186, 209, 211, 214, 237, 255, 264, 265, 274, 280, 320, 371, 381
Angstattacken (Panikstörung) 240
Angststörungen 306
Angstzustände 232, 236, 237, 277, 296, 301, 342, 363, 367, 423
Antidepressiva 356, 359, 360, 361, 362, 364

Antidepressiva, trizyklische 71, 72, 361, 421
Antidot 264
Antwort, verzögerte (delayed response) 411
Aphasie, amnestische 246
Aphasien 62
Apparate, «nervenkitzelnde» 299
Arbeitsbedingungen, optimale 373
Arbeitsgedächtnis 411, 412
Arbeitsmoral, mangelnde 23
Arbeitsplatzwechsel, häufiger 320
Asozialität/asoziales Verhalten 233, 285, 287, 297
Asozialitätsdiagnose 287
attention deficit disorder ADD (Aktivitäts- und Aufmerksamkeitsstörung) 9, 10
attention-deficit hyperactivity disorder 11
Auf-die-lange-Bank-Schieben von Dingen 296, 300, 303, 316
Aufdringlichkeit 420
Aufklärung über ADD 42, 391
Aufmerksamkeitsdefizit beim Sex 183
Aufmerksamkeits-Defizit-Disposition 416
Aufmerksamkeitsdefizite 125, 302, 305, 404, 417
Aufmerksamkeitsfunktion, Komplexität der 399, 415
Aufmerksamkeitsinkonsistenz 11, 65, 101, 121, 269
Aufmerksamkeitsschwäche 342, 411

Aufmerksamkeitsschwankung 163, 251
Aufmerksamkeitsschwankungstest (Test of Variability of Attention TOVA) 310
Aufmerksamkeitsstörung 305, 321
Aufmerksamkeitstests 257, 310
Aufmerksamkeitsverlagerung 234
Aufmerksamkeitswanderung, ziellose 283
Aufregung, situationsbedingte 306
Ausfälle im zielgerichteten Verhalten und in der Selbststeuerung 417
Aussagekraft, differentialdiagnostische 303
Auswirkungen der ADD auf die Sexualität 183, 186
Autismus 248, 414
Azetylcholin 72

Bach, Johann Sebastian 97
Barkley, Russell 32, 116, 270, 416, 417, 426
Basis, biologische, der ADD 117, 118, 369, 370, 399-423
Bedürfnis nach sofortiger Bekräftigung 32
Beethoven, Ludwig van 97
Begeisterungsfähigkeit 11, 26, 101, 120
Behandlung, medikamentöse 42, 43, 353-363
Bekämpfung der Neigung zum Trödeln und zur Unordentlichkeit 159

Belastungssyndrom, psychisches 306
Bellak, Leopold 116, 426
Bemporad, Jules 7
Benommenheit 312, 313
Benzedrin 404
Beobachtungsschärfetests 257
Beratung, direktive 209
Betablocker 358, 363, 364
Beta-Tablinen 364
Betäubungsmittel-Verschreibungsverordnung (BtMVV) 361
Bettnässen 298
Beuscher, William 7
Beziehungsabbruch 281
Beziehungslosigkeit 349
Biederman, Joseph 116, 412, 414
Blackmore, Nancy 426
Bleivergiftung 306
Blindheit oder Gleichgültigkeit gegenüber realer Gefahr 304
Bliss, Lyn 425
Bliss, Tim 425
Bliss, Tom 425
Borderline-Persönlichkeit 232, 279, 280, 282, 283, 284, 287
Bradley, Charles 404
brain damage (Hirnschaden) 31
Brandstiftung 306
Bulimie 240
Bupropion 362
Burke, Edmund 295
Busch, Betsy 426
BuSpar 363
Buspiron 363

Calvin 402
Cannabis 306, 307
Cantwell, Dennis 116
Carbamazepin 364
Catapres 359, 362
Catapresan 359, 362
Chelune, G. J. 409, 410, 419
Chess, Stella 32
Clomipramin 364
Clonidin 359, 362
Cohen, Louis H. 403
Comings, Benda 414
Comings, David 414
Computeraxialtomographie 295
Corgard 358, 363, 364
Cortex, präfrontaler und prämotorischer 408
Cuisenairesche Rechenstäbe 249
Cylert 357, 404, 421

Dalí, Salvador 76
D'Ambrosia, Ellen 425
Daten, epidemiologische 405
Dauerleistungsaufgaben (continuous performance tasks) 408
Defätismus 243, 384
Dekonzentriertheit 296, 342, 354
Denckla, Martha 410
Denken, perseverierendes negatives 164
Denkstörungen, larvierte 309
Dennis 402
Depakote 364
Department of Social Services (DSS) 91, 92, 95, 99
Depot-Ritalin 358

Depressionen 25, 88, 119, 123, 124, 143, 156, 159, 161, 162, 164, 166, 167, 232, 236, 239, 240, 241, 242, 259, 262, 277, 280, 283, 292, 296, 297, 301, 305, 306, 307, 315, 342, 343, 363, 364, 367, 376, 402, 423
Depressionen, larvierte 309
Deprivationserlebnisse, frühkindliche 308
Desipramin 156, 361, 421
Desorganisation oder drohendes Chaos 299, 303, 336
Desorganisiertheit 395
Dexedrin 72, 357, 359, 360, 421
Dextroamphetamin 357
Diagnose, «Utah-Kriterien» für die 125, 300, 305, 408
Diagnose von ADD 41, 73, 74, 75, 100, 159, 161, 165, 172, 174, 188, 189, 204, 208, 217, 253, 289, 291, 293, 296, 300, 307, 311, 312, 314, 315, 326, 367, 390, 392
Diagnose von ADD bei Erwachsenen, Kriterien für die 303–305
Diagnose von ADD bei Kindern, Kriterien für die 301–303
Diagnose von ADD, logische Vorstufen der 296–323
Diagnose von ADD, vorgeschlagene Kriterien für die 119–124
Diagnostic and Statistical Manual of Mental Disorder DSM (Diagnostisches und Statistisches Manual Psychischer Störungen) 247, 300
Dickinson, Emily 115
Diebstahl 88, 306
Differentialdiagnose 307
Dilantin 306
Dopamin 406, 407, 410, 411, 420
Dopaminrezeptor (D2-Rezeptor) 414
Douglas, Virginia 32
Drogengebrauch und -mißbrauch 88, 262, 265, 278, 280, 298, 315
Durchblutung, verminderte, im frontalen Cortex 410
Dylan, Bob 177
Dysfunktion, minimale zerebrale (minimal brain dysfunction MBD) 11, 31, 116, 404
Dysfunktion, rechtshemisphärische 410
Dysfunktion, visuell-spatiale 246
Dysphorie 263, 264

Edison, Thomas 76, 329, 331, 397
EEG 295, 307
Egozentrik 171, 172
Eigenverantwortung 387
Eindämmung von Unruhe 159
Einspruch 208
Einstein, Albert 76, 329, 397
Einzeltherapie 311, 347, 390
EKG 361
Empathie 308
Energieüberschuß 10, 11, 21, 28, 101, 139, 179, 199, 239, 258, 291

Entkoppelungssyndrom, kortikales 403
Entspannung 181
Entwicklungsdimension von ADD 89
Entwicklungsstörung 250
Enzephalitis 404
Epidemiologe 289
Erfahrung ADD-Kranker 325
Erinnerungstests 257
Erklärung der ADD gegenüber Kindern 328, 329, 331
Ermutigung 368, 379, 383, 384
Erscheinungen, pathologische 306
Erschöpfung, chronische 306
Euphorie 28
Extravertiertheit 349

Familientherapie 347, 390
Fehldiagnose 87, 99
Feldversuch, landesweiter mit DSM-III-R-Kriterien 303
Fisher, Roger 213, 215
Fluctin 362
Fluoxetinhydrochlorid 362, 363
Ford, Henry 76
Formatio reticularis (Retikulärformation) oder retikuläres Aktivierungssystem 417
Franklin, Benjamin 290
Frustrationen 88
Frustrationstoleranz, mangelnde bzw. geringe 288, 304, 319, 354
Funktionsstörung, neurobiologische 399

Galaburda, Albert 250
Galassi, Jonathan 425
Galassi, Susan Grace 425
Gedächtnisstörungen 248
Gefühl, inneres, von Lärm oder Chaos 354
Gefühle beim Namen nennen 375
Gehörsverarbeitungsprobleme 246
Geistesabwesenheit 300
Geldausgeben, impulsives 304
generalized resistance to thyroid hormone (GRTH) 117
Genpool 290
Getriebenheit 317
Gewalttätigkeit 88, 275, 287, 288, 364
Gittleman-Klein, Rachel 116, 406
Glukoseumsatz des Gehirns 407, 408
Goldman-Rakic, Patricia 411
Gruppentherapie 347–353
Gualtieri, C. T. 409, 419
Gutheil, Thomas 7

Hallowell, Ben 426
Hallowell, Edward M. 13
Hallowell, James 425
Hallowell, John 426
Hallowell, Sue George 426
Handeln, überengagiertes 160
Hang, sich zu verlaufen 378
Harvard Medical School 240
Harvard Negotiation Project 213
Hast 174
Hauser, David 117, 118

Havens, Leston 7
Healey, Linda 425
Hemmschwäche, elementare 35
Hemmung, kortikale 409
Herman, Judith 278
Herzarrhythmien 361
Hinausschieben von Aufgaben 120
Hirnschaden 250
Hobson, Allan 7
Hochspannung 24
Hof, Wilfried 213
Hoffman, Dustin 329, 397
Hoffmann, Heinrich 400
Hörschwäche 251
Hör- und Sehtest 380
Hudson, James 240, 241
Huessy, Hans 116, 362
Humor 217, 378
hyperactive child syndrome (hyperkinetisches Syndrom des Kindesalters) 32
Hyperaktivität 11, 21, 28, 50, 65, 71, 99, 118, 123, 126, 231, 232, 236, 265, 271, 285, 297, 318, 319, 405, 409
Hyperaktivität, motorische 125, 233
hyperfokussieren 231, 269, 304, 377, 421
Hyperkinese 305, 404
Hyperreaktivität 270

Ich-Bewußtsein, dekonzentriertes 281
Ich-Bewußtsein, unscharf umrissenes 281

Ideenflucht 258
Imipramin 362, 421
Imipramin-neuraxpharm 362
Impulsivität 10, 21, 28, 32, 40, 50, 73, 86, 88, 91, 101, 107, 118, 122, 125, 129, 139, 159, 160, 179, 199, 203, 236, 239, 251, 258, 269, 288, 299, 304, 305, 310, 311, 316, 342, 354, 378, 395, 404, 405, 409, 421
Impulsivitätstests 257
Impulskontrolle, geschwächte bzw. mangelnde 12, 124, 187, 287, 305, 306, 357, 404, 411
Impulsregulierung 159, 167
Inderal 364
Indifferenz 107, 139
Infektionen der oberen Atemwege 298
Information über ADD 326, 327, 328, 330, 332
inhibitory volition (mangelnde Willenshemmung) 31
Intensität, emotionale 50
Intoleranz gegenüber Streß 125
Introspektion 132
Intuition 11, 26, 224, 304, 318, 322, 381
Irving, John 76, 252

Jagd nach hochgradiger Stimulierung 121, 139, 272, 276, 304, 368
Jagd nach Nervenkitzel 174, 284
James, William 403

Jähzorn / Wutausbrüche 125,
  284, 305
Johnson, Samuel 241, 262, 277
Jones, Brian 276

Kahn, Eugene 403
Kampf-oder-Flucht-Reaktion
  (fight-or-flight) 409
Katecholamine 406, 407, 410,
  411, 417, 421
Katecholamin-Hypothese der
  Hyperaktivität 406
Keats, John 268
Kernspintomographie 312
Khantzian, Edward 262, 426
Klaustrophobie 323
Klein, Donald 116
Kleptomanie 275
Kneerim, Jill 425
Koehler, Karl 247
Koffeinismus 278, 306
Kokain 261, 262, 263, 264, 298,
  306, 307, 317, 318
Kommunikationssystem, neurales
  423
Konflikte, pathogene familiäre 288
Konsens in der Familie 209, 220
Kontaktlosigkeit 242, 243
Kontaktschwäche 90
Konzentration 159, 181
Konzentrationsfähigkeit, nachlassende 316
Konzentrationsunfähigkeit 159
Kooperation 192
Koordination, mangelhafte visuell-motorische 298, 320

Kornetsky, C. 406
Kreativität 11, 50, 101, 107, 139,
  217, 224, 267, 268, 269, 270,
  304, 321, 357, 390
Kreisbewegung bei ADD in der
  Paarbeziehung 175, 176
Kritik 243

Labilität, affektive 125
Langeweile 88, 381
Läsion, neurologische 31
Laufer, Maurice 404
Launenhaftigkeit 160
Lawlessness (Regellosigkeit) 31
Legasthenie 21, 62, 126, 144,
  243, 246, 248, 250, 251, 252,
  256, 257, 297, 319, 425
Leichtsinn 258
Leiden, manisch-depressives 123,
  124, 257, 259, 261, 297, 305,
  306, 315, 367
Leimkuhler, Elizabeth 426
Leistungsschwäche 20, 26, 32,
  107, 119, 131, 224, 281, 284,
  296, 299, 303, 315
Lernpsychologie 246
Lernschwäche 12, 40, 62, 65, 76,
  108, 136, 248, 249, 252, 254,
  256, 297, 299, 306, 309, 379,
  410, 411
Lernschwäche, nichtverbale 246
Lernstörung 71, 76, 132, 232,
  242, 246, 248, 256, 330, 385
Lernstörung, rechtshemisphärische 248
Lernstörung, sprachbedingte 246

Lerntherapeut 250
Leveroni, Catherine 426
Levine, Mel 64, 385
Lincoln, Abraham 76, 246
Linkshändigkeit bzw. Beidhändigkeit 298
Lithium 259, 260, 261, 364
Logorrhö 420
Lou, H. C. 410, 419
Ludiomil 362

Macht der Familie 229
Manie 180, 232, 257, 258, 260, 261
manisch 17
Maprotilin 362
Marihuana 261, 262, 264, 298
Massachusetts Mental Health Center 7
Mattes, J. A. 409
Medfield State Hospital 426
Medikamentenmißbrauch 236
Menzer Benaron, Doris 7
Methylphenidat 357, 359
Metz, Peter 425
Migräne 240
Miller, Andrea 426
Minderwertigkeitsgefühl 252
Modifikatorgens 414, 415
Motivationsschwankungen 107
Mozart, Wolfgang Amadeus 76, 97, 329, 333, 397
Murphy, Kevin 116, 426

Nadolol 358, 364
Narzißmus 308

National Institute of Mental Health Washington 288
National Institutes of Mental Health 117
Negativismus 192, 193, 219, 340, 369, 392
Neigung, sich unaufhörlich unnötige Sorgen zu machen 122, 237, 304, 354
«Nervenkitzel»-ADD 232, 271, 272
«Nervenkitzel»-ADD, Merkmale der 275
Neuroanatomie, funktionale, der ADD 409, 410, 420
Neurotransmitter 72, 276, 357, 406, 420, 421, 422, 423
Neurotransmitterstoffwechselprodukte 406
Neurotransmittersysteme 410
Neustrukturierung, äußerliche 333
Neustrukturierung, innerliche 333
Noradrenalin 406, 407, 410, 421, 422
Norpramin 71, 361, 362, 363, 364, 394
Norpramin, Nebenwirkungen von 361
Nortrilen 362
Nortriptylin 362
Nosologie 259

Ohrentzündungen in der Kindheit 298, 322
O'Neill, Eugene 52

Only handle it once OHIO (N.E.M.: Nur einmal machen) 371
Ordnungsschemata 191, 212
organic drivenness (organische Triebhaftigkeit) 31

Paartherapie 313, 347
Pamelor 362
Panik 375
Paranoia 292
Pemolin 357
Pennington, Bruce 248
Performance Test 310, 311
Persönlichkeit, faszinierende 275
Persönlichkeit, hyperkinetische 88
Persönlichkeit, passiv-aggressive 368
Persönlichkeit, perfektionistische 135
Persönlichkeit, phobische 143
Phäochromozytom 306
Phenobarbital 306
Phobie 293
physiologic hyperactivity (physiologische Hyperaktivität) 32
Poe, Edgar Allan 76
Pope, Alexander 333
Pope, Harrison 240, 241
Positronen-Emissions-Tomographie (PET) 295, 408
Prämenstrum 363
Primärprobleme bei ADD 342
Primärsymptome von ADD 88, 250, 251

Probleme bei der ADD-Behandlung 390–397
Probleme bei der Verarbeitung von Gehörsempfindungen 251
Probleme beim Erlernen von Fremdsprachen 249
Probleme des Sich-Organisierens 167
Probleme in der Schule 90, 305
Probleme innerhalb der Familie 90
Probleme mit dem Aufstehen 298
Probleme mit dem Selbstbild 309
Probleme mit der Intimität einer Beziehung 296
Probleme, sich an Verfahrensregeln zu halten 122, 304, 319
Problemkinder 247
Profil, passiv-aggressives 308
Projekte, unbeendete 120, 316
Projektionstest 309
Propranolol 364
Prozac 362, 363, 364
Pseudo-ADD (kulturell induzierte ADD) 233, 289, 292
Psychopath 287
Psychose 288, 309
Psychotherapie mit ADD-Erwachsenen 342–347
Psychotherapie und Training bei ADD 338, 339, 340
Pyromanie 275

Raith, Werner 213
Rapoport, Judith L. 288
Rasterplanung 334, 335, 370
Ratey, John 12, 426

Ratschläge für den Umgang mit ADD in Familien 217–224
Rauchen 316
Raumvorstellungstests 257
Reaktionsbereitschaft, mangelnde sexuelle 186
Rebusse 244
Rechenfähigkeitstests 257
Rechenphobie 249
Rechenschwäche 248, 249, 256
Rechtschreibschwäche 248, 250
Rededrang 258
Regeln für das Verhandeln innerhalb der Familie 213–216
Regulierung des Aktivierungsniveaus, Schwierigkeiten mit der 32
Reizbarkeit 125, 305, 357, 364, 373
Reizdarmsyndrom 240
Rezeptoren 423
Rinzier, Carol 425
Risikobereitschaft 291
Risikofaktoren, parentale 91
Risikoverhalten 232, 271, 272
Ritalin 72, 96, 109, 160, 165, 174, 261, 263, 356, 357, 358, 359, 360, 361, 362, 364, 394, 404, 421
Ritalin, Nebenwirkungen von 357, 358
Rorschachtest 309
Ruhelosigkeit 179, 203, 239, 251, 286, 404
Rutter, Michael 289

Sacks, Oliver 404
Saß, Henning 247
Sawyer, Tom 336
Scham 243, 329, 397
Scham-Stolz-Ambivalenz 243
Schilddrüsenfunktionstest 307
Schilddrüsenüber- oder -unterfunktion 301, 306, 367
Schizophrenie 423
Schlafstörungen 298
Schrecklähmung 240
Schreibphobiker 243, 244
Schulbildung, mangelnde 250
Schuldenmachen, chronisches 274, 275
Schuldgefühle 368, 371, 374
Schwierigkeiten des Sich-Einfühlens in soziale Situationen 345
Schwierigkeiten, die Wirkung auf andere Menschen zu taxieren 322
Schwierigkeiten, Dinge anzufangen 315
Schwierigkeiten, ein Geheimnis für sich zu behalten 322
Schwierigkeiten mit der Organisation des alltäglichen Lebens 119, 120, 318, 354
Schwierigkeiten, Prioritäten zu setzen 354
Schwierigkeiten, sich anderen verständlich zu machen 316
Schwierigkeiten, sich auf ein Gespräch zu konzentrieren 308, 354
Schwierigkeiten, sich über länge-

re Zeit an einem Gespräch zu beteiligen 317
Schwierigkeiten, sich zu entspannen 316
Seh- bzw. Hörschwäche 250
Seh- und Hörtests 257
Sekundärprobleme bei ADD 342
Sekundärsymptome von ADD 88, 159, 232
Selbstbeargwöhnung 167
Selbstbehandlung, unbewußte 188
Selbstbesessenheit 174
Selbstbeurteilung 383
Selbstbeurteilung, unzutreffende 124, 304
Selbstbeurteilungsgabe, Förderung der 386
Selbstbild, beschädigtes 167, 256
Selbstdiagnose, Warnung vor 301
Selbstmedikation 262, 263, 265, 282
Selbstregulierung 383
Selbstsabotage 392
Selbsttötungsphantasien 283, 284
Selbstüberwachung 387
Selbstverleugnung 369
Selbstwertgefühl, geringes 12, 23, 36, 37, 75, 76, 86, 88, 124, 144, 159, 167, 239, 256, 304, 320, 342
Serotoninspiegel bzw. -haushalt 363, 364, 406, 407, 421
Sertralin 363
Shakespeare, William 333
Shaw, George Bernard 76
Shayvitz, Bennett 116

Shayvitz, Sally 116
«Sicherheitsventile» für den Abbau von «Überdruck» 383
Silver, Larry 417
Sinndeutung 208
Smith, Gary 389
Solgol 358, 364
Soziopath 287
Spielfreude 390
Spielsucht 25, 274, 296, 307, 318
Spontaneität 390
Sport in der ADD-Therapie 377, 389
Sportliche Betätigung, exzessive 275
Sprachauffassungsstörung 246
Sprachentwicklungsstörungen 248
Sprachfähigkeit, Probleme in der Entwicklung der 62
Sprachschwäche 248, 249
Sprachstörungen, expressive und rezeptive 71
Sprunghaftigkeit 354
Still, George Frederic 31, 402, 403
Stimmungsschwankungen 123, 138, 139, 281, 304, 305, 313, 315, 354, 357, 363, 374
Stimulanzien 356, 421
«Stirnlappen-Hypothese» 409
Störung, bipolare 259, 260
Störung, obsessiv-kompulsive (Obsessive-Compulsive Disorder OCD) 135, 143, 233, 237, 240, 288, 306, 364, 367, 416
Störungen, anfallartige 306

Störungen des Sozialverhaltens 232, 285, 306
Strategien für den Umgang mit ADD 396
Streßtoleranz, mangelnde 305
Strohfeueraffären, wiederholte 275
Strukturierung / Strukturiertheit 42, 144, 145, 146, 149, 320, 333, 334, 370, 372, 381, 385, 396, 397
Struwwelpeter 400
Suchtverhalten 123, 124, 232, 236, 262, 263, 275, 281, 297, 301, 304, 305, 306, 307, 319, 374
Suggestion 209
Suizidversuch 280
Symptome der ADD 297, 300, 302, 303, 305, 311, 378, 404, 409
Synapse 422
Syndrom, hyperkinetisches 404
System, endokrines 389
System, limbisches 409, 422

Tagträumerei 61, 65, 70, 231, 233, 237, 255, 314, 315, 317, 321, 382
Taktlosigkeit 179, 304, 317, 378
«Tandempilot» 388
Taube, Irvin 7
Tegretal 364
Tegretol 261, 364
Temperament, cholerisches 304
Testbatterie, neuropsychologische 257
Tests des Allgemeinwissens 257
Tests des Verständnisses von Gesprochenem 257
Tests für ADD 136, 137 180, 181, 295
Tests, psychologische 309–312
Tests, psychometrische und projektive 243
Thalamus 404, 405
Theorie des optimalen inneren Erregungszustands 418
Therapieprogramm für ADD 354
Thomas, Sandra Freed 425
Tips für den ADD-Trainer 341
Tips für den Umgang mit ADD in der Schule 380–390
Tips für den Umgang mit der Erwachsenen-ADD 367–379
Tips für die Strukturierung und Organisation des Lebens von ADD-Kindern 337, 338
Tips für Gespräche bei ADD in der Paarbeziehung 188–194
Tips zur Behandlung von ADD 155, 156
Tofranil 362
Toleranz für Chaos 268
Toleranz, mangelnde, gegenüber Langeweile 121
Toleranz, niedrige, für Frustrationen und Langeweile 10, 122, 304
Topagnosie 410
Tourette-Syndrom 306, 358, 414
Tradon 357, 421
Training, soziales 386

Training und/oder Psychotherapie 42, 57
Tranquilizer 130
Transmittersubstanzen, niedermolekulare 406
Trauma, seelisches 255, 278, 279, 298
Trone, Jennifer 425
Trödelei 160, 165, 340, 354, 372, 382
Tschaikowsky, Peter Iljitsch 97

Übereinstimmung (Konkordanz) 413
Überreaktion, autoritäre, in Familien mit ADD-Kind 211
Überreglementierung in der Familie 223, 224
Übersexualisiertheit, hyperfokussierte 183, 187, 298, 318
Überstimulierung 384
Umgang mit ADD, erfolgreicher 327
Umgebung, ermutigende 371
Unaufmerksamkeit 231, 236
Unbeständigkeit 107, 108, 111
Unersättlichkeit 322
Unfähigkeit, «seine fünf Sinne zusammenzuhalten» 296
Unfallneigung 275, 298, 320
Ungeduld 122, 144, 275, 304, 316
Ungleichgewicht, neuroendokrines 363
University of Massachusetts Medical Center ADD Clinic 426
Unpünktlichkeit 308, 395

Unrast 88, 139, 321, 342
Unruhe, motorische bzw. innere 123, 302, 304, 315
Unsicherheit in der Reaktion auf Stimuli 268
Unsicherheitsgefühl 123, 135, 304, 322
Unstetigkeit 186
unteraktiv 26
Untersexualisiertheit 298
Unterstützung 209
Untersuchung, neurologische 257
Unzuverlässigkeit 313
Unzuverlässigkeit in zwischenmenschlichen Beziehungen 167
Ury, William 213, 215

Vail, Priscilla 66, 244, 245, 247, 425
Valproic acid 364
Van der Kolk, Bessel 278
Veranlagung, visionäre 325
Verantwortungslosigkeit 177
Vergeßlichkeit 107, 308, 313, 316, 322, 378, 395
Verhalten, defensives 376
Verhalten, oppositionelles, aufsässiges 232, 233, 285, 306
Verhalten, provokantes 107
Verhalten, überaktives 257
Verhaltensstörungen 402
Verhaltensstörungen, dissoziale 303
Verhältnis, gestörtes, zu Gleichaltrigen 88
Verhandeln, prinzipiengeleitetes

(Verhandlungen über das Wesentliche) 214
Verständnis in der Therapie von ADD 339
Vertrautheit mit der Methode des Verhandelns in Familien 212, 213
Verwirrtheit 159
Vigilanz- und Aufmerksamkeitstest (continuous performance test) 422
Vorliebe für aufregende Situationen 10

Waghalsigkeit, chronische 275
Washington, George 251
Wechsler Adult Intelligence Scale (WAIS) 310
Wechsler Intelligence Scale for Children (WISC) 73, 310
Weiss, Gabrielle 116
Weiss, Lynn 117
Wellbutrin 362
Wender, Paul 9, 116, 125, 300, 301, 406, 416, 426
Widerspruch zwischen Aufzucht und Verhalten 403
Widerstand gegen Medikamenteneinnahme 355
Widerstand gegen Veränderung in der Familie 206, 207, 229, 230
Wiemer, Fred 425
Wittchen, Hans-Ulrich 247
Wortwahltests 257
Wut 280, 286, 309, 371, 384
Wut der nicht an ADD leidenden Paarhälfte 176
Wut über die Vergangenheit 167, 255
Wutausbrüche 275, 287, 305, 354, 364

Y-Aminobuttersäure (GABA) 406

Zametkin, Alan 117, 118, 406, 407, 408, 409, 410
Zappel-Philipp, die Geschichte vom 400, 401, 402
Zaudig, Michael 247
Zentall, Sydney 418
Zerfahrenheit 107, 121, 125, 126, 305
Zerstreutheit 129, 176, 284, 296
Zielsymptome der ADD 354, 359, 361
Zoloft 363, 364
Zustände, dissoziative (Bewußtseinsspaltung) 232, 277
Zwangseinfälle, unangenehme 288
Zwangsgedanken, ritualisierte 288
Zwangshandlungen, wiederkehrende 288
Zwillinge, eineiige (identische) 412
Zwillinge, zweieiige (dissimiläre) 412